AF239316

Benediktus Hardorp

Elemente einer Neubestimmung des Geldes und ihre Bedeutung für die Finanzwirtschaft der Unternehmung

Schriften des
Interfakultativen Instituts für Entrepreneurship (IEP)
der Universität Karlsruhe (TH)
Band 17

Elemente einer Neubestimmung des Geldes und ihre Bedeutung für die Finanzwirtschaft der Unternehmung

von
Benediktus Hardorp

universitätsverlag karlsruhe

Ursprünglich erschienen als Dissertation an
der Universität Freiburg im Breisgau, 1958

Impressum

Universitätsverlag Karlsruhe
c/o Universitätsbibliothek
Straße am Forum 2
D-76131 Karlsruhe
www.uvka.de

Universitätsverlag Karlsruhe 2009
Print on Demand

ISSN: 1614-9076
ISBN: 978-3-86644-265-8

Inhaltsverzeichnis

6

Geleitwort

Benediktus Hardorp (*1928), der als Wirtschaftsprüfer und Steuerberater Mitwirkender bei der Einführung der Mehrwertsteuer 1968 war, hat als Autor einer Fülle von bemerkenswerten wirtschafts- und sozialwissenschaftlichen Arbeiten 1958 mit der Arbeit „Elemente einer Neubestimmung des Geldes und ihre Bedeutung für die Finanzwirtschaft der Unternehmung" promoviert. Seine Promotion an der Universität Freiburg liegt jetzt bereits 50 Jahre zurück; seine Dissertation – wie auch deren Neuauflage 1971 – sind vergriffen. Lohnt es sich heute, auf den „vergilbten" Text – wie mancher meinen könnte – zurückzugreifen? Die Gründe dafür liegen auf der Hand: Es handelt sich bei dieser Arbeit um einen Edelstein unter den vermeintlichen und tatsächlichen Marksteinen der Literatur über das Geld, das von ihm in seinem Wesen als Geldgestalt (B.I), als Vielfalt seiner möglichen Geldbedeutungen (B.II), als deren Umsetzung im Geldprozess (B. III) und in seiner tatsächlichen gesellschaftlichen Gestalt als Dreiheit der Geldgebiete (B.IV) geschildert wird.

Im Rahmen seiner Überlegungen (in den Kapiteln B.I – B.IV) nähert er sich mit der phänomenologischen Methode Edmund Husserls dem Begriff und Wesen des Geldes (B.V). Die Ansatzpunkte für dieses methodische Vorgehen werden in den einleitenden Kapiteln (A.I – A. III) entwickelt: „Die phänomenologischen Grundlagen und die soziologische Aufgabenstellung der eidetischen Ontologie". (Im Unterschied zu den Tatsachenwissenschaften sind die eidetischen Wissenschaften Wesenswissenschaften. Durch die eidetische Reduktion werden die am Urbild [griechisch „Eidos"] haftenden wissenschaftlichen und nichtwissenschaftlichen Erfahrungen, Urteile, Setzungen und Wertungen Schritt für Schritt ausgeschaltet, so dass das Wesen des Gegenstands von allen Begleitumständen frei und als solches erfassbar wird.)

Mit diesem Vorgehen gelang Hardorp vor 50 Jahren in der Tat eine Neubestimmung des Geldes (vgl. seine Definition in Abschnitt B.V.2). Er hat dabei zugleich auf wesentliche Anregungen Rudolf Steiners (1922) zurückgegriffen. So versteht er unter Geld „jene … sozialen Akte …, die sich auf Einordnung individueller Initiativen in den Produktions- und Verteilungsstrom eines sozialen Organismus beziehen", ohne selbst aktiv an Produktion und Verteilung teilzunehmen. Diese sozialen Akte besitzen eine Reihe von – hier nicht aufgeführten – Eigenschaften oder Erscheinungsformen.

Im Teil C der Arbeit wird die so gefundene Bedeutung dieser Geldauffassung für die Finanzwirtschaft der Unternehmung aufgezeigt. Die aufgabenstellenden Beziehungen zwischen Geld und Unternehmen (C.I), um die es hier geht, betreffen die Grundfinanzierung (C.II), das laufende Geschäft (C.III) und vor allem den Ertrag und die Ertragsverwendung (C.IV) der Unternehmen. Abschließend befasst sich Hardorp mit der „Aufgabe des Bankwesens in der unternehmungsweisen Wirtschaft" (C.V) bei der Schaffung einer gesamthaften sozialen Organismusgestalt der zunächst mehr einzelwirtschaftlichen Intentionen und Interessen.

Damals, also im Jahre 1958, konnte man nicht im Einzelnen erkennen, dass 50 Jahre später das Weltfinanzsystem kurz vor seinem Zusammenbruch stehen würde – und dass daran nicht diejenigen Banken und Banker schuld sein würden, die ihre Aufgaben „in der unternehmungsweisen Wirtschaft" sehen, wie sie Hardorp im Kapitel C.V seiner Arbeit beschrieben und analysiert hat. Man konnte seinerzeit noch nicht vorhersehen, dass die heutigen Gefährdungen des sozialen Lebens von solchen Banken und Bankern herrühren würden, die mehrere Millionen privater Haushalte mit unsoliden Immobilienkrediten locken und sie bei deren zwangsläufig eintretender Zahlungsunfähigkeit dann schlicht im Regen stehen lassen würden, millionenfach. Man hielt es damals kaum für möglich, dass so viele „Wirtschaftssubjekte", wie man sie nennt, die reale Wirtschaft, die schließlich allein die für uns Menschen nützlichen Waren und Dienstleistungen produziert, anbietet und nachfragt, verlassen würden, um – wie Spieler in einem Welt umfassenden Casino – Papiere dubiosen Wertes, undurchschaute „Derivate" wettspielartig, von der Gier getrieben, untereinander gegen Geld zu handeln.

Hardorp konnte damals kaum absehen, dass Jahrzehnte später Banken oder bankähnliche Finanzunternehmen eine virtuelle (Casino-)Wirtschaft bestimmen würden, in der sie die gehandelten Papiere selbst nicht mehr voll verstehen. Es schien damals noch undenkbar zu sein, dass, nach Börsenkursen gerechnet, der für real genommene fiktive Wert der virtuellen Wirtschaft im illusionären Bewusstsein der Beteiligten ein Vielfaches des Wertes der realen Wirtschaft ausmachen würde. Das sieht inzwischen, nach dem Beinahe-Crash des Weltfinanzsystems, ganz anders aus. Die wahren Werte, und das sind nicht nur in Geld zu messende Werte, setzen sich wieder durch. Die Realität meldet sich zurück und unser Blick muss sich erneut auf die wesentlichen Aufgaben des Bankwesens richten.

Da erscheint es sinnvoll, auch die Dissertation von Hardorp wieder zur Hand zu nehmen, um mit ihr über das Bankwesen neu nachzudenken. Er sagt in diesem Sinne abschließend: „Die Aufgabe des Bankwesens ist ... gesellschaftlich verantwortlich nur zu erfüllen, wenn sie aus der lebendigen Sorge für den Gesamtablauf der gesellschaftlichen Entwicklung erfolgt. Den Banken kommt heute und in Zukunft ein entscheidender Platz in der Gestaltung unserer sozialen Ordnung zu. So muss denn das alte Wort ... Wahrheit und Bedeutung zurückerlangen: ‚Banking is a profession – not a trade!'"

Wir fassen zusammen und versuchen zu sagen, warum uns 50 Jahre nach dem Erscheinen dieser Dissertation deren Neuauflage gerechtfertigt und wichtig erscheint: Benediktus Hardorp versteht heute wie damals Geld als eine Tatsache gesellschaftlichen Bewusstseins und – in der Bewältigung der wirtschaftlichen Dimension des Gesellschaftslebens – sozial gegebener (unterschiedlicher) Daseinslagen. Diese erhalten entweder die bestehenden Lebensverhältnisse oder sie geben gestaltenden Initiativen Raum. Neue Initiativen bewirken dabei wirtschaftliche und zugleich gesellschaftliche Entwicklungen (Schumpeter) mit zusätzlichem Ertrag. Wofür tun sie das, ist zu fragen. Sie dürfen, wie wir heute sehen, in ihrer Intentionalität nicht nur einzelwirtschaftliche Ziele haben, sondern müssen sich auch der Frage ihrer gesamtgesellschaftlichen Sinnhaftigkeit, der Frage ihrer Ertragswidmung, stellen. Wie fördern sie das Ganze? – müssen wir fragen. Die gegenwärtige Finanzkrise macht uns auf diesem Felde derzeit unsere Versäumnisse in Vergangenheit und Gegenwart deutlich. Die in den ökonomischen Schritten des begonnenen Weges liegende innere Logik wird im Einzelnen aufgezeigt.

Von dieser Entwicklungslogik muss auch die Unternehmensfinanzierung in ihren investiven, in ihren laufenden wie zielerfüllenden Schritten (Ertragswidmung) getragen sein, wenn sie Krisenphasen, wie sie uns gegenwärtig heimsuchen, als von uns selbst verursacht erkennen und in assoziativen Bewusstseinsschritten sinnvoll bewältigen will. Mit Letzterem ist eine Mitte zwischen ungezügelter ökonomischer „Freiheit" und dem jetzt – als Gegenschlag – geforderten staatlichen Reglement anvisiert. Wir sind bei den Aufgaben der Gegenwart.

Götz W. Werner und Wolfgang Eichhorn   Karlsruhe, Dezember 2008

Vorwort nach langer Zeit

Wenn mehr als 50 Jahre nach dem Verfassen einer betriebswirtschaftlich-geldtheoretischen Abhandlung über das Wesen des Geldes vergangen sind – sie ist in der Zeit von Herbst 1956 bis Ostern 1958 entstanden und im Sommer 1958 von der wirtschaftswissenschaftlichen Fakultät der Albert-Ludwigs-Universität in Freiburg als Dissertation angenommen worden –, so bedarf eine unveränderte Neuauflage nach so langer Zeit doch einer über das Nostalgische hinausgehenden Begründung. Die Arbeit war durch den methodischen Bezug zur Phänomenologie Edmund Husserls für das damalige wirtschaftswissenschaftliche Umfeld ungewöhnlich und fiel durch die weitere Bezugnahme auf die Anregungen Rudolf Steiners (1922) zum sogenannten „Altern des Geldes" und Schumpeters Ideen zur „wirtschaftlichen Entwicklung" (1912) ebenfalls aus dem Rahmen des Gewohnten. Wissenschaftliche Außenseiter wegen ihrer möglichen anregenden Wirkung zu fördern, war seinerzeit eines der Anliegen von Professor Martin Lohmann – dem Betreuer der Arbeit; es hatten ihm dazu der Freiburger Philosoph Wilhelm Szilasi – damals Nachfolger auf dem philosophischen Lehrstuhl Edmund Husserls – und der Jurist Gerhard Husserl – zu dieser Zeit Gastprofessor aus den USA an der juristischen Fakultät – ihre Unterstützung zugesagt. So fügte sich alles glücklich, blieb aber – trotz manch anerkennender Besprechung in Zeitschriften – das, als was sie damals empfunden wurde: die Arbeit und Sichtweise eines Außenseiters in der Zeit des nicht selbstkritisch gestimmten deutschen Wirtschaftswunders. Der Verfasser zog es daher vor, das universitäre Umfeld zu verlassen und sich eine unabhängige berufliche Plattform als Unternehmensberater aufzubauen, um so den Mainstream der überwiegend nutzentheoretischen Arbeiten der Wirtschaftswissenschaft zu verlassen. Sein ideeller Ansatz blieb zunächst unbearbeitet.

Fünf Jahrzehnte später macht die Banken- und Finanzkrise unserer Tage allerdings – so erlebt es nicht nur der Verfasser – deutlich, dass die in der von ihm angestrebten Ideenrichtung liegenden Sichtweisen und Aufgabenfelder, die damals als zentral charakterisiert wurden, so aktuell wie nur je denkbar geworden sind. Wenn seinerzeit von ihm die Frage nach Sinnhaftigkeit wie gesellschaftlicher Zielsetzung des wirtschaftlichen Aufschwungs in Europa und weltweit sowie die Frage nach der „gesellschaftlichen Konsolidation der eingeleiteten Entwicklungsprozesse" gestellt wurde, die im Ideengut vom „Altern des Geldes" Ausdruck und Verständnis

13

finden kann, so haben die seitdem verflossenen Jahrzehnte doch wohl gezeigt, dass diesen Fragen letztlich nicht ausgewichen werden kann. Wir müssen irgendwann willentlich sagen, wozu wir alles tun, wohin wir damit wollen. Statt diese Frage, wie damals möglich, auf geradem Wege anzugehen, ist man ökonomisch – in einer Art Hinausschießen über das realwirtschaftlich Mögliche – in eine Welt vor allem finanziell-fiktiver Gewinn- und Wettspielwirtschaft diesen Fragen ausgewichen und dabei ins Schlingern geraten. Der Scherbenhaufen der rein finanztheoretisch „gerechneten" Gewinnökonomiegebäude bringt jetzt auch manches realwirtschaftlich gesunde und leistungsfähige Unternehmen in krisenhafte Lagen.

Dem Ausweichen der Sinnfrage folgt insoweit heute notwendig der Zusammenbruch der – nach finanztechnischen „Wirtschaftswundern" anderer Art – Ziel- und substanzlosen Derivatewirtschaft, die keine andere Sinnhaftigkeit als die des materiellen Vermögenszuwachses auf Kosten Anderer (statt der mit dem gleichen Worte auch gemeinten Steigerung von Leistungsfähigkeit für Andere!) entwickelt hat. Dies kann damit durch den globalen Umfang dieses Treibens leicht das Tor zu unguten politisch-ökonomischen Entwicklungen – wie in ähnlicher Lage in der Wirtschaftskrise 1932 – öffnen. Diese haben seinerzeit nämlich in ihrer Art die rational nicht beantwortete Frage der gesellschaftlichen Zielsetzung der Entwicklung durch Kriegführungen jeglicher Art, die ökonomisch ja eine negative Form von Widmungen wirtschaftlicher Ergebnisse darstellen, beantwortet. Namen wie Hjalmar Schacht und Adolf Hitler stehen dafür und haben als warnende Beispiele Gegenwartsbedeutung.

Diesen grundsätzlichen gesellschaftlichen Entwicklungs- und Sinnzusammenhang des Geld- und Bankwesens als gesellschaftlich immer neu zu lösender Aufgaben aufzuzeigen, war Sinn und Ziel der damaligen Arbeit. Sie hat in der Zwischenzeit in diesem Sinne nichts von ihrer Aktualität verloren; diese hat vielmehr deutlich zugenommen und richtet sich heute wie damals an uns selbst als Verantwortungsträger für Gegenwart und Zukunft der menschlichen Gesellschaft.

Zu danken habe ich den Herren Professor Götz W. Werner und Wolfgang Eichhorn sowie den Mitarbeitern des Instituts für Entrepreneurship der Universität Karlsruhe – genannt seien vor allem Herr Dipl. Vw. Peter Dellbrügger sowie für die Endbearbeitung des Textes Frau Dipl. Päd. Dorothee León Cadenillas –, die die Neuauflage angeregt und in die Hand genommen haben. Der gleiche Dank für diese Anregung und für erhebliche Vorarbeiten bei der Textbearbeitung gilt auch den Herren Wilfried Heidt und Gerhard Meister vom Achberger Institut für Sozialforschung in Achberg am Bodensee. Hätte es das tatkräftige Interesse aller Genannten nicht gegeben, so wäre diese Neuauflage wohl nicht zustande gekommen. Ihnen allen schulde ich Dank, den ich mit Worten kaum abstatten kann.

Mannheim, März 2009   Benediktus Hardorp

Vorbemerkung

Standort, Absicht und Gang der Untersuchung

Jede Untersuchung, die sich heute mit dem Gegenstand „Geld" befasst, muss mit dem Argwohn des gebildeten Lesers rechnen, dass sie Längstgesagtes in bestenfalls neuer Formulierung wiederhole. Die Literatur zur Geldtheorie ist unübersehbar geworden: Eine ganze Anzahl von Zeitschriften ist allein dem Thema „Geld", „Kredit", „Banken" etc. gewidmet. „Geld" – so möchte man in Abwandlung eines alten Sprichworts fast sagen – „regiert – wenigstens das wissenschaftliche Interesse der Welt". Es wird von „gutem" und „schlechtem", von „billigem" und „teurem", von „gedecktem" und „ungedecktem", auch vom „neutralen" Gelde, von seinem Wert, von seiner Aufgabe, von seiner Menge und Umlaufsgeschwindigkeit, von „Geldsystemen", ja – von seinem Wesen gesprochen. Nahezu jeder Theoretiker setzt sich mit dem Wesen des Geldes auseinander. So weitgespannt jedoch unsere Kenntnis vom Gelde und seinem Wesen zu sein scheint, so groß sind offenbar auch die Gegensätze in der Bewertung unserer Kenntnisse und in der Bewertung ihrer Bedeutung.

Gibt es denn überhaupt so etwas wie das Wesen des Geldes, gibt es einen „richtigen Geldbegriff"? Schon die Frage danach ist abgelehnt worden.[1] „Die vielfach aufgeworfene Frage nach dem richtigen Geldbegriff", sagt Gerloff, „ist falsch gestellt. Es kann sich nur darum handeln, einen den jeweiligen Tatsachen des Geldgebrauchs entsprechenden Begriff zu bilden. Der Geld-gebrauch selbst aber ist ... einem fortgesetzten Wandel ... unterworfen."[2] So relativierend dies klingt, so sicher klingt das andere „Geld ist ein Geschöpf der Rechtsordnung", mit dem Knapp seine „Staatliche Theorie des Geldes" er-öffnet,[3] oder dies: „Geld im wirtschaftlichen Sinne ist qualitativ anonyme For-derungslegitimation an das nationale Güter- und Leistungsvolumen, dessen Verteilung es qualitativ als Recheneinheit und Tauschmittler garantiert, ohne dabei von sich aus diese Verteilung beeinflussen zu dürfen, ohne sie zumin-dest willkürlich beeinflussen zu dürfen."[4] Zwischen diesen Extremen: auf der

1   Vgl. BRUNO MOLL: Die Logik des Geldes. Berlin 1956, 4. Aufl., S. 18 ff.
2   WILHELM GERLOFF: Geld und Gesellschaft. Frankfurt/Main 1952 S. 99
3   GEORG FRIEDRICH KNAPP: Staatliche Theorie des Geldes. Leipzig 1905, weitere Auflagen. Kursivsetzung hinzugefügt. – Kursivsetzungen in Zitaten sind immer originale Kursivsetzun-gen, wenn sie nicht als zusätzlich kursivgesetzt gekennzeichnet sind.
4   ALBRECHT FORSTMANN: Volkswirtschaftliche Theorie des Geldes. Erster Hauptteil: Reine Theorie des Geldes. Bd. I, Allgemeine Geldtheorie. Berlin 1943, S. 183 f.

einen Seite zu sagen, wir können nicht wissen, was alles noch kommt, und müssen deshalb immer von Neuem klären und festsetzen, was Geld ist; und auf der anderen Seite apodiktisch zu dekretieren: Geld ist das und das und hat so und nicht anders zu funktionieren (wobei offen bleibt, an wessen Adresse diese Aufforderung eigentlich gerichtet ist) – zwischen diesen Extremen liegt das bearbeitete Feld der Geldtheorie vor uns ausgebreitet. Reichlich und reichhaltig sind die Früchte wissenschaftlichen Fleißes auf diesem Felde: Von den Früchten eines einfachen und soliden Metallismus bis zu Gebilden von mathematischer Schönheit wird unserem Bedürfnis manches geboten. Doch auch weniger erfreuliche Erfahrungen warten auf uns. Haben wir einmal von gewissen Früchten gekostet, so scheinen sie uns den Appetit an fast allen anderen zu verderben. Eine Anschauung zieht die andere in Zweifel, sie beansprucht Ausschließlichkeit: und wird gerade in diesem Anspruch wieder von einer anderen bezweifelt. Die Reichhaltigkeit der Tafel, die uns zunächst erfreute und zu fördern schien, macht uns nun unsicher: Gibt es denn keinen sicheren Boden, gibt es nicht so etwas wie das *Wesen der Sache*, an dem wir einen Maßstab gewönnen? So werden wir zu fragen veranlasst. – So sicher manches gegründet schien, so unsicher sind wir geworden; und wir glauben einen Sinn damit verbinden zu können, wenn uns von berufener Seite gesagt wird: „Die ‚kopernikanische Wendung' in der Geldtheorie steht noch aus."[5]

Soll diese „kopernikanische Wendung" nun hier vollzogen werden? – Ein solcher Anspruch soll nicht erhoben werden. Es ist auch nicht daran gedacht, nur die „Grundfrage" aller Schwierigkeiten der Theorie im Folgenden aufzudecken. Wir glauben aber auf einige schlichte und doch grundlegende Gedanken aufmerksam geworden zu sein, die vielleicht helfen können, das Geldproblem in Zukunft mit einer gewissen Sicherheit und von noch anderen Seiten als bisher angehen zu können. Wir werden dabei zunächst Pfade einschlagen, die abseits der breiten Straßen der bisherigen Erörterungen liegen. Damit nehmen wir natürlich ganz bewusst das Risiko in Kauf, das darin liegt, „uns einer geschlossenen Phalanx so gut wie aller Theoretiker gegenüber zu sehen", wie Schumpeter dies zu formulieren wusste: „Und nichts macht ja einen Weg ungangbarer, als dass ihn eine lange Reihe von Touristen für ungangbar erklärt".[6]

Wir haben uns während der Voruntersuchungen oft gestehen müssen, dass Sätze, wie sie etwa Hans Freyer ausgesprochen hat, mit einer

---

5   JOSEF DOBRETSBERGER: Das Geld im Wandel der Wirtschaft. Bern 1946, S. 29
6   JOSEPH SCHUMPETER: Theorie der wirtschaftlichen Entwicklung. Berlin 1952, 5. Aufl., S. 273

gewissen Notwendigkeit Ziel und Richtung unseres Arbeitens bestimmen sollten; er sagt: „Erst wenn wir mit einem bewussten Erkenntniswillen und mit einer markanten, in sich geklärten Erkenntnishaltung an das Objekt herantreten, wird das Wissen von ihm zur Wissenschaft ... Für die Wissenschaft aber ist ein prinzipielles Selbstbewusstsein über den Grund, auf dem sie ruht, nicht Luxus oder freiwillige Zugabe, sondern integrierender Teil ihrer verantwortlichen Leistung, Bedingung ihres Systems und Bedingung ihrer Wirksamkeit im Leben."[7] Allerdings gilt: Wenn die Wissenschaft auch mit dem denkenden Menschen beginnt, so beginnt sie doch nicht mit jedem Denkenden *von vorne:* Wo finden wir – so ist demnach hier zu fragen – den *Weg zu den Grundlagen* inmitten einer wissenschaftlichen Welt, die sich etwas darauf zugute hält, mit Grund- und Methodenfragen „keine Zeit zu verlieren",[8] ja der „die erdrückende Fülle der Tatsachen *Beweis genug* sein" soll – wie Gerloff seine diesbezügliche Ansicht formuliert.[9] – Im Gegensatz zu solchen Stimmen soll hier durch die Erörterung von Methodenfragen nicht Zeit verloren, sondern gewonnen werden: für die geforderte Arbeit „an den Sachen". Die Methodenfrage muss in diesem Fall als ein notwendiger „Produktionsumweg" betrachtet werden. Haben wir ihn bewältigt, dann können auch wir in den Ruf miteinstimmen: „Wider das Unelementare des Denkens – zu den Sachen!" – ohne uns freilich damit auf die Anschauungsart des Autors festzulegen.[10]

Um es vorwegzunehmen: Wir glauben in der *phänomenologischen Methode* Edmund Husserls insbesondere gefunden zu haben, was für diese Untersuchung nötig ist. Die phänomenologische Methode ist bisher in der Nationalökonomie wenig angewandt worden.[11] Das könnte den Versuch einer ausführlichen Rechtfertigung ihrer Anwendung auf unser Untersuchungsgebiet nahe legen. Eine solche Rechtfertigung ist jedoch in

---

7   HANS FREYER: Soziologie als Wirklichkeitswissenschaft. Logische Grundlegung des Systems der Soziologie. Berlin-Leipzig 1930, S. 3
8   Man lese etwa FORSTMANN (a.a.O. S. 2): „Hinzu kommt, dass wir in methodologischen Reflexionen wenig Nutzen sehen, vielmehr der Ansicht Paretos sind: ,Die Diskussionen über die Methode sind reiner Zeitverlust; der Zweck der Wissenschaft ist die Erkenntnis der Gleichmäßigkeit der Tatsachen, und infolgedessen kommt es darauf an, irgendeinem Weg zu folgen, irgendeine Methode anzuwenden, die diesem Ziele näher führt'. Es sollen daher auch hier keine methodologischen Reflexionen angestellt ... werden." – Kennzeichnend hierfür ist vielleicht auch Schmalenbachs Meinung; er schreibt: „Andererseits konnte ich mir die wortreicheergebnisarme Umständlichkeit nicht gestatten, die einige Wirtschaftswissenschaftler angenommen haben, um als philosophisch gebildete Menschen zu gelten; solche Eitelkeit war mir im Alter von zwanzig Jahren gewiss nicht fremd, aber heute langt dazu die Zeit nicht" (EUGEN SCHMALENBACH: Grundlagen der dynamischen Bilanzlehre. Leipzig 1925, 3. Aufl. S. IV).
9   GERLOFF, a.a.O. S. 73; Kursivsetzung hinzugefügt
10 WALTER EUCKEN: Grundsätze der Wirtschaftspolitik. Bern-Tübingen 1952, S. 370
11 In der Geldtheorie nimmt lediglich V. SIEVERS auf sie bezug. Vgl. ERIK VON SIEVERS: Grundlegung der Geldlehre. Riga 1938. Wir gehen weiter unten auf die Arbeit ein.

prinzipieller Hinsicht von Forschern wie Adolf Reinach, Tomoo Otaka und Josef Back bereits erbracht, wenn sie auch nicht ausdrücklich und direkt auf das Gebiet der Geldtheorie und das andere der Unternehmenslehre zugeschnitten wurde.[12] Es erscheint uns deshalb angebracht zu versuchen, das dort Geleistete dadurch unserem Thema zu verbinden, dass wir es zunächst vermerken, um es sodann mit wenigen Strichen ergänzend weiterzuführen. – Der Nationalökonomie gegenüber wäre zu sagen, dass wir es uns aus noch zu schildernden Gründen versagen werden, zunächst alle „Schulen" der Geldtheorie apologetisch zu durchwandern, um am Ende unseren Beitrag als „rettenden Ausweg" anzubieten. Der wissenschaftlichen Entwicklung ist mit Übertreibung und Prophetie sicherlich nur selten geholfen worden; das berechtigt jedoch andererseits nicht dazu, neue Ansätze als auf „singulären Geistesgaben" beruhend vorschnell abzutun.[13] Dies gelte darum auch hier. Wir wollen zwar einen neuen Weg einschlagen: aber nicht den „einzig" gangbaren. Die hier gemeinte, phänomenologisch begründete Ontologie braucht allerdings deswegen ihr Licht ebenso wenig unter den Scheffel zu stellen, wie sie des Widerscheines fremden Lichtes bedarf, um bemerkbar zu sein. Sie möchte durch sich selber sprechen.

Wir werden also – nach einer einleitenden Schilderung der Eigenart phänomenologischen Vorgehens – versuchen, sogleich in medias res zu gehen und an der Sache selber zu zeigen, wie wir Sicherheit gewinnen wollen, was die Phänomenologie für unsere Problemstellung zu leisten vermag. Es bedarf wohl keiner Erwähnung, dass ihre Leistungsfähigkeit mit unseren Erörterungen keineswegs erschöpft sein kann und soll oder gar dem Vorgebrachten gleichzusetzen wäre. Wir wollen lediglich einen Anfang machen, *den* aber wollen wir machen. Es soll also – mit Husserl zu reden – der Versuch unternommen werden, „wirklich ausführende Fundamentalarbeit an unmittelbar erschauten und ergriffenen Sachen" zu leisten; und wir wollen uns selbst da, „wo wir kritisch verfahren, nicht in Standpunkterörterungen verlieren, vielmehr den Sachen selbst und der Arbeit an ihnen das letzte Wort belassen".[14]

---

12 ADOLF REINACH: Zur Phänomenologie des Rechts. München 1953. – TOMOO OTAKA: Grundlegung der Lehre vom sozialen Verband. Wien 1932. – JOSEF M. BACK: Die Entwicklung der reinen Ökonomie zur nationalökonomischen Wesenswissenschaft. Jena 1929
13 Den Einwurf SOMBARTS (Die drei Nationalökonomien. München 1929, S. 239), dass „es nicht angeht, auf solche singulären Geistesgaben, wie sie etwa das Schauen des Allgemeinen offenbar voraussetzt, ein wissenschaftliches System aufzubauen, das doch Allgemeingültigkeit beansprucht", hat bereits K. F. VEIL in seiner Dissertation: Das Wesen von Unternehmung und Unternehmer, Freiburg 1954, von dem hier geltend gemachten Gesichtspunkt aus eingehend behandelt, so dass derartige Erörterungen hier nicht wiederholt zu werden brauchen (vgl. VEIL a.a.O. S. 57ff. u. S. 76f.).
14 EDMUND HUSSERL: Logische Untersuchungen. Bd. I, Halle a.d.S. 1928, 4. Aufl., S.X

Es soll im Folgenden von der Frage nach dem *Wesen des Geldes* – als wirtschaftlicher Erscheinung – ausgegangen werden; es wird sich uns eine gewisse einheitliche „Grundgestalt" des Geldes zeigen, der aber zugleich eine Vielheit möglicher Bedeutungen innewohnen kann. Diesen Bedeutungen wollen wir in einer „eidetischen Typologie" näherzukommen suchen. Von dessen Wesensbeschreibungen möglicher Geldbedeutungen werden wir den Weg in die konkreten Geldprozesse zurückfinden und uns erst dann der Frage nach der Dokumentierung des Geldes zuwenden: einer Frage, die sonst am Anfang zu stehen pflegt. – Zum Durchdenken der genannten Zusammenhänge – das sei an dieser Stelle vermerkt – gaben diesbezügliche *Problemstellungen* (weniger die Ergebnisse) bei Rudolf Steiner Anlass.[15]

Mit dem so gespannten Bogen dieser Untersuchung halten wir ihren begründenden Beitrag im Wesentlichen für erschöpft. Es bleibt noch zu zeigen, zu welchen allgemeinen Problemen gesellschaftlicher Art die Ontologie des Geldes führt und welche Relevanz sie für die Lehre von der Unternehmung hat oder haben kann. Sie wird uns allerdings an manchen Punkten auffordern, die finanziellen Probleme der Unternehmung von *ihrem* Gesichtspunkt aus neu zu sehen. Dabei darf gelegentlich auch darauf hingewiesen werden, welche praktische Bedeutung die eidetisch-ontologische Geldlehre in der Hand sozialgestalterisch tätiger Menschen („social worker")[16] haben kann: im Bereich der selbständigen Unternehmung, aber auch an anderen Orten des sozialen Lebens der Gegenwart. – Wenn Schumpeter den unternehmerischen Menschen geschichtlich mit Recht als denjenigen charakterisieren konnte, der „zuerst in der Lage war und Anlass hatte, Beefsteak und Ideal auf einen gemeinsamen Nenner zu bringen,"[17] so meinte er damit ja im Grunde den Menschen, der willens und in der Lage ist, solche Ideen zu entwickeln, die sich im sozialen Leben letztlich fruchtbar erweisen und mit seinen Gesetzmäßigkeiten in Einklang stehen (der Geschäftserfolg braucht dafür nicht einziges Kriterium zu sein). Unternehmerischer Geist in diesem Sinne soll auch in dieser Untersuchung spürbar werden: zusammen mit der Verantwortung, die darin liegt, scheint dies einer sozialwissenschaftlichen Untersuchung durchaus angemessen zu sein.

---

15 Vgl. R. STEINER: Nationalökonomischer Kurs. 14 Vorträge. Dornach 1933, 2. Aufl. insbes. S. 73ff., S. 145ff.
16 Vgl. HERBERT LATTKE: Soziale Arbeit und Erziehung. Ihre Ziele, Methoden und psychologischen Grundlagen. Freiburg i.Br. 1955
17 SCHUMPETER, a.a.O. S. 134

Damit haben wir umrisshaft gezeichnet, welchen Weg wir in dieser Untersuchung gehen wollen und welchen Lohn uns die phänomenologische Methode nach mancherlei abstrakt anmutenden Erörterungen zu versprechen scheint: Sie vermag nicht nur unsere wissenschaftliche Fragestellung zu erweitern, sondern ebenso Hilfen für das soziale Leben selber zu geben. Selbstverständlich: Die Phänomenologie und die sich aus ihr entwickelnde Ontologie ist – wie Husserl sagt – „eine anfangende Wissenschaft". So können seine Worte auch für uns stehen: „Wie viel von den Ergebnissen der hier versuchten Analysen endgültig ist, kann erst die Zukunft lehren. Sicherlich wird manches von dem, was wir beschrieben haben, sub specie aeterni anders zu beschreiben sein … Unser Verfahren ist das eines Forschungsreisenden in einem unbekannten Weltteile, der sorgsam beschreibt, was sich ihm auf seinen ungebahnten Wegen, die nicht immer die kürzesten sein werden, darbietet. Ihn darf das sichere Bewusstsein erfüllen, zur Aussage zu bringen, was nach Zeit und Umständen ausgesagt werden *musste* … In gleicher Weise wollen wir im Weiteren getreue Darsteller der phänomenologischen Gestaltungen sein und uns im Übrigen den *Habitus innerer Freiheit auch gegen unsere eigenen Beschreibungen wahren."*[18]

Dies möge auch für die hier – in der Form einer „Neubestimmung des Geldes" – vorgelegten „Elemente einer eidetischen Ontologie des Geldes" gelten: Sie wollen zeigen, dass das Geldproblem auch noch von anderen Seiten angepackt werden kann als dies in der Regel bisher geschehen ist. Wenn diese Untersuchung zu einer Diskussion *in dieser Richtung* anzuregen vermag, so hat sie ihre Aufgabe erfüllt.

---

[18] EDMUND HUSSERL: Ideen zu einer reinen Phänomenologie und phänomenologischen Philosophie. Erstes Buch: Allgemeine Einführung in die Phänomenologie. Den Haag 1950, S. 241 (letzte Kursivsetzung hinzugefügt)

A Die phänomenologischen Grundlagen und die soziologische Aufgaben-stellung der eidetischen Ontologie

I Die Phänomenologie Edmund Husserls im Hinblick auf unser Problem

1 Zum phänomenologischen Ansatz[19]

Nicht nach Tatsachen fragt Phänomenologie; sie fragt nach dem Wesen. Sie gründet weder in Tatsachen der „Welt", noch bedarf sie solcher Tatsachen zum „Beweis", sie „führt" ihre Wesensgesetze nicht auf Tatsachen „zurück". Tatsachen *dienen* ihr bestenfalls zur Exemplifizierung, sie benutzt sie beispielhaft: Ihre Anschauungen hingegen und ihre Wissenschaftlichkeit schöpft sie nicht aus ihnen. Die Phänomenologie schöpft und begründet ihre Ergebnisse aus dem Wesen der Sache selbst. Sie sucht sich das Wesen in ideeller (eidetischer) Anschauung zu vergegenwärtigen und beschreibt, was sie in solcher „Wesensschau" erblickt. Sie beschreibt die Gesetzlichkeit der Wesen. Sie begibt sich deswegen nicht erst in Gebiete, die man traditionellerweise der Metaphysik oder anderen „fernliegenden" Wissenschaften vorbehält; sie kann sich mit jedem beliebigen Faktum als „Unterlage" für ihre Forschung befassen: Hier soll gezeigt werden, was sie für das Thema *Geld* zu leisten vermag. – Wir haben behauptend einige grundlegende Sätze gewagt; wir sind ihre Verdeutlichung schuldig; wenden wir uns zunächst dieser zu.

Was meint *Tatsache?* was meint *Wesen?* – wir betonten doch eben ihre Gegensätzlichkeit. – Greifen wir zu einem Beispiel: Wir gehen durch die Straßen einer Stadt und sehen im Vorbeigehen zwei Plakate auf einer Anschlagtafel. Lassen wir ihren Inhalt beiseite, betrachten wir nur ihre Farbig-

---

19 Es sei hier zunächst der Name „Phänomenologie" benutzt, wenn unser Anliegen auch ein spezifisch *ontologisches* ist: Es geht uns ja nicht um die Aufklärung der Strukturen des transzendentalen Bewusstseins (der Noesis), sondern um die Erhellung des in ihnen gegebenen Bewusstseins*korrelates* (des Noema); von diesem soll auf der Ebene seiner ideellen Selbstgebung – der Wesensebene – gesprochen werden. Zu *dieser* (eidetischen) Erhellung aber eröffnet die Phänomenologie *methodisch* den Zugang. – Vgl. hierzu GERDA WALTHER: Zur Ontologie der sozialen Gemeinschaften. In: Jb. f. Philos. u. phänomenolog. Forschung V (1923) Halle/S., S. 1ff.

keit: *Dieses* Plakat *hier* ist *rot, jenes dort* ist *gelb* – so sehen wir. Wir gehen weiter: Wir kommen an einer zweiten Tafel vorbei; wir sehen wieder unser rotes Plakat und unser gelbes Plakat. Wieder? Sehen wir „unser" rotes und „unser" gelbes Plakat wieder, das wir schon kennen? Wir berichtigen uns: Wir sehen ein *neues* Plakat, das *auch rot* ist; wir sehen ein *neues* Plakat, das *auch gelb* ist. *Auch* rot? *Auch* gelb? Ist es denn *dasselbe* rot, *dasselbe* gelb? Wir korrigieren uns weiter: Nein, *der Existenz nach* ist es ein neues rotes Plakat, das mit dem ersten, das wir sahen, nichts weiter zu tun hat: Es besteht aus anderem Material, es steht für uns an anderer Raum- und Zeitstelle. So auch das gelbe. Und doch fühlen wir uns berechtigt, wieder von dem uns bekannten roten, von dem uns bekannten gelben Plakat zu sprechen. Worin liegt solche Berechtigung?

Wir müssen, um hier zur Klarheit zu kommen, diejenigen psychischen Akte ins Bewusstsein heben, die wir im natürlichen Leben unbeachtet-unbewusst vollziehen: uns in diesem Vollzuge die „Verwandtschaft" zweier Sinneswahrnehmungen erlebbar werden lassend. Indem wir einen roten Gegenstand betrachten, bemerken wir nicht nur dieses einmalige jetzige Rot an diesem einmaligen jetzigen Gegenstand: Wir können aus diesem „individuellen Gegenstand" das allgemeine „Rot-Sein", die „Röte" – wie Husserl sich in den Logischen Untersuchungen ausdrückt – herausschauen. Das Rot-Sein selber, die Röte, ist einmalig; sie *muss* es sein: Wir könnten niemals *wieder* einen neuen individuellen Gegenstand, dem *auch* diese Röte eignet, feststellen, wenn wir nicht aus individuellen, mit vielen weiteren Eigenschaften „behafteten" Gegenständen jeweils allgemeine Gegenstände herausschauen könnten: hier das Rot-Sein, das Gelb-Sein. Die Röte ist in unserem neuen roten Gegenstand (Plakat) wieder dieselbe, wenn wir auf sie die Aufmerksamkeit lenken; das konkrete Rot des neuen Gegenstandes ist wieder neu, d.h. verschieden. Der Gesichtssinn gibt uns das immer neue Rot als *individuellen Gegenstand;* die Wesensschau zeigt uns die „Selbigkeit" der sich *im Wesen* immer gleichbleibenden Röte als *allgemeinen Gegenstand.* So können wir auch aus dem gelben Plakat das „Gelb-Sein" herausschauen, das uns die Selbigkeit aller „dieser" gelben Plakate erleben lässt. Wir können nun von jeglichen individuellen roten und gelben Gegenständen absehen und das reine Rot-Sein, das reine Gelb-Sein betrachten; und zwar können wir es auch dann noch betrachten, wenn alle individuellen Gegenstände dieser Art ausgelöscht wären. Über den „allgemeinen Gegenstand" Rot-Sein, den „allgemeinen Gegenstand" Gelb-Sein können wir Aussagen machen, die sich niemals aus den individuellen Gegenständen Rot oder Gelb „erschließen" ließen, die aber gleichwohl für sie „gelten".

So können wir z.B. die Aussage machen, dass Farben sich zum Farbkreis „ordnen", dass es „benachbarte" und gegenüberliegende (komplementäre) Farben gibt. Dass sich das Orange – seinem Wesen nach – „zwischen" rot und gelb einordnet, können wir ohne individuelle Anschauung aussagen, wenn wir uns das Wesen zu vergegenwärtigen in der Lage sind. Ja wir können umgekehrt sagen: Niemals würden wir die faktisch irgendwo vorfindliche Ordnung rot-orange-gelb „verstehen", wenn wir nicht von der individuellen Erscheinung *ab-* und auf das Wesen *hinsehen* könnten. Dass das *Wesen Farbe* nicht – wie ein individueller Gegenstand Rot oder Gelb – auf Schwingungen oder ähnliches „in Wahrheit" *zurückzuführen* sei, wie dies der Physiker vielleicht tun möchte, wird deutlich sein. „Wenn der Physiker Farben und Töne auf Schwingungen bestimmter Art zurückführt, so ist er auf reale Existenzen gerichtet, deren Tatsächlichkeit er erklären will. Lassen wir den tieferen Sinn des Zurückführens dahingestellt – auf Wesenheiten findet er gewiss keine Anwendung. Oder wollte man etwa das Wesen von Rot, das ich an jedem Fall von Rot erschauen kann, zurückführen auf das Wesen von Schwingungen, das doch ein evident anderes ist?"[20]

Was also meint *Wesen?* „Zunächst bezeichnet ‚Wesen' das im selbsteigenen Sein eines Individuum als sein *Was* Vorfindliche. Jedes solche Was kann aber ‚*in Idee gesetzt werden'. Erfahrende* oder *individuelle Anschauung* kann in *Wesensanschauung* (Ideation) umgewandelt werden ... ".[21] „Das *Wesen* (eidos) ist ein *neuartiger Gegenstand.* So wie das Gegebene der individuellen oder erfahrenen Anschauung ein individueller Gegenstand ist, so das *Gegebene* der *Wesensanschauung* ein reines Wesen."[22] Wichtig für uns ist, uns das Eigenrecht des Wesensbereiches zu vergegenwärtigen, und zwar insbesondere *dort,* wo man es von der Sinnesanschauung zu *unterscheiden* hat. Denn gerade der Bereich dieser individuellen Anschauung soll ja der phänomenologisch-ontologischen Bearbeitung zugänglich gemacht werden. – Rede ich hingegen von einem „kreisrunden Viereck", so weiß ich auch, wovon ich rede: ich weiß, dass es so etwas – für die individuelle Anschauung – „nicht gibt". Mit einem individuellen Gegenstand habe ich es nicht zu tun; also kann ich auch nichts aus einem solchen „herausschauen". Etwas „Gegenständliches" – auf der Wesensebene – habe ich dennoch. Zu *ihr* vordringend bemerke ich, dass sich die Wesen „Kreis" und „Viereck"

20 A. REINACH: Was ist Phänomenologie? München 1951, S. 29f.
21 HUSSERL : Ideen zu ..., a.a.O. S. 13
22 HUSSERL : Ideen zu ..., a.a.O. S. 13

nicht in der Weise verbinden lassen, dass sie *gemeinsam* einen individuellen Gegenstand „kreisrundes Viereck" fundieren können; in der Fundierung individueller Gegenstände schließen sie einander notwendig aus. Ich vergegenwärtige mir dies in dem Satz: So etwas gibt es nicht (für die individuelle Anschauung). Hätte ich gar keinen „Gegenstand", wäre auch dieser Satz nicht möglich und ohne Inhalt. Ich weiß aber, dass ich etwas „Richtiges" gesagt habe, als ich den Satz aufstellte: „So etwas gibt es nicht."

An einem scheinbar paradoxen Satz wie diesem ist es in Wahrheit leichter, die Eigenart der Wesensebene zu erschauen: leichter als an unserem Farbenbeispiel. Denn hier kann nicht das Missverständnis auftreten, dass es sich beim Wesen sozusagen nur um eine „verdünnte" individuelle Anschauung handele: ein Missverständnis, das in der Regel in das Verfahren der „Abstraktion" hineingedeutet wird. Diese Anschauungsart verwischt aber damit den radikalen Unterschied von Tatsache und Wesen. „Gewiss liegt es in der Eigenart der Wesensanschauung, dass ein Hauptstück individueller Anschauung, nämlich ein Erscheinen, ein Sichtigsein von Individuellem ihr zugrunde liegt, obschon freilich keine Erfassung desselben und keinerlei Setzung als Wirklichkeit gewiss ist, dass infolge davon keine Wesensanschauung möglich ist ohne die freie Möglichkeit der Blickwendung auf ein ‚entsprechendes' Individuelles und der Bildung eines exemplarischen Bewusstseins ... „; aber das ändert nichts daran, dass *„beiderlei Anschauungsarten prinzipiell unterschieden* sind."[23]

So wichtig es ist zu sehen, dass individuelle Anschauung und Wesensanschauung Verschiedenes meinen, so wichtig ist es zu sehen, dass beides Anschauungsarten sind, d.h. dass eine so gut möglich und notwendig ist wie die andere. „Hier liegt nicht bloß eine äußerliche Analogie vor, sondern radikale Gemeinsamkeit. *Auch Wesensanschauung ist eben Anschauung*, wie eidetischer Gegenstand eben Gegenstand ist. Die Verallgemeinerung der korrelativ zusammengehörigen Begriffe ‚Anschauung' und ‚Gegenstand' ist nicht ein beliebiger Einzelfall, sondern durch die Natur der Sachen zwingend gefordert. Empirische Anschauung, speziell Erfahrung, ist Bewusstsein von einem individuellen Gegenstand, und als anschauende ‚bringt sie ihn zur Gegebenheit' ... Ganz ebenso ist die Wesensanschau-

---

23 Für uns ist hier noch folgende Abgrenzung Husserls anzumerken: „Den Wesensunterschieden der Anschauung korrespondieren die Wesensbeziehungen ... zwischen Tatsache und Eidos. Solchen Zusammenhängen nachgehend, erfassen wir einsichtig die diesen Terminis zugehörigen und von nun an fest zugeordneten begrifflichen Wesen, und damit bleiben alle, sich zumal an die Begriffe Eidos (Idee), Wesen anheftenden, z.T. mystischen Gedanken reinlich ausgeschieden." HUSSERL a.a.O. S. 16

26

ung Bewusstsein von etwas, einem ‚Gegenstand', einem Etwas, worauf ihr Blick sich richtet, und was in ihr ‚selbst gegeben' ist ... Andererseits ist sie aber eine Anschauung von prinzipiell *eigener* und *neuer Art*, nämlich gegenüber den Anschauungsarten, die den Gegenständlichkeiten anderer Kategorien korrelativ zugehören und speziell gegenüber der Anschauung im gewöhnlichen engeren Sinne, d.i. der individuellen Anschauung."[24]

Wie von Tatsachen, so ist Wissenschaft vom Eidos, vom Wesen möglich. Dies ist nicht einmal eine neue Entdeckung, sondern die Konstatierung eines Unterschiedes, der der Wissenschaft immer geläufig war, wenn es auch an einer scharfen Trennung oft mangelte. „Der selbst eidetische Zusammenhang", sagt Husserl, „welcher zwischen individuellem Gegenstand und Wesen statthat, wonach jedem individuellen Gegenstand ein Wesensbestand zugehört als *sein* Wesen ... begründet eine entsprechende Aufeinanderbeziehung von Tatsachenwissenschaften und Wesenswissenschaften. Es gibt *reine Wesenswissenschaften,* wie reine Logik, reine Mathematik, reine Zeitlehre, Raumlehre, Bewegungslehre usw., ... *in ihnen kann keine Erfahrung als Erfahrung die Funktion der Begründung übernehmen.*"[25] Die Geometrie z.B. ist immer eine reine Wesenswissenschaft gewesen, insofern sie begründend war. „Für den Geometer ... , der nicht Wirklichkeiten, sondern ‚ideale Möglichkeiten', nicht Wirklichkeitsverhalte, sondern Wesensverhalte erforscht, ist statt der Erfahrung die Wesensanschauung der letztbegründende Akt."[26] Das widerspricht der „Anwendbarkeit" der geometrischen Wesenseinsichten ja in keiner Weise. Im Gegenteil: Darin zeigt sich der Wert der Wesenswissenschaften für das allgemeine Leben. Von hier aus sei ein Blick auf unsere eigene Arbeitsweise gestattet: Unser Anliegen wird es sein, „Elemente" zu einer Geldlehre aufzuzeigen, die so wie der Geometer vom Wesen ihren Ausgang nimmt, um in eben der Weise ihre Fruchtbarkeit für das soziale Leben zu erweisen. Um unseren begründenden Ausgangspunkt zu finden, müssen wir uns aber auf den Bereich reiner Wesenserforschung zurückziehen; nur dadurch können wir die Kraft gewinnen, zur konkreten Tatsache vorzustoßen. *Vom Wesen zur Tatsache: Das wird unser Weg sein.*

Wir haben uns vergegenwärtigt, dass der Wesenswissenschaft gegenüber der Tatsachenwissenschaft *ein eigener Bereich* zusteht. Reine Wesenswissenschaft bleibt rein im Bereich der Wesen, enthält nicht

---

24 HUSSERL a.a.O., S. 14f.
25 HUSSERL a.a.O., S. 21
26 HUSSERL ebendort

die mindeste Setzung von Tatsachen. „*Setzung* und zunächst anschauende Erfassung von Wesen impliziert nicht das mindeste von Setzung irgendeines individuellen Daseins; reine Wesenswahrheiten enthalten nicht die mindeste Behauptung über Tatsachen... So wie jedes Tatsachendenken, -aussagen zu seiner Begründung der Erfahrung bedarf (sofern das Wesen der Triftigkeit solchen Denkens sie *notwendig* fordert), so bedarf das Denken über reine Wesen – das ungemischte, nicht Tatsachen und Wesen verknüpfende – als *begründende* Unterlage der Wesenserschauung."[27] Oder an anderer Stelle: „Phänomenologie als Wissenschaft reiner Essenz kennt keine Feststellungen über reale Existenz."[28] Dennoch – das berührten wir bereits – ist die „Blickwendung" auf ein „entsprechendes Individuelles", also auf Tatsachen, immer möglich. Wesensgesetze machen uns Eigenart und Zusammenhang der Tatsachen deutlich. Die *Ergebnisse* der Wesensforschung sind für die Tatsachenforschung *verwertbar*.

Aber auch die *Tatsachenforschung hat ihren Bereich*, in dem sie durch Wesensforschung nicht ersetzbar ist. *Ob* es gewisse Tatsachen gibt, *wie* es sie gibt, *wo* es sie gibt, *wie häufig* sie sind: Diese Fragen kann *nur* die Tatsachenforschung beantworten. Und es ist wichtig, dass sie beantwortet werden. – Dennoch oder gerade deshalb stößt die Tatsachenforschung auf „Grenzen" – nicht auf absolute zwar, sondern wie man es andersmeinend, aber richtig, formuliert hat: auf „Grenzen des Erkennens"[29] –, wo sie der Ergänzung durch eidetische Wissenschaft bedarf. Auf diese Notwendigkeit wies Reinach: „Wir sehen", sagt er, „wie man immer wieder von Entwicklung spricht und die Frage nach dem Was dessen, das sich entwickelt, außer acht lässt. Wir sehen, wie man ängstlich nach der *Umgebung* einer Sache greift, um nur nicht sie selbst analysieren zu müssen, wie man die Frage nach dem Wesen einer Sache zu lösen glaubt durch Antworten über ihre Entstehung oder ihre Wirkung."[30] Ein Blick auf die Gerloff'schen Theoreme (Entstehungsfragen) oder auf die allgemeine Funktionenlehre der Geldtheorie (Wirkungsweise) kann uns die Berechtigung einer solchen Kritik auch für die Geldtheorie zeigen; dies soll noch genauer behandelt werden. Allgemein gesehen müssen wir jedenfalls sagen: In der reinen Tatsachenforschung müssen eben manche Fragen offen bleiben; noch so

---

27 HUSSERL a.a.O. S. 17
28 HUSSERL a.a.O. S. 187
29 Auf einen solchen Grenzpunkt hat z.B. VEIL in einer verwandten Untersuchung hingewiesen (a.a.O. S. 76f.).
30 REINACH: Was ist Phänomenologie? a.a.O. S. 32

28

große Anstrengungen in ihrem Bereich können keine Klärung bringen.

Wesenswissenschaften und Tatsachenwissenschaften sind aber *keine letzten Antinomien*: sie sind vielmehr *auf Ergänzung angelegt*, dieser fähig und bedürftig.[31] Vor dieser Sachlage stehen wir insbesondere in den soziologischen Disziplinen, zu welchen wir auch die Geldtheorie werden zählen müssen. In der Lehre von den Gelddokumenten (Münzen, Noten etc.) nahm die Geldtheorie ihren Anfang;[32] sie hat in der Funktionen- und Währungslehre soziologisch-eidetische Elemente aufgenommen: Diese idealen Momente sollen hier anfangsweise in einer „eidetischen Ontologie des Geldes" herausgearbeitet werden. *In den hier folgenden „Elementen" zu einer „eidetischen Ontologie des Geldes" ist nach Wesensgesetzen gefragt.*

2 Zur phänomenologischen Methode

Wir haben uns im Vorangehenden deutlich gemacht, dass es zwei grundsätzlich zu trennende Bereiche wissenschaftlichen Forschens gibt, den Bereich der individuellen Anschauung, der Tatsachen, und den der Wesensanschauung, des eidos; wir verdeutlichten uns weiter, wie gerade auf dem Grunde dieser Gegensätzlichkeit ein Zusammenstimmen, eine Beziehung zu denken ist. Es obliegt uns nun noch – auf die klargelegten Beziehungen gleichsam nochmals reflektierend –, uns den *Weg*, die „Methode" phänomenologischen Vorgehens, vor Augen zu führen: *die phänomenologische – oder eidetische[33] – Reduktion.*

Die Phänomenologie schließt zunächst an das unmittelbare vortheoretische Welterleben des Menschen und der anfangenden Wissenschaft an; sie nennt es die „natürliche Einstellung", die „natürliche Erkenntnis". Diese lässt den Menschen die Welt, so wie er sie erfährt, als *wirklich* erleben. „Natürliche Erkenntnis hebt an mit der Erfahrung und verbleibt *in* der Erfahrung. Der theoretischen Einstellung, die wir die ‚natürliche' nennen, ist also der Gesamthorizont möglicher Forschungen mit *einem* Worte bezeichnet: es ist die *Welt*, die Wirklichkeit".[34] „Die

---

31 Einen ähnlichen Ansatz – allerdings nicht mit der erkenntnisscharfen Prägnanz Husserls (er geht aber auf dieselbe Sache) formuliert – finden wir auch bei Steiner; vgl. R. STEINER: Von Seelenrätseln. Berlin 1921 2. Aufl. S. 11ff.
32 Dies ist nicht historisch gemeint.
33 Vgl. unten S. 21f.
34 HUSSERL a.a.O. S. 10

‚Wirklichkeit', das sagt schon das Wort, finde ich als waches Ich in nie abbrechender zusammenhängender Erfahrung als *daseiende* vor und *nehme sie*, wie sie sich mir gibt, *auch als daseiende hin.* Alle Bezweiflung und Verwerfung von Gegebenheiten der natürlichen Welt ändert nichts an der *Generalthesis* der natürlichen Einstellung. ‚Die' Welt ist als Wirklichkeit immer da, sie ist höchstens hier oder dort ‚anders', als ich vermeinte ... Sie ist umfassender, zuverlässiger, in jeder Hinsicht vollkommener zu erkennen, als es die bloße Erfahrungskunde zu leisten vermag, alle auf ihrem Boden sich darbietenden Aufgaben wissenschaftlicher Erkenntnis zu lösen, das ist das Ziel der Wissenschaften der natürlichen Einstellung."[35] Wir hoben, was zu ihrer Aufgabe und Bedeutung zu sagen ist, oben unter dem Titel „Tatsachenwissenschaft" hervor – obgleich diese ihren reinen Typus erst erfährt, wenn sie ihre Arbeit in bewusster Abgrenzung zur Wesenswissenschaft leistet. Die Wissenschaften „natürlicher Einstellung" sind eben mit eidetischen Elementen weithin durchsetzt, ohne dass die letzteren zunächst klar für sich herausgearbeitet wären.

Diese Herausarbeitung der eidetischen Elemente will die auf phänomenologischer Grundlage mögliche eidetische Ontologie übernehmen; sie muss daher die zunächst alles andere übertönende Geltung der erscheinenden „Welt" und die zu ihr gehörige, aufgezeigte „Generalthesis" wie die reine Phänomenologie selbst überwinden. Hierzu sagt Husserl: „Anstatt nun in dieser Einstellung zu verbleiben, wollen wir sie *radikal ändern.*"[36] Wie kann das geschehen? „Ein solches allzeit mögliches Verfahren ist zum Beispiel der allgemeine Zweifelsversuch" des Descartes. „Wir knüpfen hier an, betonen aber sogleich, dass der universelle Zweifelsversuch uns nur als methodischer Behelf dienen soll, um gewisse Punkte herauszuarbeiten, die durch ihn, als in seinem Wesen beschlossen, evident zutage zu fördern sind ... Überlegen wir, was im Wesen eines solchen Aktes liegt." Es ist „klar, dass der Versuch, irgendein als vorhanden Bewusstes zu bezweifeln, eine gewisse *Aufhebung der Thesis* notwendig bedingt, ... wir setzen sie gleichsam ‚außer Aktion', wir ‚schalten sie aus', wir ‚klammern sie ein'."[37]

Greifen wir noch einmal auf unser Beispiel zurück. Wir gingen von „wirklichen" Gegenständen aus: von dem wirklichen Plakat, das „wirk-

---

35 HUSSERL a.a.O. S. 63
36 EBENDORT
37 HUSSERL a.a.O. S. 64 f.

30

lich" rot, „wirklich" gelb war; wir bemühten uns, das Wesen „Rot-Sein", das Wesen „Gelb-Sein" herauszuschauen. Umgekehrt ausgedrückt: Wir sahen ab von diesem roten oder gelben Gegenstand. Es interessierte nicht mehr, ob es ihn „wirklich" auch gab oder ob er „bloß" phantasiert war. Die reine Fiktion eines roten oder gelben Gegenstandes leistet uns als „Unterlage" gerade dieselben Dienste. Wir wollen ja nicht die jeweilige Unterlage in ihrer Beschaffenheit untersuchen, wir fragen, was ihr „im Wesen" eignet. Und so wenig, wie uns der konkrete Ausgangspunkt wichtig ist, so wenig wichtig ist es uns, die gefundenen Wesensgesetze an Tatsachen zu „beweisen". *Wesenseinsichten sind sich selber Beweis genug,* ja sie sind gar keines weiteren Beweises fähig. „Man kann sie nur ,haben' oder ,nicht haben'", wie G. Walther treffend sagt.[38] Es kann höchstens der Bereich individueller Anschauung gezeigt werden, für den sie „gelten". *Sie gründen in sich selbst,* auch wenn sich kein „Geltungsbereich" des natürlichen Erfahrens zeigt, *der ihnen* zugehört (*nie* umgekehrt) Der methodische „Kunstgriff", von der Wirklichkeit abzusehen, sich des Urteils zu enthalten (phänomenologische epoché), um die Kraft der Aufmerksamkeit für das Wesen „freizubekommen", wird nun *phänomenologische Reduktion* genannt.

Die phänomenologische Reduktion – auf die Strukturen des transzendentalen Bewusstseins, die Noesis, gehend – findet ihre Parallele in der *eidetisch-ontologischen Reduktion;* denn der *eidetischen Ontologie* geht es ja nicht um die Weisen und Stufen der Bewusstseinserlebnisse, sondern darum, sich die im Empirisch-Zufälligen und Tatsächlichen je mitgegebenen Wesen zu *reiner Selbstgebung* zu bringen. „Auch sie reduziert also die individuellen Gegebenheiten, aber nur auf reine Wesenheiten, nicht aber auf bloße Gegenstücke von allen empirischen Beimengungen gereinigter Erlebnisse des reinen Bewusstseins, wie es die *phänomenologische,* im Gegensatz zur ontologischen, *eidetischen* Reduktion tut."[39] Die eidetische Reduktion unterscheidet sich also von der phänomenologischen durch den Gegenstand des Interesses, weniger durch das *Verfahren; in diesem* ist sie sich mit der reinen Phänomenologie einig – aber sie bleibt „mundane" Wissenschaft, wenn auch in einer anderen Weise als die sich ihrer eigenen Eidetik nicht bewusste, auf bloße Faktizität zu gehen vermeinende weltliche

---

38 G. WALTHER a.a.O. S. 5
39 G. WALTHER a.a.O. S. 4f.

„Theorie".[40] (Diesen Sachverhalt soll die weiter unten folgende Gegenüberstellung zur „Wirtschaftstheorie" deutlich machen.)

Den weitergehenden, bewusstseinskritischen Untersuchungen Husserls gegenüber ist unsere Aufgabenstellung also – das sollte hier deutlich werden – bescheidener. Wir wollen lediglich untersuchen, was sich für das Thema „Geld" mit Hilfe der *phänomenologischen Methode* gewinnen lässt. So können wir es an dieser Stelle mit der vorgebrachten Schilderung der methodischen Grundlagen bewenden lassen. Der Gang der Untersuchung selber wird zeigen, wo diese Grundlagen im Einzelnen wichtig werden: Es werden insbesondere die Punkte sein, wo wir uns gegen andere Behandlungen unseres Problems abzugrenzen haben. Denn von dem Rechte der Abgrenzung werden wir häufiger Gebrauch machen müssen. Nicht ohne Grund sagt Husserl: „Nach dem Vorstehenden ist es klar, dass der *Sinn* eidetischer Wissenschaft jede Einbeziehung von Erkenntnisergebnissen empirischer Wissenschaften prinzipiell ausschließt."[41] Ähnliches wird für uns gelten, vor allem aber eines: Wir schließen an ein *Sachproblem,* nicht an Autoritäten der Literatur an.

---

40 Mit welchen Schwierigkeiten des Selbstverständnisses eine solche – ja auch auf dem Gebiete der Geldtheorie hervorgetretene – Ansicht zu kämpfen hat, macht Gesell uns mit folgendem Grundsatzbekenntnis deutlich; er sagt: „Etwas begreifen heißt, sich irgendwo am Stofflichen festhalten (begreifen = greifen), heißt in unserem Gehirn vorrätige Vergleichsgegenstände" – woher kommen die vorhandenen denn? – „gefunden zu haben, an die sich der neue Begriff anlehnen kann, – aber eine von jedem Stoff und jeder Kraft befreite Begriffsbildung ist ebenso unfassbar, wie der Apfel für den Tantalus ungreifbar ist" – für den Tantalus nicht nur: auch für Gesell. – SILVIO GESELL: Die natürliche Wirtschaftsordnung durch Freiland und Freigeld. LÜDENSCHEID 1950, S. 21
41 HUSSERL a.a.O. S. 23

II Die eidetisch-ontologische Erforschung der sozialen Welt

1 Die Seinsweise sozialer Gegenstände

Durch die von der Phänomenologie gelegten Fundamente der eidetischen Ontologie wird es nun möglich, Zugang zu der eigentümlichen Seinsweise der sozialen Gegenstände zu erlangen. Denn diese leben zwar in der Sphäre der sinnenhaft wahrnehmbaren Tatsachen des alltäglichen Lebens, aber sie erscheinen für die Sinneswahrnehmung nicht mit jener Eindeutigkeit, mit der uns etwa ein Felsblock eindeutig gegeben ist; solange wir uns auf diese Anschauungsart beschränken, können wir zwar mit ihnen *leben* – wir rechnen ja in unserem alltäglichen Leben etwa mit der Realität des „Staates", mit der Einhaltung eines Versprechens etc.–, aber wir können diese „Objekte" noch nicht bewusst ergreifen: worauf es allerdings (im Konfliktsfalle z.B.) anzukommen scheint. Dieses bewusste Eingreifen zu leisten, müssen wir uns auf die Wesenswelt einlassen und das durch sie erforderte Bewusstsein in wissenschaftlicher Besonnenheit herstellen. Denn die sozialen Gegenstände haben ihr *identisches Sein im Wesensbereich* und verleihen von hier aus konkretem individuellem Geschehen – mehr oder weniger deutlich – *ihre* Prägung. In ihrem *eigenen Sein* sind sie jedoch nur auf der Wesensebene fassbar[42].

Die Soziologie hat die Seinsfrage sozialer Gegenstände zuweilen dadurch umgangen, dass sie „Idealtypen" und ähnliches bildete, um so „verstehend" – wie man es nannte – mit einer Welt in Frieden zu leben, deren Vorhandensein sie zwar nicht leugnen, aber auch nicht adäquat zu erfassen vermochte.[43] Der „Idealtypus" Max Webers soll ja lediglich ein „Erkenntnismittel" sein und nichts über ein eigenes *Sein*

---

[42] Der Grundgedanke dieses Abschnittes schließt wesentlich an die bedeutsame (E. HUSSERL gewidmete) Untersuchung TOMOO OTAKAS – Grundlegung der Lehre vom sozialen Verband. Wien 1932 – an, was im Folgenden noch hervortreten wird.

[43] Vgl. OTAKA Auseinandersetzung mit MAX WEBER (a.a.O. S. 27ff.) Zusammenfassend sagt Otaka: „Nur die unglückliche Verwechslung von *bloß idealen* Wesensbegriffen, mit welchen die Sozialwissenschaften notwendig arbeiten müssen, und *konkret-idealen* Geistesgebilden, die gerade die Gegenstände ontologischer Sozialwissenschaften ausmachen, ist schuld daran, dass der große Begründer der ‚verstehenden Soziologie' den wichtigen Gegenstand der soziologischen Erkenntnis ... aus dem Erkenntnisgebiet dieser Wissenschaft ausschließen zu müssen geglaubt hat" (a.a.O. S. 257).

seines Gegenstandes aussagen.[44] Da diese Soziologie dennoch auf Tatsachen – und nur auf sie – abheben wollte, geriet sie in die Gefahr, zu einer Gegenstandswissenschaft ohne Gegenstand zu werden – eine Gefahr, die jeder hypothesenbildenden Wissenschaft droht, wenn sie ihre Hypothesen im normalen Verlaufe dogmatisiert. Dem „Vorstoßen" zu immer neuen „Wahrheiten", das den ernsthaften Laien so beunruhigt, liegt dann allerdings nichts weiter als eine schlichte Unklarheit über den eigenen Gegenstand zu Grunde. Dann ist es freilich einfach, einen dauernden „wissenschaftlichen Fortschritt" zu etablieren und dem entsprechenden Fortschrittsglauben zu huldigen – eine Unbekümmertheit, die unser naturwissenschaftlich orientiertes Zeitalter sich lange zu erhalten vermochte, die der sachlich-forschenden Aufgabe einer geisteswissenschaftlichen Soziologie jedoch hindernd im Wege stand.

Wenn man zum Beispiel vom „Staat" – offenbar doch einem sozialen Gegenstand – sagt, er bestehe aus dem Staatsgebiet, den zu ihm gehörigen Bürgern, den ihn meinenden Handlungen (im „subjektiv gemeinten Sinn" verstehbar), der Rechtsordnung etc.,[45] kurz: Er sei die „Summe" aller dieser „Eigenschaften", so hat man ihn natürlich kurzerhand hinwegerklärt, ohne es zu wollen; denn eine Addition aller Merkmale ergibt zwar einen „großen Haufen", aber kein neues eigentümliches *Sein*. So wird denn folgerichtig der eigentliche Gegenstand – für das wissenschaftliche Bewusstsein zumindest – eliminiert. Die Praxis dagegen behilft sich weiterhin mit dem „Als-Ob" – ohne es freilich als solches zu klassifizieren. Sie behandelt den Staat als vorhanden, selbst wenn so gut wie alle Merkmale ausgewechselt werden (Problem der Exilregierung, der „Rechtsfolgenatur" eines wiederbegründeten Staates etc.). Und sie tut recht daran. Aber das Problem bleibt – als ein wissenschaftliches – bestehen. „Sollten", so fragt Otaka demgegenüber, „die Sozialwissenschaften nicht ihr echtes und eigentliches Ziel darin finden, die von der traditionellen Methodologie willkürlich festgestellten Grenzen der schlicht empirischen Tatsächlichkeit zu durchbrechen und in die Tiefe der ausgedehnten und fruchtbaren Daseinssphäre der idealen und objektiven Gegenständlichkeiten einzudringen ... ?"[46] – In der Tat: Sie sollten es; und wir werden im Folgenden versuchen, es zu tun.

---

44 OTAKA a.a.O. S. 34
45 Vgl. EBENDORT S. 18
46 OTAKA a.a.O. S. 36

34

Denn der zunächst vorhandene Widerspruch eines soziologischen „Objektivismus ohne Objekt" klärt sich, wenn wir von den einzelnen menschlichen Handlungen, die nicht der „Staat" (z.B.) *sind* – darin hat die von Idealtypen redende Denkweise recht – , in denen er aber doch *lebt* – und dies übersah sie – , zu den als Geistgebilden auf der Wesensebene erfahrbaren sozialen Gegenständen aufsteigen. *Hier* haben wir wieder ein *Objekt* – freilich in der Seinsweise des Wesens, nicht in der der Tatsachen. Wir werden zwar durch reale individuelle Tatsachen und Geschehnisse *veranlasst*, uns des die einzelne Sinnenerfahrung übergreifenden, idealen sozialen Gegenstandes in „kategorialer Anschauung" bewusst zu werden, aber in der schlichten Sinneserfahrung ist er nicht voll gegeben. Ihn nur *hier* suchen zu wollen: Das muss zu seiner Verleugnung führen. Wir müssen vielmehr unsere wissenschaftlichen Maxime so ändern oder erweitern, dass wir die Welt erfahren, wie *sie* ist. Und in der Erfahrung sozialer Gegenstände spielen eben Sinneserfahrung und Wesenserfahrung ineinander;[47] nur der Gegenstände der ersteren sind wir uns „in einem Schlage" (Husserl) bewusst, die der letzteren erfassen wir zunächst vorwissenschaftlich-gefühlsmäßig; *sie* in wissenschaftlicher Bewusstheit zu erfahren, verlangt besondere Anstrengung: Wir müssen von sozialer Tatsächlichkeit auf soziale Wesenhaftigkeit „reduzieren".

Diese eidetische Reduktion vollziehend erkennen wir, dass die sozialen Gegenstände in ihrem identischen Sein nur auf der Wesensebene erfahren werden können,[48] dass sie aber in konkreten menschlichen Handlungen ihren „Wirklichkeitsboden" (Otaka) haben, in *ihnen* leben. Real und wirklich sind solche sozialen Objekte, die durch individuelle soziale Vorgänge und Tatsachen existenziell fundiert sind; *dies* muss uns die Sinneserfahrung bestätigen. Um jedoch zu sehen, *was* existent ist, d.h. das Geschehende seiner *eigenen Art* nach zu begreifen, in unserem Falle also *als soziales* Geschehen: Dazu bedürfen wir der Wesenserfahrung.[49] Auf dem Boden schlichter sinnlicher Tatsachen sind die sozialen Gegenstände nicht voll erfahrbar: jedenfalls nicht in ihrem *Wesen*. *Das* aber soll uns hier interessieren. So können wir mit Otaka sagen: „Wenn die Soziologie *wahre Geisteswissenschaft* sein soll, wenn sie also nicht mehr die menschliche Sozialität als etwas Naturhaftes, sondern schlechthin als etwas Geistiges, *als etwas sinnhaft Verstehbares* erforschen will, dann darf sie nicht mehr an der bloßen Tatsächlichkeit des menschlichen Zusammenlebens kleben;

---

47 Vgl. OTAKA a.a.O. S. 82
48 Vgl. OTAKA a.a.O. S. 69 ff.
49 Vgl. EBENDORT S. 92 ff.

sie muss vielmehr die *ontologische* Untersuchung des sozialen Daseins als eine ihrer *wichtigsten* Aufgaben in die Hand nehmen."[50]

Das damit *grundsätzlich* Vorgebrachte soll im Folgenden in *spezieller* Hinsicht weitergeführt und ergänzt werden: durch die Untersuchungen Adolf Reinachs über die Eigenart und Struktur der „sozialen Akte". Sie eröffnen uns den Zugang zur Geldlehre.

2 Die sozialen Akte und ihre Eigenart

In *Geld* und Geldgebrauch befassen wir uns nicht nur mit Gelddokumenten wie Noten, Münzen usw., sondern zugleich mit einem sozialen Geschehen, das in einzelnen *sozialen Akten* sich vollzieht: Wir „zahlen" und nehmen „in Zahlung" usw. Ist das letztere für das Geld wesentlich? Diese Fragen können wir uns offenbar erst beantworten, wenn deutlich geworden ist, womit wir es in diesen „sozialen Akten" dem Wesen nach zu tun haben. Adolf Reinach hat ihnen, in seiner Abhandlung über „Die apriorischen Grundlagen des Bürgerlichen Rechtes" einige Aufmerksamkeit gewidmet.[51] Für den Zusammenhang dieser Untersuchung ist es wichtig, die Struktur dieser sozialen Akte deutlich zu machen.

Reinach entwickelt seine Ansichten am Beispiel des Versprechens. Er macht darauf aufmerksam, dass von der Erteilung eines Versprechens ganz bestimmte eigenartige Wirkungen ausgehen – ganz andere z.B., als wenn ein Mensch eine Bitte ausspricht oder eine Mitteilung macht. Hat ein Mensch ein Versprechen erhalten, so kann er etwas verlangen, während der Versprechende umgekehrt verpflichtet ist, dieses zu leisten oder zu gewähren. Zwischen dem Versprechenden und dem Versprechensempfänger ist eine Verbindung geschaffen *zufolge* des Versprechens. Diese Verbindung kann relativ lange andauern; dennoch gehört es zu ihrem Wesen, „ein Ende oder eine Auflösung zu erfahren". Dies kann dadurch eintreten, dass der Versprechensinhalt *geleistet* wird – das wäre gewissermaßen das natürliche Ende dieser Beziehung. Ihre Beendigung kann aber auch in der Weise erfolgen, dass der Versprechensempfänger verzichtet oder der Versprechende widerruft.[52]

---

50 OTAKA a.a.O. S. 264
51 Vgl. ADOLF REINACH: Die apriorischen Grundlagen des Bürgerlichen Rechtes. Zuerst erschienen im Jahrbuch für Philosophie und phänomenologische Forschung (1913); als Buch neu erschienen unter dem Titel: Zur Phänomenolgie des Rechts. München 1953; letzteres wird hier zitiert.
52 Vgl. A. REINACH a.a.O. S. 21

Durch das Auftreten von Anspruch und Verbindlichkeit wird deutlich, dass durch das Versprechen ein sehr realer Tatbestand in der Welt sozialer Gegenstände geschaffen wurde. Dessen Eigenart kann nicht dadurch begriffen werden, dass man ihn auf *Erlebnisse* der beteiligten Subjekte „zurückführt". Denn Gegenstände dieser Art können evidenter Weise länger existent sein als die bei ihrem Entstehen vorhandenen Erlebnisse; sie überdauern Schlaf und tiefe Ohnmacht. Freilich treten „dazugehörige" Erlebnisse immer dort auf, wo wir es mit Anspruch und Verbindlichkeit zu tun haben: Diese Erlebnisse sollen also nicht „verleugnet" werden; sie machen nur das Wesen des sozialen Gegenstandes „Versprechen" nicht aus. Diesem nähern wir uns vielmehr, indem wir ihn zunächst als „zeitlichen Gegenstand" einer ganz besonderen ... Art erfassen.[53]

Aber weiteres ist zur Charakteristik des Versprechens notwendig. Wir haben bisher gesehen, dass aus dem Versprechen etwas „entsteht", das über den zunächst notwendigen Akt des Versprechenden hinausweist, das aber gleichwohl zu ihm „hinzugehört", und dass diesem so Entstehenden eine spezifische Zeitlichkeit, ein *Verlauf* eignet: Es entstehen Anspruch und Verbindlichkeit, sie gehen unter durch Erfüllung, Verzicht, Widerruf. Wir halten dies fest und fragen nach dem *Aktcharakter* des Versprechens selbst, der uns besonders interessiert.

Diesen können wir uns vergegenwärtigen, wenn wir aus dem Gesamthorizont möglicher Lebensweisen des Ich jene herausheben, die nicht nur dem Ich angehören, in denen es sich vielmehr *als tätig* erweist – wie etwa das Fassen eines Vorsatzes, die bewusste Hinwendung zu einer Sache. Reinach bezeichnet sie als *spontane Akte*: „Die Spontaneität soll dabei das innere Tun des Subjektes bezeichnen."[54] Intentionalität allein würde diese Akte nicht genügend kennzeichnen: Sie weisen neben der Intentionalität noch Spontaneität auf. Das Ich wird also nicht nur beeindruckt, erlebt nicht nur *Reaktives*: Hass, Freude etc., es erweist sich vielmehr als der „phänomenale Urheber des Aktes".

Ist der Akt des Sich-Entschließens oder des Vorsatz-Fassens jedoch ein *interner*, der vollzogen werden kann, ohne dass er verlautbart zu werden braucht, so gibt es andere, denen gerade die *Kundgabe* wesentlich ist: dem Befehl, der Frage, der Bitte z.B. Sie können sich nicht rein innerlich vollziehen, sie setzen ein zweites Subjekt voraus, an das sie sich wenden. Sie sind ihrem Wesen nach *vernehmungsbedürftig*. So

---

53 EBENDORT
54 A. REINACH a.a.O. S. 37

37

sagt Reinach: „Wir bezeichnen die spontanen und vernehmungsbedürftigen Akte als *soziale Akte*."[55]

Auch im Versprechen haben wir es mit einem fremdpersonalen sozialen Akt zu tun. Er setzt, wie andere soziale Akte, einen bestimmten Willen des Versprechenden voraus, welcher sich auf seinen Inhalt intentional bezieht. Es gründet also einerseits in dem Willen des Versprechenden, etwas Bestimmtes zu tun (gegebenenfalls in der Form des Unterlassens), aber es ist als Akt nicht nur auf das Ich beschränkt, es ist eben nur, was es ist, wenn es sich kundgibt, wenn der Adressat es vernimmt, d.h. es ist ein *sozialer Akt* in der gekennzeichneten Form. Als sozialer Akt braucht es Personen, an die es sich wendet, die es begrenzen: Zwischen ihnen spannt es in seiner Eigenart und Struktur. Diese ihm eigene soziale Spannweite zwischen spontanem Ich und vernehmend-annehmendem Adressat und ihre (jeweils andere) eigenartige Struktur wollen wir seine *soziale Gestalt* nennen. Alles zwischenmenschliche Geschehen hat *seine* soziale Gestalt: das Versprechen die beschriebene.

Aber noch ein drittes – neben Verlauf und Gestalt – ist zur Kennzeichnung des Versprechens notwendig: sein Inhalt, das, „worauf es geht", was es meint. Es muss eine genau umgrenzte *Bedeutung* haben. Es muss sich auf ein künftiges Verhalten des Versprechenden beziehen, für das er sich verbindlich macht. „Wohl kann ich verbindlich dafür sein, dass etwas durch einen anderen geschehe, aber auch hier muss es mein Verhalten sein, welches dazu bestimmt ist, zu dem Verhalten des anderen zu führen."[56] Es kann aber auch etwas anderes der Fall sein. Man kann zwischen Verbindlichkeiten, welche auf ein Verhalten tendieren (und sich in ihm erfüllen), und solchen, welche die Realisierung eines Erfolges bezwecken, unterscheiden. Im ersten Fall sind bestimmte Verhaltensweisen gemeint; im zweiten wird nur der Erfolg bestimmt sein, „dessen Realisierungsweise dem Belieben des verbindlichen Subjektes überlassen werden kann."[57] Es muss uns hier genügen, prinzipiell auf den Bereich des Versprechensinhaltes, auf seine den Akt jeweilig erfüllende *Bedeutung* hingewiesen zu haben.

---

55 EBENDORT S. 40
56 A. REINACH S. 27
57 EBENDORT. – Der Versprechensinhalt kann formell auch noch in anderer Weise bestimmt sein. Ein Versprechen kann erteilt werden, für den Fall, dass dieses oder jenes eintritt. Es kann der A dem B versprechen, etwas an den C zu leisten: dann gehört die „Leistung an C" zum Inhalt des Versprechens, Versprechensempfänger und Verbindlichkeitsadressat fallen auseinander usw.

Was für uns im Ferneren von Wichtigkeit sein wird, das ist die Tatsache, dass wir an dem Beispiel des Versprechens einige, für die eidetisch-ontologische Soziologie grundlegende Sachverhalte verdeutlichen konnten.

1. Wir vergegenwärtigten uns, dass wir bei sozialen Akten – wie dem Versprechen – von einer Ebene ihrer sozialen *Gestalt* sprechen können, deren jeweilige Struktur den Akt genauer charakterisiert. Die Gestalt, *seine* Gestalt, unterscheidet einen sozialen Akt von anderen; sie ist gewissermaßen „Gattung" für alle durch bestimmte Bedeutungen sich konkretisierenden Einzelfälle „dieser Art".

2. Wir sahen weiter, dass die Gestalt allein uns nicht über den vollen Gehalt eines sozialen Aktes Aufschluss gibt: Die Erörterung seiner Inhaltlichkeit, seiner möglichen *Bedeutungen* muss hinzugenommen werden. Dabei wird gleichzeitig deutlich: Gibt es verschiedene Bedeutungen, so müssen sie als unterscheidbar beschrieben werden können. Mit anderen Worten: Es muss eine „eidetische Typologie" möglich sein. Dies wird uns beim Thema Geld noch beschäftigen. Und wir mussten

3. erkennen, dass es sozialen Akten wie dem Versprechen (bei anderen Akten zeigt sich Entsprechendes) wesentlich ist, dass aus ihnen Weiteres entsteht, in dem sich das Versprechen erst realisiert und das ihm in dieser Weise „zugehört": in dem „Dauern" von Anspruch und Verbindlichkeit, in der ihnen eigenen Zeitlichkeit. Das Versprechen „verwirklicht" sich zunächst als Anspruch und Verbindlichkeit und „erfüllt" sich in der Leistung. Hier stoßen wir neben Gestalt und Bedeutung auf einen „wesentlichen" *Verlauf*, d.h. auf ein ebenfalls in seinem Wesen aufzeigbares *Erfüllungsgeschehen*. –

Haben wir diese drei Bereiche umrissen und mit den notwendigen Wesensbeschreibungen erfüllt, so können wir davon sprechen, das *Wesen* eines sozialen Aktes erfasst zu haben.

So können wir festhalten: *Soziale Akte bestimmten Wesens* lassen sich von anderen sozialen Akten durch ihre *Gestalt* unterscheiden. Der Bereich einer so abgegrenzten sozialen Gestalt lässt sich *eidetisch erforschen*, indem die ihm möglichen *Bedeutungen* herausgehoben werden. Die Einordnung solcher Akte in das im Zeitenstrom sich vollziehende soziale Geschehen kann ebenso *eidetisch aufgewiesen* werden, wenn der den einzelnen Bedeutungen je zugehörige *Verlauf* oder *Prozess* geschildert wird.[58]

Wir haben mit dem Vorstehenden zugleich die grundsätzlichen Gliederungsgesichtspunkte für unsere Untersuchung des Geldes gewonnen. Der Fortgang der Untersuchung selbst wird zu zeigen haben, *ob* und *wie weit* sich eine solche Arbeitsmethode auf dem von uns in Frage gezogenen Gebiete bewähren kann. Es wird jedoch auch von dieser Arbeit gelten, was Reinach hinsichtlich der von ihm geführten Untersuchung sagt: „Wir geben, streng genommen, keine *Theorie* des Versprechens. Wir stellen ja nur den schlichten Satz auf, dass das Versprechen als solches Anspruch und Verbindlichkeit erzeugt. Man kann versuchen, und wir haben es versucht, durch aufklärende Analyse diesen Satz einsichtig zu machen. Ihn erklären zu wollen hätte genau denselben Sinn wie der Versuch einer Erklärung des Satzes 1 mal 1 = 1 . Es ist die *Angst* vor der *Gegebenheit*, eine seltsame Scheu oder Unfähigkeit, Letztanschauliches ins Auge zu fassen und als solches anzuerkennen, welche eine unphänomenologisch gerichtete Philosophie bei diesem, wie bei so vielen anderen, fundamentaleren Problemen zu haltlosen und schließlich zu abenteuerlichen Konstruktionen getrieben hat."[59]

Im Folgenden soll versucht werden, der Struktur jener sozialen Akte nachzugehen, mit denen wir es im Geld und Geldgebrauch zu tun haben, und sie auf ihre eidetische Letztanschaulichkeit hin zu prüfen.

---

[58] Die Differenzierung in Gestalt, Bedeutung und Prozess findet sich bei REINACH nicht expressis verbis.
[59] REINACH a.a.O. S. 84

40

III Die eidetische Ontologie der Wirtschaft und die Wirtschaftstheorie

1 Verschiedenartige Aufgabenstellungen

Wir haben im Vorstehenden bereits ausgeführt, worin wir den methodischen Ansatzpunkt unserer Untersuchung sehen: in der phänomenologischen Methode. Es mag auch deutlich geworden sein, *dass* und *worin* sich ein solcher Ansatz von der Aufgabenstellung der allgemeinen Theorie der Wirtschaft, des Geldes usw. unterscheidet. Er sei dennoch, um Missverständnissen über unser Vorgehen möglichst zu begegnen, noch einmal explizit hervorgehoben.

Soviel „Methodenstreit" es in der Nationalökonomie auch gegeben haben mag, die Fachwerke und Lehrbücher unserer Tage machen uns eine solche Hervorhebung des Unterschiedes zwischen phänomenologischer und theoretischer Methode nicht leicht: Sie beginnen eben einfach, den „Gegenstand" ihrer Untersuchung − „so wie er wirklich ist" − zu behandeln; zuweilen folgt dem dann noch eine kurze Erklärung, seltener eine Definition, wie eben eine „richtige" Theorie „sein muss". Die *Ergebnisse*, so meint man, sprechen für sich selbst. (Eucken: „Denn auch in dieser Sache entscheidet allein die Leistung")[60] Sie tun es. Einige Beispiele mögen uns diesen Sachverhalt bestätigen.

Erich *Schneider* beginnt seine „Einführung in die Wirtschaftstheorie" mit folgenden Worten: „Gegenstand der Wirtschaftswissenschaften ist jener Ausschnitt menschlichen Handelns, der in Verfügungen über knappe Mittel zur Erfüllung menschlicher, aus Bedürfnissen und Wünschen resultierender Zwecke besteht."[61] Und er kennzeichnet die Aufgabe der Theorie mit diesem Beispiel: „Der Mensch unserer Tage weiß ..., dass vom Gelde her auf den Ablauf der Wirtschaft tief eingreifende Wirkungen ausgehen können, dass trotz vorhandener Arbeitswilligkeit für ihn keineswegs immer die Arbeitsmöglichkeiten vorhanden sind. Warum ist das so? Was kann getan werden, um derartige Erschütterungen des Ablaufs des Wirtschaftsprozesses zu vermeiden? Eine Antwort setzt voraus, dass man sich

---

60 WALTER EUCKEN: Die Grundlagen der Nationalökonomie. Berlin-Göttingen-Heidelberg 1950⁶, S. 69
61 ERICH SCHNEIDER: Einführung in die Wirtschaftstheorie. I. Teil: Theorie des Wirtschaftskreislaufs. Tübingen 1953⁴, S. 1

denkend der Frage zuwendet, welche Faktoren denn überhaupt für den Ablauf des Wirtschaftsprozesses bestimmend sind, und dann untersucht, wie Änderungen eines Faktors oder mehrerer Faktoren diesen Ablauf beeinflussen. *„Eine Untersuchung dieser Art ist Aufgabe der Wirtschaftstheorie."*[62] – Man sieht: Hier werden „Wirklichkeiten" gegenständlicher Art untersucht, aus ihnen wird abgeleitet, gefolgert usw. Es soll hier nicht das Geringste gegen diese Art des Vorgehens gesagt werden, da wir hier keine *Kritik*, sondern nur eine *Gegenüberstellung* verschiedener Aufgabenstellungen liefern wollen. Dass freilich aus einer *solchen* Aufgabenstellung eine andere noch erwachsen kann, wird deutlich, wenn Schneider darauf hinweist, dass er seine Untersuchung wie ein „Außenstehender" führt (und dies charakterisiert gleichzeitig wieder die *theoretische* Einstellung): „Was wir als Außenstehende bei einer Betrachtung der Welt der Wirtschaft sehen, sind die *Objektivierungen des Wirtschaftlichen."* „Das eigentlich *Wirtschaftliche* ist *nicht erkennbar* ... es verkörpert sich in den Überlegungen, die zu denjenigen Dispositionen geführt haben, deren Ausführung wir in der Wirklichkeit erkennen."[63] Die eben auch mögliche Aufgabe, die Zusammenhänge in ihrem Wesen darzustellen, ergreift Schneider nicht. Er gibt eine Theorie der Tatsachen.

Auch *Stackelberg* dekretiert am Beginn seiner „Grundlagen der theoretischen Volkswirtschaftslehre": „Die Gesamtheit der Einrichtungen und Maßnahmen zur planvollen Deckung des menschlichen Bedarfes nach Gütern heißt Wirtschaft."[64] „Die Aufgabe aber, die der wissenschaftlichen Erkenntnis der Wirtschaft gestellt ist, lautet: Nach welchen Regeln werden die Wirtschaftspläne aufgestellt, und wie vollzieht sich der entsprechende Wirtschaftsablauf? Wie fügen sich die Wirtschaftspläne der Teilwirtschaften zum Wirtschaftsablauf in der übergeordneten Wirtschaft zusammen? In welcher Weise lassen sich die verschiedenen wirtschaftlichen Erscheinungen und Vorgänge auf die gesamtwirtschaftlichen Daten zurückführen und damit erklären?"[65] Was wir uns auch immer von einer Arbeitsweise wie der angeführten versprechen mögen, ihre Blickrichtung ist evident: Sie schaut von ihrem „Standpunkt" aus auf die *wirkliche Welt*. „Das ist jedenfalls der Standpunkt des Wirtschaftstheoretikers."[66]

---

62 SCHNEIDER a.a.O. S. 2; Kursivsetzung von uns
63 SCHNEIDER a.a.O. S. 11 f.; letzte Kursivsetzung von uns
64 HEINRICH V. STACKELBERG: Grundlagen der theoretischen Volkswirtschaftslehre. Bern-Tübingen 1951², S. 3
65 STACKELBERG a.a.O. S. 12
66 STACKELBERG a.a.O. S. 11

Oder *Forstmann*: „Wir sehen die wissenschaftliche Aufgabe der theoretischen Nationalökonomie vor allem darin, aus der Beobachtung des tatsächlichen Geschehens der realen Wirklichkeit das Gemeinsame solchen Geschehens zu erkennen und zu erklären, um auf diese Weise zu ‚allgemeingültigen' Erkenntnissen wirtschaftlicher Zusammenhänge und Verursachungen gelangen zu können ... Die Überprüfung der Richtigkeit solcher Erkenntnisse am tatsächlichen Geschehen, d.h. ihre Verifizierung, macht sie dann zur ‚Theorie', und zwar zur ‚reinen' Theorie."[67] Es gilt das schon Gesagte.

Eucken zitiert Hippolyte Taine's Bemerkung, wir studierten „statt der Gegenstände ihre Zeichen, statt des Terrains die Karte", und schließt daran die Bemerkung: „In der Tat gerät jede Kultur und gerät jede Wissenschaft im Laufe ihrer Entwicklung in die Gefahr, die volle, unmittelbare Anschauung der Dinge zu verlieren. Dann ist es Zeit, Streitigkeiten um Worte beiseitezuschieben, inhaltsleere Begriffsschemen zu vergessen und wirklich das Terrain zu studieren. In dieser Lage befindet sich heute die Nationalökonomie. Volle unmittelbare Anschauung der Tatsachen und entschiedenes einfaches Fragen ist nötig, um ein festes Fundament zu gewinnen."[68] Für Eucken ist die „individuelle Anschauung" (in Husserl'scher Formulierung) dasjenige, an dem er sein „festes Fundament" zu gewinnen glaubt. Er ist ein Exponent jener Anschauung, die mit der Methode der Tatsachenwissenschaft die Domäne betreten will, über die allein eine eidetische Wissenschaft „Aufschließendes" (für die Tatsachenwissenschaft) zu sagen vermag. Eucken will „entschieden an die wirtschaftliche Wirklichkeit ... und gerade an ihre Einzelheiten herangehen." Die Frage, „wohin der Weg führt" – die er selber aufwirft –, beantwortet er mit dem uns bereits bekannten Hinweis, dass „auch in dieser Sache ... allein die Leistung" entscheide.[69] Für ihn ist die „Aufgabe der Theorie": „die notwendigen Zusammenhänge bis zum Datenkranz zu verfolgen und umgekehrt zu zeigen, wie von den einzelnen Daten das wirtschaftliche Geschehen abhängt,"[70] oder anders ausgedrückt: Theorie ist, was Tatsachen aus Tatsachen folgert, was Tatsachen auf Tatsachen („Daten") zurückführt, mit einem Worte: was Tatsachen im Blick hat. Er bedient sich dabei der Methode der sog. „pointierend-hervorhebenden Abstraktion", die er zwar als von ihm angewandt schildert, die er jedoch nirgends als theoretisch schlüssig nachweist.[71] Dieser Aufweis seiner methodischen Ansichten mag hier genügen.

---

67 FORSTMANN: Volkswirtschaftliche Theorie ... a.a.O. S. 3 f.
68 EUCKEN a.a.O. S. 1
69 EUCKEN a.a.O. S. 69
70 EUCKEN a.a.O. S. 156
71 EUCKEN a.a.O. S. 70 etc.

Auch *Schumpeters* Arbeitsweise, wenn sie sich auch als eleganter und undogmatischer erweist, gehört in das „theoretische Lager", wenn er auch „auf den Panzer methodologischer Kommentare" ganz verzichtet.[72] So sagt er etwa: „Die Nationalökonomie ist nur eine beobachtende und deutende Wissenschaft."[73] Deutlicher kommt es gleich im Beginn seiner „Theorie der wirtschaftlichen Entwicklung" zum Ausdruck; er sagt dort: „Wenn wir uns nun nach den allgemeinen Formen der wirtschaftlichen Dinge, nach ihren Regelmäßigkeiten oder nach einem Schlüssel zu ihrem Verständnis fragen, so sagen wir damit ipso facto, dass wir sie in diesem Augenblick als das zu Erforschende, das Gesuchte, das ‚Unbekannte' betrachten und sie auf relativ ‚Bekanntes' zurückführen wollen, so wie das jede Wissenschaft mit ihrem Untersuchungsobjekt tut. Gelingt es uns, einen bestimmten Kausalzusammenhang zwischen zwei Erscheinungen zu finden, so ist unsere Aufgabe dann gelöst, wenn jene Erscheinung, die in diesem Zusammenhang die Rolle des ‚Grundes' spielt, keine wirtschaftliche ist. Dann haben wir getan, was wir in dem betreffenden Falle als Nationalökonomen tun können, und müssen das Wort anderen Disziplinen überlassen."[74] Auch für Schumpeter ist Theorie – „Theorie von Tatsachen."[75] Die Theorie muss, „mit den nötigen Daten gefüttert, die *Berechnung* eines Effekts gestatten". Tut sie das, so kann man sogar – nach Schumpeter — bereit sein, ihr „ihre willkürlichen Behauptungen, ihre logischen Schwierigkeiten" zu verzeihen. „Worauf es für die Praxis der wissenschaftlichen Arbeit ankommt, sind nicht irgendwelche ‚Wahrheiten', sondern Methoden, mit denen man operieren kann."[76]

Was bei Schumpeter also noch stärker als bei den vorangehenden Autoren zum Ausdruck kommt, das ist die – im Vergleich mit dem bisher festgestellten „Tatsachendrang" – seltsame, aber doch dazu gehörige Einstellung: Die Theorie hat eine *Hypothese*, ein in sich logisch geschlossenes System aufzustellen, das solange gültig sein wird, bis Tatsachen bekannt werden, die durch die „Theorie" nicht *gedeckt* werden können. Solange die Tatsachen der Theorie nicht widersprechen, *befriedigt* diese – so sagt man – unser „Erklärungsbedürfnis"; ob sie *an sich* „wahr" oder „falsch" sei: Wen kann das beunruhigen? Was ist denn überhaupt „Wahrheit"? *Brauchbar*

---

72 SCHUMPETER: Theorie... a.a.O. S. 2
73 SCHUMPETER: Kapitalismus, Sozialismus, Demokratie. München 1950[2], S. 176
74 SCHUMPETER, Theorie ... a.a.O. S. 3
75 An anderem Orte sagt er: „Aber eine Theorie ist nichts anderes als eine Zange zur Erfassung von Tatsachen; die Zange zu zeigen hat keinen Sinn, wenn man nicht gleichzeitig zeigt, wie man die Tatsachen mit dieser Zange fasst" (J. SCHUMPETER: Das Kapital im wirtschaftlichen Kreislauf und in der wirtschaftlichen Entwicklung. Beitrag in: Kapital und Kapitalismus. Hrsg. V. B. HARMS. Berlin 1931, S. 187).
76 SCHUMPETER a.a.O. S. XIV f.

ist es, „so mit den Taten zu verfahren, dass etwas herauskommt, was den Tatsachen entspricht. Und verteilt man nach diesem Gesichtspunkt die Prädikate ‚wahr' und ‚falsch', so ist selbst das kein Unglück, wenn man sich nur bewusst bleibt, dass man damit einem Pragmatismus huldigt, der philosophischen Haaren das Recht gibt, zu Berge zu stehen."[77] Soweit Schumpeter.

Unabhängig von der Frage, ob wir hier von dem uns damit zugestandenen Rechte Gebrauch machen wollen oder nicht, sei doch festgehalten, dass wir aus dem Angeführten entnehmen konnten, was von berufener Seite als *Aufgabe der Theorie* angesehen wird: Die *Theorie* entwickelt Thesen, die höchstens formell *widerspruchsfrei* (was ja durch entsprechende Definitionen – z.B.: A = was dem System „genügt" – jederzeit zu erreichen ist), aber nicht selbst *einsichtig* sein müssen, und erforscht damit den Tatsachenbereich, die „Welt". Es ist hier nicht der Ort, zu dieser Aufgabenstellung selber Kritisches oder Zustimmendes anzumerken: Sie sei dahingestellt; es sei jedoch deutlich erklärt, dass *diese Aufgabenstellung* hier nicht angestrebt ist. Sicherlich: Sie ist möglich und mag zuweilen durchaus angebracht sein; sie vermag jedoch nicht der Wesensanalyse zu dienen, um die es hier geht.

Uns können Tatsachen nur als Unterlage dienen, das Wesen zu erschauen. Wir haben uns zur Aufgabe gestellt, die Wesenszusammenhänge des Geldes zu entwickeln. *Theorie* untersucht – so können wir das Ergebnis dieses Kapitels zusammenfassen – gedankliche Möglichkeiten im Hinblick auf die „Wirklichkeit", *diese* ist Kriterium. Die Wirklichkeit in ihrer faktischgewordenen Gestalt erhält in der eidetischen Ontologie die „Klammer": Sie interessiert nicht selber, wie sie „wirklich" ist. Die *eidetische Ontologie* untersucht Wesenszusammenhänge, die sich selbst begründen; *ihr* Kriterium kann nur ihre eigene eidetische Letztanschaulichkeit sein. *Bestehen* ihre Sätze *in sich*, dann sind sie auch für die „Wirklichkeit" möglich. Das jedoch wird erst der Schluss der Untersuchung zeigen können.

2 Materiale Abgrenzungen

Aus der vorangehenden Abgrenzung, die die verschiedenen Aufgabenstellungen von Theorie und eidetischer Ontologie in formaler Hinsicht gegeneinander abhob, folgt notwendig noch eine materiale Abgrenzung, die das Verständnis des Folgenden erleichtern wird.

---

77 SCHUMPETER: Theorie ... a.a.O. S. XV

45

Material werden wir uns mit dem Problem befassen, die Wesensgesetze des Geldes ontologisch zu entwickeln (Hauptabschnitt B) und ihre prinzipielle Brauchbarkeit für das soziale Leben am Beispiel der Unternehmung aufzuzeigen (Hauptabschnitt C). Wir werden uns also weder mit den *quantifizierenden* Untersuchungen der Geldtheorie – z.B. Geldwertproblem (stabiles Geld, neutrales Geld etc.), Geldschöpfungsprobleme (quantitativ), Multiplikatorproblem – im Einzelnen auseinandersetzen, noch werden wir uns auf die Diskussion psychologischer oder allgemeiner Grundlegungen der Systeme (Rationalprinzip, Prinzip der Gewinnmaximierung etc.) einlassen.

Das erste Gebiet – die quantitativen Analysen – müssen wir ausschließen, weil wir uns lediglich vorgenommen haben, *Elemente* zu einer eidetisch-ontologischen Geldlehre, nicht etwa eine ausgearbeitete, „anwendungsbereite" Geldwesenslehre selbst, zu entwickeln und darzustellen. Unsere beschränktere Aufgabenstellung mag hier genügen. Von einigen wenigen Ausblicken abgesehen lassen wir den ganzen Fragenkomplex quantifizierender Untersuchungen vorerst offen.

Gegen den Psychologismus in unserer Wissenschaft allerdings möchten wir uns grundsätzlich abgrenzen. Ganze Systeme bauen doch, so scheint es, auf gewissen, wie man sagt: „wirtschaftlichen" Verhaltensweisen der „Wirtschaftssubjekte" auf; auf dem Abwägen der Lust gegen die Unlust, auf dem Prinzip der Gewinnmaximierung, dem Rationalprinzip. Schumpeter zieht daraus gar Folgerungen über die logischen Grundlagen der Wissenschaft überhaupt: „Ich zögere nicht zu behaupten", sagt er, „dass die ganze Logik vom Muster der wirtschaftlichen Entscheidung abgeleitet ist, oder, … dass das wirtschaftliche Modell der Nährboden der Logik ist."[78] Ihren bildhaften Abglanz haben alle diese „Erklärungsversuche" in der mythischen Gestalt des „homo oeconomicus" gefunden. Ja, von Mises führt gar das Entstehen der menschlichen Gesellschaft selbst auf derartige psychische Fakten zurück: „In a hypothetical world in which the division of labor, would not increase productivity, there would not be any society … Human society is … the outcome of … the higher productivity of the division of labor,"[79] m.a.W.: weil die Arbeitstei-

---

78 SCHUMPETER: Kapitalismus … a.a.O. S. 201.
79 LUDWIG VON MISES: Human Action, a. Treatise on Economics. New Haven 1949, S. 144 f. – Ein Menschenalter vorher hatte jedoch schon Bendixen gefragt: „Sollte nicht die Meinung berechtigt sein, dass auch das wirtschaftliche Wirken unter einem höheren Gesichtspunkt als dem der egoistischen Gewinnsucht aufgefasst werden müsse?" Bendixen vertritt jedenfalls – ebenso begründet mindestens (wenn nicht besser) wie von Mises u.a. – die Meinung, dass es Höheres gibt für die ökonomische Betrachtungsweise „als jene Philosophie der Lust- und Unlustgefühle, die die wirtschaftliche Arbeit zu psychischer Unlust stempelt und so eine Psychologie der Trägheit zum Rang einer Wirtschaftstheorie erheben möchte" (F. BENDIXEN: Das Wesen des Geldes. München-Leipzig 1922, 3.Aufl. S. 79 f.).

lung dem Lust-Unlustkalkül vorteilhaft erscheint: darum ist die menschliche Gesellschaft entstanden.

Mag dies stimmen oder nicht: Wir sind darauf nicht angewiesen. Wir scheiden jede *psychologische Überlegung* aus unserer Untersuchung aus. *Letztere hat ohne dies Bestand*. Wir sahen bereits, warum. Wesensgesetze von gesellschaftlichen Erscheinungen sprechen eben von gesellschaftlichen Erscheinungen und nicht von irgendwelchen möglichen oder wirklichen Motivationen derselben. Wenn ich jemandem ein Versprechen erteile, dann mag ich meine Motive haben: Für die Aufklärung des *Wesens des Versprechens* selbst sind sie ohne Belang. Gewiss, sie sind da; aber sie sind nicht interessant, wenn wir das Wesen gesellschaftlicher Erscheinungen untersuchen, wir können das eine *oder* das andere zum Gegenstand der Untersuchung machen: Wir untersuchen hier das *Geld*, nicht die *Motive* des Geldgebrauchs. Wir betrachten deshalb jede *psychologistische* Fragestellung als für unser Thema *irrelevant*.

Dass diese Abgrenzung wichtig genug ist, um sie ausdrücklich hervorzuheben, kann deutlich werden, wenn wir sehen, wie Husserl sich gegen die „Neigung unserer Zeit" wenden muss, „das *Eidetische* zu psychologisieren". „Ihr unterliegen auch viele, die sich Idealisten nennen, wie denn überhaupt die Wirksamkeit empiristischer Auffassungen auf idealistischer Seite eine starke ist. Wer Ideen, Wesen für ‚psychische Gebilde' ansieht, wer mit Rücksicht auf Bewusstseinsoperationen, in welchen auf Grund exemplarischer Anschauungen von Dingen, mit dinglichen Farben, Gestalten usw. die ‚Begriffe' von Farbe, Gestalt gewonnen werden, das jeweilig resultierende Bewusstsein von diesen Wesen Farbe, Gestalt mit diesen Wesen selbst verwechselt, schreibt dem Bewusstseinseinfluss als reelles Bestandsstück zu, was ihm prinzipiell transzendent ist. Das ist aber einerseits ein Verderbnis der Psychologie ..., andererseits ein Verderbnis der Phänomenologie."[80]

Den gleichen Sachverhalt finden wir in den Wirtschaftswissenschaften. Das ganze System ist psychologisch (mit *einem* Motiv!) „untermauert", aber vor lauter Psychologisieren verlieren wir die Tatsachen aus dem Blickfeld. Man denke nur an die lange Diskussion darüber, ob es nicht in Wirklichkeit andere Motive als das der Gewinnmaximierung seien (sie wären „systemfremd"), die das unternehmerische Handeln be-

---

80 HUSSERL a.a.O. S. 145

stimmen.[81] [82] Wie das Handeln aber selber *seinem Wesen nach* sei, darüber kann man kaum Arbeiten finden.[83]

Hier tut es offenbar not, sich von einer theoretischen Psychologisierung abzuwenden, um den Blick für zumindest *auch* Wesentliches freizubekommen. Denn schließlich wird man soziales Handeln nicht nur als „Fortführung von Motiven mit anderen Mitteln" – um die Clausewitz'sche Logik für diesen Sachverhalt einmal zu bemühen – verstehen können. Es hat sein *eigenes* Wesen.

---

81 Vgl. etwa G. KATONA: Psychological Analysis of Economic Behavior. New York 1951 oder R. A. GORDON: Short-period Price Determination in Theory and Practice. In: American Economic Revue 1928, vol.II S. 265 ff. schließlich auch: P. P. DRUCKER: Die Praxis des Management. Düsseldorf 1956, S. 235 ff.
82 A. LAUTERBACH: Mensch-Motive-Geld. Untersuchungen zur Psychologie des wirtschaftlichen Handelns. Stuttgart-Düsseldorf 1957. – Der Autor stellt in diesem Sinne etwa fest: „Weit entfernt davon, zeitlose Züge der menschlichen Natur oder eine ‚normale' Reaktion auf ökonomische Situationen zu sein, ist die gegenwärtige amerikanische Geschäftsmentalität" (des profit-making) „eine historisch und geographisch deutlich begrenzte Erscheinung. Selbst in Nordamerika ist diese Mentalität noch relativ neu und keineswegs allgemein; und in vielen Teilen der Welt existiert sie überhaupt nicht". (a.a.O. S. 258). – Aber auch die folgende Ansicht Lauterbachs sollte in den Wirtschaftswissenschaften beachtet werden: „In den westlichen Gesellschaften wurde oft angenommen, dass das alltägliche Marktverhalten der Menschen und besonders die übliche Profitorientierung der Geschäftsleute sich recht stark den herkömmlichen Rationalitätspostulaten der Wirtschaftstheorie nähern. Jede solche Annahme erscheint nun im Lichte psychologischen Materials äußerst zweifelhaft. Jedermann auf dem heutigen wirtschaftlichen Schauplatz ... erweist sich als eine äußerst komplexe Gestalt, deren Einstellungen, Motive und Verhaltensweisen von Kultur zu Kultur, von Gesellschaft zu Gesellschaft, von Zeitalter zu Zeitalter und von Individuum zu Individuum schwanken" (a.a.O. S. 266 f.).
83 Einen solchen Anfang macht K. F. VEIL in seiner erwähnten Arbeit. – Eine Untersuchung auf phänomenologenologischer Basis liegt auch in dem Buch von Alfred Schütz: Der sinnhafte Aufbau der sozialen Welt, Wien 1932, vor. Vgl. insbes. S. 37 f. – Sehr viel Anregendes, auf praktische Erfahrung Bauendes, enthalten auch die Schriften von EUGEN ROSENSTOCK-HUESSY; so u.a.: Der unbezahlbare Mensch. Berlin 1955. Oder: Soziologie. Stuttgart 1956.

B Elemente einer eidetischen Ontologie des Geldes

I Die Gestalt des Geldes

1 Die Geldfunktion in der Theorie

a) Der allgemeine Ansatz

Was ist Geld? – Wenige Fragen der Wissenschaft werden so viele und gleichzeitig so verschiedene Antworten gefunden haben wie die obige. Wir finden die allerverschiedensten Antworten verzeichnet: das Geld sei eine Ware („sui generis"), Geld sei Funktion (Recheneinheit und Tauschmittler z.B.), Geld sei Anweisung, Beteiligungsmaß, Kaufkraft etc.: eine Reihe, die sich noch verlängern lässt.

Was aber ist Kriterium? Wie können wir Geld von anderen Erscheinungen des sozialen Lebens richtig abgrenzen, wenn wir – wie wir das vorfinden – bereits von abgegrenzten Erscheinungen ausgehen, um auf das Wesen zu kommen, das uns seinerseits erst die genaue Grenzziehung in der schwankenden Erscheinungen Flucht ermöglichen soll? Diese Frage muss entstehen.[84] – Was für uns dabei wichtig sein muss, das ist eine *prinzipielle* Schwierigkeit, auf die die Tatsachenwissenschaft in der Beantwortung der Frage: Was ist Geld? notwendig stoßen muss: mag sie sich dieser Schwierigkeit bewusst sein oder nicht.

Von Sievers schildert diese Schwierigkeit mit den folgenden Worten: „Dem naiven Glauben stand es mehr oder weniger fest, dass gewisse Tatsachen Geld seien. Man brauchte also nur das ‚Besondere' an ihnen herauszudestillieren, um die spezifische Eigenart des Geldes im Umkreis oder gegenüber den Waren und Gütern festgestellt zu haben. In dem Maße, wie man sich jedoch darüber klar wurde, dass die von verschiedenen Forschern als ‚Geld' angesprochenen Tatsachenkomplexe sich gar nicht deckten, verließ man den Boden naiver Selbstverständlichkeit."[85]

---

84 Vgl. V. SIEVERS: Grundlegung ... a.a.O. S. 16 f.
85 EBENDORT

Sollte man zunächst diesen Tatsachenkomplex abstecken, um aus ihm das Wesen zu ermitteln? Aber nach welchem Maßstab – wenn diese Absteckung bereits Allgemeingültigkeit beanspruchen soll? Man half sich, wie v. Sievers sagt, „mit einer gewissen Urvorstellung von dem, was Geld ‚doch eigentlich ist‘" – und löste die Schwierigkeiten, indem man sie umging.[86] Dennoch war es „ein nicht befriedigendes Hysteron-Proteron: um eine feste Grundlage für die Sinndeutung zu besitzen, musste der Umkreis der Geldphänomene feststehen, und diese Abgrenzung wiederum geschah in Ermangelung anderer Möglichkeiten, mit Hilfe der unklar vorweggenommenen Idee, die sich erst aus der Sinndeutung ergeben sollte."[87]

Wir stoßen hier an eine prinzipielle Grenze der Tatsachenwissenschaft überhaupt: Sie kann Sinn und Richtung ihres Forschens nicht aus Tatsachen gewinnen, so sehr sie auch Tatsachen als „ihr Kriterium" anzusehen sich bemüht. Und sie tut es auch nicht: Sie „setzt" ihre eidetischen Momente „im Voraus": als Ordnungsgedanken, als Sinneinheit, vorverstandenes Ding usw. Auch sie, gerade sie braucht Eidetik. Sie ist jedoch umso besser daran, je deutlicher sie sieht, woher sie ihre eidetischen Elemente nimmt. An Punkten wie dem aufgezeigten kann dies deutlich werden. Die Meinung, man könne das Wesen an solchen Punkten „pointierend hervorheben" – aus den Tatsachen – zeigt sich hier als Trugschluss: Man muss es eben zuvor kennen, um es hervorheben zu können. Die theoretisierende Methode kann an dieser Stelle aus ihrem methodischen Zirkel nicht herauskommen.

Ihre Ergebnisse brauchen deswegen nicht notwendig unzutreffend zu sein. Ein anderes ist ja die durchsichtige Wissenschaftlichkeit der Methode, ein anderes die Haltbarkeit der Ergebnisse. Wir werden, um das Wesen des Geldes zu bestimmen, nach seinen eidetischen, letzt anschaulichen Elementen suchen müssen: *Diese*, nicht Tatsachen, werden uns zur Begründung dienen. Orientieren wir uns aber zunächst anhand einiger Beispiele über die wichtigsten Ergebnisse in der Bestimmung des Geldbegriffes. Vorwegnehmend dazu dürfen wir sagen: Wir werden immer wieder finden, dass man auf das Selbstverständliche, „was Geld doch eigentlich ist" (v.Sievers), hinschaut und dann fragt: *Was leistet es uns?* Das, was es uns leistet, seine „Funktionen", erklärt man dann für das „Wesentliche", „worauf es allein ankommt". Es wird aber nicht recht deutlich, was denn das Wesen selbst sei, das so verschiedene „Funktionen" habe: Der

---

86 Vgl. V. SIEVERS a.a.O. S. 16 f.
87 EBENDORT

Zusammenhang von Wesen und Funktion bleibt dunkel. Die Funktionen werden außer Zusammenhang mit dem Wesen diskutiert; sie sind insofern „wesens-fremd". Einige Beispiele mögen dies zeigen:

b) Einzelne Theorien

Um uns die Übersicht zu erleichtern, wollen wir die Ansichten, die wir hier beispielsweise behandeln wollen, in drei Gruppen besprechen, für die wir folgende Kennzeichnungen wählen:

aa) Geld ist diejenige Ware, die Geldfunktionen erfüllt (Warentheorie).

bb) Die Funktionen selber machen Geld aus (definitorische Zeichentheorie).

cc) Geld soll aus den Geldvorgängen selbst verstanden werden (deskriptive Zeichentheorie).

aa) Die Warentheorie: Als Beispiel für eine Anschauung, die im Gelde „in Wahrheit" eine Ware sieht, seien die Ansichten Carl *Mengers* angeführt.[88] Er sagt: „Zu allgemeingebräuchlichen Tauschvermittlern gewordene Waren werden im wissenschaftlichen Sprachgebrauch ... als *Geld* ... bezeichnet".[89] Und er führt dazu aus: „Was das Geld von *allen* übrigen Objekten des Güterverkehrs unterscheidet, sind dessen Tauschmittlungsfunktionen und die Konsekutivfunktionen derselben. – Hier, in diesem praktisch überaus bedeutsamen Umstande, nicht aber in dem Umstande, dass das Geld keine ,Ware' sei, liegt nicht nur das Wesen, sondern zugleich die *Erklärung* des Unterschiedes zwischen dem Gelde und allen übrigen Objekten des Güterverkehrs, die Erklärung der Eigenart des Geldes im Kreise der übrigen Güter."[90] Als „Konsekutivfunktion" zählt er auf:

a)   Mittel für einseitige Leistungen;

b)   Zahlungsmittel;

c)   Thesaurierungsmittel;

d)   Vermittler des Kapitalverkehrs;

e)   Preismesser;

f)   Maßstab des Gütertauschwertes.[91]

---

88 CARL MENGER: Grundsätze der Volkswirtschaftslehre. Wien-Leipzig 1923²

89 MENGER a.a.O. S. 253

90 MENGER a.a.O. S. 262

91 MENGER a.a.O. S. 278 ff.

Die Schwierigkeit, so verschiedene „Funktionen" in *einem* Geldbegriff „unterzubringen" oder sie gar als Ausfluss eines *einheitlichen Wesens* aufzufassen, werden wir im Abschnitt bb) besprechen. Mehr als an diesen Konsekutivfunktionen liegt Menger daran, den Warencharakter des Geldes zu zeigen und die „Irrlehre" zu bekämpfen, dass Geld ein bloßes Zeichen sei. So sagt er: „Das Geld ist ... ein Verkehrsobjekt, welches seinen *Verkehrswert* zunächst und unmittelbar aus den nämlichen Ursachen herleitet wie die übrigen Objekte des Verkehrs: das Metallgeld aus dem Werte seines Stoffes und seines Gepräges, das Urkundengeld ... aus dem Werte der Rechtsansprüche, welche an seinen Besitz geknüpft sind."[92]

Menger, der sich zu den „sachkundigen Gegnern der ... Irrlehre" – Geld sei bloßes Zeichen – zählt,[93] erklärt das Entstehen dieser „Irrlehre" so: Die Geldtheoretiker, sagt er, würden zu ihrer Ansicht durch die Beobachtung verführt, „dass der Charakter des Geldes als Nutzmetall infolge unseres bequemen Verkehrsmechanismus dem Bewusstsein der wirtschaftenden Menschen nicht selten ganz entschwindet und ... lediglich sein Charakter als Tauschmittel beachtet wird... Es ist aber sicher, dass diese leicht erklärliche Täuschung sofort aufhören würde, wenn der Charakter der Geldstücke als Quantitäten von Nutzmetall verloren ginge."[94] Sicher dürfte in unseren Tagen, in denen Goldgeld weder umläuft noch zu „entsprechender" Deckung der Währungen im Allgemeinen dient, sein, dass Menger selbst einer Täuschung erlegen ist – ganz gleich, wie wir sie erklären. Es dürfte sich um einen jener Punkte handeln, zu denen Dobretsberger bemerkt: Die Stoffwertleute wollen, dass das Geld nicht „in der Luft hängt": Folglich diktieren sie ihm das zu, was *sie* für einen „festen Boden" halten. „Sie können in ihrer anschaulichen Denkart den Abstraktionen nicht folgen, die die Praxis vornimmt."[95]

Vom eidetisch-ontologischen Gesichtspunkt aus müssen wir sagen: Es wird für die Aufhellung des Wesens des Geldes nichts geleistet. Man kann nicht sagen, das Wesen einer Sache sei – eine andere Sache; hier: Geld ist diejenige Ware, die die Geldfunktionen erfüllt. Entweder ist Geld etwas anderes als Ware, dann hat es sein eigenes Wesen, das es aufzuhellen gilt: oder Geld ist identischgleich Ware – eidetisch: Dann gilt es die Täuschung

---

92 MENGER a.a.O. S. 261
93 MENGER a.a.O. S. 260
94 MENGER a.a.O. S. 335
95 DOBRETSBERGER: Das Geld im Wandel ... a.a.O. S. 65

zu beseitigen, dass es etwas anderes sei. Wenn in der Praxis ein bestimmter Gegenstand einmal Geld und ein andermal Ware darstellt, so können wir diesen *Wechsel* in der Erscheinung gerade deshalb „verstehen", weil wir Geld und Ware begrifflich (eidetisch) unterscheiden, weil sie jeweils ihr eigenes Wesen haben. Indem Menger sagt: Geld ist die Ware, die Feldfunktionen erfüllt, sagt er nichts anderes als: Geld ist diejenige Ware, die nicht Ware ist, sondern Geld. Da hätten wir denn das „hölzerne Eisen", das „aus dem Wasser entsteht" (v. Sievers). – Zu einer Klärung des Wesens trägt Menger – sowenig wie andere „Warentheoretiker des Geldes" – nicht bei.

Eine gewisse neue Form der Warentheorie des Geldes, die unter Mitnahme der Ergebnisse der definitorischen Zeichentheorie wieder zu ihr zurückkehrt, gründet sich auf folgende Überlegung:[96] Geld kann nicht nur Recheneinheit und Vehikel des Tausches sein, sagt man, denn mit diesen Funktionen *allein* (sie werden an sich nicht angefochten) lassen sich bestimmte, über die Statik hinausgehende kreislaufmäßige Betrachtungen nicht durchführen.[97] Das Geld muss Zeitdifferenzen überbrücken und ermöglicht „als ‚indirektes Lagermittel' oder Wertaufbewahrungsmittel die Wahrnehmung günstiger Termine"[98] – eine Möglichkeit, die die (zeitlose) Geldtheorie zwar kannte, aber nicht recht würdigte, als sie die Geldfunktionen des Tauschmittlers und der Recheneinheit aufstellte. Berücksichtige man dies, wird gefolgert, so „kann man nicht umhin, dem Geld einen eigenen Nutzen zuzuerkennen".[99] Das Geld muss mithin „als ‚Gut' besonderer Art in den Güterzirkus miteinbezogen" werden.[100] – Nicht deswegen also, weil das Geld Stoffwert haben *soll,* wird es als Ware eingestuft (dies hatte Menger getan) sondern es ist ein „Gut besonderer Art", weil es einen „eigenen Nutzen" stiftet: Dies ist die Grundüberlegung, die zu der neuen Variante der Warentheorie des Geldes führt. (Auch hier wird von Dokumenten ausgegangen, die offenbar unzweifelhaft „Geld" *sind,* und gefragt, was sie nun „leisten".)

---

96 Vgl. zum folgenden DIETER HISS: Probleme konjunktureller Preisstabilität. Diss. Freiburg 1957, S. 3 ff.
97 Hätte das Geld nur *diese beiden* Funktionen, so stieße man in der Modellübertragung auf die Schwierigkeit, dass, „wenn bei diesem Spiel das Rad zum Stehen kommt" (eine Periode also beendet ist), „keines der beteiligten Wirtschaftsobjekte ... im Besitz der Geldmittel sein (will), die jetzt wertlos sind. Die Existenz von Geldbeständen in diesem Sinn ist mit statischem Gleichgewicht also unvereinbar" (a.a.O. S. 6 f.). Gelten die Geldzeichen für die nächste Periode weiter, so ist die Zeit miteinbezogen – und dies macht eine weitere (als solche allerdings nicht neue) Funktion aus: Geld ist Wertbewahrer.
98 HISS a.a.O. S. 11
99 EBENDORT
100 EBENDORT S. 9

Dieser Anschauung liegt dabei einmal eine – wie sich noch zeigen wird – unzulässige Identifikation von „Wert" und „Gebrauchswert" (Nutzen) zugrunde, die weiter unten gesondert behandelt werden soll,[101] und zum anderen versucht sie – wie wir das so häufig finden – eine wirtschaftliche Frage mit psychologischen Mitteln zu entscheiden. Denn eine mögliche, psychologisch konstatierbare Gleichartigkeit in der „subjektiven Einschätzung" (des Nutzenstiftenden eben) zweier Dinge soll auch deren ökonomisch-objektive Gleichartigkeit beweisen. Selbst wenn *dieser* „Beweis" gelingt, so tut er nichts zur Sache, und wir können ihn getrost übergehen: Denn mit ihm wird lediglich ein Standpunkt nachgewiesen (und es liegt uns fern, dessen psychische Realität zu bezweifeln), von dem aus Geld und Ware sich für *den* nicht mehr unterscheiden lassen, der sich auf diesen Standpunkt – in der notwenigen erlebnismäßigen Einseitigkeit – stellt: Das ökonomische Sachproblem ist deswegen so ungelöst wie zuvor. Dies zeigt sich denn auch darin, dass wir hören: Geld sei ein Gut „sui generis". Was liegt in diesem „sui generis"? – ein Unterschied zur Ware? Dann kläre man ihn auf. Soll es aber heißen: „Geld ist Geld und ist auch Ware" – so könnte man auch – einfacher – sagen, dass man einen Unterschied zwar vermutet, ihn aber nicht kennt. Dann wäre deutlich, dass das Problem noch zu lösen ist.

bb) Die definitorische Zeichentheorie: Einen erheblichen Schritt weiter – unbeschadet dessen, dass er uns nicht völlig befriedigen kann – macht die Geldtheorie, indem sie das Dogma „Geld ist Ware" fallen lässt und sich mit den Funktionen des Geldes selber befasst. Dort, wo sie „wesentlich" (im eidetisch-ontologischen Sinne) werden will, kommt sie zwar nur in sehr allgemein gehaltenen Bildern – wie dem vielzitierten von Smith: Geld ist das „Schwungrad der Volkswirtschaft", oder dem von Wicksell: Geld sei gleichsam das „Öl in der Maschine". Sie baut indessen nicht auf so widersprüchlichen Grundlagen wie die Warentheorie.

Von der letzteren setzt *Wicksell* sich z.B. ab, indem er sagt: „Auch ‚Angebot und Nachfrage', diese bequemen Ausdrücke, welche sich sonst beinahe auf alles unter der Sonne anwenden lassen, werden dunkel und in Wirklichkeit nichtssagend, sowie es sich um Geld handelt." Zwar fragt der Verkäufer Geld nach und der Käufer bietet Geld an: „Doch diese individuellen Nachfragen bzw. Angebote bilden zusammen nur einen abstrakten Wertbetrag, aber keine gesellschaftliche Gesamtnachfrage nach einer gewissen physisch bestimmten Geldmenge und auch kein Gesamtangebot

---

[101] Vgl. S. 66 ff

54

einer solchen."[102] – Vom Geldbegriff selber sagt er nur dies: „Der Begriff des Geldes liegt in seinen Funktionen eingeschlossen. Gewöhnlich pflegt man deren *drei* zu unterscheiden: die des *Wertmessers,* die des *Wertbewahrers* und des *Tauschmittels,* denen bisweilen noch gewisse mehr oder minder scharf ausgeprägte Spielarten wie Sparmittel, Leihmittel, Zahlungsmittel (diese letztere bei einseitigen Zahlungen wie Steuern oder dergl.) hinzugefügt werden."[103] So Wicksell. – Wir werden uns noch mit der Verschiedenheit der Funktionen, die bei den folgenden Autoren immer wiederkehren, zusammenfassend auseinandersetzen: Dass Wicksell mit seinem Hinweis auf das, was man „gewöhnlich zu unterscheiden pflegt", nicht gerade das Wesen aufhellt, wird man wohl zugestehen.

Ein deutliches Beispiel für die oben erwähnte allgemeine Blickrichtung der Theorie auf das hin, „was das Geld uns leistet", finden wir bei *Lukas.*[104] Er schaut „die äußeren Erscheinungsformen, in denen uns Geld entgegentritt, ... auf das ihnen allen gemeinsame Letzte hin" an und bemüht sich, „die entscheidenden volkswirtschaftlichen Grundleistungen des Geldes ... abzuleiten. Es ergibt sich dann folgendes:

1. Die Leistung des Geldes als Mittel des *sachlichen Wertausgleiches* (gleichzeitig einheitlicher Ausdruck der mit dieser *in sich* verbundenen Leistung als Mittel der Wertbewegung und der Wertübertragung).

2. Die Leistung des Geldes als Grundlage des *gedanklichen Wertausgleiches* oder der *Wertrechnung* (in ähnlichem Sinne häufig Wertmaßfunktion genannt).

Diese beiden Funktionen zeichnen sich in unserer heutigen Wirtschaftsverfassung als in einem letzten Sinne allgemeinste Leistungen des Geldes deutlich ab.

Das *Geld selbst* stellt sich uns hierbei als von der Wirtschaft praktisch anerkannter allgemeinster Anspruch auf konkrete wirtschaftliche Werte aller Art dar, soweit diese überhaupt im wirtschaftlichen Verkehr stehen oder für diesen bestimmt sind. Oder mit anderen ... Worten ausgedrückt, Geld stellt sich uns in unserer heutigen Wirtschaft dar als allgemein anerkannte *Kaufkraft."*[105]

---

102 KNUT WICKSELL: Vorlesungen über Nationalökonomie auf Grundlage des Marginalprinzips. Bd. II: Geld und Kredit. Jena 1928², S. 21 f.
103 WICKSELL a.a.O. S. 6
104 EDUARD LUKAS: Aufgaben des Geldes. Berlin u. Stuttgart 1937
105 LUKAS a.a.O. S. 7

Das *Wesen des Geldes* – sagt Lukas mit Vorstehendem – sind seine *zwei* Grundleistungen: *Mittel* zu sein für sachlichen Wertausgleich, *Grundlage* zu sein für gedanklichen Wertausgleich: Das *Geld selbst* ist Kaufkraft. Damit stehen drei verschiedene Aussagen eidetisch unverbunden nebeneinander. Mit dem individuellen Gegenstand „5 DM" z.B. mögen sie alle irgendwie zusammenhängen. Was aber ist der allgemeine Gegenstand „Geld", dem dies alles (Mittel, Grundlage, Kaufkraft) zugehören soll? Die Frage findet bei Lukas keine Antwort. Und wir können noch hinzufügen: Die Beschränkung „auf unsere heutige Wirtschaftsverfassung" hat sicherlich nichts mit dem Wesen des Geldes zu tun. Geld kann dem Wesen nach immer nur Geld sein: Möglich, dass es in anderen „Wirtschaftsverfassungen" nicht erscheint, doch kann dies das Wesen nicht berühren. Auch diese Beschränkung zeigt, dass das den Erscheinungsformen „gemeinsame Letzte", das Wesen, noch nicht erhellt werden konnte.

Wenig mehr Aufklärung erhalten wir bei *Eucken*. Im Anschluss an die Entwicklung der Marktformen sagt er, dass die Einzelwirtschaften sich nicht nur in der Marktform begegnen, sondern auch „in der Form der Tauschmittel",[106] und er definiert: „Geld ist das allgemein anerkannte Tauschmittel."[107]

„Die Geschichte zeigt nun", fügt er dem hinzu, „dass die Geldeinheit nicht selten auch als Recheneinheit benutzt wird. Nicht selten – keineswegs regelmäßig."[108] Gegenbeispiel ist bei Eucken der europäische Fernhandel des Hoch- und Spätmittelalters: Er „hätte seine großen Funktionen ohne Trennung von Recheneinheit und Geld nicht durchführen können."[109] Und weiter: „ ... diejenigen irren, die meinen, das Geld sei zwar in erster Linie Tauschmittel, regelmäßig übe es aber auch die Funktion als Wertmaß oder Recheneinheit aus."[110] Geld und Recheneinheit gehören also dem Wesen nach offenbar nicht zusammen. Aber Eucken legt sich nicht fest. Er sagt, die Nationalökonomie „hat *zwei Hauptformen* der Geldwirtschaft zu unterscheiden: die eine Hauptform, in welcher das Geld auch als Recheneinheit benutzt wird, und die zweite Hauptform, in welcher Geld und Recheneinheit getrennte Größen sind."[111] Die Frage, ob Recheneinheit selber zum Wesen des Geldes gehöre, ob sie eine seiner „Grundleistungen" sei oder nicht, beantwortet Eucken mit „Ja" und „Nein". Die Wesensfrage bleibt also auch hier offen.

---

106 EUCKEN: Grundlagen ... a.a.O. S. 112
107 EBENDORT
108 EUCKEN: Grundlagen ... a.a.O. S. 112
109 EBENDORT S. 114
110 EBENDORT
111 EBENDORT S. 115

Forstmann macht in seiner „Volkswirtschaftlichen Theorie des Geldes" den Eucken'schen Schritt wieder rückgängig. Es *kann* kein Geld geben, das nicht Tauschmittler und Recheneinheit zugleich wäre – *also* gibt es auch keines. „Geld im wirtschaftlichen Sinne liegt nur dann vor, wenn beide sein Wesen kennzeichnende Merkmale gleichzeitig vorhanden sind. In allen anderen Fällen handelt es sich entweder ‚noch nicht' oder ‚nicht mehr' um Geld im wirtschaftlichen Sinne;[112] es sind dann „Vorformen" oder „Degenerationserscheinungen" des Geldes. „Wenn beispielsweise", sagt Forstmann, „während des Weltkrieges in Polen verschiedene ‚Geldarten' nebeneinander bestanden und zwar der russische Rubel, die deutsche Mark und die österreichische Krone, wobei der Rubel als Recheneinheit diente, während Mark und Krone Zahlungsmittel waren, so konnte dort eben von ‚Geld' im wirtschaftlichen Sinne nicht gesprochen werden ... "[113] Was waren denn die Summen österreichischer Kronen oder deutscher Mark, die nach ihrem Kurs in russischen Rubeln in Zahlung genommen wurden? Geld waren sie nach Forstmann nicht, obwohl sie doch wohl „qualitativ anonyme Forderungslegitimationen" im Sinne seiner eigenen Definition waren (s.o.). Sind es etwa Güter, die Geldfunktionen erfüllten, gewesen? Nein: es war „degeneriertes Geld"! Das Bestreben, die eigene Definition auch widerstrebenden Tatsachen gegenüber durchzuhalten, führt Forstmann offenbar zu einer Konsequenz, die – wie Schumpeter dies in ähnlichem Zusammenhang treffend formulierte – „nur die Verzweiflung eingeben kann"[114] – die Flucht in Worte. Im Übrigen gleicht die Forstmann'sche Definition[115] derjenigen von Lukas inhaltlich so weit, dass wir oben Gesagtes nicht zu wiederholen brauchen.

Einen Übergang von der mehr definitorischen Zeichentheorie zur beschreibenden Analyse konkreter Geldvorgänge (wir wollen diese Ansichten als „deskriptive Zeichentheorie" weiter unten behandeln) finden wir bei Autoren des englischen Sprachkreises, wie etwa bei Keynes oder Samuelson, die wir anführen wollen.

---

112 FORSTMANN a.a.O. S. 182
113 EBENDORT S. 150
114 SCHUMPETER: Theorie ... a.a.O. S. 270 f.
115 FORSTMANN definiert: „Geld im wirtschaftlichen Sinne ist qualitativ anonyme Forderungslegitimation an das nationale Güter- und Leistungsvolumen, dessen Verteilung es qualitativ als Recheneinheit und Tauschmittler garantiert, ohne dabei von sich aus diese Verteilung beeinflussen zu dürfen, ohne sie zumindest willkürlich beeinflussen zu dürfen. Es repräsentiert hierbei einen Leistungsanspruch, der eine äquivalente volkswirtschaftliche Leistung des Anspruchberechtigten voraussetzt, die entweder bereits abgeleitet oder aber antizipiert ist" (a.a.O. S. 183 f., teilweise schon angeführt).

Samuelson sagt zunächst in Übereinstimmung mit den bisher angeführten Ansichten: „Es gibt zwei unterschiedliche Funktionen des Geldes: einmal das Geld als Tauschmittel und zum anderen als Standardeinheit des Wertes."[116] Und weiter: „Wir können unsere Analyse der Verwendung des Geldes zusammenfassen, indem wir seine wesentlichen Funktionen nennen: erstens das Geld als *Tauschmittel* und zweitens das Geld als *Standardeinheit der Rechnung* oder Generalnenner der Werte."[117] Von *zwei* Funktionen also, die wesentlich sind für das Geld, spricht Samuelson. Er ist allerdings einer der wenigen Autoren, die auch dann noch von Geld reden, wenn sogar – nach ihrer Meinung – die Tauschmittelfunktion wegfällt und nur noch die „Funktion" der Rechnungseinheit übrig bleibt (eine Meinung, die Wagemann und Dobretsberger bereits vor Samuelson bestritten haben). Samuelson weist auf ein Clearingsystem hin, in dem keine Zahlungsdokumente von Hand zu Hand gehen: „In einem solchen System ist keinerlei Tauschmittel nötig."[118] Wir wollen hier nicht die Frage aufwerfen, ob Bucheintragungen nicht ebenso als Tauschmittel betrachtet werden müssen wie „echte" Banknoten: Samuelson ist jedoch der Meinung, dass eine Funktion ohne die andere nicht nur *gedacht* werden, sondern auch *sein* kann. Er spricht also schon von einer uneinheitlichen *Gelderscheinung*; von einem *einheitlichen Wesen* zu reden, wird Samuelson schwerlich den Anspruch erheben können. Er bleibt also auch im Rahmen der bisherigen Theorie.

Ein weiterführendes Moment sehen wir aber in Beschreibungen wie diesen: „Geld, als Geld und nicht als Ware, wird nicht um seiner selbst willen verwendet, sondern für die Dinge, die es kaufen wird ... Geld ist eine künstliche, gesellschaftliche Übereinkunft. Wenn aus irgendeinem Grunde ein gegebener Stoff beginnt, als Geld verwendet zu werden, fangen alle Menschen an, ihn zu werten, selbst wenn sie ... solche Leute sind, die nicht an seine wahre Nützlichkeit glauben ... paradoxerweise wird Geld akzeptiert, weil es akzeptiert ist."[119] Mit solchen Sätzen, die die Eigenart des Geldes mehr zu charakterisieren suchen, als sie sie definieren, wird unser Blick auf die gesellschaftlichen Verhältnisse hingelenkt, *in denen* und *durch die* Geld ist. Wir werden daran später anknüpfen können. Samuelson selbst greift leider auf die „bewährten" Definitionen zurück, wenn er das Wesen beschreiben will.

---

116 PAUL A. SAMUELSON: Volkswirtschaftslehre. Eine einführende Analyse. Köln 1951, S. 65
117 SAMUELSON a.a.O. S. 67
118 SAMUELSON a.a.O. S. 65
119 EBENDORT S. 62 f.

Auch *Keynes* schließt sich zunächst an die alten Definitionen an. „Wir gehen aus von dem Begriff der Rechnungseinheit ... In dem Augenblick als die Menschen eine Rechnungseinheit angenommen hatten, hat das Zeitalter des Geldes das des Naturaltausches abgelöst. Und das Zeitalter des chartalen oder des staatlichen Geldes war erreicht, als der Staat das Recht in Anspruch nahm, zu bestimmen, welcher Gegenstand als Geld der jeweiligen Rechnungseinheit entsprechen sollte ... Heute ist das Geld in allen zivilisierten Staaten, darüber kann es keine Meinungsverschiedenheiten geben, chartaler Natur."[120] Schon aus diesen Sätzen kann man entnehmen, wie Keynes seine Aufgabe als Geldtheoretiker auffasst: Er führt in die Probleme ein, die er behandeln will, und lässt die Frage nach dem seine Untersuchungen konstituierenden Gegenstand zunächst einfach offen. Er beschäftigt sich mit den Wirkungen des Geldes, nicht mit diesem selbst. Dass jedoch auch dies zu Unzuträglichkeiten führen muss, wird der Verlauf dieser Untersuchung noch erweisen. Für seine Zwecke genügt es Keynes, das Geld als das zu definieren, als welches es heute wichtig zu sein scheint: als chartales Zahlungsmittel.

Keynes fasst allerdings die Rechnungseinheit nicht wie bisher als Funktion, als Leistung des Geldes auf. Das wird im folgenden Satz deutlich: „Die Rechnungseinheit ist die Beschreibung oder der *Titel*, das Geld aber das *Ding*, das dieser Beschreibung entspricht."[121] Die Funktion des Tauschmittlers ist bei ihm erweitert zur Kaufkraft (bzw. verallgemeinert): „Wir verstehen unter Kaufkraft des Geldes die Fähigkeit des Geldes, diejenigen Güter und Dienste zu kaufen, für deren Beschaffung zu Konsumzwecken eine bestimmte Gemeinschaft von Personen ihr Geldeinkommen verausgabt."[122] Und zusammenfassend sagt er: „Somit ist die Rechnungseinheit die Größe, in der Kaufkrafteinheiten *ausgedrückt* werden. Geld ist die Form, in der Kaufkrafteinheiten *gehalten* werden. Der Index des Preises eines für den Verbrauch repräsentativen Warenbündels ist der Standard, durch den Kaufkrafteinheiten *gemessen* werden."[123] Keynes beschreibt damit, was für seine weiteren Untersuchungen voraussetzend notwendig ist. Eine Wesensanalyse gibt auch er nicht.

Wie steht es nun mit den beiden hauptsächlichen Funktionen des Geldes: *Recheneinheit* (Wertmesser) und *Tauschmittler* zu sein? Können sie als verschiedene Erscheinungsweisen des *einen* Wesens Geld gelten?

120 JOHN MAYNARD KEYNES: Vom Gelde. München-Leipzig 1932, S. 3 f.
121 KEYNES a.a.O. S. 3
122 EBENDORT S. 43
123 EBENDORT S. 45

Oder sind sie vielleicht so verschieden, dass man vielmehr zweifeln muss, ob man beide überhaupt nur im selben Sinne als Funktionen bezeichnen darf? – ganz abgesehen davon, dass sie sich dann nicht auf *ein* Wesen Geld „zurückführen" lassen? Die notwenige Kritik hat im Wesentlichen bereits Wagemann geleistet.[124]

Er weist nämlich auf den „Doppelsinn des Wortes Geld" hin und macht darauf aufmerksam, „dass die abstrakte Werteinheit etwas ganz anderes ist als das konkrete Zahlungsmittel". Man kann eben nicht mit abstrakten Werteinheiten zahlen. Verwechselt man dies und meint man, dass es sich lediglich um eine „abstrakte Rechnungseinheit" handelt, wenn mit Giralgeld gezahlt wird,[125] so liegt der Folgeirrtum nicht mehr fern zu sagen: „Das Geld ist Wertmesser, durch Wertmessung kann niemals Inflation hervorgerufen werden, also kann man Geld ohne inflatorische Gefahr in beliebiger Menge ausgeben."[126] Dem gegenüber betont Wagemann, dass eingesehen werden müsse, dass es sich bei der Wert- oder Recheneinheit einerseits und beim Zahlungsmittel andererseits um zwei völlig verschiedene Dinge handele. Und diese Einsicht muss zu einer unbedingten werden, nicht nur zu einem „Lippenbekenntnis" – wie dies in den allgemeinen Definitionen vorliegt, die in seltener Eintracht weiterhin von den Geld*funktionen* des Tauschmittlers und der Recheneinheit sprechen. Denn: „Gerechnet wird mit Werteinheiten, gezahlt aber in Geld. Die Werteinheit kann beliebig viel gedacht, aber kein einziges Mal ausgegeben werden."[127]

Es mag an dieser Stelle genügen, wenn wir uns vergegenwärtigen, dass es sich bei den immer wieder genannten Funktionen „Rechnungseinheit" und „Tauschmittler" um ganz *Verschiedenes* handelt. Sie verhalten sich zueinander wie die Temperaturgrade zur zu messenden Temperatur. Wir benötigen eine bestimmte Zimmertemperatur; wir wollen uns darüber verständigen können. Wir tun dies, indem wir die Skalen des Celsius, Reaumur oder Fahrenheit wählen. Sicherlich fördert es auch unsere Heizkunst, wenn wir eine zweckmäßige neue Einteilung der Temperaturskala erfinden: Unser Zimmer wird aber von der neuen Verständigungsskala um keinen Grad wärmer oder kälter. Die Temperaturskala ist keine „Funktion" der Wärme, *sie* klärt uns nicht über das Wesen der Wärme auf, sie ist

---

124 Vgl. ERNST WAGEMANN: Berühmte Denkfehler der Nationalökonomie. Ein kritisches Repetitorium. München 1951, S. 46 ff.
125 Diese Verwechslung findet sich beispielsweise bei Liefmann (vgl. Wagemann a.a.O. S. 46 f.), aber auch heute noch bei Samuelson (vgl. S. 58 f.)
126 WAGEMANN a.a.O. S. 46
127 EBENDORT S. 48

Hilfsmittel der Verständigung und kann als solches auch in der Wärmelehre behandelt werden. – Ebenso wenig kann uns die „Funktion" *Recheneinheit* über das Wesen des Geldes aufklären. Sie ist ebenso Hilfsmittel der Verständigung, der Kalkulation, der Vermögensrechnung etc., sie hat mit dem Tatbestand des Zahlens nur indirekt zu tun. Man muss zwar wissen, wie viel man zu zahlen hat; aber dieses Wissen ersetzt ja das Zahlen nicht und ist auch nicht seine „Funktion". Auf der Ebene des individuellen Gegenstandes „5 DM" mag Recheneinheit dazugehören wie die Dokumentation der Kaufkraft in Münze oder Note: Die Kaufkraft selber wird durch beides nicht erhellt; Recheneinheit und Dokumentation finden wir auch ohne Kaufkraft vor: Sie können also nicht *deren* Wesen ausmachen. Mit Back'schen Begriffen gesagt: Sie sind *Seinsbedingungen* des Geldes, nicht dessen *Seinsbestimmung*.[128] Wer Tauschmittlung (Kaufkraft) *und* Recheneinheit als Funktionen des Geldes bezeichnet, der klärt das Wesen des Geldes so gut auf wie derjenige das Wesen der Eisenbahn aufklärt, der sagt: die „Funktionen" der Eisenbahn seien:

a)   die Personen- und Sachbeförderung,

b)   die Feststellung und Anwendung der Einheit „Tarifkilometer".

Und wie steht es mit der Funktion der *Tauschmittlung*? Machen wir uns das Folgende klar: Von einer Funktion, die das Wesen ausdrücken soll, müssen wir verlangen, dass sie jeden Fall von Geld „deckt", wie man sagt. Wenn nun A dem B 500 Mark schenkt (d.h. keine Gegenleistung verlangt oder verlangen wird), so vermittelt das Geld offenbar zwischen A und B keinen Tausch. Ja aber, wird man einwenden, *volkswirtschaftlich* gesehen, läuft es doch auf eine Tauschvermittlung hinaus, wenn der B jetzt mit den 500 Mark kauft. Wir dürfen dazu sagen: Auch uns ist dieser Gesichtspunkt vertraut. Wir verlangen aber von einem Wesensbegriff des Geldes, dass er nicht nur auf's „Ganze gesehen" gelte, sondern in jedem Falle. Der Einwand also: Im Ganzen stimme es doch, bestätigt uns nur, was wir sagen wollten: Im Einzelfall stimmt es eben nicht notwendig, in unserem Beispiel handelt es sich nicht um eine Tauschvermittlung. Ist es deswegen kein Geld? Wir behaupten dies nicht, und auch der Verfechter der Funktion der Tauschvermittlung wird zögern, dies zu tun. Vielleicht wird er sagen: Für solche Fälle haben wir eben unsere Konsekutivfunktionen, z.B. die:

---

128 JOSEF BACK: Die Entwicklung der reinen Ökonomie zur nationalökonomischen Wesenswissenschaft. Jena 1929, S. 200 f.

Geld sei Mittel für einseitige Zahlungen. Auch damit bestätigt er, was wir sagen wollten: Die Tauschmittlerfunktion ist eben zu *eng, sie* zeigt das Wesen nicht. Und dadurch, dass man eine Mehrzahl von Merkmalen nennt, „kreist" man das *Wesen* bestenfalls von außen „ein", man greift es nicht von innen; man hat keine Sicherheit, ob nicht noch weitere „Funktionen" vergessen sein könnten: Die Funktionen bleiben dem Wesen fremd. Die Aufgabe, das Wesen zu zeigen, bleibt bestehen.

cc) Die deskriptive Zeichentheorie: Unter dieser Überschrift wollen wir noch einige der Ansichten nennen, die versuchen, die Bestimmung des Geldes mehr auf dem Grunde gesamtwirtschaftlicher Vorgänge zu beschreiben: Sie stellen weniger Definitionen auf, denen die Wirklichkeit zu „genügen" hat, sie wollen vielmehr mit ihren Definitionen auf Sachzusammenhänge hinweisen. Schon Keynes, sagten wir, gehört in gewissem Sinne zu dieser Gruppe, doch schließt er an den Punkten, wo er definitorisch wird, zunächst noch an die überlieferte „definitorische Zeichentheorie" an.

Den Anstoß zu diesen sehr deskriptiven Theorien hat wohl G.F. Knapp mit seiner „Staatlichen Theorie des Geldes" gegeben. Er eröffnet sein Buch bekanntlich mit dem Satze: „Geld ist ein Geschöpf der Rechtsordnung". Nun kann man dazu sagen: Geld *als* Geschöpf der Rechtsordnung *ist* natürlich ein Geschöpf der Rechtsordnung, so gut wie das Geld als Erzeugnis der Druckkunst ein Druckerzeugnis ist. Man *kann* diesen Gesichtspunkt selbstverständlich einnehmen, und der Jurist *muss* es tun. Aber er zeigt nicht alles. Er beleuchtet die gesellschaftlichen „Seinsbedingungen" (Back) des Geldes zwar grell, aber er zeigt noch nicht die sozialökonomische „Seinsbestimmung" (Back), das Wesen des Geldes.

„Nur der wirtschaftlichen Betrachtung", hält *Bendixen* Knapp ergänzend entgegen, „wird sich das innere Wesen des Geldes enthüllen ... Es gilt zu erforschen, welche Rolle das Geld im wirtschaftlichen Leben spielt, um danach die Zwecke zu bestimmen, denen es dient, und die Fehler zu erkennen, die den herrschenden Geldsystemen anhaften."[129] „Die Aufgabe der wirtschaftlichen Theorie des Geldes wäre es also, das Wesen des Geldes seiner ökonomischen Funktion nach zu bestimmen ... ".[130] Bendixen selbst erhebt allerdings nicht den Anspruch, eine „kunstgerechte Theorie des Geldes" (wie er sich ausdrückt) zu bringen; seine Gedankengänge, meint er, werden „Baumaterialien" für die künftige Arbeit sein.[131]

---

129 BENDIXEN: Das Wesen ... a.a.O. S. 25
130 BENDIXEN a.a.O. S. 26
131 BENDIXEN a.a.O. S. 27

62

Im Gegensatz zu den oben besprochenen Theorien spricht Bendixen nicht von der Funktion der Recheneinheit (oder des Wertmessers), sondern sagt zutreffend: Der Geldgebrauch *setzt* „die allgemeine Fähigkeit, mit Werten zu rechnen, unter Anwendung allgemein anerkannter Werteinheiten" *voraus*. Er geht vom gesellschaftlichen Ganzen aus und schreibt dem Gelde eine *dienende* Rolle darin zu. „Das Geld ist der Vermittler zwischen Produktion und Konsumtion. Wer für eine Leistung Geld erhält, ist damit nur privatrechtlich abgefunden, volkswirtschaftlich erscheint er mit dem Geld in der Hand als Legitimationsträger für entsprechende Gegenleistungen. – So stellt sich das Geld, das juristisch Zahlungsmittel ist, volkswirtschaftlich als ein durch Vorleistungen erworbenes Anrecht an der verkaufsreifen konsumtiblen Produktion dar."[132] Das Geld ist also Anrecht, Anspruch: Haben wir damit sein Wesen? Wir müssen zugeben: Es ist wichtig, dass ich für „mein Geld" auch *kaufen* kann, der individuelle Gegenstand „5 DM" hat ohne dies keine praktische Bedeutung für mich. Aber macht der *Anspruch* das Geld zu Geld? Anspruch ist auch anderes, ohne Geld zu sein. Geld kann offenbar nie individueller Gegenstand sein, ohne zugleich Anspruch zu sein, aber Anspruch kann individueller Gegenstand sein, ohne notwenig Geld sein zu müssen – der Anspruch gehört ebenfalls unter die Seinsbedingungen des Geldes: Er ist *nicht* das *Wesen*.

In größerer Breite hat Karl *Elster* den Bendix'schen Ansatz ausgearbeitet. Statt des Ausdruckes „Anrecht" verwendet er den weniger juristisch klingenden Titel „Beteiligungsmöglichkeit." „Die Beteiligungsmöglichkeit am Sozialprodukt ist die von der Gemeinschaftsorganisation ihrem einzelnen Mitgliede gewährte Gegenleistung für seine Mitarbeit am Sozialprodukt."[133] Die Werteinheit nennt er „Beteiligungsmaß."[134] Die Bindung an die Gegenleistung macht seinen Begriff jedoch wieder zu eng (was wir bereits bei der Erörterung der Tauschmittelfunktion ausführten).[135] Elster definiert seinen Geldbegriff so: „Das Geld ist, aus dem sozialökonomischen Blickwinkel heraus gesehen, sowohl Beteiligungsmöglichkeit – wenn das Bild erlaubt ist – im Zustand der Ruhe, Zahlungsmittel in dem der Bewegung."[136] Für die Wesensfrage gilt, was wir bereits bei Bendixen sagten.

---

132 BENDIXEN a.a.O. S. 30
133 KARL ELSTER: Die Seele des Geldes. Grundlagen und Ziele einer allgemeinen Geldtheorie. Jena 1920, S. 46
134 EBENDORT S. 86
135 Vgl. oben S. 54 f.
136 ELSTER a.a.O. S. 36

Wagemann macht uns zunächst auf die Tatsache aufmerksam, „dass sich bei Naturvölkern der Geldcharakter häufig an Gegenstände heftet, die überhaupt nicht nutzbar sind."[137] Damit macht er noch einmal gegen die Warentheorie Front, weist aber zugleich auf Wichtiges hin, nämlich darauf, dass man Geld nicht als Sache oder Quasi-Sache auffassen kann, die Funktionen *hat*, sondern dass es umgekehrt die Geld-Funktion gibt oder geben kann, die eine Sache (Dokument in Noten-, Münzen oder anderer Form) zum Geld*zeichen* macht. Die *Funktion* muss das Primäre, das Zeichen das Sekundäre sein. Kennen wir die Funktion selber, so können wir im Einzelfall bei einer bestimmten Sache sagen, ob sie dem Wesen nach Geld sei oder nicht. Wagemann trifft diese Unterscheidung zwar nicht ausdrücklich, aber sie ist „zum Greifen nahe". – So sagt er: „Fragen wir uns, wodurch sich die Dinge, die wir als Geld kennen, von allen anderen wirtschaftlichen Objekten unterscheiden, so ist gewiss, dass wir das Geld nur deswegen schätzen, weil wir früher oder später etwas dafür kaufen können, nicht aber seiner selbst wegen – es sei denn, dass wir es in eine Sammlung aufnehmen wollten."[138] In der angedeuteten Pendelbewegung – vom Ganzen zum Einzelnen zum Ganzen – muss das liegen, was die Dokumente zu Zeichen des Geldes macht. Wagemanns eigene Definition betont demgegenüber die Dokumentationsseite der Sache zu stark: „So definieren wir heute das Geld als dokumentierte Werteinheit mit Zahlungskraft."[139] Und die gestalthafte Bewegung – Ganzes, Einzeles, Ganzes – erscheint zu undeutlich in dem Ausdruck „Zahlungskraft". Doch werden wir sehen, wie die von Wagemann eingeschlagene Richtung uns weiterführen wird.

Deutlicher als Wagemann trifft *Dobretsberger* die geforderte Unterscheidung von Geld-„Bewegung" (Funktion) und Geld-Dokument; die erstere finden wir – ungenügend noch, aber richtig – mit dem Ausdruck „Kaufkraft" angedeutet. So sagt er: „Kaufkraft entsteht mit jedem Verkauf von Gütern und Leistungen gegen Zahlungsversprechen."[140] Oder: „Die Kaufkraft selbst ist im ständigen Wechsel von Entstehen und Vergehen begriffen. Die Kaufkraftdokumente jedoch laufen ... durch alle Güterumsätze hindurch."[141] Deutlicher noch ist dies: „Undokumentierte Kaufkraft erschwert allerdings den Tauschverkehr ...; die Verbriefung

---

137 WAGEMANN a.a.O. S. 54
138 EBENDORT
139 EBENDORT S. 56
140 DOBRETSBERGER: Das Geld ... a.a.O. S. 14
141 EBENDORT S. 47

64

gehört jedoch nicht zum Wesen der Kaufkraft".[142] „Wie sich Zu- und Abnahme der Kaufkraft in der Zahl der Kaufkraftdokumente niederschlägt, ist eine besondere Frage."[143] Dadurch also, dass sich die „Kaufkraft" sozusagen der Gelddokumente „bemächtigt", werden diese zu Geldzeichen. Zur Charakterisierung des Wesens des Geldes käme es also darauf an, das der Kaufkraft wesensmäßig Zukommende aufzuzeigen. Dies tut Dobretsberger nicht ausdrücklich, er hat uns jedoch durch seine scharfe *Scheidung von Kaufkraft und Dokument* eine wesentliche Weghilfe geleistet. Er selbst benützt den Ausdruck „Geld" für die Dokumente: „Geld nennen wir die Dokumente, die den Kaufkraftanspruch beglaubigen."[144]

Mit der letztgenannten Anschauung sei der Überblick über das Auftreten oder charakteristische Fehlen des Wesensproblems in der Geldtheorie zunächst abgeschlossen. Außerhalb der Reihe der geschilderten Ansichten steht in gewissem Sinne nur die v. Sievers'sche „Grundlegung der Geldlehre";[145] doch leistet sie das zu Fordernde nicht, wenn sie auch sehr deutlich auf den Grundwiderspruch der Theorie hinweist,[146] der nur durch die Wesensanalyse gelöst werden kann. Diese selbst gibt sie nicht.

Mit diesen Ausführungen glauben wir deutlich gemacht zu haben, dass die Aufgabe, das Wesen des Geldes zu klären, noch der Bearbeitung harrt. Insofern eine solche Wesensanalyse des Geldes fehlt, liegt eine wissenschaftliche Problemstellung in der Lehre vom Gelde vor, die aufzugreifen diese Geldlehre mithin fordert. Und damit soll hier ein Anfang gemacht werden.

2 Antinomien des Werträtsels: Geld als Einordnung

Der „Stand" der Untersuchung ist jetzt der folgende: Wir befinden uns etwa in der Situation jenes eingangs angeführten Forschungsreisenden, der sich einem ihm noch unbekannten Lande nähert. Ob er den besten oder den kürzesten Weg eingeschlagen hat, weiß er nicht im voraus. Auch zeigt sich ihm das, was er sucht, nicht auf einen Schlag: Er sieht zunächst Umrisse und beschreibt diese, um sich im sukzessiven Vordringen der näheren und schärferen Analyse zu widmen. So auch hier. Wir werden auch

---

142 EBENDORT S. 36
143 EBENDORT S. 51
144 EBENDORT S. 37
145 Riga 1938
146 Vgl. S. 49 f.

in diesem Kapitel nur erste Umrisse zeichnen, die uns aber die Eingliederung unseres Objektes in das Gesamtterrain unseres Forschungsgebietes verständlich machen und so Vorbedingung, Voraus-Setzung des Folgenden sind.

So müssen wir, um mit der Geldanalyse weiterzukommen, die Frage klären, die so verschiedene Antworten gefunden hat: Hat Geld Wert? Da der damit zu klärende Sachverhalt *Vorfrage* für die Geldanalyse selbst ist, kann naturgemäß nicht erwartet werden, dass der Geldbegriff selbst schon völlig geklärt ist; das ist aber auch nicht notwendig. Es genügt, wenn wir uns hier vergegenwärtigen, dass es wohl nicht zureichend ist, nur die Erscheinungsform des Geldes in den Dokumenten beschreibend zu definieren; es muss vielmehr das „Gesellschaftliche", das dabei eine Rolle spielt, mit in den Blick kommen. Das Geld*zeichen* ist offenbar wirklich „Zeichen", das einen Sachverhalt „bezeichnet", auf den ein Zeichen eben nur *verweist*; und im Falle des Geldes ist auf ein *gesellschaftliches* Phänomen verwiesen. Diese Vorläufigkeit der Formulierung reicht für die folgenden Überlegungen zunächst aus.

Wie kommt es nun zu dieser Frage: *Hat Geld Wert?* Warum wird gerade beim *Gelde* so ernsthaft die Frage diskutiert, die man für die Waren z.B. niemals in so leidenschaftlicher Weise aufgeworfen hat? Was ist denn überhaupt *Wert?* – Gerade an der Frage, ob das Geld Wert habe, können wir uns auf das deutlichste die Schwierigkeiten vergegenwärtigen, die mit dem Wertbegriff überhaupt verbunden sind und die sich nirgends so deutlich stellen als an eben solchen schwierigen Punkten. Denn der *Wertbegriff* der Nationalökonomie ist in sich durchaus uneinheitlich. Wir können dies an den beiden hauptsächlich wichtigen antithetischen Wertbegriffen, die in der Geldtheorie aufgetreten sind, erkennen: dem Gedanken des *Stoffwertes* einerseits und dem des *Gebrauchswertes* andererseits. Denn der Wertbegriff als *wirtschaftlich-gesellschaftliche Kategorie* zerschellt sowohl an der einen wie auch an der anderen dieser beiden antithetischen Klippen: An der einen zerschellt er, weil eine dem Gegenstand unangemessene (pseudo-)naturwissenschaftliche Denkart ihn stranden lässt (als Stoffwert), an der anderen, weil eine psychologistische Betrachtungsweise dies tut (als Gebrauchswert). Den Sachverhalt des Wertes als gesellschaftliches Phänomen verkennen sie beide. – Dem Nachweis diene der folgende Gedankenzug dieses Kapitels.

Den Vertretern des *Stoffwertgedankens* erscheint ein Wertbegriff, der nicht an konkrete materielle Substanzen gebunden ist, als zu luftig und inhaltslos. Die „Werteigenschaft" soll, wie Gesell fordert, „an irgendei-

66

nen Stoff" gebunden werden, sonst „schwebt der Wert über dem Stoff, unfassbar, unnahbar, wie Erlkönig zwischen den Weiden".[147] Ähnliches sahen wir bei Menger; dem Gelde, so hatte Menger verlangt, müsse sein Charakter als „Quantität von Nutzmetall" erhalten bleiben; und das Metallgeld leite seinen Wert aus dem Werte seines Stoffes her – alles andere ist – für Menger – eine „Irrlehre".[148] Es ist verhältnismäßig einfach, sich aus der Sackgasse dieses Gedankens zu befreien; denn deswegen, weil etwas *ist*, ist es nicht – uno actu – schon *Wert*. Nicht Metall *als* Stoff hat Wert; es muss vielmehr in bestimmte soziale Beziehungen eingeordnet sein. Wir erfassen nicht, was Wert *als* Wert ist, weil wir den Stoff kennen, an dem er vielleicht erscheint – sowenig wie wir erfassen, was ein Löffel ist, wenn wir hören, er sei ein aus Holz geschnitztes oder aus Silber getriebenes Ding. Hatte nicht Reinach davor gewarnt, in die *Umgebung* einer Sache zu greifen, wenn man sie selbst analysieren will?[149] – Uneingestandenermaßen führt man denn den Stoffwert auch wieder auf wirtschaftliche Bezüge zurück, wenn man sagt, Metall (mit dem man den Wert identifizieren will) sei eben das „höchst-tauschfähigste Gut". Da diese „Tauschfähigkeit" allein jedoch zu „unwirklich" ist (man kann sie ja nicht anfassen und somit nicht „begreifen"), wird ihr mit der geborgten „Wirklichkeit" des Stoffes das notwendige Gewicht gegeben. – So hätten wir denn folgende logische Kette: Tauschfähig ist das Geld, sagt man, weil es Stoffwert hat (oder haben *soll*); und Stoffwert ist etwas, weil es „höchsttauschfähig" ist: Mit diesem Zirkel *löst sich der Stoffwertgedanke endgültig auf.* Er suchte den Wert *unterhalb* der Sphäre sozialer Gegenstände.

Die psychologischen Fortschritte, die die Wirtschaftswissenschaften seit den Tagen der Warentheorie des Geldes (und des Stoffwertes) gemacht haben, erlaubten es denn auch, den Stoffwertgedanken ganz beiseite zu lassen, und – umgekehrt – die *Wertlosigkeit* des Geldes mit einer anderen Einseitigkeit zu beweisen: mit dem Gedanken des *Gebrauchswertes.* Insofern man durch diesen Gedanken von der *Anschauung* des Stoffwertes (diesen selbst hat es natürlich nie gegeben) los kam, war es gleichwohl ein Fortschritt. Wagemann nennt es sogar eine „kopernikanische Erkenntnis";[150] durch sie wurde deutlich, dass man einer feineren

---

147 Gesell: Die natürliche Wirtschaftsordnung … a.a.O. S. 21
148 Vgl. S. 51
149 REINACH: Was ist Phänomenologie? … a.a.O. S. 32
150 Wagemann sagt: „Solange man versucht, den absoluten Geldwert individualistisch zu erklären, sieht man die Sonne um die Erde kreisen; es war daher eine wahrhaft kopernikanische Erkenntnis als diese Vorstellung überwunden wurde" (WAGEMANN, a.a.O. S. 42).

Begriffsbildung bedarf, wenn man sich dem Gedanken des Wertes nähern will, als sie die am Grob-Sinnlichen haftende Stoffwertstheorie ihr eigen nennen konnte. Man erklärt den Wert jetzt nicht mehr aus dem Stoff, sondern aus dem Vollzug psychischer (nicht sozialer) Akte, durch die man die sozialen Beziehungen fundiert sieht. Die „subjektive Schätzung" einer Sache, ihre „Brauchbarkeit" (im subjektiven Sinne), wird Kriterium dafür, dass sie „Wert" hat: Wert ist „Gebrauchswert", ist ein subjektive Befriedigung gewährendes psychisches Faktum. Er wird zur psychischen „Etikette" gleichsam, die jenen Dingen zuerkannt wird, denen wir unsere diesbezügliche Sympathie entgegenbringen.

In dieser Weise schätzen wir, so stellt man fest, was wir im bestimmten Falle, in bestimmter Weise und Menge zum Konsum (im weitesten Sinne als „Entnahme" aus der „konsumtiblen Produktion" verstanden) brauchen. Geld wird *so* nicht geschätzt, *also* hat es *keinen Wert*. „Da der wertende Gedanke", sagt Elster, „das Geld als Gegenstand der Wertung nicht umgreift: darum kann das Geld begrifflich keinen Wert haben."[151] Geld ist *reines Zeichen* (es gehört somit unter die Passiva der Volkswirtschaft, nicht unter deren Aktiva) und steht als solches ganz anders in den wirtschaftlichen Beziehungen darinnen als die realen *Leistungen* (Waren und Dienstleistungen), die wir zum Konsum brauchen. Forstmann z.B. meint, dass das Geld ja nur Wert*messer* sein soll, und somit keinen eigenen Wert braucht und folglich auch keinen hat. Ebenso wenig, wie das Thermometer warm sein muss, um Wärme nachzuweisen, sagt er, „ebenso wenig braucht auch das Geld, das Werte vergleichen und Preise anzeigen soll, einen Eigenwert zu besitzen."[152] Das Geld wird eben selbst nicht geschätzt, sondern soll nur beim richtigen Einschätzen der realen Werte Hilfestellung leisten. – Auf Grund solcher Überlegungen kommt man zu dem Ergebnis: Geld hat keinen Wert, es kann keinen Wert haben.

Wir erinnern uns demgegenüber daran, dass wir uns in dieser Untersuchung an die wirtschaftlichen und gesellschaftlichen Phänomene selbst halten wollten und die Frage nach den psychischen Tatbeständen (Motiven, Schätzungen u. dergl.), die diesen sozialen Gegenständen im Erscheinungsbereich möglicher- oder wirklicherweise korrespondieren, aus unseren Überlegungen ganz ausklammern müssen. Das bedeutet für den Gedanken des Gebrauchswertes, dass er im Zusammenhang dieser Untersuchung *nicht relevant* ist; mag er in einer wirtschaftspsychologischen

---

151 ELSTER: Die Seele des Geldes, a.a.O. S. 22
152 FORSTMANN a.a.O. S. 131

68

Abhandlung Geltung beanspruchen: Für einen wirtschaftlich-gesellschaftlichen Zusammenhang ist er uninteressant; denn wir reden nicht von psychischen Werten (ihre Existenz wird nicht bestritten, ist hier aber gleichgültig), sondern von ökonomischen Sachverhalten. Der Gebrauchswert ist jedoch sowenig wie der Stoffwert möglicher Gegenstand wirtschaftlicher Betrachtung. Die Lehre der Gebrauchswerttheorie, die uns bedeuten wollte, das Geld habe keinen Wert, sagt uns gar nichts, da sie von *psychischen* Fakten redet – wenn sie diese auch an ökonomischen Beispielen demonstriert. Als *wirtschaftlicher* Begriff *löst sich* der Gedanke des *Gebrauchswertes auf*. Er bleibt im Vor-Sozialen stecken.

Als eine Abart des Gebrauchswertgedankens hat sich noch eine weitere Anschauung zur Frage des Geldwertes geäußert: die *Funktionswerttheorie*. Sie sagt, das Geld sei zwar reines Zeichen, aber es habe doch Wert, weil es „zirkulatorische Befriedigung" gewähre. Diese unterscheide sich eben von der konsumtiven Befriedigung, da sie ganz besonderer Art sei; das Geld habe folglich doch einen Wert, aber einen Wert „sui generis". Dass es funktioniere, sei sozusagen für den Verkehr der Belohnung genug, und er schätze es eben auch aus diesem Grunde. (Einen ähnlichen Gedanken – wenn auch nicht auf den Wertebegriff besonders abgestellt – haben wir schon in der neuesten Variante der Warentheorie des Geldes gefunden: der Grund für die entsprechende „subjektive Schätzung" lag dort im Überbrücken von Zeitdifferenzen zwecks „Wahrnehmung günstiger Termine".)[153] – Auch hier, das ist deutlich, haben wir auf der Basis desselben psychologischen Kriteriums eine andere, entgegengesetzte Meinung zur Frage des Geldwertes. Da jedoch in Wahrheit gar keine ökonomische Frage berührt wird, soll uns dieser Meinungsstreit hier nicht weiter bekümmern.

Damit lassen wir die Anschauungen: Wert sei ein Stoff, eine Sache oder eine Leistung, die Seltenheit oder Nützlichkeit (Brauchbarkeit) auszeichne, hinter uns. Weder im Unter-Sozialen (des Stoffes) noch im Vor-Sozialen (der innerpsychischen Befriedigung) können wir sein Wesen suchen. Dieses muss ein gesellschaftliches Phänomen sein.

Greifen wir zu einem Beispiel: Irgendein Produzent stellt bestimmte Güter her. Dies ist zunächst ein technischer Vorgang. Wir betrachten ihn wirtschaftlich, wenn wir bedenken, dass er dazu Vorleistungen (Rohstoffe, Produktionsmittel etc.) eingekauft hat, dass er seine Mitarbeiter bezahlt und dass er auf der anderen Seite auf Grund einer bestimmten, ihm mehr

---

153 Vgl. S. 53 f.

69

oder weniger im Einzelnen bekannten Marktlage zur Festlegung gerade *der* Produktion gekommen ist. Wir wollen annehmen, dass er das Richtige getroffen habe, dass er seine Produktion auch absetzen kann; seine Güter sind, insofern sie in die Spannung von Produktion und Konsum eingeordnet sind, verkaufsreif, sie sind *Leistungen* oder Waren, wie wir ohne nähere Bestimmung zunächst sagen wollen. Ist die Lage so, wie wir sie skizziert haben, so können wir sagen: Unser Produzent ist durch seine Waren in ganz bestimmter Weise in den Produktions- und Verteilungsprozess der Volkswirtschaft, in der er lebt, *eingeordnet*. Er wird seine Waren verkaufen; er wird von seinem Erlös wieder Vorleistungen kaufen, seine Mitarbeiter bezahlen, für seinen eigenen Lebensunterhalt sorgen, Steuern zahlen usw. usf.. Der fortwährende Strom von Waren oder Dienstleistungen auf der einen, von Geld auf der anderen Seite *ordnet* ihn in den Produktions- und Verteilungsprozess *ein*.[154]

Seine Produktionsmittel *als* Produktionsmittel, also nicht als Vorleistungen z.B., die noch zu bezahlen sind, tun das nicht in diesem Sinne. Die Produktionsmittel sind Leistungen gewesen, *ehe* sie ihrem neuen Zweck (der Produktion) gewidmet wurden – so gut wie Konsumgüter, die in den Verbrauch übergangen sind. Sie stehen beide nicht mehr im Sinne andienbarer Leistungen in der Spannung zwischen Produktion und Konsum, sie sind keine Werte mehr (im wirtschaftlichen Sinne), sie ordnen uns nicht mehr in den Produktions- und Verteilungsstrom *direkt* ein. Zweifellos kann man auch von einer volkswirtschaftlichen Produktionsstruktur sprechen, in die der Betrieb unseres Produzenten eingegliedert ist; aber das ist sozusagen das Bett, durch das der oben erwähnte Doppelstrom fließt. Mit Produktionsprozess meinen wir nicht die Produktionsstruktur (Flussbett des Vergleichs), sondern das fließende Entquellen und eventuelle spätere „Versickern" des Stromes selber. Ohne Flussbett kein Strom, ohne Produktionsmittel – zur Produktionsstruktur sich ordnend – keine Produktion (in einer Produktions- und Verteilungsverfassung): Das ist sicher. Aber so sehr beides aufeinander bezogen ist, so sehr unterscheidet es sich auch. Und es ist durchaus die Frage, ob es z.B. einen Sinn hat, von Vermögens*wert* (statisch) und Umlaufs*wert* (prozesshaft) im gleichen Sinne zu sprechen – das Abschreibungsproblem, das wir hier ausklammern, bekäme andere Züge. – Doch wollen wir uns hier nur soweit in die Diskussion um den Wertbegriff einschalten, als unsere weitere Untersuchung dies verlangt. Sie verlangt einen Wertbegriff, doch können wir diesen nicht ausführlich

---

154 Ein anschauliches Schema der Unternehmung in diesem Sinne finden wir bei M LOHMANN: Einführung in die Betriebswirtschaftslehre. 2. Aufl. Tübingen 1955, S. 23

70

diskutieren, wenn wir ihn auch selber entwickeln müssen: Das würde eine eigene Untersuchung erfordern.

Uns mag hier genügen, was wir anhand unseres Beispieles aufzeigen konnten: Entscheidend für die gesellschaftlich-wirtschaftliche Analyse ist das Moment des Eingeordnetseins in die Spannung zwischen Erzeugung und Verbrauch. Dies sei so definiert: Wir nennen die *Weise des Eingeordnetseins* in den Produktions- und Verteilungsstrom eines Sozialen Organismus *Wert*. Im Schlagwort: *Wert* gleich *Einordnung* (in den Produktions- und Verteilungsstrom: was wir nicht immer wiederholen im Folgenden). Wert ist damit eine *gesellschaftliche Kategorie*, was er nicht war, solange man ihn als Stoffwert oder Gebrauchswert (mit dessen Abart: Funktionswert) verstand. Die Antinomien des Werträtsels lösen sich in der Synthese dieses Wertbegriffes auf.

Der Vollständigkeit halber sei angemerkt, dass die im Wert gegebene Einordnung natürlich immer ihr je bestimmtes *Maß* hat.[155] In diesem Einordnungsmaß grenzen sich die Lebenskreise der im Produktions- und Verteilungsstrom auftretenden Mächte („Wirtschaftssubjekte") gegeneinander ab und beziehen sich so aufeinander. Wird dies auf einen Standard gebracht, so kann es Deutsche Mark, Dollar, Pfund usw. genannt werden. Es wird so zur Einheit des Einordnungsmaßes. Damit löst sich auch das Rätsel der „Rechnungseinheit"; denn in der Praxis hat es sicher einen Sinn, mit dieser Weise der Einordnung zu „rechnen". Sie kann sich naturgemäß jedoch so gut auf Leistungen (Waren) wie auf Geld beziehen: Die Rechnungseinheit ist keine *Geld*funktion, sondern *allgemeiner Maßausdruck* für je vorhandene oder auch gedachte (z.B. kalkulierte) Weisen der Einordnung in die wirtschaftliche Lebensgrundlage des Sozialen Organismus.

In der aufgezeigten Weise ordnen uns offenbar zwei Sachverhalte (deren Wesen eben noch zu klären ist) in den Produktions- und Verteilungsstrom ein: *Leistung* (Ware) und *Geld*. Wenn sie als *zwei* Sachverhalte *verschieden* sind, so müssen sie uns auch verschieden einordnen: Wir müssen die Art der Einordnung untersuchen, die Leistung (Ware) genannt werden kann, und wir müssen die Art der Einordnung untersuchen, die Geld genannt werden kann. Dieser Weg soll uns weiterführen, indem wir das Wesen klären wollen. –

Einen möglichen Einwand wollen wir noch berücksichtigen. Es könnte jemand sagen: Die Frage: Hat das Geld Wert? hat sich also positiv be-

---

155 Vgl. FOLKERT WILKEN: Die Phänomenologie des Geldwertbewusstseins. Archiv für Sozialwissenschaft und Sozialpolitik LVI (1926), S. 419 u. S. 427

antwortet. Man denke die Konsequenzen durch, indem man sich eine Naturaltauschwirtschaft vorstelle, in der – bei sonst gleichbleibenden Umständen – plötzlich Geld eingeführt würde: Kein Mensch hätte *mehr* zu konsumieren als vorher, aber die „Werte" in diesem Sozialen Organismus stiegen plötzlich – möglicherweise auf das Doppelte – an (wenn für jede Ware ein Geld-Zertifikat in den Umlauf käme)! Ist das nicht ein ganz unsinniges Ergebnis? – Wir sagen: keineswegs. Vielleicht haben die Warentheoretiker und Metallisten nur deshalb solange an ihrem widersprüchlichen Wertbegriff festgehalten, weil sie täglich sahen: Man kann doch mit dem Gelde ganz „konkrete" Dinge kaufen; es muss doch einen Wert haben. Und die reinen Zeichentheoretiker umgekehrt: Das Geld ist doch – gesamtwirtschaftlich gesehen – bloße Forderung, bloßes Zeichen; wohin kommen wir, wenn wir das Geld nicht volkswirtschaftlich unter die Passiven des Ganzen rechnen? Wir machen uns doch etwas vor, wenn wir Aktiva und Passiva zum Gesamtvermögen zusammenrechnen! Geld *kann* keinen Wert haben. – Dazu können wir sagen: Eine solche hypothetische Umstellung ruhig einmal vorausgesetzt, sie kann *uns* nicht in Verlegenheit bringen; es hat sich eben doch *vieles* geändert, wenn eine Gemeinschaft wirtschaftender Menschen sich plötzlich des Geldes bedient, selbst angenommen, dass sie nicht *mehr* zu konsumieren hätten als vorher. Und das kommt in den völlig geänderten Ordnungsqualitäten zum Ausdruck. Die Tatsache, dass dann plötzlich „doppelt soviel Wert" vorhanden ist als vorher, kann ja nur *den* beunruhigen, der meint: Wert müsse eben konsumierbar sein. Das haben wir jedoch nicht behauptet und gedenken auch nicht, es zu tun: Es ist der alte Stoffwert- oder Gebrauchswertgedanke, der diesen Einwand macht.

3. Die sozialen Akte und die Gestalt des Geldes

Die Frage, die uns das letzte Kapitel stellte, war die nach der *Verschiedenartigkeit der Einordnung* in den Produktions- und Verteilungsstrom eines Wirtschaftsorganismus, die einerseits *Leistung* (Ware)[156] und andererseits *Geld* gewährt. Man muss von zwei *verschiedenen* Weisen der Einordnung

---

156 Der Ausdruck „Leistung" (dessen Inhalt sogleich geklärt werden soll) wird hier und im Folgenden als ein Terminus gebraucht, der die sonst üblichen Ausdrücke „Ware", „Gut", „Dienstleistung" (und die ihnen zugrunde liegenden Phänomene) umfasst; er ist Oberbegriff für die genannten Termini.

reden können, wenn man überhaupt Leistung (Ware) und Geld berechtigt unterscheiden will; sonst ist es nur konsequent zu sagen: Geld und „Gut" unterscheiden sich eben überhaupt nicht (eine Konsequenz, die zuweilen gezogen wird).

Wie kommt es denn überhaupt zum Phänomen der Einordnung? Wir schilderten es bereits für die Leistungsseite: Die technische Voraussetzung ist sicher die Herstellung der Güter; sie ist aber nur Produktion im wirtschaftlichen Sinne, wenn die hergestellten Güter sich als Leistungen in den weiteren Produktions- und Verteilungsstrom einordnen. Sie müssen auf irgendeinen Bedarf treffen und ihm gerecht werden – ganz gleich, ob es sich um den Bedarf eines Investors, eines Wiederverkäufers oder um den eines schlichten Konsumenten handelt. Güter und Dienste ordnen uns nicht „an sich" ein: Sie müssen auch abgesetzt, „angedient" werden. Güter und Dienste, die nicht nur abgesetzt werden *sollten*, sondern auch de facto abgesetzt *werden,* betrachten wir als Leistungen (oder Waren) – in Übereinstimmung wohl soweit mit den Ansichten der Praxis wie der Theorie.

Die Eigenart des Leistungsphänomens – und das wird uns im Verfolg den Unterschied zum Gelde deutlich machen – liegt nun zum guten Teil darin, dass es für den Empfänger etwas ganz Bestimmtes bedeutet. Die Leistung wird nämlich bei ihm zur Grundlage weiterer Lebensprozesse, die freilich sehr verschiedener Art sein können. Handelt es sich um einen *Investor*, so wird die empfangene Leistung Teil des Produktionsprozesses, den er aufbaut (für eine Maschine z.B. könnte dies zutreffen). Handelt es sich um einen *Händler*, so kann er auf Grund dieser Vorleistung seinen eigenen produktiven Beitrag vollziehen, der darin besteht, die technisch schon „hergestellten" Sachgüter dem Endkonsumenten so zugänglich zu machen, dass er „zugreifen" kann, dass diese Sachgüter in den Lebensbereich des Endkonsumenten tatsächlich überzugehen vermögen (die „Produktion" im wirtschaftlichen Sinne ist eben nicht schon mit der „Herstellung", sondern erst im Moment des Absatzes vollständig vollzogen). Handelt es sich um einen *reinen Konsumenten*, so setzt ihn die empfangene Leistung instand, sein Leben in einer Weise weiterzuführen, wie dies ohne den Empfang der Leistung eben *so* nicht möglich gewesen wäre. Immer zeichnet sich das Leistungsphänomen dadurch aus, dass es *reale* Grundlage weiterer Lebensprozesse wird, dass es einem realen Bedarf reale Befriedigung *gewährt* (diese Befriedigung also nicht nur zu vermitteln *verspricht).*

Bisher haben wir jedoch bezüglich des Leistungsphänomens nichts anderes getan, als dass wir es von außen abgrenzten, es in seinem Verhältnis zu anderem erläuterten: also durch das, was es *nicht* ist. Wie dringen wir zum Wesen vor? Wir erinnern uns der Tatsache, dass etwas Spezifisches getan werden muss, wenn Güter die Leistungseigenschaft bekommen sollen; sie müssen *verkauft*, „angedient" werden.[157] Es muss ein Akt vollzogen werden, der seinem Wesen nach *sozialer Akt* ist. Das „Andienen" ist spontaner und vernehmungs-annehmungsbedürftiger Akt, also „sozialer Akt" im Sinne Reinachs, wie wir das oben bereits ausführten.[158] Soziale Akte – auch das dürfen wir jetzt erinnern – unterscheiden und charakterisieren sich durch ihre soziale *Gestalt*.[159] Welche Gestalt hat das „Andienen" (Leisten), das sich in der Ware (z.B.) „konkretisiert" (beim Geld werden wir die parallele Erscheinung als „dokumentieren" finden), und das wir dann schlechtweg die Gestalt „Leistung" nennen wollen?

Es kann Folgendes vorliegen: A kann auf B hin einen sozialen Akt vollziehen, der diesem unmittelbare, konsumtive Befriedigung gewährt; er kann ihm z.B. irgendwelche Lebensmittel verkaufen, die B zu verzehren gedenkt. Handelt es sich um einen Verkauf, so wird der Akt A → B ein bedingter Akt sein, d.h. einen Gegenakt des B herausfordern („do ut des"), der seinerseits A direkt befriedigt; A könnte z.B. „dafür" einen Gegenstand von B erwerben. Der Akt des B vollzieht sich dann nach Eintritt – oder „unter der Bedingung" – der Leistung des A. Es ergäbe sich folgendes Bild:

$$1. \quad A \longrightarrow B$$
$$2. \quad A \longrightarrow B$$
$$\updownarrow$$
$$A \longleftarrow B$$

Man kann es einen Doppelkauf oder Tausch nennen, wenn wir uns klar sind, was wir meinen: Es handelt sich jeweils um einen sozialen Akt zwischen A und B oder B und A, der jedes Mal – vom Vollziehenden aus gesehen – dem anderen Befriedigung gewährt, d.h. die Annahme der Leistung wird beim Leistungsempfänger jeweils Grundlage eines (durch diese Leistung möglichen) neuen Lebens- oder Produktionsprozesses (je nachdem, ob es sich um einen „privaten" oder um einen Umweg-Konsum handelt). Wir können nun von der Verknüpfung der beiden Akte, die schon auf die erst später zu untersuchende „Bedeutung" hinweist, absehen und als Gestalt eines sozialen Aktes, der dem Partner konsum-

---

157 „Angedient": kein gerade gefälliges Wort. Wir benutzen es, um die etwas zu *enge* Bedeutung „Verkaufen" zu erweitern; das Verkaufen meint stets Gegenleistung; diese kann aber auch unter Umständen wegfallen, ohne dass deshalb der Leistungscharakter ebenfalls entfallen muss.
158 Vgl. S. 37 oder REINACH: Zur Phänomenologie ... a.a.O. S. 38
159 Vgl. S. 37

tive Befriedigung gewährt, lediglich festhalten, dass er bei A (z.B.) seinen Ursprung hat und in der Weise auf B gerichtet ist, dass er diesem Befriedigung im Sinne der Konsumtion gewährt.[160] Schematisch:

$$A \longrightarrow B$$

Die bei A beginnende, zu B spannende und dort endende Gestalt eines solchen sozialen Aktes sei als die soziale *Gestalt „Leistung"* gekennzeichnet. Sie kommt insofern beim Empfänger zu ihrem Ende, als die empfangene Leistung dem Empfänger eine *lebensmäßige* Befriedigung gewährt; denn auf ihr bauend vermag dieser wiederum seinen Beitrag zu dem sozial notwendigen Leistungsstrom zu geben – oder jedenfalls sein Leben in irgendeiner Weise um einen Schritt weiterzuführen. Für diesen Schritt wird die empfangene Leistung *Grund-Lage*. – Zu beachten ist jedoch dabei, dass nicht das Gut, der Stoff, die „reale" Dienstleistung die Leistung in ihrer Eigenart ausmacht – sie sind Voraussetzung zwar des Aktes, aber weder der Akt selbst, noch seine Gestalt –, sondern das geschilderte *gestalthafte Eingeordnetsein* in den wirtschaftlichen Produktions- und Verteilungsstrom.

Wie unterscheidet sich die Gestalt „Leistung" (Ware) von der Gestalt „Geld"? – Nehmen wir unseren Fall wieder auf und geben wir ihm weitere Momente. A habe B etwas verkauft und dafür von B einen Gegenstand X erhalten; er will den Gegenstand X aber nicht für seine konsumtiven Zwecke verwenden (obwohl dies – vom Gegenstand her gesehen – an sich möglich sei), er weiß aber jemanden (C), der ihn konsumtiv verwenden kann, und der ihm seinerseits – günstiger vielleicht, als B es konnte – „dafür" leisten wird, was er zu konsumieren wünscht. Exakter gesagt: A verknüpft den auf ihn gerichteten Akt des B mit einem Eigenakt (des im Gute X gegebenen Einordnungsmaßes) zu C – der bei C einen Gegenakt hervorrufen mag, der A befriedigen möge; im Schema:

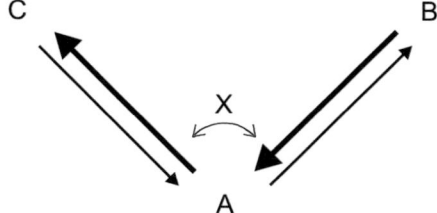

Die Verknüpfung der Akte B → A mit A → C durch A berührt hier nicht

---

75

die „Bedeutung" der Akte, die wir erst später behandeln; wir sahen, dass beim Kauf oder Tausch ein Akt die „Bedeutung" haben kann, dass der andere geleistet wird: In der Weise mögen die Akte A → B, B → A und die anderen beiden A → C, C → A verknüpft sein, *diese* Verknüpfung interessiert uns noch im Folgenden, hier liegt sie nicht vor. Hier verknüpft A einen Akt, der auf ihn gerichtet ist, mit einem anderen, der von ihm ausgeht: jedoch – und das bringt das Neue gegenüber dem Tausch – mit zwei *verschiedenen* Partnern.

Für A, der durch die Annahme des Gegenstandes X in die Lage versetzt wird, den Akt B → A mit seinen Eigenakt zu C (A → C) zu verknüpfen, bedeutet dies Geschehen etwas ganz anderes als die konsumtive Verwendung des Gutes X (auf die er verzichtet) ihm bedeutet hätte. Denn ihm gewährt das Gut X – zufolge seines Verzichtes – *keine* konsumtive Befriedigung, d.h. es wird für ihn *nicht* zur Grundlage seiner weiteren Lebensprozesse, aber es *verspricht* ihm solche Grundlage (oder die Verfügung darüber), die er von anderer Seite – nämlich von C – erhält. Diesen Unterschied von *Gewähren* und *Versprechen*, der den zur Rede stehenden sozialen Akten („Leistung" und „Geld") alternativ zukommt, gilt es zu beachten. Denn nur zu leicht wird er der in den Wirtschaftswissenschaften so weit verbreiteten, psychologisierenden Betrachtungsweise entgehen. Sie wird die Freude ins Auge fassen, die unser Mann (A) schon – im Vorgefühl gleichsam der ihm *in Aussicht* gestellten Leistung – über den versprechenden Charakter seines Dokumentes empfindet, wird diese „subjektive Schätzung" dem Gefühl der endgültigen Befriedigung ähnlich oder gleichartig finden – und auf dem Grunde dieser psychischen Fakten die Gleichartigkeit auch des ökonomischen, gestalthaften Sachverhaltes postulieren (ohne ihn indessen selber in Augenschein genommen zu haben). Wir erinnern, dass wir uns gegen diese Beurteilung (des vorliegenden Sachverhaltes) bereits abgrenzten und deren Belanglosigkeit in ökonomischer Hinsicht aufzeigten.[161]

Schauen wir stattdessen auf die Sache, so sehen wir: Die Verknüpfung der beiden Akte durch A bewirkt das Auftreten eines neuen gestalthaften Momentes. Die Verbindung B → A → C wird geschaffen, die es vorher nicht gab; der soziale „Spannungsbogen" vergrößert sich. Der Gegenstand X, den A nicht konsumtiv verwendet, sondern an C weitergibt (ohne ihn zur Grundlage eines produktiven Prozesses zu machen), ordnet ihn in den Produktions- und Verteilungsstrom weiterhin ein, er

---

161 Vgl. S. 53 f.

76

„zahlt" mit ihm, er wird für A zum Dokument seiner Einordnung in Hinblick auf C. Die Akte B → A, A → C können natürlich auch vollzogen werden (wir modifizieren dadurch unser Beispiel), wenn die ihnen je korrespondierenden Akte A → B und C → A entfallen, so dass im Schema – nur bleibt:

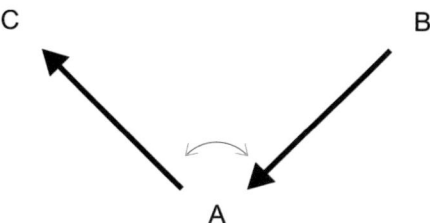

Auf diesen Bezug – rein eidetisch genommen: also nicht als tatsächlicher, sondern als *allgemeiner* Gegenstand – kommt es für uns an; er ist der Gegenstand, den wir suchen. Er tritt – ersichtlicherweise – in der Tatsachenwelt individuellen Geschehens nur als „unselbständiges" Moment auf. Wir erfassen ihn als allgemeinen Gegenstand (Wesen) und definieren: Die *gestalthafte Verknüpfung zweier Akte* gleichen Wertmaßes – im *Versprechen* endgültiger Leistung wirtschaftliche Einordnung gewährend – nennen wir die *Gestalt Geld. Nicht das Dokument* dieser Gestalt (im Beispiel der Gegenstand X) ist entscheidend, sondern die *Gestalt selbst*, wenn es darum geht zu untersuchen, ob wir es mit sozialen Akten in der Weise des Geldes oder mit solchen in der Weise der Leistung zu tun haben. – Dem Praktiker freilich muss das Dokument wichtig sein, das ihn „ausweist": Seine Redeweise, die das Dokument „Geld" nennt, mag für den Alltagsgebrauch genügen. Der wissenschaftlichen Betrachtung genügt sie nicht: *Sie* muss in erster Linie die Gestalt interessieren, und sie muss diese auch benennen.

Was Geld ist und was nicht, kann man also in unserer Auffassung nicht an der dokumentierenden Sache ersehen; handelt es sich um ein übliches, gegenwärtig umlaufendes Gelddokument – sagen wir eine Note der Zentralbank – , so können wir in der Regel *praktisch* sicher sein, dass es Dokument einer „Geldgestalt" ist – *diese*, nicht der mitgegebene autoritative „Staatsbefehl" (Annahmezwang) macht die Note jedoch zum Gelddokument. Und streng genommen müssen wir immerhin den Fall einkalkulieren, dass jemand die Note oder Münze einer entsprechenden Sammlung einverleibt, worauf auch Wagemann hinweist.[162] Sie ist dann kein Gelddokument mehr, weil ihr die Geldgestalt fehlt. Der staatliche Annahmezwang ist in diesem Falle gegenstandslos.

Wir müssen vielmehr sagen: Alles *kann Dokument* einer Geldgestalt sein, auf die äußere Erscheinungsform kommt es nicht an,[163] sondern auf die gestalthafte Eingliederung, auf die Funktion.[164]

Die geschilderte *soziale Gestalt* des Geldes ist es, die in erstem Sinne *das Wesen des Geldes* ausmacht – wie Geldbedeutung und Geldprozess dazu in Beziehung stehen, das wird der weitere Gang der Untersuchung zeigen. Wir gehen also nicht von einer irgendwie gearteten „konkreten" Gelderscheinung aus, indem wir das Wesen bestimmen; wir haben das Wesen sozialer Akte gezeigt und aufgewiesen, wie in ihrer Verknüpfung das Wesen „soziale Gestalt des Geldes" gedacht werden kann. Und wir nehmen für die Beschreibung dieses eidetischen Zusammenhanges in Anspruch, dass sie schärfer als die besprochenen Gelddefinitionen Geld und Leistung (Ware) sowohl trennt, als auch in ihren Wesenseigenheiten im wirtschaftlichen Zusammenhang eidetisch aufweist. Diese eidetische Unterscheidung berührt es nicht, wenn man Tatsachen beibringt, bei denen es schwer wird, diesen Unterschied zu verifizieren; im Wesensbereich, d.h. in prinzipieller Hinsicht, sind wir keiner Unsicherheit ausgeliefert. (Niemand wird doch z.B. deswegen den Unterschied von Tier und Pflanze hinwegdiskutieren wollen, weil es gewisse primitive Meereslebewesen gibt, bei denen dieser – ja doch gegebene – Unterschied nicht eindeutig aufzuzeigen ist.) Wenn man sagen wollte: Mit dieser Definition kommt aber im Erscheinungsbereich alles ins Fließen, wir müssen ja nun selbst im Falle von Banknoten jeweils wieder prüfen, ob es sich um Geld handelt oder nicht – so ist dazu zu sagen: Es handelt sich eben um jenes Fließen, das die Wirklichkeit eo ipso auszeichnet. Aufgabe der Wissenschaft kann es ja nicht sein, die „fließende Wirklichkeit" in eine „geordnete Welt" umzuerklären; auch der phänomenologisch oder ontologisch Forschende denkt sich die Welt nicht nach seinem Geschmack zurecht, sondern er beschreibt im Wesensbereich *fest*, was ihm die fließende Wirklichkeit dennoch – eben dem Wesen nach – verstehbar macht.

Bevor wir uns noch mit einigen Einwänden auseinandersetzen wollen, die das Dargestellte zugleich erläutern mögen, sei hier noch eine Anmer-

---

162 WAGEMANN a.a.O. S. 54

163 Ähnlich äußert sich Stucken; er sagt: „Es ist auch allgemein üblich, nur diejenigen Noten zum Geld zu rechnen, die sich außerhalb der Notenbank befinden. *Also* kommt es nicht darauf an, dass etwas die *äußere Erscheinungsform* des Geldes annimmt, es kommt darauf an, dass etwas tatsächlich die *Funktion* des Geldes *ausübt*." (RUDOLF STUCKEN: Geld und Kredit. Tübingen 1957, 2. Aufl. S. 54; die Kursivsetzung wurde hinzugefügt).

164 Hierauf hat auch Steiner schon (wohl als einer der ersten) hingewiesen; er sagt: „Also etwas wird nicht dadurch Geld, dass es … etwas anderes ist, als das, was sonst im volkswirtschaftlichen Prozess da ist, sondern dadurch, dass es an einer bestimmten Stelle" steht, dass es nur zum „Vermitteln" von Leistungen benutzt wird (vgl. R. STEINER: Nationalökonomischer Kurs. **14** Vorträge in nicht durchgesehener Nachschrift. Dornach 1933, 2. Auflage, S. 120, S. 148).

78

kung zum Kreislaufproblem gemacht. – Nicht selten findet man ja in der Nationalökonomie die Bemerkung, dass es eigentlich einen „Wirtschaftskreislauf" gar nicht gäbe, dass man höchstens von einem „Geldkreislauf" sprechen könne, weil ja bestenfalls die Geldzeichen naturaliter zu ihrem Ausgangspunkt zurückkehren. „Was ist denn ein Kreislauf?" fragt Kraus.[165] „Offenbar nichts anderes als die Rückkehr eines bewegten Gegenstandes zum Ausgangspunkt der Bewegung. Ein weitergehender Sinn kann diesem Wortbild im Wirtschaftsleben nicht beigelegt werden, und selbst diese recht spärliche und bescheidene Definition ist nur auf einen der beiden Hauptströme anwendbar, nämlich auf den Geldstrom. Die bloße Wiederholung ein und desselben Vorganges hingegen ist noch kein Kreislauf – sonst müsste es in der Volkswirtschaft unendlich viele Kreisläufe geben."[166] Abgesehen davon, dass nicht ganz verständlich ist, wovor Kraus denn mit der letzten Bemerkung zurückschreckt oder warnen will – wenn es unendlich viele Kreisläufe geben sollte: warum nicht? –, müssen wir doch fragen, ob diese Vorstellung von „Kreislauf" denn nun *in sich* auch möglich ist.

Kraus scheint es als sicher zu gelten, dass unter „Kreislauf" die „Rückkehr eines bewegten Gegenstandes zum Ausgangspunkt der Bewegung" verstanden werden muss – so sicher gilt ihm dies, dass er diese Vorstellung sogleich Schumpeter entgegenhält und dessen Idee eines „Wirtschaftskreislaufs durch gegebene Verhältnisse" ohne nähere Prüfung als „Chimäre" zu entlarven vermeint.[167] Kann man aber einen *Vorgang* in der Tatsachenwelt, auf den Kraus abhebt (die „Rückkehr eines bewegten Gegenstandes"), als „Kreislauf" verstehen? Hierauf kann man antworten: ja und nein. Für die Kraus'sche Betrachtungsweise muss man sagen: Nein, sie hebt sich selber auf. Denn sie verfolgt Tatsachen im Zeitverlauf, und von diesen lässt sich – unter dem Gesichtspunkt ihrer sich bewegender Veränderung – immer nur sagen, dass sie sich eben *stets ändern*: Unter diesem Gesichtspunkt wiederholt sich *nichts* – auch wenn ein Gegenstand einmal zu seinem „Ausgangspunkt" zurückkehrt; denn dieser, wie der Gegenstand, sind unter „tatsächlichem" Blickpunkt *völlig* andere, sie stehen an anderer Raum- und Zeitstelle. – Anders, wenn wir bestimmte eidetische Elemente eines Zustandes als allgemeine Gegenstände in den Blick fassen: *Sie* sind das Bleibende im Wechsel, von *ihnen* kann man sagen, dass sie

---

165 OTTO KRAUS: Kreislauf und Entwicklung der Volkswirtschaft. Berlin 1953, S. 21
166 Ebendort
167 OTTO KRAUS, a.a.O. S. 22

sowohl den Zustand Y und den Zustand Z kennzeichnen (unbeschadet des Neuauftretens oder Verschwindens anderer eidetischer Elemente aus dem Bilde der beiden Zustände). Nur durch eidetische Betrachtung vermag man im Zeitablauf von vergleichbaren (selbigen) Zuständen zu reden, zu denen etwas „zurückkehren" kann, bezüglich deren man das Problem des Kreislaufs überhaupt aufwerfen kann. Das „natürliche Erfahren" kennt demgegenüber – streng genommen – keine Selbigkeit. Eine Betrachtungsart jedoch, die das eidetische Wesen eines Zustandes im Blick hat, kann sagen, dass *dieses* sich wiederholt. *Kreislaufbetrachtung* ist durchgängig nur auf *eidetisch-ontologischer Grundlage* zu denken. – An seiner Definition liegt es, dass Kraus nur ein äußerliches Bild der zirkulierenden Gelddokumente – nicht die Qualität „Kreislauf" – in den Blick bekommt.

Was haben *Geld* und *Kreislauf* miteinander zu tun? Wie ist ihr wesensgesetzlicher Zusammenhang? – Greifen wir auf unser Schema zurück: Die Gestalt des Geldes, sagten wir, liegt in der wirtschaftliche Einordnung gewährenden Verknüpfung zweier Akte:

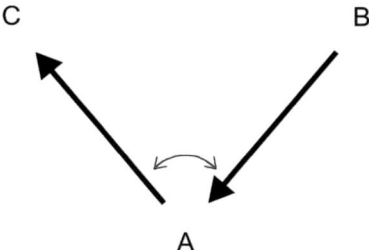

Wir können den Sachverhalt von A aus betrachten und sagen: Für A gehören B und C zum Ganzen des restlichen Sozialen Organismus (eben ohne A). Das schreiben wir so:

Zustand	Vorgang		Bezug
„Y"	C	B	Sozialer Organismus
„Z"			Einzelner

Nennen wir jetzt den Zustand, in dem die die Geldgestalt dokumentierende Sache X beim Sozialen Organismus ist (in diesem Beispiel bei B oder

80

C) „Y" und nennen wir den Zustand, in dem sie bei A ist, „Z", so haben wir durch die Verknüpfung der beiden Akte die Zustandsfolge Y – Z – Y. *Das Wiederkehren eines gleichen* (eidetisch: desselben) *Zustandes kann als Kreislauf verstanden werden.* – Damit ist deutlich: Geld ist wesensgesetzlich Kreislaufelement und zwar in qualitativem Sinne; *dies* mag sich in der „Rückkehr von Geldzeichen" zu ihrem „Ausgangspunkt" auch einmal gegenständlich-tatsächlich darstellen (dies ist aber nur *ein* möglicher Fall der Zustandswiederholung): An der Rückkehr der Geldzeichen – oder ihrer Nichtrückkehr – können wir niemals ein Verständnis für den Geldkreislauf – seinem Wesen nach – gewinnen. Man braucht also nicht erst eine volkswirtschaftliche Gesamtrechnung zu bemühen, um die Kreislaufnatur des Geldes zu entdecken; der ontologischen Betrachtung zeigt sie sich an *einem* Fall. Wer es *hier* nicht versteht, der wird auch in einer „Totalanalyse" kaum Sicherheit gewinnen. –

Mit einem möglichen Einwand, der uns zugleich einige Abgrenzungen zu machen gestattet, wollen wir uns noch auseinandersetzen. Man könnte der entwickelten Gestalt des Geldes entgegenhalten, dass auch ein anderer Fall denkbar und gegeben sei, bei dem – unter der gleichen Voraussetzung: dass es sich um Tatbestände wirtschaftlicher Einordnung handele – gesagt werden könne, dass wieder zwei Akte durch ein Subjekt verknüpft seien, ohne dass man dies „Geld" nennen werde: den Fall des Händlers, der Waren kauft, um sie wieder – freilich mit Gewinn (in der Regel) – zu verkaufen. Liegt in dieser Verknüpfung zweier Akte nicht dasselbe vor, was wir oben die „Gestalt Geld" nannten? Handelt es sich um einen Widerspruch – oder sollen die Waren des Händlers zu Geld „umerklärt" werden?

Weder das eine noch das andere ist der Fall. – Betrachten wir, was vorliegt. Der Händler kaufe die Sache X, er nimmt sie in sein Lager und verkauft sie nach kürzerer oder längerer Zeit an seinen Kunden mit dem handelsüblichen Aufschlag (so etwa dürfte der Normalfall aussehen). Verkauft er dieselbe Sache, dasselbe Gut? Wir werden sagen: ja, in der Tat. Verkauft er dieselbe *Ware*? Gibt er nur *die* Leistung *weiter*, die er selber seinerzeit erhielt? Wir werden zögern zu sagen: Ja, er tut es. Leistung oder Ware, so fanden wir, ist eine gestalthafte Einordnung in den Produktions- und Verteilungsstrom. Die „Ware", die er kauft, und die Ware, die er verkauft, ordnen ihn in *ganz anderer* Weise in die Wertbeziehungen ein: Er verdient nämlich an diesem Handel. Sein Warenkauf wird Grundlage jener produktiven Prozesse, wie wir oben sagten, durch die er in seiner Weise im Zusammenhang des ganzen Sozialen Organismus lebt. Der Händler produziert, insofern er für den notwendigen Fortgang des Güterstromes zum Endverbraucher hin, also für die Warenverteilung, sorgt. Sicherlich muss er die erste Ware kaufen, um die zweite verkaufen zu können; das „Gut", die „Sache" kann dieselbe bleiben. Aber der zweite Akt, den er auf seinen Kunden hin vollzieht, unterscheidet sich schon äußerlich von dem ersten, den sein Lieferant auf ihn hin vollzog, durch die verschiedene Einordnung, die in seinem „value added", seiner „Spanne" zum Ausdruck kommt. Am *Geld* „verdient" er nicht; er „schätzt" es vielleicht, weil es ihm die „Wahrnehmung günstiger Termine" beim Bezug seiner Vorleistungen ermöglicht – wie eine psychologisierende Betrachtungsweise sagen würde;[168] aber aus dieser psychisch gleichartigen Bewertung – der „Schätzung" – können keine Schlussfolgerungen über den sachlichen Unterschied (oder dessen Nichtvorhandensein) zwischen Ware oder Leistung und Geld gezogen werden. Diese Anschauung bestätigt vielmehr indirekt, was hier über die „Gestalt Geld" gesagt worden ist; denn indem sie von der Wahrnehmung „günstiger Termine" (die in der Zukunft liegen) redet, gibt sie – unbeabsichtigt – zu, dass auch für sie das Gelddokument, von dem sie ausschließlich redet, *Leistungen* nur *verspricht*, zu denen man vielleicht „günstiger", aber doch eben *auch* kommt. Denn auch sie sieht ja im Gelde keinen „letzten" Wert. Daher – normalerweise – die Neigung des Verkehrs, nicht mehr „Kasse zu halten" als notwendig.[169] Es handelt sich also bei Kauf und Verkauf von Gütern (in verschiedenen Warenakten) nicht um die gestalthafte Verknüpfung zweier Akte, die wir oben als „Geldgestalt" bezeichneten. Diese Akte sind eben in der Weise der Einordnung *gleich*; Warenkauf und Warenverkauf sind in der Weise der Einordnung *verschieden*. Als verschieden unterscheiden wir sie in die Gestalt Leistung I und Leistung II. Der Einwand, Warenkauf und Warenverkauf seien mit der entwickelten Geldgestalt identisch, ist damit beantwortet.

Man wird uns vielleicht noch Grenzphänomene entgegenhalten. Der Händler könne das Gut ja zum gleichen Preis verkaufen, zu dem er es gekauft habe. Wenn er es ausdrücklich als „Zwischenwert" in Zahlung nimmt, werden wir nicht zögern festzustellen: Es handelt sich dann eben – für ihn und in diesem Falle – um Geld. Der Fall, dass auch Güter die Geldgestalt dokumentieren können, ist ja weder der Nationalökonomie noch

---

168 Vgl. S. 53 f.
169 Eine ähnliche Abgrenzung finden wir übrigens bei Wagemann; er sagt: „Bei der Prüfung der Frage, ob irgendeine Erscheinung Geld sei im Sinne unserer Definition, haben wir also zu untersuchen, ob sie einer Preisbildung unterliegt oder nicht" (a.a.O. S. 56). Ware, kann man sagen, wird *für* den Verkehr geschaffen; in dem Maße, als sie eingeordnet wird, hat sie „Wert", bildet sie ihren „Preis". Geld wird – als das schon Eingeordnete – *durch* den Verkehr geschaffen, ihm ist wesentlich, dass es *dieses* Einordnungsmaß behält.

uns neu. Er dürfte keine Schwierigkeiten bieten. „Passiert" es dem Händler lediglich, dass er sein Gut nicht „besser" als zum Einkaufspreis verkaufen kann, so hat er (durch den geleisteten Aufwand) immerhin einen Verlust erlitten; wir stellen es dem Leser frei, sich für Geld oder Ware zu entscheiden. Den Begriff, *das Wesen* von Geld oder Ware (Leistung) berührt das nicht. Es berührt vielmehr die Frage, wie weit es dem jeweiligen Betrachter in jedem einzelnen Grenzfall möglich oder nicht eindeutig möglich ist, das Wesen aufzudecken, den „Fall" einem Wesenstatbestand zuzuordnen. – Und wenn sich auf Grund dieser Abgrenzung eine Grenzverschiebung in der „Benennung" – nicht im Wesen – einiger Phänomene ergibt, so dass einige Tatbestände, die man bisher Leistung oder Ware nannte (aber als Geld im hier gemeinten Sinne behandelte), nun auch als „Geld" bezeichnet werden, so dürfte das ja nur natürlich sein. Für die Umkehrung gilt das gleiche.

Ein weiteres Grenzphänomen, das besprochen sei, ist der sogenannte „Geldhandel". Was liegt vor? Es werden z.B. Banknoten an einen anderen Ort (in der Regel ins Ausland) geschafft, an dem sie einen höheren Kurs haben; man „verdient" am Geld- oder Sortenhandel (Arbitrage). Handelt man mit Waren oder mit Geld? Unsere eindeutige Antwort lautet: mit Waren. Und zwar mit Dokumenten, die – nach dem Willen der Zentralbank eines Landes – Geld dokumentieren *sollen*, es aber in diesem „Geschäft" nicht tun (die Umstände, die zu solchen „Geschäften" führen, brauchen wir nicht zu erörtern). Die Banknoten „kehren" zwar zu ihrer Aufgabe, *Geld zu dokumentieren*, „zurück" – sonst wäre auch dieser Handel nicht möglich, aber *in* diesem Handel dokumentieren sie eben nicht Geld, sondern Ware. Die Grenzziehung wird aus dem Vorangehenden verständlich sein.

Ein weiterer Einwand könnte darin liegen, dass man sagt: Wir finden es widerspruchsvoll, dass *ein* sozialer Akt für den einen Ware ist (oder Leistung) und für den anderen – der ihn mit einem weiteren, wie angeführt, verknüpft – Geld. Denn *so* stellt sich die Sache doch dar, wenn A das Gut X, das er sich eintauscht, als Zwischenwert behandelt, und es an C weitergibt. Für B, von dem A es bekam, ist der Akt „Leistung", für A ist er „Geld". – Auch darin liegt ein Missverständnis. Erstens ist nicht der *eine* Akt B A für A Geld, sondern die gestalthafte Verknüpfung mit dem *Folgeakt* A C. Zweitens haben wir die Gestalt nicht durch das Bewusstsein, das die Beteiligten von ihr haben, definiert (das wäre Psychologismus), wir haben sie vielmehr so aufgehellt, wie sie ihrem Wesen nach ist, nicht danach, welche *Meinung* die Beteiligten von ihr haben. Wenn B die Meinung hat, die Sache X, die er an A gibt, dokumentiere Leistung (oder Ware), so befindet er sich eben in einem Irrtum (der ihn nicht schädigt), die aber die Gestalt *selbst* nicht weiter berührt.

Soweit sei, was wir als Geldgestalt zu entwickeln suchten, an möglichen Einwänden illustriert. In das folgende Kapitel soll uns die Frage nach jener anderen, nicht gestalthaften, sondern bedeutungshaften Verknüpfung zweier Akte führen, der wir schon bei der Erwähnung der Tauschverknüpfung zweier Leistungsgestalten begegneten.

4 Gestalt und Bedeutung des Geldes

Wir dürfen jetzt wieder auf das eingangs dieser Untersuchung (Hauptteil A) grundlegend Ausgeführte zurückgreifen.[170] Soziale Akte, so sagten wir dort, haben ihre *Gestalt*, die sie von anderen unterscheidet. Diese Gestalt erfüllt sich sinnhaft durch ihre jeweilige, aber je verschiedene *Bedeutung*. Der Bedeutung gemäß konkretisieren sich soziale Akte in einem bestimmten *Erfüllungsgeschehen*. Alle drei „Momente" des individuellen Vorganges *Geld* können in ihrem allgemeinen Wesen beschrieben werden. Sie sind, so gefasst, „unselbständige" allgemeine Gegenstände (in Husserl'scher Terminologie); *unselbständig* in Bezug auf den individuellen Vorgang Geld, den sie nie als einzelnes Wesen „ausmachen", für den sie aber in ihrer eidetischen Verknüpfung das *ganze Wesen Geld* darstellen, das sich als durch eine Sache dokumentierbar erweist.[171] In dieser sich zur Einheit fügenden Dreiheit seiner Momente bestimmen wir und bestimmt sich das *Wesen Geld*: In diesem Sinne sprechen wir von einer „Bestimmung des Geldes".[172]

Die Gestalt Geld schilderten wir als Verknüpfung zweier gleiche wirtschaftliche Einordnung gewährender sozialer Akte; diese haben natürlich *ihre* jeweilige *Bedeutung*. Die Geldgestalt ist diesen Bedeutungen

---

170 Vgl. das Kapitel: Die sozialen Akte und ihre Eigenart. S. 36 ff.
171 Sie sind in demselben Sinne „unselbständig" wie das Wesen „Ausdehnung" unselbständig ist in Bezug auf einen individuellen Gegenstand – sagen wir: einen Stuhl –, der in seinem Wesen als „selbständiger Gegenstand" noch weiterer (unselbständiger) Momente wie Farbe, Gestalt, Härte etc. bedarf.
172 Der Frage gegenüber, ob diese „Bestimmung" des Geldes nun auch „objektgerecht" sei, kann an dieser Stelle der Untersuchung geantwortet werden: Man nehme es *hier* als These; die weitere Analyse und der Versuch einer Anwendung der in dieser Analyse gewonnenen Geldanschauung auf die „Unternehmenslehre" werden, wie wir hoffen, noch Überzeugendes beizubringen vermögen.

gegenüber zunächst – in sogleich einzuschränkendem Sinne – indifferent; verschiedene Bedeutungen „sprengen" sozusagen ihren Rahmen nicht; sie fordert nicht *diese* oder *jene* Bedeutung, sie fordert aber *eine* Bedeutung: und zwar eine Bedeutung, die *Geldbedeutung* sein kann. Die Bedeutung der Aufforderung (sozialer Akt) „erzähle" kann nicht Geldbedeutung sein. Insofern ist die Geldgestalt *den* Bedeutungen gegenüber, die ihr Sinn zu verleihen vermögen, *nicht* indifferent. Sie beschränkt vielmehr den Kreis möglicher Bedeutungen in eindeutiger Weise. Der Kreis dieser Geldbedeutungen, von dem wir jetzt nur sicher wissen, dass er grundsätzlich begrenzt sein wird, soll Gegenstand des folgenden Aufrisses einer eidetischen Typologie der Geldbedeutung sein.

Was meint „Bedeutung" des Geldes in unserem Falle? Wir erwähnten oben bereits abgrenzend den Fall,[173] dass beim Kauf oder Tausch ein Akt die Bedeutung haben könne, dass ein „entsprechender" Gegenakt – eine Gegenleistung – erfolge. Der Akt I (die Zahlung) „bedingt", „meint", „bedeutet" dann die Einordnung eines Bedarfes durch den Akt II (die Leistung). Wir nannten auch das eine Verknüpfung, aber eine *bedeutungshafte*, keine gestalthafte Verknüpfung zweier Akte.[174] Nehmen wir an, A zahle dem C seine Leistung an ihn (A) mit jener Sache X, die er von B erhalten hat und die er in der Weise des Geldes an C weitergibt, dann hat der Akt A → C die Bedeutung: Ich (A) erkaufe mir von dir (C) die Gegenleistung, ich bin zur Geltendmachung meines Bedarfes legitimiert, mein Akt erfolgt unter der Bedingung, dass Du (C) leistest. C „versteht" diese Bedeutung des Aktes A → C, akzeptiert sie und vollzieht seine Gegenleistung. Im Schaubild:

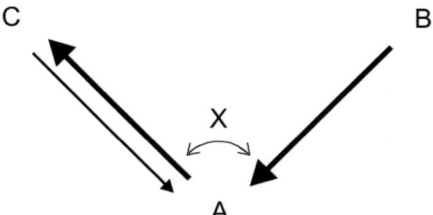

Der Kreis ist geschlossen. Wir nennen die so geartete Bedeutung eines Aktes, die mancherlei Einzelmomente der Spezifizierung „verträgt" (Art und Zeit der Leistung etc.) *Kaufen*.[175] Wohlgemerkt: die Bedeutung – nicht das ganze Kaufgeschehen.

---

173 Vgl. S. 74
174 Vgl. S. 75 f.

Wie leicht ersichtlich ist, kann ein Akt A → C natürlich auch die Bedeutung haben: Verwende die wirtschaftliche Einordnungsmöglichkeit, die dir das Gelddokument gibt, im Sinne einer Sache, über die wir uns verständigt haben, zu der ich beitragen möchte (Stiftung, Spende). Dann schließt *diese* Bedeutung einen Gegenakt des C zu A ausdrücklich aus und gibt C die Möglichkeit, einen Gegenakt „im Sinne der Sache" *frei* zu bestimmen. Das Einordnen dieses Freiheitskreises in den Produktions- und Verteilungsstrom ist der Sinn, die Bedeutung, des Aktes A → C. Wir nennen diese Bedeutung *Beitragen*.[176]

Was lässt sich als das allgemeine Wesen der Geldbedeutung daraus erschauen? *Die Geldbedeutung kann als erfüllender Inhalt eines in die Geldgestalt eingebetteten sozialen Aktes verstanden werden, durch den die sinnhafte Beziehung dieses Aktes zu anderen Akten gegeben wird.* Der Kreis dieser Bedeutungen soll im Folgenden untersucht werden.

Bei der Untersuchung der Geldbedeutungen gehen wir davon aus, dass es sich um die Bedeutung solcher sozialen Akte handelt, die sich in eine Geldgestalt einfügen. Als reine Bedeutungen mögen sie auch sonst „vorkommen". Dass sie dies tun, d.h. als Bedeutungen auch andere Akte, die nicht zu einer Geldgestalt „gehören", *erfüllen* können, kann kein Einwand dagegen sein, dass sie *auch* Geldbedeutungen sind. Und als solche behandeln wir sie hier.

Wir werden im Folgenden die Geldbedeutungen, die sich uns ergeben haben, nach Gruppen geordnet behandeln; wir nennen eine Gruppe die *umgestaltenden*, eine andere Gruppe die *tradierenden* Bedeutungen. Wir wollen damit Eigenheiten kennzeichnen, die mit den dafür gewählten Benennungen vielleicht noch nicht adäquat bezeichnet sind; wir sind uns dieser Schwierigkeiten bewusst und bitten den Leser uns in der Betrachtung dessen, was *hier* mit diesen Namen gemeint ist, entgegenzukommen. Um das gleiche Entgegenkommen bitten wir auch bei den Namen für die einzelnen Bedeutungen: Sie meinen hier zuweilen etwas, das mit der üblichen Sprachbedeutung eben oft nicht „umfangsidentisch" ist. Wir wollen uns bemühen, sie so zu schildern, dass das mit dem „Namen" jeweils „Gemeinte" deutlich erfassbar werden kann.

---

175 Die genauere Schilderung der Bedeutung „Kaufen" erfolgt weiter unten in dem ihr gewidmeten Abschnitt.
176 Vgl. S. 92 ff.

II Die Geldbedeutungen

1 Die umgestaltenden Bedeutungen

a) Die Bedeutung „Leihen"

Einer spezifischen Schwierigkeit der Darstellung und des Verständnisses begegnen wir am besten, indem wir sie bei der Behandlung und Schilderung der ersten „Bedeutung" unserer „eidetischen Typologie" ausdrücklich hervorheben. Es handelt sich um diese Schwierigkeit: Geschildert werden soll die Bedeutung in ihrem Wesen, d.h. als allgemeiner Gegenstand. Im individuellen Geldgeschehen tritt sie als „unselbständiges" Moment auf: Sie kann jedoch so wenig „für sich" *als Tatsache* existent sein, wie die Geldgestalt *ohne* eine Bedeutung (und ohne realisierendes Erfüllungsgeschehen) existent sein kann. Auch die Ganzheit „Geld" umfasst ihrem Wesen nach diese drei Momente als Wesen. Was aber auf der Tatsachenebene nicht getrennt werden kann, wenn sich der „Gegenstand" nicht sozusagen „in Luft auflösen" soll, das *kann* nicht nur auf der Wesensebene getrennt werden, sondern *muss* es sogar: Erst durch die Trennung, m.a.W.: durch das Betrachten der Wesen in ihrem „Für-sich-sein" ist ja diese Wesensebene, der Bereich der Wesen, erschlossen, ist, was Tatsächlichkeit war, „in Idee" gesetzt.

Was wir zu beschreiben unternommen haben, das sind Wesen von sozialen Geschehnissen, die – als das letztere genommen – der Welt der Tatsächlichkeit angehören und in ihr mit dem ganzen (in sich notwendigen) „Beiwerk" der Tatsächlichkeit – mit weiteren „Seinsbedingungen" (Back) – ausgeschmückt sind. Von dieser „Ausschmückung" müssen wir sie jeweils befreien, um ihr Wesen zu zeigen. Wir gehen von Beispielen aus: Diese Beispiele sind „Unterlage". In ihnen kommt das als „unselbständiges" Moment vor, was hier gemeint ist, was hier als *Wesen*, nicht als Tatsache, *gemeint* ist.

Die gängigen Definitionen des Geldes, z.B. die mit der Funktion Tauschmittler, treffen das Wesen, so sagten wir, nicht.

Die Funktion Tauschmittler ist zu *eng;*[177] sie lässt das Wesen dunkel. Das hatte uns oben zur Kritik genügt. Wir können jetzt zeigen, warum sie

---

177 Vgl. unten S. 60 f.

zu „eng" war, und darin dem Fehler begegnen, den wir hier vermeiden wollen: Tauschmittler zu sein entspricht schon der *Gestalt* Geld, aber sie zeigt nicht ihren *vollen* Umfang, der sie erst von anderen Gestalten eidetisch unterscheidbar macht. In der Funktion Tauschmittler ist Gestalt und Bedeutung eben schon vermischt: Die Gestalt ist hier auf den Umfang begrenzt, den ihr die Bedeutung „Kaufen" zu geben vermag; es handelt sich also um eine *mögliche* „Geldart", aber nicht um das volle Wesen. – Die hiermit geforderte Trennung der Wesen Gestalt, Bedeutung, Prozess (Erfüllungsgeschehen) müssen wir im Folgenden durch Worte andeuten, die nicht immer diese scharfe Trennung „hergeben". Wir wissen jedoch jetzt, was gemeint ist.

Treten wir an unsere erste Bedeutung heran. Was meint die Bedeutung *„Leihen"*? – Sie hat sicher etwas mit einer Hingabe und mit einer Rückgabe von Geld zu tun. Also mit zwei sozialen Akten umgekehrten „Richtungssinnes", soviel scheint uns gewiss zu sein. Der A zahlt dem B eine Summe zum Zeitpunkt t_0; B zahlt dem A die Summe (ggf. zuzüglich Zins) zum Zeitpunkt t_1 „zurück". (Dass es sich hierbei um Akte handelt, die in eine „Geldgestalt" eingeordnet sind, setzen wir jetzt, wie gesagt, voraus. A und B mögen eben in ihrer Weise in die Produktions- und Verteilungsverfassung eingeordnet sein; wir deuten dies im Schema noch einmal durch die Bezugspersonen C, D und E, F an). Wir haben also:

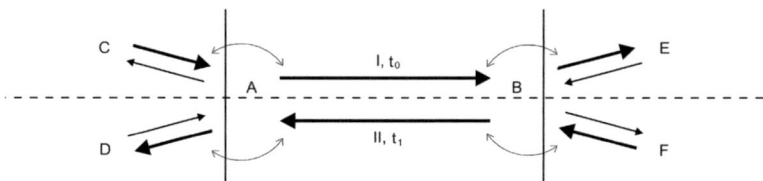

und fragen zunächst nach der Bedeutung des Aktes I, die ihn irgendwie mit dem Akt II in Bezug setzt.

Meint der Akt I (Hingabe) nur die Rückgabe zum Zeitpunkt t_1? So ein Akt wäre ja denkbar: z.B. wenn wir einen Betrag auf unser Postscheckkonto einzahlen und ihn dort „stehen lassen". Doch ist dabei ja nicht gemeint, dass die Rückzahlung oder Weiterverfügung erst zu einem bestimmten zukünftigen Zeitpunkt erfolgen soll: Es sind „täglich fällige Gelder". Damit verlassen wir jedoch wieder die Eigenart des Kreditgebietes, auf dem wir das Leihen kennen und genauer kennenlernen wollen. Der Akt A → B meint offenbar nicht nur die Rückgabe (den Gegenakt B → A)[178]

---

178 Vgl. unsere Ausführung über die Bedeutung „Bewahren" S. 101 ff.

88

Sehr einfach, werden uns die Verfechter des Rationalprinzips sagen, die Hingabe des Geldes muss – wenn sie erfolgt – die produktivste (rentabelste) Verwendung sein, die der A für sein Geld ausfindig machen konnte (er will ja seinen Gewinn maximieren): Der A will eben den Zins! Der Zins ist gemeint, den er für die zeitweilige Überlassung „seines Geldes" bekommt. (Und B will die zeitweilige Nutzung des Geldes, die er sich für den Zins kauft.) Es handelt sich eben um einen *Kauf*, wird man sagen. Da wir den Akt A → B betrachten: Der A kauft sich mit der zeitweiligen Überlassung des Geldes den Zins. Das Leihen ist also dem Wesen nach Kaufen – eben ein Kaufen eigener Art („sui generis").[179]

Ein seltsamer Kauf! *Zahlt* denn der A auch? Er *gibt* doch gerade das Geld, wird man sagen. Aber er bekommt es doch zurück, es bleibt doch „sein" Geld? Dann „zahlt" er eben mit dem zeitweiligen Verzicht auf sein Geld („Entbehrungslohn"!)? Wie auch die Antwort lauten mag: Er zahlt jedenfalls nicht mit Geld; das wäre ja auch ganz widersinnig, da er ja gerade Geld bekommt (Zinsertrag). Ein Geldakt, der die Bedeutung „Kaufen"[180] haben könnte, liegt also gar nicht vor; jedenfalls hier nicht. Der Akt A → B kann sie nicht haben; *hätte* er sie, so würde selbst das nichts erklären, weil er ja in seiner jeweiligen Höhe nur etwas Gleichwertiges kaufen könnte, das wäre dann die Rückzahlung. Wir wollen ja aber den Zins auch noch in der Bedeutung des Aktes unterbringen! Dazu brauchen wir den „time-lag", den zeitweiligen Verzicht; *der* ist aber kein Geld! Wer den zeitweiligen Verzicht „Zahlen" nennt, mag das tun: um Geld handelt es sich jedenfalls nicht, also befassen wir uns hier mit dieser Frage nicht.

Wir haben jedoch wieder gesehen, wozu es führt, wenn wir uns auf psychologistische Motivationen einlassen: Nur weil man auf die Motive des A schaut, auf das, „worum es ihm geht" oder „in einem kapitalistischen System" gehen könnte oder sollte, kommt man zu solchen Konstruktionen. Ob man dabei von zutreffenden oder unzutreffenden Motiven ausgeht, ist ganz gleich: Das Wesen eines sozialen Aktes ist nie durch die Motive seiner Entstehung erklärt. Doch haben wir das zu sagen Nötige bereits ausgeführt.[181] Die Erklärung also: Das Leihen sei seinem Wesen nach Kaufen, ist nicht nur eine unbewiesene, sondern unbeweisbare, nicht nur eine widerlegbare, sondern auch widerlegte Behauptung, die uns nicht weiter zu interessieren hat.

---

179 Von der juristischen Deutung der Leihe oder des Darlehens können wir hier ganz absehen.
180 Vgl. oben S. 85 und oben S. 120 ff.
181 Vgl. S. 38 ff.

Wir könnten fortfahren zu zeigen, dass die Versuche, das Leihen und seine Bedeutung durch etwas zu erklären, was es nicht ist, sich ad absurdum führen. Wir könnten fragen, ob der Verleiher sich an dem, was der Entleiher mit dem Gelde tun will, auf Zeit beteiligen will, oder ob der Verleiher es tut, weil er eine entsprechende Leihe später selber erwartet. Wir könnten fragen, ob die Leihe dem Entleiher helfen soll, seine Ideen zu verwirklichen, usw. usf.: Wir würden immer das Leihen durch etwas erklären, was es nicht ist, durch Motive oder andere Vorgänge, die wir sonst kennen. Das Leihen ist Leihen und meint Leihen – wäre das zunächst negative Ergebnis solcher Untersuchung. Sie würde die „Bedeutung" nicht klären. Dazu müssen wir andere Wege einschlagen: Und den hier gewählten Umweg werden wir uns bei der Behandlung der weiteren „Bedeutungen" ersparen. Er diente der Abgrenzung. –

Wir wollen uns, um die Bedeutung Leihen selber zu klären, einmal die Lebensumstände vergegenwärtigen, aus denen heraus der Leihvorgang A → B, B → A, von dem wir oben ausgingen, entstanden sein mag. – Für den A ist es einfach: Es kann z.B. eine Bank sein, die das Geld eben „hat" und zur Verfügung stellen kann und will. Der B braucht das Geld „auf Zeit": Täglich fälliges Geld hat für ihn keinen Sinn. Er muss also irgendetwas unternehmen wollen, was sich innerhalb einer bestimmten Zeit mit einer gewissen Sicherheit „bezahlt" macht. Nehmen wir an, er sei Unternehmer und wolle einen neuen Artikel auf den Markt bringen, von dem man mit relativer Sicherheit sagen kann, dass er „gehen" wird. Er habe die Sache sachlich richtig kalkuliert und könne der Bank, von der er Kredit will, einen entsprechenden Tilgungsplan für den Kredit vorlegen oder einfacher: er könne begründet sagen: Zum Zeitpunkt t_1 kann ich zurückzahlen (mit Zinsen).

Die Bank gewähre ihm den Kredit; es gehe wie geplant: Bis zum Zeitpunkt t_1 hat unser Unternehmer die entsprechenden Investitionen gemacht, seinen neuen Artikel auf den Markt gebracht und verkauft. Er zahlt den Kredit fristgerecht zurück und den Zins dazu. – Der Unternehmer hat verdient, die Bank hat verdient, die Käufer sind zufrieden, alle haben ihren Nutzen maximiert: Diese Erklärung interessiert uns nicht. – Was hat sich *faktisch* in diesem sozialen Zusammenhang, in der Produktions- und Verteilungsverfassung geändert?

Sie ist umgestaltet worden. *Sie war vorher* so, dass es den Artikel, den unser Unternehmer nun neu produziert, nicht gab; sie *ist jetzt* so, dass es ihn und den mit ihm verbundenen höheren Ertrag, (ganz gleich, wem er zunächst oder auf die Dauer zufällt) eben gibt. Und zwar ist die Produktions- und Verteilungsverfassung relativ schnell umgestaltet worden. Es hätte ja auch anders sein können; es hätte so sein können, dass unser Unternehmer zunächst in mühsamer Kleinarbeit seinen neuen Artikel durch Handarbeit relativ teuer produziert und verkauft hätte; von einem schmalen Gewinn hätte er im Laufe der Zeit dann jene Investitionen realisiert, die er jetzt in einem Zuge machen konnte: Finanziell gesehen wäre also nur „Kauf und Verkauf", aber nicht „Leihe" aufgetreten. Das Auftreten des Leihens ermöglicht also – volkswirtschaftlich gesehen – eine schnellere Umgestaltung der wirtschaftlichen Produktionsverfassung.

Neue Dinge – „neue Kombinationen" würde Schumpeter sagen –werden schneller durchgesetzt; Produktionsumwege können leichter beschritten werden.

Dies alles verdanken wir, wie wir sahen, der Finanzierungsform des Kredites, der Leihe. Und wir brauchen jetzt nur noch festzuhalten: Dies meint „Leihe". Nicht Hingabe und Rückgabe meint Leihen: Dies sind die Akte zwar, in denen es sich als Finanzierungsform eines sozialen Geschehens realisiert (wie das Versprechen sich in Anspruch und Verbindlichkeit realisiert);[182] es meint die Finanzierungs*weise*, die diesem die Produktions- und Verteilungsverfassung umgestaltenden sozialen Geschehen selber gemäß ist. Die *Bedeutung Leihen* – so können wir jetzt definierend zusammenfassen – meint: Der *produktiv-umgestaltende Tätigkeitswille* eines Menschen (oder eines Unternehmens) wird in einer solchen Weise in die Produktions- und Verteilungsverfassung eines Sozialen Organismus eingeordnet, die *Sinn* und *wirtschaftliche Gestaltung* (Ertragsverwendung zur Rückzahlung) dieses umgestaltenden sozialen Geschehens *festlegt*.

Wir hoffen deutlich gemacht zu haben, dass das, was hier als allgemeiner Gegenstand, als Wesen der Bedeutung Leihen gemeint ist, nur als „unselbständiges" Moment individuellen Geldgeschehens auftreten kann. Tritt es als solches auf, so mögen weitere Bedeutungsmomente hinzukommen, die der besonderen Situation Rechnung tragen; es mögen auch Bedeutungsmomente sein, die „reinen" Typen anderer Bedeutungen zukommen: Auf solche „Überlagerungen" wollen wir im Schlussteil noch eingehen. Hier ging es uns darum, den *reinen Typus* der Bedeutung Leihen aufzuzeigen. (Dem zuvor genannten Problem werden wir bei der Frage der „Deutung realer Geldprozesse" wiederbegegnen.)[183]

---

182 Der positiv-rechtlichen Betrachtung dieses Tatbestandes mag es genügen, an diese Formen anzuschließen.
183 Vgl. S. 179 f.

Eine einzige Frage sei noch gestreift: Gehört der *Zins* zum Leihen? Er wird doch überall in unserer Wissenschaft als das „Preiselement für Kapitalnutzung" usw. als gleichsam von Natur zum Leihvorgang, zum Kredit gehörig erwähnt? Wir wissen und wir sehen: Es gibt ihn. Und insofern es ihn gibt, gibt es auch die Gründe, die zu seinem Erscheinen geführt haben. Mögen sie sein, wie immer: Aus der Bedeutung Leihen ergeben sie sich nicht, das zeigt ein Blick auf unsere Wesensanalyse. Sie wird durch das Auftreten des Zinses weder bereichert, geändert oder geschmälert in ihrem Wesen: Sie hat mit dem Zins direkt nichts zu tun. Der *Zins hat* dem Wesen nach in der Bedeutung Leihen *keine Stelle*. Der Klarheit und der Vollständigkeit halber sei dies hinzugefügt.

b) Die Bedeutung „Beitragen"

Wir gehen von einem Beispiel aus; folgender Sachverhalt sei gegeben. Es habe jemand besondere, neue und sachlich fundierte Ideen auf erzieherischem Gebiete. Er habe außerdem ein außerordentliches pädagogisches Geschick. Er möchte eine neue Erziehungsweise, die Schäden überholter Erziehungsweise begegnen kann, verwirklichen; er habe entsprechende Mitarbeiter und das Vertrauen einer Elternschaft gefunden. Es fehlen nur noch die Mittel, die Schule einzurichten, damit die Sache begonnen werden könne. Der *Sinn der Sache* steht jedenfalls *eindeutig* fest.

Welches ist die entsprechende Finanzierungsform? Eigene Mittel, davon wollen wir ausgehen, habe unser potentieller Schulbegründer nicht. Soll er einen Kredit aufnehmen und die Tilgungsraten usw. mit dem Schulgeld wieder „hereinholen"? Rein technisch betrachtet wäre dies nicht unmöglich. Es bestünden wohl auch keine Bedenken, eine solche Schule als ein Unternehmen in voller Bedeutung des Wortes anzusprechen.[184] Die alte Einteilung, die dann von „Geistesleben" spricht, wenn nichts „verdient" wird, und von „Wirtschaftsleben" dann, wenn „verdient" wird, dürfte einer solchen „Ausweitung" des Unternehmensbegriffes wohl keine Stütze geben. – Jedermann weiß jedoch, wie schwierig und vielleicht sogar aussichtslos die Finanzierung durch Kredite hier wäre. Es müsste eine Schule für die „oberen Zehntausend" werden – eine bekannte Erscheinung: was der intendierten neuen Pädagogik vielleicht gerade widerspricht. Eine „Leihe" wäre also relativ unangemessen.

---

184 Vgl. S. 175 Anm. 282

Das Beste wäre, unser Pädagoge fände – wie man in Amerika sagt – einen „Engel", also jemand, der ihm das erforderliche Geld für diesen Zweck eben einfach zur Verfügung stellt, weil er den Sinn der Sache erkennt oder anerkennt. Es kann natürlich auch eine Mehrheit von Menschen sein, etwa die Eltern oder andere Menschen, die an einem guten Erziehungswesen interessiert sind (Industrie, Staat etc.). Lediglich der vereinfachten Darstellung halber werden wir von einem einzelnen Menschen sprechen. – Nehmen wir an, ein solcher Spender fände sich; er stelle unserem Pädagogen einmal oder laufend das Geld zur Verfügung, das dieser für seine Erziehungsarbeit braucht.

Was ist die Bedeutung eines solchen Geldaktes (in unserer alten Benennung): A → B? Auch hier sollen umgestaltende Wirkungen auf die ganze kulturelle Verfassung eines Sozialen Organismus ausgehen, langfristigere sogar als bei der „Durchsetzung neuer Kombinationen" in der engeren Produktionsverfassung. Aber auch in der letzteren werden sich die Wirkungen zeigen „zu ihrer Zeit": Das Datum „technisches Wissen" zumindest wird sich verbessern.

Aber diese Wirkungen lassen sich nicht in Rentabilitäts*rechnungen* einfangen. „An diesem Punkt wird auch die säuberliche Trennung fraglich, die die Theorie zieht", sagt Dobretsberger zu dieser Problematik.[185] Denn: „Rentabilität ist nicht nur eine Frage des Produktionserfolges, sondern auch der Ertrags-Zurechnung."[186] Die Form der Ertrags-Zurechnung, die ihrem grundsätzlichen Gedanken nach auch da anwendbar ist, wo es noch nicht üblich geworden ist, mit ihr zu rechnen, lässt sich hier jedoch schwer durchführen. Die Rechnungszeiträume müssten sehr lang werden. Was sich aber in eine kurzfristige Rentabilitätsrechnung nicht einfangen lässt, braucht deswegen – langfristig und gesamtwirtschaftlich gesehen – nicht unrentabel oder unproduktiv zu sein. Seine langfristige Rentabilität liegt jedem zutage, der sie sehen will: Und sie liegt sicher den Menschen zutage, die zu dem ihnen deutlichen *Sinn* einer solchen Unternehmung *beitragen*, indem sie dieses „Unternehmen" durch ihre Spende, Stiftung oder ihren Beitrag in den Verteilungsstrom ihres sozialen Ganzen einbeziehen, ohne zugleich auch auf die weitere Gestaltung dieser Einordnung Einfluss nehmen zu wollen. Sie machen die „Sache" nicht selbst, sie werden nicht Pädagogen: Aber sie ermöglichen den Pädagogen, die da sind und *von sich aus* tätig sein wollen, ihre selbstgewählte Arbeit.

---

185 DOBRETSBERGER a.a.O. S. 140
186 DOBRETSBERGER a.a.O. S. 148

Klammern wir, was Tatsächlichkeit an unserem Beispiel war, ein, und schauen wir auf das Wesen, auf den reinen Typ, der in diesem Falle als unselbständiges Moment realisierten Bedeutung, die wir die Bedeutung *„Beitragen"* nennen wollen, so können wir folgendes sagen: Es kam hier nicht darauf an, dass gerade das Erziehungswesen umgestaltet wird: Es ist aber ein charakteristisches Beispiel. Es hätte sich ebenso gut um eine Wissenschaftsförderung, um einen Kirchenbau, um einen Kulturaustausch etc. handeln können. Es tritt immer dies auf: Menschen wollen *Ideen*, Pläne *verwirklichen*, die langfristig sinnvoll und produktiv sind, die sich jedoch – bei der heute üblichen (keineswegs zeitlosen) Art der Ertrags-Zurechnung – nicht in eine kurzfristige Rentabilitätsrechnung einfangen lassen. Zu dem gewählten *Zweck* wird beigetragen. Der Sinn steht fest – dies sahen wir auch bei der Bedeutung Leihen: Auf die Gestaltung der Ertragsverwendung – in geldlichem Sinne – wird jedoch nicht – wie bei dem Leihen durch die Pflicht zur Rückzahlung – Einfluss genommen. Somit formulieren wir: *Die Bedeutung Beitragen* meint: Der *kulturumgestaltende*, ideengetragene *Verwirklichungswille* eines Menschen (oder einer Mehrheit von Menschen) wird in einer solchen Weise in den Verteilungsstrom eines Sozialen Organismus eingeordnet, die den *Sinn* des Angestrebten *festlegt*, die *Gestaltung* der wirtschaftlichen Einordnung im Rahmen dieses Sinnes jedoch *freistellt* (keine Rückzahlung oder Gegenleistung).

c) Die Bedeutung „Schenken"

Man ist gewohnt, die Bedeutung, die wir „Beitragen" nannten, als Schenken zu bezeichnen. Der eidetischen Untersuchung zeigt sich jedoch, dass mit diesem gewöhnlichen Gebrauch des Namens „Schenken" *zwei* Bedeutungen mit einem Ausdruck benannt werden, die unterscheidbar sind und die in einer eidetisch-ontologischen Untersuchung infolgedessen auch unterschieden und der Klarheit halber mit zwei verschiedenen Namen benannt werden müssen. Tatsachenforschung mag sagen: Die zweite Bedeutung – „Schenken" – kommt so wenig vor, dass wir sie praktisch vernachlässigen und mit der anderen Bedeutung zusammenfassen können. Die Ontologie schaut auf den Unterschied der Wesen: ganz gleich, wie häufig Tatbestände diese „Wesenszüge" tragen.

Für die folgende Bedeutung sei darum – wie für die anderen – zunächst ein Beispiel gewählt. – Es möge jemand, der das wissenschaftliche Rüstzeug seines Faches beherrscht, eine ausgesprochen forscherische Begabung haben. Man sieht: Er wird Neues entwickeln können (Proben

94

solcher Fähigkeiten mögen vorliegen: Die Fähigkeit sei erkennbar). Man könnte zu ihm sagen: Was willst du tun? Wir wollen zu deinem Vorhaben beitragen. Er wird – je nachdem, wie gut er sich kennt – diese oder jene Forschungsziele nennen, sich aber nicht unbedingt festlegen wollen. Er weiß gut genug, wie oft sich während einer Forschung Unerwartetes zeigt, das Richtung und Art der Ausgangsfragestellung grundlegend wandeln kann. Wir kennen doch das Schicksal des Columbus: Er sollte und wollte den westlichen Seeweg nach Indien entdecken – und er entdeckte Amerika. So auch hier: Die wissenschaftliche Forschung entdeckt im Forschen Dinge, von denen sie selbst nichts ahnte. Sie wird umso besser in ihrer eigenen Weise vorankommen, je weniger von außen Erwartungen oder gar Forderungen an sie gestellt werden. Es hat keinen Sinn – wie es das in unserem vorigen Beispiel hatte – die Forschung allzu sehr auf von außen gestellte Ziele „festzunageln". Sie entfaltet sich dann nicht in der Weise ihres eigenen Sinnes. Die Finanzierungsform „Beitragen" wäre jedenfalls nicht die angemessene.

Dem Forscher sollten vielmehr jene Mittel zur Verfügung gestellt werden, die *seine Forschung* braucht (Einkommen, sachliche Ausrüstung etc.), und zwar *ohne* Bedingung, weil diese forscherischer Tätigkeit äußerlich sein *muss*. Der Forscher wird je besser arbeiten können, je mehr es ihm anheimgegeben ist, den Sinn seiner Tätigkeit immer neu – aus der Sache heraus – zu klären und festzulegen. Dieser Sinn darf nicht durch die Finanzierungsform beeinflusst oder bestimmt sein. – Die Bedeutung jener Geldakte, die seine Tätigkeit in der aus der Sache geforderten Weise in den wirtschaftlichen Verteilungsstrom einordnen, wollen wir *„Schenken"* nennen. Durch Schenkungen in dieser Weise wird in einem Sozialen Organismus solchen Kräften Raum gegeben, die in der vergleichbar stärksten Weise umgestaltend, neugestaltend, revolutionierend wirken können, und die durchaus notwendig sind, wenn ein den Sozialen Organismus beseelender, ihm Sinn gebender Kulturzusammenhang lebensfähig bleiben soll.[187]

Auch hier sei von den spezifischen Momenten unseres Beispiels abgesehen. Der allgemeine Typus, den wir hier schildern wollen, kann in der mannigfaltigsten Weise erscheinend gedacht werden. Zu seinen Eigenheiten gehört, dass er wenig an der lauten Oberfläche bemerkbar sein wird (die „Gedenktafel", die den Spendern und Förderern unseres letzten

---

187 GERHARD MACKENROTH spricht von solchen „Übersubjektivisch-seelischen" Kulturzusammenhängen (G. MACKENROTH: Sinn und Ausdruck in der sozialen Formenwelt. Meisenheim am Glan 1952, S. 110).

95

Beispieles oft und in den verschiedensten Formen – Orden, Würden usw. – zuteil wird, fällt hier meist weg). Er meint eben: Einordnung kulturumgestaltenden Entwicklungswillens in völliger Freiheit seiner Selbstgestaltung. Wir wollen deshalb so formulieren: Die Bedeutung „Schenken" meint: Der kulturumgestaltende Entwicklungswille eines Menschen (einer Mehrheit) wird in solcher Weise in den Verteilungsstrom eingeordnet, die Sinn des Tätigwerdens und die Art und Weise der wirtschaftlich-sozialen Gestaltung vollkommen freistellt.

Rückblickend sei noch einmal hervorgehoben, inwiefern die geschilderten drei Bedeutungen sich unterscheiden: Es kann darin zugleich deutlich werden, dass die Reihenfolge Leihen – Beitragen – Schenken keine zufällige, sondern eine in sich notwendige ist.

Leihen beinhaltet: Festlegung des Sinnes, Festlegung der wirtschaftlichen Gestaltung im Hinblick auf den Sinn (dies kommt in der Rückzahlung zum Ausdruck).

Beitragen beinhaltet: Festlegung des Sinnes, Freistellung der wirtschaftlichen Gestaltung im Rahmen des Sinnes (keine Rückzahlung, aber gegebenenfalls Rechenschaftsbericht).

Schenken beinhaltet: Freistellung des Sinnes, Freistellung auch der wirtschaftlichen Gestaltung.[188]

In den Schritten Leihen – Beitragen – Schenken liegt also keine Willkür, sondern Notwendigkeit, es sind auch keine Zwischenschritte denkbar – wohl Vermischungen im Bereich der Tatsächlichkeit, nicht aber auf der Wesensebene.[189] Dies muss uns für die später aufzuwerfende Frage der Vollständigkeit unserer Geldbedeutungen interessieren. Hierfür interessiert auch:

Das Schenken ist eine Art „Grenzbedeutung". Mehr Selbstentäußerung als die vollständige Anheimstellung von Sinn und Gestaltung kann als Bedeutung eines sozialen Aktes nicht gedacht werden. Alle anderen Bedeutungen beschränken Sinn oder Gestaltung, verlangen Gegenleistung (wie wir noch sehen werden). Schenken stellt vollkommen frei und bezeichnet damit eine Grenze der Geldbedeutungen. Der anderen Grenze werden wir bei der Bedeutung „Bewahren" begegnen.

---

188 Vgl. auch die Ausführungen GERHARD HUSSERLS in seinem Buche „Recht und Zeit" (Frankfurt a.M. 1955), der im Zusammenhang rechtsphilosophischer Erörterungen das Problem der Schenkung berührt; er sagt: „Mit der Schenkung greife ich hinaus über meinen eigenen Lebensraum. Nicht in dem Sinne, dass eine Unterordnung des B, dem ich das Geschenk machte, unter meinen Willen stattfände. Was er mit dem Geschenk tut, ist seine Sache." (A.a.O., S. 182 f.)
189 Vgl. S. 179.

96

2 Die „tradierenden" Bedeutungen

a) Die Bedeutung „Kaufen"

Vorbemerkend zu den folgenden Bedeutungen sei gesagt, was „tradierend" als Bezeichnung ihrer Eigenart meint. *Soziale Akte* in der Gestalt des Geldes sind *Formen des Bewältigens* bestimmter Tatbestände des sozialen Lebens. Wir haben solche Tatbestände, in denen bestimmte Bedeutungen relativ *rein* herauskommen, als Beispiele, als „Unterlage" verwandt und wollen das weiter tun. Wenn auch bestimmte Tatbestände in ihnen die ihnen „gemäße" Finanzierungsform finden, so sind sie doch nicht notwendig mit dieser *Form* verknüpft. Das soziale Leben umgestaltende Kräfte können selbstverständlich auch wirksam werden, ohne dass ihnen die Finanzierungsformen „Leihen", „Beitragen" oder „Schenken" gewissermaßen „zur Verfügung" stehen. Die Finanzierungsweisen „meinen" aber ihrem Wesen nach soziale Tatbestände, die der Umgestaltung dienen, in der *diese* zum Ausdruck kommt. Andere Kräfte meinen anderes.

Es leben eben nicht nur umgestaltende Intentionen in einem Sozialen Zusammenhang, es leben vielmehr auch *die* Intentionen in ihm, die den erreichten Stand *erhalten* und *tradieren* wollen. Sie erhalten gewissermaßen die Grundlage, auf der umgestaltende Prozesse überhaupt nur stattfinden können. Beide sind jedoch aufeinander angewiesen. Die erhaltenden Kräfte würden das Werden des sozialen Lebens in die Erstarrung führen und ein kulturelles Leben von Bedeutung nicht aufkommen lassen; Die umgestaltenden Kräfte würden die Grundlagen schneller verbrauchen, als sie sie wieder aufbauen könnten und damit in ihrer Weise zum Ruin führen. (Sie würden – im Übermaß wirksam – gewissermaßen den „Reiseproviant" aufgebraucht haben, ehe sie ihre Ziele erreichen.) Sie müssen zueinander ins rechte Verhältnis gesetzt werden. Auf dies Verhältnis wollen wir weiter unten eingehen.

Hier sollen die Bedeutungen derjenigen sozialen Geldakte beschrieben werden, die als Finanzierungsformen *den* Intentionen des sozialen Lebens „gemäß" sind, die dessen Grundlagen erhalten und pflegen, und es selbst also *tradieren* wollen. Wir haben sie deshalb die „tradierenden Bedeutungen" genannt. – Als ihre erste sei die Bedeutung „Kaufen" geschildert. Was meint sie?

Wir haben bereits oben gesehen, dass sie gewissermaßen der Prototyp der Geldbedeutungen ist, insofern sie viele Geldtheoretiker veranlasst hat, ihren *allgemeinen Geldbegriff* allein an ihr zu orientieren und in der ungetrennten Verknüpfung von Gestalt und Bedeutung von der Funktion „Tauschmittler" als einer „Grundleistung des Geldes" zu reden. Wir brauchen also bei ihr nicht weit auszuholen, um ihr Wesen zu schildern, ein einfaches Beispiel wird genügen.

B möge einen bestimmten (zahlungsfähigen) Bedarf haben; A möge leisten, was B braucht. B „zahlt" es ihm; er honoriert die Leistung des A mit dem geforderten Preis. A leistet im Hinblick auf die neue Tätigkeitsmöglichkeit, die ihm der „Verkauf", die Zahlung des B, gibt; B zahlt im Hinblick auf seinen Bedarf, der durch die Leistung des A befriedigt wird. Den Akt A → B verstehen wir als „Leistung". Den Akt B → A verstehen wir als „Geld";[190] dessen Bedeutung interessiert hier. Was vorliegt ist dies: Die Lebenskreise zweier Menschen berühren sich in der Weise,[191] dass ein bestimmtes – ökonomisch zunächst uninteressantes – „Bedürfen" des B durch die Übertragung der entsprechenden Kaufkraft an A als Bedarf in den Verteilungsstrom eingeordnet wird, und dass eben diese Kaufkraftübertragung den A seinerseits wieder in diesen Produktions- und Verteilungsstrom einordnet: zu wieder der gleichen Leistung z.B., allgemeiner: zu weiteren Leistungen, im Grenzfall zum bloßen Konsum.

Setzen wir „in Idee", was diesem Geschehen als allgemeiner Bedeutungstyp eignet, so können wir sagen: Die *Bedeutung Kaufen* meint: Der *wirtschaftliche Ausdruck* eines bloßen *Bedürfens* wird als kaufkräftiger Bedarf *durch den Empfang einer Leistung* in den Produktions- und Verteilungsstrom eines Sozialen Organismus eingeordnet.

b) Die Bedeutung „Beteiligen"

Von der soeben geschilderten Bedeutung lässt sich eine weitere Bedeutung unterscheiden. Der folgende Fall mag uns „Unterlage" sein. – Es gibt bestimmte Lebenssituationen, z.B. das Kranksein, von denen man zwar weiß, *dass* es sie gibt, dass es sie auch mit einer gewissen Wahrscheinlichkeit im Leben jedes Einzelmenschen gibt, aber man kann ihr Auftreten nicht mit Sicherheit vorherbestimmen. Der einzelne Mensch war früher durch die natürlichen Lebensgemeinschaften, in denen er lebte, gegen diese unbestimmten Lebenssituationen – soweit das menschenmöglich war – gesichert. War er krank, so pflegte ihn Familie und Sippe, sie sorgte für seinen

---

190 Vgl. das Kapitel: Die sozialen Akte und die Gestalt des Geldes, S. 72 ff.
191 Es können auf beiden Seiten genau so gut Gesamtheiten sein, in der Form der sogenannten „juristischen Personen" zum Beispiel.

98

Lebensabend; ging es der Gemeinschaft gut, so ging es auch dem Einzelnen relativ gut. Die Entwicklung der Zivilisation geht nun so vor sich, dass sie den Einzelnen immer mehr aus der alten Form der *natürlichen* Lebensgemeinschaft heraus und in eine *organisierte* Gemeinschaft hineinführt. Die Lebensrisiken werden berechnet und rechnerisch „umgelegt" auf das einzelne Mitglied: Der Einzelne zahlt seinen Beitrag, er beteiligt sich „auf Gegenseitigkeit". Soziale Tatbestände, die früher „organisch" sich lösten, werden heute zunehmend „organisatorisch" gelöst,[192] sie finden damit ihren Ausdruck z.B. im *Geld*.

Als Beispiel solcher Lebenssituationen nehmen wir die Versicherung „für den Krankheitsfall". Das Risiko des Krankseins ist auf der Basis der Wahrscheinlichkeit berechnet; bei genügender Größe des Personenkreises tritt es so und so häufig auf und verursacht die und die Kosten. Man weiß dies jedenfalls mit „hoher Wahrscheinlichkeit". Der Einzelne tritt einem „Versicherungsverein auf Gegenseitigkeit" (z.B.) bei; er zahlt seine Prämie; der Verein „leistet" im Krankheitsfall, allgemeiner: bei Eintritt der ungewissen, aber inhaltlich bestimmten Bedingung. Die „Leistung" kann in Geld erfolgen, braucht es aber nicht notwendigerweise: Die Gegenleistung, die der Einzelne erhält, ist eben die „Übernahme der Kosten" dieses Lebensrisikos. *Gezahlt* wird aber die Prämie, der Beitrag.

Was ist die Bedeutung dieses Geldaktes Einzelner → Teilganzheit (Verein)? Man könnte sagen, es sei „Kaufen": Der Einzelne kaufe „soziale Sicherheit". Schauen wir zu: Bekommt er sie denn auch? Zum Kauf, so sagten wir, gehört die Bestimmung der Gegenleistung. Auch hier liegt etwas derartiges vor: Es ist eine Gegenleistung in der je erforderlichen Höhe („für den Fall, dass … ") bestimmt. Aber diese Bestimmung unterscheidet sich doch erheblich vom Kauf; dort ist die Gegenleistung in ihrem vollen konkreten Umfang bestimmt (mindestens in ihrem „Werte" bestimmbar); hier erfolgt die genaue Bestimmung der Gegenleistung erst zu einem noch ungewissen Zeitpunkt, wenn auch nach vereinbarten Regeln. Die Gegenleistung, die in diesem Falle „gewährt" wird, ist aber nicht die „soziale Sicherheit". *Diese* hat man schon vorher, wenn auch gar keine konkrete Leistung abzusehen ist. Die „soziale Sicherheit" ist ein Gefühlsmoment, das zwar mit dem Eingehen eines Versicherungsvertrages auftreten mag, das aber niemand mit der Gegenleistung verwechseln wird, falls diese ihm

---

192 Mit dem Wechsel der Termini „organisch" – „organisatorisch" soll der Übergang von einer mehr instinktiv-selbstverständlichen sozialen Verhaltensweise zu der bewussten Gestaltung sozialer Verhältnisse bezeichnet sein.

z.B. vorenthalten werden sollte. Man wird eben nicht vom Gefühl der „sozialen Sicherheit", sondern durch ärztliche Behandlung gesund, wenn man krank ist. Und niemand wird doch einen Versicherungsvertrag mit der Begründung kündigen können, dass es ihm des Gefühles der „sozialen Sicherheit" ermangele, und der Vertrag infolgedessen nicht „erfüllt" sei. Das Gefühl der „sozialen Sicherheit" kauft man nicht, man erzeugt es selber: auf Grund der künftigen, noch unbestimmt-ungewissen Gegenleistungen, die man wahrscheinlich empfangen wird. Die Einordnung der wirtschaftlichen Folgen, des wirtschaftlichen Ausdrucks des Krankheitsrisikos durch die „für den Fall" vereinbarten Gegenleistungen ist gemeint. Um diese Einordnung in den größeren Sozialen Zusammenhang zu erreichen, *beteiligt* man sich an dem allgemeinen Lebensrisiko innerhalb dieses Zusammenhanges durch seine Prämie.

Vom Kaufen unterscheidet sich die Bedeutung eines solchen sozialen Geldaktes durch die völlig andere Lebenssituation – und damit durch die völlig andere Art des Bestimmens der Gegenleistung.[193] Wer sich diesem klaren Sachverhalt gegenüber genötigt fühlt, auch diese Bedeutung auf den „Normalfall" Kaufen „zurückzuführen" und durch ihn zu „erklären", den werden wir auch schwerlich davor zurückhalten können, sich von weiteren Äquivokationen des Wortes „Kaufen" leiten zu lassen und z.B. davon zu sprechen, dass er sich eine Schenkung oder eine soziale Position durch die vielen Mühen seiner eigenen wissenschaftlichen Schulung „bitter erkauft" habe.

Wir sehen von derartigen Umdeutungen ab und versuchen, das allgemeine Wesen der Bedeutung „Beteiligen" aus diesem Einzelfall zu erschauen. Worauf es ankam, das war die Tatsache, dass eine bestimmte Lebenssituation von einer Mehrheit von Menschen gemeinsam so getragen werden soll, dass dem Einzelnen die Gegenleistung seines Geldaktes jeweils dann zuteil wird, wenn er mit der, ihrem Inhalt nach bestimmten, ihrem Auftreten nach jedoch unbestimmten Lebenssituation in Beziehung kommt. So sei allgemein formuliert: Die *Bedeutung „Beteiligen"* meint: Die *wirtschaftlich* sich ausdrückenden *Folgen* einer *bestimmten Lebenssituation*, deren Eintreten ungewiss ist, werden auf der Basis der Gegenseitigkeit von einer Mehrheit von Personen so in den Produktions- und Verteilungsstrom eines Sozialen Organismus einbezogen, dass dem Einzelnen eine *Leistung* zuteil wird, wenn die betreffende Lebenssituation eintritt.

---

193 Auf diesen Unterschied weist auch Preiser hin, wenn er zum Aktienkauf sagt: „Also: er" (der Käufer) „erwirbt eine Rentenquelle gegen Hingabe von Geld. Das aber ist seinem Wesen nach völlig verschieden von einem Tauschgeschäft" (im Sinne von Kaufen). – ERICH PREISER, Bildung und Verteilung des Volkseinkommens. Göttingen 1957, S. 104.

Hinzugefügt sei hier, dass auch ein dem Versicherungsfall in gewissem Sinne polares Geschehen die Bedeutung „Beteiligen" – wenigstens in formaler Hinsicht – haben kann: die Zeichnung einer Aktie. *Finanziell* gesehen meint dieser Akt:[194] Beteiligung an dem Geschick dieses Unternehmens (man fühlt sich doch als Eigentümer oder könnte es zumindest!), *Beteiligung* an dem wirtschaftlichen Ausdruck dieses Geschickes, am *Gewinn*. Vom Unternehmen aus gesehen – und Unternehmensführung und Aktionäre trennen sich ja zusehends personell – wird es allerdings im Zweifel praktisch mehr als „Leihe" oder gar als „Beitrag" gedeutet; man will etwas und „bedient" sich des Kapitalmarktes für seine Ziele. Auf die Problematik solcher Überlagerungen von verschiedenen Bedeutungen werden wir im Schlussteil noch zu sprechen kommen.[195]

c) Die Bedeutung „Bewahren"

Für die letzte Bedeutung, die wieder eine Art „Grenzbedeutung" darstellt, brauchen wir uns nur den einfachen Fall zu vergegenwärtigen, dass jemand einen Betrag auf sein Girokonto einzahlt, über den er zu gegebener Zeit verfügen will. Die Gründe, die die Bank bewegen, ihm diesen Dienst des Bewahrens mit der Möglichkeit des jeweiligen Verfügenkönnens zu leisten, brauchen wir nicht zu erörtern; es genügt, *dass* sie es tut.

Es handelt sich zweifellos bei einer solchen Einzahlung „auf das eigene Konto" um einen sozialen Geldakt. Die Bank muss mitwirken, sie muss den Betrag gutschreiben. Vielleicht wird man sagen, es handle sich ja nur um einen „technischen Zwischenakt", dem weiter keine volkswirtschaftliche Bedeutung zukommt: erst die Auszahlung oder Weiterverfügung werde eine solche Bedeutung haben. Neißer z.B. tut dies und spricht von „technischen Umsätzen", die „keine vollständige Zahlungstransaktion darstellen".[196] Zu den „technischen Umsätzen" rechnet er im Weiteren alle „diejenigen, die nicht dem *Ankauf* von realen Gütern oder Leistungen ... *dienen*, sondern bei denen *Kaufkraft nur* von dazwischengeschobenen Instanzen von einer Stelle an die andere *übertragen* wird, bei der erst die *wirkliche Verausgabung* erfolgt."[197] Man sieht auch hier: Ihm ist *Kaufen* die einzig „reale" Bedeutung – eine Hypostasierung, der wir immer wieder begegnen. Alles, was nicht „Kaufen" heißt, ist ökonomisch gewisserma-

---

194 Vgl. S. 179.
195 Vgl. das Kapitel: „Zum Problem der Beteiligung: das Beispiel der Aktie" (unten S. 183 ff.)
196 H. NEISSER: Der Kreislauf des Geldes. In: Weltwirtschaftliches Archiv XXXIII (1931), S. 367
197 NEISSER, ebendort; Kursivsetzung wurde hinzugefügt.

ßen „anrüchig", es kann höchstens ein „technischer Umsatz" sein, es ist ein „degradierter" Geldakt – aber es ist schließlich doch einer. Man muss sich jedoch von solchen Einseitigkeiten freimachen.

Warum sollte ein solcher Geldakt der Einzahlung auch nicht ökonomisch vollwertig sein (die Bank hat die Gelddokumente doch wirklich bekommen)? Er unterscheidet sich doch der Gestalt nach in nichts von einem Kaufakt, er hat lediglich eine andere Bedeutung. Er meint eben, dass die einer Person (oder einem Unternehmen) zukommende Kaufkraft (Einordnung) dieser *bewahrt* wird, ohne dass sie im Besitz der Dokumente sein muss, die diese Kaufkraft (für jedermann und gewissermaßen „mit Stückgarantie") beglaubigen. Genauer gesagt: Ihr bleibt das Verfügenkönnen oder das Recht zum Bestimmen eines Gegenaktes durch die Bank (Überweisung, Auszahlung). Der Akt der Einzahlung wird sinnhaft mit einem späteren Gegenakt verbunden; man hat noch auf einen solchen Gegenakt Anspruch. Dieses „Bewahren" oder – gewissermaßen reziprok formuliert – „Wiederverfügenkönnen" meint der Akt; es ist seine Bedeutung.

Wir können jetzt von den individuellen Momenten absehen und auf das allgemeine Wesen dieser Bedeutung schauen. Dies sei so formuliert: Die *Bedeutung „Bewahren"* meint: Die einer *Person* (oder einem Unternehmen) *eignende Einordnung* in den Produktions- und Verteilungsstrom eines Sozialen Organismus wird auf der Gegenseitigkeitsbasis eines jeweiligen Wiederverfügenkönnens *bewahrt*.

Es ist jetzt auch ersichtlich, inwiefern die Bedeutung Bewahren eine „Grenzbedeutung" darstellt: Die Bedeutung macht den Akt in gewissem Sinne fast wieder „rückgängig"; der den Akt Vollziehende behält sich sozusagen „alle Rechte *vor*" – wie er beim „Schenken" auf alle Rechte und Bedingungen verzichtete. *Mehr* als hier in der Bedeutung Bewahren enthalten kann man sich *nicht vorbehalten*, wenn es noch zu einem *sozialen* Akte kommen soll. Die nächst denkbare Stufe wäre die, dass man auch noch – zu allen Rechten – den Besitz des Dokumentes behält: Dann kommt es aber nicht mehr zu einem sozialen Akte. So zeigt sich mit der Bedeutung Bewahren zugleich eine Grenze der Bedeutungen. Sie ist der anderen Grenzbedeutung „Schenken" im angezeigten Sinne *polar*.

Diese *Polarität* zeigt sich überhaupt im Verhältnis der umgestaltenden zu den tradierenden Bedeutungen. Trugen die umgestaltenden Bedeutungen das Signum: Entfaltung der Produktivität, so bewegen sich die tradierenden Bedeutungen ganz im Bereich der Gegenseitigkeit. *Stellten* die ersteren den Menschen *frei* – schrittweise in dem Maße, wie die äußeren Bedingungen fortfielen (die inneren oder moralischen Anforderungen mögen steigend gedacht werden), so *binden* ihn die letzteren an Gegenleistungen – ebenso schrittweise in dem Maße, wie diese unbestimmter und ungewisser werden. Man ist eben um so mehr gebunden, je ungewisser die von einem selber noch zu vollziehende Gegenleistung der Zeit, der Art und dem Umfange nach ist: Je mehr muss man in „Bereitschaft" sein. Beim Kaufen ist dies am wenigsten der Fall, beim Beteiligen wesentlich mehr, beim Bewahren ist es *prinzipiell*, in stärkstem Maße vorhanden, wenn man natürlich auch berechtigt sagen kann, dass die Banken als typische „Bewahrer" Wege und Mittel gefunden haben, die ihnen dies „leicht" machen. Der Dreischritt Kaufen – Beteiligen – Bewahren lässt sich somit in folgender Weise denken:

In der Bedeutung *Kaufen* akzeptiert ein Geldakt eine Gegenleistung, die der Sache nach *bestimmt* und deren Leistungszeitpunkt *gewiss* ist.

Die Bedeutung *Beteiligen* erfordert eine Gegenleistung, die zwar der Art nach *bestimmt*, doch ihrem Leistungszeitpunkt nach nur wahrscheinlich, also *ungewiss* ist.

Die durch die Bedeutung *Bewahren* erforderte Gegenleistung wird erst durch das Wiederverfügen (im Rahmen des „Bewahrten" selbstverständlich) bestimmt; beim Vollzug des einzahlenden Geldaktes ist die Gegenleistung *weder* – der Höhe nach – *bestimmt*, *noch* – dem Zeitpunkt nach – *gewiss*.

In dieser Weise lässt sich ersehen, dass es sich auch in der Bedeutungsreihe Kaufen – Beteiligen – Bewahren um eine notwendige Reihenfolge und nicht um eine beliebige Anordnung handelt. Mit der Bedeutung Bewahren stößt auch diese Reihe auf eine Grenze; inhaltlich ist diese Bedeutungsreihe den umgestaltenden Bedeutungen polar. – So bleibt uns noch zu zeigen, wie sie sich mit den umgestaltenden Bedeutungen zusammenschließt und wie sie mit ihnen eine Ganzheit bildet. Diese Frage soll uns durch die folgenden Kapitel führen.

3   Die ordnende Bedeutung

Eine letzte Geldbedeutung, die ein von den bisher aufgezeigten Bedeutungen unterscheidbares Wesen hat, ist noch anzufügen: Sie steht gewissermaßen *über* der Reihe der angeführten Bedeutungen. Dieses „Darüberstehen" lässt sich – allgemein gefasst – zunächst durch folgende Eigenart kennzeichnen: Waren die umgestaltenden und tradierenden Geldbedeutungen Bedeutungen von Formen des „organisatorischen" (zweckbewussten) Bewältigens je aufgegebener sozialer Tatbestände, die prinzipiell auch „organisch" (unproblematisch-selbstverständlich) – also ohne die Geldform – lösbar wären (wir können schenken, beitragen, leihen, kaufen etc., ohne uns dabei der geldweisen Abwicklungsform bedienen zu müssen), so setzt die folgende Bedeutung *voraus*, dass es zu der Form des „organisatorischen" Bewältigens (Geldform) der sozialen Tatbestände bereits gekommen ist. Erst dann hat *sie* ihre Stelle.

Denn der Tatbestand, den sie als eine die Geldform erfüllende Bedeutung zum Gegenstand hat, ist gerade die organisatorische Bewältigung sozialer Gegebenheiten durch eine der angeführten „Geldarten"[198] Geldakte, die von der jetzt zu schildernden Bedeutung „erfüllt" werden, kommen also erst dann zum Zuge, wenn die anderen Geldprozesse entweder nicht recht „in Gang" kommen oder „steckenzubleiben" drohen. Erst dann greifen Geldprozesse, denen die hier angezogene Bedeutung zukommt, ordnend-ausgleichend ein. Wir nennen deshalb die umgestaltenden und tradierenden Bedeutungen zusammen „primäre" Geldbedeutungen, die ordnende Bedeutung hingegen bezeichnen wir als die „sekundäre" Geldbedeutung. Dieses Verhältnis zu den übrigen Bedeutungen ist gemeint, wenn gesagt wird: Die ordnende Bedeutung steht „über" der Reihe der anderen Bedeutungen.

Aber vergegenwärtigen wir uns zunächst an einem Fall, was die ordnende Bedeutung meint. – Folgende Sachlage sei gegeben: Dem Unternehmen U steht eine Erfindung zur Verfügung, die bis zur Produktionsreife des Artikels erhebliche Investitionen erfordert, sagen wir 10 Millionen DM. Die Marktlage möge ein schnelles Ingangbringen des Produktionsprozesses erfordern; eigene Mittel stehen jedoch nicht in erforderlichem Maße zur Verfügung. Ruf und Rendite des Unternehmens jedoch – einer AG wollen wir annehmen – sichere ihm jederzeit die Aufbringung der erforderlichen Mittel auf dem Kapitalmarkt zu: entweder durch eine Kapitalerhöhung (Ausgabe neuer Aktien) oder durch Begebung einer Anleihe (Ausgabe von Obligationen). Die „Bonität" ihres Kunden wird auch der Bank nicht verborgen geblieben sein: Sie sichere dem Unternehmen die erforderlichen 10 Millionen DM im Hinblick auf die in Kürze vorgesehene Aktien- oder Obligationenmission als kurzfristige Vorfinanzierung bis zur Konsolidation zu. Endgültig vorgesehen ist eine langfristige *Leihe* – wenn Obligationen ausgegeben werden – oder eine *Beteiligung* – wenn neue Aktien ausgegeben werden – oder beides

---

198 Mit dem Ausdruck „Geldarten" sind nicht verschiedene Währungseinheiten (DM, Dollar etc.) gemeint, sondern die durch eine Bedeutung charakterisierten tatsächlichen Geldvorgänge (vgl. S. 127 Anm. 209).

ungeklärt durcheinander – wenn Wandelobligationen ausgegeben werden. Wir zeichnen dies im Schema (und sehen dabei davon ab, dass die Wertpapiermission über den Bankenapparat abgewickelt wird):

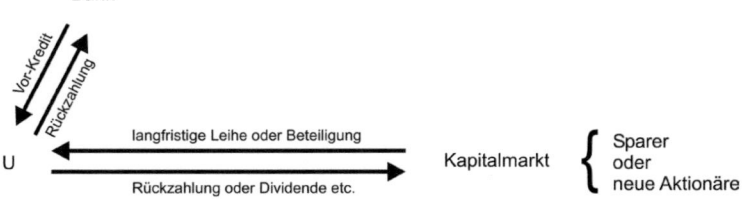

Was uns hier interessiert, das ist das Verhältnis Bank – Unternehmen. Was meint die Vorkreditierung der Investition durch die Bank? Sie will ja nicht selbst endgültig leihen oder sich beteiligen. Sie stellt jedoch das Ingangkommen der endgültigen Finanzierung sicher. Juristisch mag ihre Vorfinanzierung in der Form der positivrechtlichen Bestimmungen über die Leihe oder das Darlehen vor sich gehen; dem Sinne nach liegt eben *nicht* das vor, ist nicht gemeint, was wir mit „Leihe" (oder mit „Beteiligung") bezeichnet haben. Obwohl die endgültige Einordnung des Produktionswillens der Unternehmung gewissermaßen „im Hintergrund steht" und in dieser Weise „mitgemeint" ist, meint der Geldakt der Bank (Vorkredit) nicht die Leihe (Beteiligung) selbst. Der soziale Tatbestand, den die Vorfinanzierung bewältigen soll, ist nicht die endgültige Einordnung des Produktionswillens der Unternehmung selbst, der zu bewältigende Tatbestand liegt vielmehr in den Schwierigkeiten, die dem zeitgerechten Ingangkommen der Hauptfinanzierung entgegenstehen. *Deren* Bewältigung im Hinblick auf die Hauptfinanzierung meint der Geldakt der Bank in der Vorfinanzierung.

Doch fügen wir dem ein weiteres Beispiel an. – Der Reisende A aus dem A-Lande komme an die Grenze des Landes B. Er verfügt über A-Währung, die ihm jedoch im B-Lande „nichts nützt", weil sie nicht als Gelddokument in Zahlung genommen wird. A muss „sein Geld" in B-Währung umwechseln. Er betritt eine Wechselstube und „kauft" sich die entsprechende B-Währung. Im Schema:

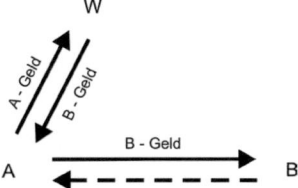

B symbolisiere irgendein Subjekt des B-Landes, auf das hin A Geldakte vollziehen will und wird (die Bedeutung dieser Akte mag offen bleiben).

Wir sagten: A „kauft" sich B-Währung. „Kauft" er wirklich? Hat es einen Sinn, sich so auszudrücken? Formaljuristisch mag die Lage ein Kauf sein: Dem sozialen Tatbestand nach unterscheidet sie sich jedoch erheblich von jener, die die geschilderte Bedeutung „Kaufen" meinte. Es geht eben gerade nicht um konsumtive Endbefriedigung, diese steht aber vielleicht „im Hintergrund". A braucht eben Gelddokumente, die im B-Lande „gelten", *hier* will er kaufen. Und im Hinblick auf dieses Kaufen (oder einen einer anderen „primären" Geldbedeutung entsprechenden Geldakt) „wechselt" er sein Geld um. Sein Geldakt meint, dass die Schwierigkeiten, die weiteren „primären" Geldakten seinerseits entgegenstehen, beseitigt werden: Er meint, dass der Geld-Umlauf sich so ordne, dass ihm (A) im Währungsgebiet B ein wirtschaftliches Sicheinordnen ermöglicht wird.

Ein Beispiel aus dem Exportgeschäft wäre dies: Die Zentralbank eines Landes – über die sämtlicher Zahlungsverkehr größeren Ausmaßes mit dem Ausland abgewickelt werde – zahle dem inländischen Unternehmen, das Waren in das B-Land exportiert, den Kaufpreis sofort nach Lieferung der Waren, jedenfalls *vor* dem Eingang der Zahlung des Warenempfängers (der seiner Zentralbank bezahlt haben mag, ohne diese doch an die inländische Zentralbank eine entsprechende Überweisung vorgenommen habe). Sie kreditiert damit de facto das Ausland: eine Frage, die hier nicht weiter interessiert, vielmehr die Bedeutung des Aktes, den die Zentralbank auf unseren Inlandsunternehmer hin vollzieht. Im Schema:

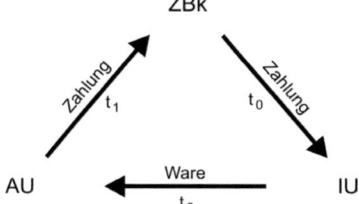

Der Akt meint, dass die Schwierigkeiten beseitigt werden sollen, die auftreten würden, wenn das Inlandsunternehmen auf die Zahlung seines Auslandskunden warten müsste. Die ganze Volkswirtschaft kann sich einen solchen Kredit an das Ausland (in Grenzen natürlich) leisten;[199] der Warenexport ist für das Inland beschäftigungsmäßig (oder sonst wie) erwünscht. Die Zentralbank ordnet mit ihrer a tempo-Zahlung an den Inlandsunternehmer den Geld-Umlauf so, dass das „Grundgeschäft", der Warenverkauf ins Ausland, statthaben kann.

---

199 Er mag aus Gründen, die die ganze Volkswirtschaft – nicht aber der einzelne Unternehmer – angehen, sogar erwünscht sein.

Immer, so sahen wir, meint die „ordnende Bedeutung" die Schwierig-keiten, die sich den primären Geldprozessen entgegenstellen. In Erman-gelung einer treffenderen Bezeichnung wollen wir diese Bedeutung, die wir bereits als „sekundäre" kennzeichneten, „Umlauf-Ordnen" nennen. Die Bedeutung *Umlauf-Ordnen* meint: Die *Schwierigkeiten*, die der Einord-nung eines primären Geldprozesses entgegenstehen, sollen durch einen eigenen Geldprozess *beseitigt* werden, dessen *Eigenbedeutung* es lediglich ist, die *Endbedeutung* des einzuordnenden Geldprozesses zu *antizipieren*.

4 Die Ganzheit der Geldbedeutungen

Das vorletzte Kapitel stellte uns die Frage, wie die *Ganzheit* der Geldbe-deutungen, die wir entwickelt haben, zu denken sei, wie sich die einzelnen Geldbedeutungen so zusammenschließen, dass wir von dem Gesichts-punkt aus, der hier eingenommen wurde, von einer gewissen *Vollständig-keit* sprechen können. – Wir glauben, dass den entwickelten Bedeutungen eine solche Ganzheit zukommt und dass diese sich in der folgenden Weise denken lässt.

Es wurde bereits gezeigt, dass die umgestaltenden und tradieren-den Bedeutungen in ihrem jeweiligen Dreischritt eine *Bedeutungsreihe* darstellen und dass diese Bedeutungsreihe in der Bedeutung Schenken und Bewahren an eine „Grenze" stößt. Bedeutungen „jenseits" dieser Grenze können nicht mehr Bedeutungen *sozialer* Geldakte sein. – Schlie-ßen sich diese beiden Bedeutungsreihen zu einer einzigen zusammen? Ein solcher Zusammenschluss ist zwischen der Bedeutung Leihen und der Bedeutung Kaufen zu denken. Die umgestaltenden Bedeutungen, so zeigte sich, stellen den produktiv sich entfaltenden Menschen schritt-weise frei; die tradierenden Bedeutungen binden ihn schrittweise an im-mer ungewissere Formen der Gegenleistung. Der Schritt vom „Leihen" zum „Kaufen" ist dieser: Ist die im Leihprozess sich entfalten könnende Produktivität *noch* an die Rückzahlung *gebunden* (der Vorgang des „Bei-tragens" bindet sie als nächster „befreiender" Schritt an den *Zweck*, an das zu verwirklichende Ziel, eine geldliche Bindung fällt jedoch fort), so bindet das Kaufen an die sofortige Gegenleistung: Es *stellt* den Verkäufer aber andererseits *schon* – in der Verwendung des Geldes – *frei*, wenn er geleistet hat. (Das „Beteiligen" bindet auch in der Verwendung des Geldes „im Sinne": Es darf nur für „satzungsmäßige" Zwecke verwendet werden – während „Bewahren" bezüglich der Verwendung des Geldes am meisten bindet.) Mit dem ihm zur Verfügung stehenden Verkaufserlös kann der Verkäufer schon seine Produktivität entfalten („Selbstfinanzierung") und Neues – wenn auch langsamer im Prinzip – in die Wege leiten. – Wird der Zusammenhang der beiden Bedeutungsreihen in dieser Weise gedacht, so haben wir die ganze Reihe der „primären" Geldbedeutungen in dieser Weise: Schenken – Beitragen – Leihen – Kaufen – Beteiligen – Bewahren gegeben.

Die aufgezeigte Reihenfolge ist aber nicht das einzige Ordnungselement, das der ganzen Reihe der primären Geldbedeutungen immanent ist. Wir können sozusagen noch „Ebenen" der wirtschaftlichen Einordnungs*art* unterscheiden, die je zwei polare Bedeutungen zusammenfassen. Dies ist so zu denken: Leihen und Kaufen als Bedeutungen meinen solche Finanzierungsformen sozialer Tatbestände, denen eine *Rentabilitätsrechnung* adäquat ist. Die im Leihprozess sich entfaltende Produktivität muss – den allgemeinen sozialen Umständen und Gegebenheiten entsprechend – kalkulierbar sein; die Sache muss sich „auszahlen", wie man sagt. Das Gleiche gilt für den Kaufprozess. Der Käufer „rechnet", ob er „günstig" einkauft, ob ihm die Ware billig, angemessen oder zu teuer erscheint: Der Verkäufer kalkuliert so, dass er auf „seine" Kosten kommt, Leihen und Kaufen sind der Rentabilitäts*rechnung* zugänglich.

Die Rentabilitätsrechnung ist jedoch – bezüglich der wirtschaftlichen Gestaltung – weder der Bedeutung Beitragen noch der Bedeutung Beteiligen adäquat. Wir sprechen zwar davon, dass sich ein gutes Erziehungswesen (und entsprechende andere kulturelle Dinge, die in der Weise des Beitragens finanziert werden) „bezahlt" macht. Wir sprechen davon, dass es „vernünftig" ist, sich gegen Krankheiten z.B. zu versichern oder sein Geld „anzulegen", Aber wir wissen genau, dass wir in diesen Finanzierungsformen die Ebene der Rentabilitätsrechnung verlassen. Wir bekommen eben nicht das wieder „heraus", was wir „herein"-getan haben – in dieser rechnerischen Gleichheit erschöpft sich ja zuweilen das ganze „Gerechtigkeitsdenken" mancher Ökonomen. Sowohl in der Bedeutung Beitragen wie in der Bedeutung Beteiligen meinen wir Sachverhalte, die wohl einer Rentabilitäts*überlegung,* jedoch keiner kalkulierenden *Rechnung* zugänglich sind. Diese in den beiden Geldbedeutungen Beitragen und Beteiligen zum Ausdruck kommende Art der wirtschaftlichen Einordnung sei die Ebene der *Rentabilitätsüberlegung* genannt.

Die beiden „Grenzbedeutungen" Schenken und Bewahren gehören in der Art ihrer wirtschaftlichen Einordnung weder der einen noch der anderen Ebene an. Der Schenkende hat aus dem Akt der Geldhingabe keinerlei

Einfluss auf das, was sich an produktiver Entwicklung auf der Schenkung sozusagen „aufbaut". Er kommt mit einer Rentabilitätsüberlegung – mag er sie immerhin motivisch vollziehen – an den sich seinem eigenen Wesen nach beim Schenkungsempfänger Schritt für Schritt entfaltenden *Sinn* nicht „heran": Eine solche Überlegung des Schenkenden *muss* dem sich sozial entfaltenden Sinn gegenüber *äußerlich* sein. – Umgekehrt ähnlich bei der Bedeutung Bewahren: Rentabilitätsrechnung oder Rentabilitätsüberlegung haben hier keinen Gegenstand, weil ja gar nichts weiter „passieren" soll als bestenfalls die Erhaltung der Kaufkraft: Jeder weitere Sinn ist sozusagen „vorbehalten". – Hatten wir im „Schenken" die „Evolution des Sinnes", so haben wir hier dessen „Involution": Die Kaufkraft involviert – von der Bedeutung gesehen – in den Zustand der immer noch möglichen neuen Sinnbestimmung, den wir das Wiederverfügenkönnen nannten. Zugegeben: Es ist nicht einfach, die Eigenheiten dieser dritten Ebene in Worten zum Ausdruck zu bringen; doch sei sie vorerst die *Ebene der Sinn-Offenheit* – in ihrer Polarität von Evolution und Involution – genannt.

Auf der folgenden Seite sei, was wir im Bisherigen als Ganzheit der primären Geldbedeutungen zu schildern versuchten, überblicksweise in einem Schema wiedergegeben.

Und die Bedeutung „Umlauf-Ordnen"? Fällt sie aus der Ganzheit der Geldbedeutungen heraus? Keineswegs. Wir können im Gegenteil sagen: Sie ist selber Ganzheitselement. Wir erinnern uns daran, dass wir sagten: Ihre Eigenbedeutung ist es, die Endbedeutung anderer primärer Geldprozesse zu antizipieren. Sie ordnet sich insofern nicht in die Reihe der primären Geldbedeutungen ein; sie steht „über" dieser Reihe und wird erst im Hinblick auf einem einer anderen Geldbedeutung zugehörigen Geldprozess „akut". Sie repräsentiert damit als einzelne Bedeutung die Ganzheit der sechs anderen Bedeutungen.

Mit vorstehendem Überblick – der dem bisher sachlich Entwickelten inhaltlich ja nichts Neues hinzufügen wollte – sollte abschließend zu der Erörterung der Geldbedeutung gezeigt sein, dass Ordnung und Anordnung der Geldbedeutungen nicht einfach willkürlich erfolgte, dass sie nichts „Ausgedachtes", sondern eidetisch Erschaubares, d.h. Gesetzmäßiges, enthält. Mit der Entwicklung dieser Geldbedeutungen sind im Wesentlichen die Grundlagen gelegt, die uns nun sehr bald zu den Konsequenzen dieser Anschauung führen und zeigen können, dass die eidetische Ontologie auch für die Tatsachenwissenschaft Wichtiges zu sagen hat.

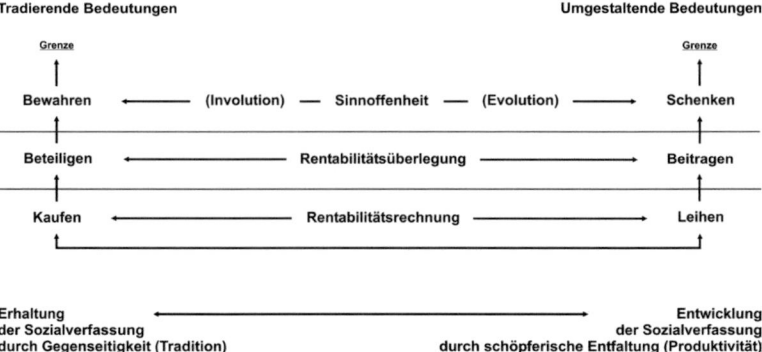

Schema der primären Geldbedeutungen

Tradierende Bedeutungen				Umgestaltende Bedeutungen
Grenze				Grenze
Bewahren	(Involution) — Sinnoffenheit — (Evolution)			Schenken
Beteiligen	Rentabilitätsüberlegung			Beitragen
Kaufen	Rentabilitätsrechnung			Leihen

Erhaltung der Sozialverfassung durch Gegenseitigkeit (Tradition) ⟷ Entwicklung der Sozialverfassung durch schöpferische Entfaltung (Produktivität)

5 Geldbedeutung und Geldprozess

Mit dem vorangehenden Kapitel haben wir den Bereich der Geldbedeutungen, soweit er in dieser Untersuchung entwickelt werden sollte, durch einen Überblick abgeschlossen. Es obliegt uns nun, den Übergang von der Geldbedeutung zu dem ihr je „zugehörenden" Geldprozess zu finden. Das Element des Geldprozesses spielte ja zuweilen schon in unsere Betrachtungen hinein, ohne jedoch in der erforderlichen Weise selbst entwickelt und geklärt worden zu sein. In diesem Kapitel sei das Grundsätzliche dessen, was wir mit „Geldprozess" bezeichnen wollen, aus dem Verhältnis zur Geldbedeutung insbesondere entwickelt; der nächste Abschnitt soll dann die den Geldbedeutungen je zugehörenden einzelnen Geldprozesse zeigen.

Das, was uns überhaupt veranlasst, von Geld zu reden, ist – wie sich oben zeigte – die *Geldgestalt*. Könnte sie uns nicht zur Erhellung des Wesens des Geldes genügen? Wir müssen erkennen: Wo wir auf der Ebene individuellen Geschehens von Geld im Sinne der Gestalt sprechen können, da ist sie *wesensnotwendig* mit einer Bedeutung verbunden. Geldakte ohne Bedeutung sind als reales Geschehen undenkbar. Und wo Geldgestalt und Geldbedeutung als unselbstständige Momente individuellen Geldgeschehens auftreten, da realisiert sich die Bedeutung in einem ihr zugehörigen Prozess. Die eidetisch-*ontologische Betrachtung* des Geldes ist – wenn auch umrisshaft – *nur vollständig*, wenn sie *alle drei Momente* in je ihrem Wesen und die Zusammenordnung dieser Wesen zu dem *einen Wesen Geld* zeigt. Auch das Gebiet des Geldprozesses muss darum umrissen werden. Greifen wir zunächst zu einem Schema, das uns unseren allgemeinen Untersuchungsgegenstand „Geld" noch einmal verdeutlichen kann:

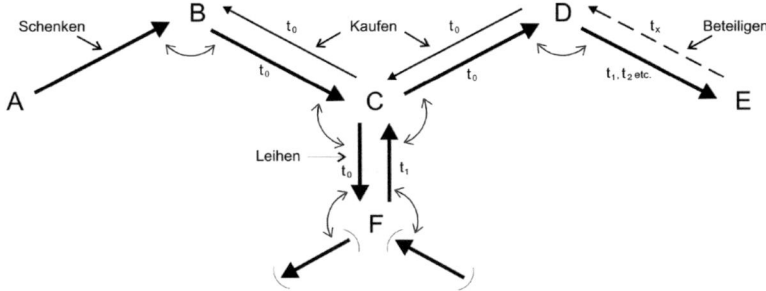

Ein Geldbetrag von 1000 DM möge folgenden Weg nehmen: A schenke dem B; B kaufe beim C; C leihe dem F (t_0) F zahlt dem C zurück (t_1); C kaufe beim D; D beteilige sich mit dem Gelde – in mehreren Akten vielleicht – an einem Versicherungsverein „auf Gegenseitigkeit" (E) für den Krankheitsfall. – Von „Geldbedeutungen", so sehen wir deutlich, können wir nur im Verhältnis zweier Partner sprechen (A u. B, B u. C, C u. F usw.). Die „Geldgestalt" spannt weiter; sie verbindet wenigstens drei Partner (A, B u. C; B,C u. F; F,C u. D usw.). Der Prozess wiederum beschränkt sich auf den Bereich der Bedeutung, d.h. auf diejenigen Akte, die der Bedeutung „Ausdruck" geben; also wiederum auf den Bereich: A und B, B und C, C und D usw. Was ist nun dieses dritte Element, das wir „Geldprozess" nennen wollen? Wie unterscheidet es sich von der Geldbedeutung? – Untersuchen wir das Beispiel unseres obigen Schemas, die Versicherung des D bei dem Versicherungsverein E. Die Bedeutung „Beteiligen" – als reiner Typ – meint (dies wurde im Einzelnen bereits ausgeführt) die Einbeziehung des wirtschaftlichen Ausdrucks, der ungewissen wirtschaftlichen Folgen einer bestimmten Lebenssituation, hier: des Krankheitsrisikos. Diese Einbeziehung, Einordnung erfolgt realiter in den Geldakten der Prämienzahlung und gegebenenfalls in der Leistung der Versicherung, die in der Weise direkter Versorgung (direkte Übernahme der Kosten) erfolgen möge, jedoch auch durch Auszahlung in Geldform erfolgen kann.

Wir haben bisher versucht, das allgemeine Wesen der Geldbedeutungen anhand des je gegebenen Geldaktes der Beispiele (beim Kaufen an der Zahlung, beim Beteiligen an der Prämienzahlung etc.) aufzuzeigen; wir haben dabei den dazugehörigen Gegenakt (soweit er nicht wie beim Schenken und Beitragen offenbar entfällt) nicht weiter beachtet: Um das allgemeine Wesen der Bedeutung aufzuzeigen, genügte der eine Akt als „Unterlage". Wir haben es jedoch im Gelde mit Finanzierungsformen, mit Formen des Bewältigens je aufgegebener sozialer Tatbestände zu tun. Zu diesem in einem Geldakte intendierten Geschehen gehört jedoch der Gegenakt – soweit vorkommend – dazu: Zum Kaufen gehört Zahlung *und* Leistung, zum Leihen Hingabe *und* Rückgabe des Geldes, zum Beteiligen Zahlung und Gegenleistung etc. Und zwar in der jedem Prozess zukommenden eigenartigen Zeitlichkeit.

Auch die Gegenleistung – die Leistung der Versicherung in unserem Beispiel – muss berücksichtig werden, wenn wir zeigen wollen, wie sich die Bedeutung des Geldes realisiert, wie sie sich in ein Erfüllungsgeschehen umsetzt. Die Bedeutung meint ja nicht selbst den Gegenakt: Diesen Einwand wiesen wir bereits bei der Besprechung der Bedeutung Leihen zurück.[200] In diesem Beispiel: Die Bedeutung Beteiligen meint nicht die Versicherungsleistung (E → D) sie kann sie nicht meinen, da ja unter Umständen völlig ungewiss ist, ob und wann sie erfolgt, ja ob sie überhaupt erfolgt. Sie meint die Einbeziehung des Krankheitsrisikos nach vereinbarten Regeln. Die Bedeutung ist eindeutig, wenn die Gegenleistung auch noch völlig ungewiss ist. (Und etwas Ungewisses kann nicht Bedeutung sein.) Die zeitliche Ungewissheit des Gegenaktes ist jedoch der in sich gewissen Bedeutung Beteiligen „gemäß". Die je bestimmten Akte der Prämienzahlung (D → E) und die „zu ihrer Zeit" erforderlich werdende, zunächst ungewisse Versicherungsleistung (E → D) sind die Weise, in der die Bedeutung Beteiligen (in der hier erfolgten, in dem bestimmten Fall jeweils gültigen näheren „Spezifizierung") im Zeitverlauf realisiert werden.

Jede Geldbedeutung hat *ihre* Weise der Realisierung, die *nur ihr* zukommt. Die Bedeutung Kaufen kann sich so wenig durch Hingabe und Rückgabe des Geldes realisieren, wie die Bedeutung Leihen sich durch Zahlen und Leisten realisieren könnte. Der Prozess von Geldhingabe und Geldrückgabe kann eben in der ihm eigenen zeitlichen Dimension nur die *Weise* sein, in der sich die Bedeutung Leihen als diese Akte erfüllender, sinngebender Inhalt realisiert. Hingabe und Rückgabe der Gelddokumente hätten jedoch keinerlei Sinn, wenn *nur sie* gemeint waren; *sie* können also nicht Bedeutung sein. Wir müssen vielmehr feststellen, dass die Weise der Realisierung – der „Geldprozess" – der Geldbedeutung gegenüber ein *eigenes* Wesen hat und sie dennoch (oder grade darin) *realisiert*. „Geldprozess" in diesem Sinne unterscheidet sich von der Bedeutung so, wie Anspruch und Verbindlichkeit sich ihrem Wesen nach von dem Inhalt des Versprechens unterscheiden, in dem dieser Inhalt dennoch zum Ausdruck kommt und sich realisiert.

---

200 Vgl. S. 87 ff.

112

Die nach den verschiedenen Geldbedeutungen je unterschiedliche *Weise der Realisierung*, die wir Geldprozess nennen, ist es also, der wir in den folgenden Kapiteln noch nachgehen müssen. Sie kommt in den erfüllenden Akten selber und in der sie verbindenden zeitlichen Dimension zum Ausdruck. Allgemein sei unser Gegenstand so beschrieben: *Das Wesen „Geldprozess" ist die einem bestimmten Typ der Geldbedeutung je zukommende prinzipielle Weise des Realisierens, des erfüllenden Geschehens in seiner je bestimmten Zeitlichkeit.* Da wir bereits bei der Besprechung der einzelnen Geldbedeutungen vieles vorweggenommen haben, wird sich das Folgende relativ einfach an das bereits Entwickelte anschließen.

Eine abgrenzende Bemerkung sei jedoch hier noch gestattet. Man könnte dem soeben Ausgeführten entgegenhalten, dass nun aber doch der Bereich dessen, was man bei aller Weitherzigkeit als zum Gelde gehörig bezeichnen könne, überschritten würde: Man könne doch nicht die Gegenakte – beim Kaufen einen Gegenakt also, den wir der Gestalt nach als „Leistung" bezeichneten – mit zum Geldgeschehen rechnen. Jetzt gehören gar die „Güter" noch zum Geld! Hat die Geldtheorie sich nicht seit langem bemüht, zwischen Geld und Gütern sorgfältig zu unterscheiden, den „Geldschleier" hinwegzuziehen, um der „wahren Gütervorgänge", des „realen Güterstromes" einer Volkswirtschaft ansichtig zu werden? Gehen wir von dem letzteren Einwand aus.

Womit haben wir es denn in diesem oft gebrauchten Satz vom „Geldschleier" zu tun? – Die Eigenart des Geldes ist es, das ergab sich, Form des Bewältigens sozialer Tatbestände in prinzipiell neuer Gestalt – eben der Geldgestalt – zu sein. Zwar kann der A dem B auch leihen, schenken usw., ohne dazu grundsätzlich des Geldes zu bedürfen; er muss ihn dann aber „natural" befriedigen können; er muss ihm gerade das liefern können, was der B braucht.[201] In der geldweisen Abwicklung sozialer Geschehnisse ist das nicht notwendig. Da kann der A dem B leihen, schenken usw., und B kann sich, was er braucht, dort holen, wo er es am besten bekommt: beim C, beim D oder bei sonst jemandem. Damit sind aber ganz *neue gestalthafte Ordnungszusammenhänge* des sozialen Lebens gegeben.[202] Sie gewähren grundsätzlich *größere Freiheitskreise* schöpferischer Entfaltung, als es sie vorher gab. Darum ist die geldweise Organisation des

---

201 Im Lieferantenkredit z.B. wirken sich solche Beziehungen heute noch aus; der Lieferant erstrebt durch seine „großzügige Zielgewährung" u.U. diese enge Bindung des Käufers an ihn.
202 In Mackenrothscher Terminologie könnten wir von neu auftretenden „Ausdruckszusammenhängen" sprechen, in denen sich eben *wesentlich* Neues ausspricht (vgl. MACKENROTH, a.a.O S. 93ff.).

sozialen Lebens insbesondere für die den *umgestaltenden* Bedeutungen zukommenden sozialen Tatbestände wichtig. Auf diese letztere Entwicklungsrichtung haben bereits Nationalökonomen des letzten Jahrhunderts aufmerksam gemacht. Bruno Hildebrand z.B. sieht es jedes Mal als einen freiheitsbringenden Schritt der Entwicklung an, wenn die Naturalwirtschaft fortschreitet.[203] [204] Im letzteren Schritt haben wir in der hier vorgebrachten Terminologie den gesamtwirtschaftlich breiter sich auswirkenden Übergang von den tradierenden zu den umgestaltenden Bedeutungen, von denen Hildebrand zunächst nur das Leihen nennt.

Demgegenüber ist es nicht ohne Bedeutung, das Bild vom „Geldschleier" zu benutzen. Es erweckt den Anschein, als ob das Geld *nur* „technisches Hilfsmittel" des Verkehrs wäre und den „realen Gütervorgängen" gegenüber nichts *Wesentliches* hinzubrächte. Insofern dies Bild hilft, die Illusion zu überwinden, dass im „Gelde" (resp. in seinem Besitz) ein Letztes gegeben sei, nach dem zu streben lohnend ist, mag es eine begrenzte Bedeutung durchaus haben. Man darf nur nicht in den anderen Irrtum verfallen und glauben, dass man nach Wegziehen des Geldschleiers die basse Wirklichkeit in ihrer „wahren Gestalt" vor Augen habe. Denn als prinzipielles Erkenntnismittel genommen, bedeutet das Sprechen vom „Geldschleier" nicht weniger und nicht mehr als eine *Verzichterklärung* auf das Erkennen der gestalthaften Ordnungen des sozialen Geschehens, die ihrerseits erst „Leistung" und „Geld" verständlich machen.

Der Leihvorgang z.B. ermöglicht indirekt Kaufakte, d.h. „Bewegungen" des Leistungsstromes. *Zwei* Geldprozesse (der Leih- und Kaufprozess) sind also nötig, um *ein* Geschehen (die Bewegung des Leistungsstromes)

---

203 BRUNO HILDEBRAND: Natural-, Geld- und Kreditwirtschaft (1864). Wiederabgedruckt in: Die Nationalökonomie der Gegenwart und Zukunft und andere gesammelte Schriften von Bruno Hildebrand, hrsg. Von HANS GEHRIG, Jena 1922, S. 355. – Hildebrand schreibt: „Die *Naturalwirtschaft* hatte die Menschen durch äußere, sinnliche Bande aneinander gefesselt ... ; die *Geldwirtschaft* hatte jene Fesseln gesprengt und die Menschen zu neuem Leben erweckt, aber eine selbstsüchtige Interessenökonomie geschaffen und die ganze Gesellschaft in lauter Atome aufgelöst. Die *Kreditwirtschaft* verbindet die Menschen wieder durch geistige und sittliche Bande: sie vereinigt die größte Beweglichkeit mit der inneren Festigkeit ... ". Hildebrand gibt daran anschließend seiner Überzeugung Ausdruck, „dass der Lessing'sche Gedanke einer Erziehung des Menschengeschlechtes nicht nur auf die Religion und die ihr verwandten Gebiete der geistigen Kultur, sondern auch auf das nationalökonomische Leben des Menschengeschlechtes seine Anwendung finde" (a.a.O. S. 357). – Mag man die behauptende Form der Hildebrand'schen Gedanken auch nicht mehr zeitgemäß finden: Das Problem hat man nicht gelöst, indem man solche Ansichten heute belächelt. Es besteht auch heute. Und diesen Problemen gegenüber hat die Nationalökonomie der Gegenwart in der *Tiefe* ihrer Gedanken an so manchen Punkten dem neunzehnten Jahrhundert gegenüber aufzuholen.
204 Auch BÖHLER sagt: „Mit dem Kredit tritt ... das Höchstmaß der Befreiung von zufälligen Bindungen an konkrete Güter, an konkrete Personen und an einen konkreten Standort" ein (EUGEN BÖHLER: Grundlehren der Nationalökonomie. Bern 1948, S. 26).

zu ermöglichen, zu dem – theoretisch – auch *ein* Prozess genügen würde (nämlich der des Kaufens). In dieser Duplizität liegt aber *Wesentliches* vor: Neue gestalthafte Ordnungen entstehen, die in ganz anderer Weise als vorher die Entfaltung produktiver Kräfte ermöglichen.[205] Denn durch das Leihen (dieses Beispiels) können eben andere Kräfte *anders* kaufen, als die vorherigen Kaufkrafteigner es getan hätten: Sie können „neue Kombinationen" (z.B.) durchsetzen. Die „Wahrheit" sozialen Geschehens liegt also nicht in den reinen Gütervorgängen, sondern in deren organisatorischer Bewältigung – durch das Geld. Nimmt man den Geldschleier absolut, so sieht man in ihm zwar den Schleier vor den Leistungsvorgängen, aber indem man *dies* bemerkt, macht man ihn zu einem *Schleier für das Geldgeschehen* selbst – ohne es zu bemerken. Die Unterscheidung, die das Sprechen vom Geldschleier zu treffen scheint: in den Güter- oder Leistungsstrom und dessen „bloßer" geldmäßiger Überlagerung, lässt nur Kaufprozesse auf der „Geldseite" vermuten und verschleiert – zusammen mit der Überbetonung der Funktion „Tauschmittler" – die Verhältnisse mehr, als sie diese zu enthüllen vermag. –

Positiv gefragt: Dürfen wir bei der Behandlung der Geldprozesse über den Bereich der Geldgestalt hinausgehen? Dürfen wir z.B. die Leistung mit zum Geldprozess rechnen, wenn es sich um das Laufen dieser Leistung handelt? – Dazu ist zu sagen: Wird ein soziales Geschehen *geldweise* bewältigt, dann heißt das eben, dass andere soziale Gegebenheiten – unbeschadet ihres Wesens (eine Leistung wird ja nicht zu Geld, wenn sie in einem Geldprozess die Rolle des „Erfüllungsaktes" übernimmt) – in Geldprozesse einbezogen werden können. Wenn ein solches Einbeziehen anderer sozialer Akte dem Gelde eigentümlich ist (und das Geld soll ja kaufen können), so müssen wir das eben berücksichtigen – ganz gleich, wo die Grenze der geldtheoretischen Betrachtung bisher gelegen hat.

---

[205] Auf solche Zusammenhänge weist das „Gesetz der zeitlichen Einkommensfolge" z.B. hin; vgl. OTTO VON ZWIEDINECK-SÜDENHORST: Allgemeine Volkswirtschaftslehre. Berlin-Göttingen-Heidelberg 1948², S. 257 ff. oder ders.: Die Arbeitslosigkeit und das Gesetz der zeitlichen Einkommensfolge. In: Weltwirtschaftliches Archiv XXXIV (1931) S. 363 f.

III Die Geldprozesse

1 Die umgestaltenden Geldprozesse

a) Der Prozess „Leihen"

Eine terminologische Schwierigkeit, die insbesondere die Darstellung des Wesens der Geldprozesse betrifft, sei vorweg erwähnt. Es ist diese: Spricht man von „Leihprozessen", so weiß die „theoretische" Einstellung, die auf Tatsachen geht, was „gemeint" ist; sie denkt an das ganze individuelle Geschehen, das sich auf der Tatsachenebene abspielt. Der Bereich der Tatsachenforschung ist jedoch in dieser Untersuchung bisher nicht gemeint; bis jetzt wurde versucht, dasjenige, was sich auch als Tatsache darstellt oder darstellen kann, als *Wesen* zu erfassen. Tatsachen, die angeführt wurden, waren dazu „Unterlage". Wir haben den Sachverhalt „Geld" auf der Wesensebene zu erfassen gesucht und *hier* die Elemente „Gestalt" und „Bedeutung" beschrieben; *diese* Beschreibung soll jetzt bezüglich des dritten eidetischen Elementes – des „Geldprozesses" – fortgesetzt werden. „Geldprozess" meint also nicht einen individuellen Vorgang (dieser umfasst *immer* Gestalt und Bedeutung dazu), sondern die Weise des Realisierens einer Bedeutung. Auf der Tatsachenebene ist sie „nur" unselbstständiges Moment. – „Leihprozess" meint hier also ein unselbstständiges Moment als Wesen, das jedem individuellen Leihvorgang, der die Bedeutung „Leihen" *rein* verwirklicht, zukommt.

Wir betreten, indem wir nach dem Leihprozess fragen, immer noch nicht den Bereich der Tatsachenforschung; wir fragen nicht danach, wie sich „Leihe" oder anderes „praktisch ausnimmt", „wie man's macht" usw. Wir fragen vielmehr, wie ein Geldprozess *dem Wesen nach* aussehen muss, wenn er die Bedeutung „Leihen" adäquat realisieren soll. – Die Bedeutung Leihen meint, so ergab sich oben,[206] die Einordnung produktiv-umgestaltender Kräfte in die Wertbeziehungen in einer Weise, die Sinn und wirtschaftliche Gestaltung festlegt. Die Bedeutung meint nicht die Rückgabe des Geldes (viel weniger die Geldhingabe), doch ohne Hingabe und Rückgabe entsprechender Gelddokumente kann sie nicht realisiert werden. Haben wir in diesen Geldakten nun den „Geldprozess" gegeben?

---

206 Vgl. S. 87 ff.

Es ist deutlich: Hingabe und Rückgabe des Geldes *allein* können auch das Wesen des Leihprozesses nicht ausmachen: Es gehört der entsprechende *Zeitverlauf* hinzu, der erst die Verwirklichung des produktiven sozialen Grundvorganges gestattet.

In der Einheit dieser Elemente – der Hingabe und Rückgabe und des dazwischenliegenden Dauerns – liegt die Weise, in der sich die reine Bedeutung „Leihen" realisieren kann. Der *Prozess* ist ein *Gegenstand zeitlicher Art*. In *seiner* Zeitlichkeit kommt die Zeitlichkeit des gemeinten sozialen Grundvorganges zum Ausdruck. Im Leihprozess kann die Rückzahlung erst erfolgen (andere Finanzierungsvorgänge ausgeschlossen), wenn ein Ertrag vorliegt. Die Zeitlichkeit des Grundvorganges ist auch das Maß der Zeitlichkeit des Geldprozesses. Dies Verhältnis werden wir insbesondere bei den tradierenden Prozessen wiederfinden, während die weiteren umgestaltenden Prozesse hier anderes zeigen.

Formulieren wir abschließend, was wir als Wesen des Prozesses „Leihen" finden konnten. Der Leihprozess ist die Weise, in der sich die Bedeutung „Leihen" – als umgestaltende Bedeutung – im Zeitverlauf realisieren muss. Als solche *verbindet* sie *einen Geldakt* mit einem *geldlichen Gegenakt* entsprechenden Einordnungsmaßes in jener eigentümlichen, aber *bestimmten Zeitlichkeit*, die die Verwirklichung jenes sozialen Grundvorganges gestattet, dessen Bewältigungsform der ganze Leihvorgang ist. Schematisch dargestellt:

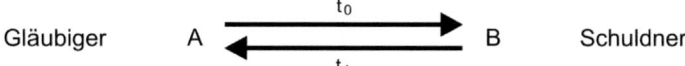

b) Der Prozess „Beitragen"

Das Element des Prozesses, das den beiden folgenden umgestaltenden Bedeutungen zugehört, ist vergleichsweise am schwierigsten darzustellen. Entfällt doch der – die Geldprozesse sonst anschaulich machende – Gegenakt geldlicher Art. In den durch die „Laufzeit" verbundenen beiden Geldakten konnte das Element des Geldprozesses, das der Bedeutung Leihen zugehört, klar hervortreten. Das „Beitragen" zeigte sich als Finanzierungsform eines sozialen Geschehens, das solche kulturgestaltenden Kräfte zur Entwicklung bringt, die sich schlecht für eine Ertragszurechnung eignen. Auch das Verwirklichen der hier angestrebten Ziele hat seine ungefähr voraussehbare Zeitlichkeit. Wenn es sich um erzieherische Ziele handelt, kann man etwa sagen: Der Erfolg wird da sein, wenn die Zöglinge selbst verantwortlich in ihrem beruflichen Leben darinnen stehen; in dem allgemein gehobenen kulturellen Niveau müsste er nachzuweisen sein.[207] Und in anderen Fällen ähnlich anders.

Wir verzichten jedoch bewusst und mit gutem Grund darauf, hier irgendwelche Regeln einer Ertragszurechnung aufzustellen und wählen eben darum die Finanzierungsform des Beitragens. Wir verzichten damit – als Beitragende – auf jede Art der Gegenleistung uns selbst gegenüber, wenn nur „im Sinne der Sache" verfahren wird. Diese letzte Bindung bleibt allerdings erhalten; sie käme jedoch geldlich nur dann zum Ausdruck, wenn irgendetwas nicht so gehen würde, wie der feststehende „Sinn der Sache" dies vorschreibt, und eine Rückzahlung in Frage käme. Mit dem Sinn der Sache bleibt der Beitragende im Zeitverlauf verbunden; aber er erhält und erwartet keine Gegenleistung (höchstens einen Rechenschaftsbericht), d.h. der dem sozialen Grundvorgang eignende Zeitverlauf kommt nicht als solcher in einem Geldprozess zum Ausdruck (wie beim Leihen). Der zur Verfügung stellende Geldakt ist das einzige der Bedeutung Beitragen adäquate Prozesselement.

Zusammenfassend formuliert: Der *Beitragsprozess* ist die Weise, in der sich die Bedeutung Beitragen zeitlich realisiert. Dieser Prozess *bedarf nur* des zur *Verfügung stellenden Geldaktes* und schließt jeden Bezug zu einem gegenleistenden Akt aus; er *verbindet* lediglich mit der im Zeitverlauf auftretenden Tatsache der *Sinn-Erfüllung*. Schematisch somit:

$$\text{Förderer} \quad A \xrightarrow{\hspace{3cm}} B \quad (\text{Erfüllender})$$

(Der Bezug zu dem Sinn des Geschehens sei in dem unterbrochenen Pfeil angedeutet.)

c) Der Prozess „Schenken"

Am wenigsten wird das Element des Prozesses greifbar, wenn es sich um die Prozessgestalt der Bedeutung „Schenken" handelt. Es ist ja die Bedeutung, die die Einordnung solcher im Sozialen Organismus wirkender Intentionen meint, die der Entwicklung und Klärung neuer – ihrer Eigenart nach noch unbekannter – Dinge dient. Der Anlage nach sind solche Intentionen im sozialen leben immer vorhanden. Und ein Sozialer Organismus, der auf die Dauer lebensfähig bleiben soll, muss diesen Intentionen einen angemessenen Platz einräumen; von unserem Gesichtspunkt aus geurteilt: Er muss sie finanzieren. Diese finanzielle Einordnung meint die Bedeutung „Schenken".

---

207 z.B. als Datum „technisches Wissen"

Es wurde bereits angedeutet, dass das *reine* Auftreten der Bedeutung Schenken die relativ größte Selbstentäußerung des Schenkenden voraussetzt: Er muss auf jedes Mitbestimmenwollen oder Überwachen des sozialen Grundvorganges, wie er sich im Zeitablauf abspielt, verzichten. Kein Wunder, dass wir „Schenken" als individuellen Geldvorgang selten antreffen. Aber es ist *möglich*. Hier kann nur gezeigt werden, *dass* und *wie* es möglich ist: Ob es „wirklich" ist, kann uns zunächst nicht kümmern.

Die Weise, in der sich die Bedeutung „Schenken" realisiert, kann also nur in dem hingebenden Geldakte in dem ausdrücklichen Verzicht auf jeden Gegenakt und auf jede bedingende Beziehung zu dem sich entwickelnden sozialen Grundvorgange liegen. Das zeitliche Element des sozialen Grundvorganges, das ebenso wie bei allen anderen Prozessen vorhanden ist, kommt in der geldweisen Abwicklung überhaupt nicht oder durch seinen prinzipiellen Ausschluss zum Ausdruck. So können wir formulieren: Der *Schenkungsprozess* als die Weise, in der sich die Bedeutung Schenken realisiert, *bedarf nur* des *hingebenden Geldaktes* und schließt jeden bedingenden Bezug zu Gegenakten und zur Entwicklung des sozialen Grundvorganges im Zeitverlauf aus; durch das Entfallen dieser bedingenden Bezüge geht das zeitliche Element des Prozesses in diesem Grenzfall in die Zeitlosigkeit – oder Überzeitlichkeit – über. Schematisch gesehen:

Schenker   A ————————➤ B   (Entwickler)

2   Die tradierenden Geldprozesse

a) Der Prozess „Kaufen"

Die Bedeutung „Kaufen" meint die Einordnung eines Bedarfes in dem Maße der Kaufkraft, die dafür dem Leistenden zur Verfügung gestellt wird und ihn so seinerseits zu wiederum neuer und frei bestimmbarer Tätigkeit in die wirtschaftlichen Wertbeziehungen einordnet. Was hier gemeint ist, kann nur in der Weise realisiert werden, dass ein Geldakt mit einem Leistungsakt so verbunden wird, dass beide relativ *gleichzeitig* erfolgen.

Es darf hierbei wieder betont werden, dass nur nach der Weise gefragt ist, in der sich die Bedeutung Kaufen realisiert. Ein „Zielkauf" z.B. enthält weitere Bedeutungselemente als diejenigen des „Kaufens" in unserer Bestimmung. Es wurde bereits angedeutet,[208] dass in einem solchen

---

208 Vgl. S. 113, Anm. 201

120

Falle der ganze individuelle Vorgang außer der Bedeutung Kaufen noch Bedeutungselemente geldloser Vorgänge, der Sach-Leihe z.B. enthalten kann. Nach solchen Bedeutungselementen, die individuelle Geldvorgänge modifizieren (aber nicht in ihrem Wesen aufheben) können, ist hier jedoch nicht gefragt. Wir fragen nach *reinen* Bedeutungstypen und nach den *reinen* Weisen der ihnen je zugehörenden Realisierung. Und das einfache Einordnen eines Bedarfes durch eine Leistung – in obigem Sinne – enthält keinerlei Momente, die einen bestimmten Zeitverlauf zwischen den Akten (wie beim Leihen) bedingen würden. Aus der Bedeutung Kaufen allein resultiert lediglich die relative Gleichzeitigkeit der Akte.

So können wir sagen: Der *Kaufprozess* ist die Weise, in der sich die Bedeutung Kaufen im Zeitverlauf realisieren muss, um individuelles Geschehen zu werden. Dieser Prozess *verbindet* einen *Geldakt* mit einem *Leistungsakt* gleichen Einordnungsmaßes in relativer Gleichzeitigkeit. Schematisch gezeichnet:

Käufer   A $\xrightarrow{\quad t_0 \quad}$ B   Verkäufer
$\qquad\qquad \xleftarrow{\quad t_0 \quad}$

b) Der Prozess „Beteiligen"

Die Bedeutung „Beteiligen", so fanden wir, meint die Einordnung der wirtschaftlichen Folgen, des wirtschaftlichen Ausdrucks, solcher Lebenssituationen, die zwar der Art nach bestimmt, ihrem Auftreten nach jedoch unbestimmt sind. Eine solche Bedeutung fordert – der Bedeutung Kaufen z.B. gegenüber – eine eigene Weise ihrer Realisierung im Zeitverlauf. Handelt es sich um eine Krankheitsversicherung – um bei dem bereits erwähnten Beispiel zu bleiben –, so erfolgen einerseits Prämienzahlungen an die versichernde Institution und andererseits Leistungen der Versicherung bei Eintritt eines „Versicherungsfalles", allgemeiner: bei Eintritt der vereinbarten Bedingung. Der ganze in der Bedeutung „Beteiligen" intendierte Prozess enthält also prinzipiell zunächst einen zahlenden Akt, einen in seiner zeitlichen Dauer im Einzelfall unbestimmten Verlauf und die nach Eintritt der Bedingung fällig werdende Gegenleistung.

Wir formulieren: Der *Beteiligungsprozess* ist die Weise, in der sich die Bedeutung Beteiligen im Zeitverlauf realisiert, wenn sie individuelles Geschehen wird. Als Prozess *verbindet* er fest bestimmte *Zahlungsakte* mit *Gegenleistungen* entsprechend-angemessenen Einordnungsmaßes, die erst mit dem nur allgemein voraussehbaren Eintreten einer ihrer Art nach festgelegten Bedingung fällig werden, d.h. in jener eigentümlich-unbestimmten *zeitlichen Differenz*, die erst von dem jeweiligen sozialen Grundvorgang her ihre nähere Bestimmung erhält. Schematisch gesehen also so:

$$(\text{Einzelner}) \quad A \xrightarrow{\quad t_1, t_2 \text{ etc.} \quad} B \quad (\text{Teilganzheit})$$
$$\underset{t_X}{\longleftarrow}$$

c) Der Prozess „Bewahren"

Die Bedeutung Bewahren meint die Erhaltung der einem Subjekt eignenden Kaufkraft in der Weise, dass über diese Kaufkraft zu beliebiger Zeit verfügt werden kann. Der Geldprozess, der daraus folgt, scheint einfach und schwierig zugleich darstellbar zu sein. Zunächst ist offenbar alles sehr einfach: A als Kunde der Bank B zahlt eben einfach auf sein Konto ein und verfügt wieder über sein Guthaben – in unserer Sprache: Er veranlasst die Bank zu Gegenakten ganz so, wie er es nötig hat oder richtig findet.

Schwieriger ist jedoch die zeitliche Beziehung dieser Akte ihrem Wesen nach zu beschreiben. Sie ist ja ganz sicher von einer gewissen Dauer. Eine gleichzeitige Ein- und Auszahlung würde die Bedeutung Bewahren aufheben; sie hätte, wenn sie an den Einzahler erfolgt, keinen Sinn. Der Zeitverlauf, der die beiden Akte verbindet, kann relativ kurz, er kann aber auch nahezu unbegrenzt lang sein. Er muss allerdings eine irgendwie begrenzte Größe sein; eine unbegrenzte Dauer käme einer Schenkung gleich. So gut der Bewahrungsprozess eine zeitliche Grenze haben muss, so gut ist er aber auf Dauer angelegt: Es soll ja gerade etwas „über die Zeit hin" *bewahrt* werden. Dieses auf Dauer-angelegt-sein ist der Tendenz nach eben in jedem Bewahrungsprozess gegeben.

Bestimmte der soziale Grundvorgang des Kaufprozesses die relative Gleichzeitigkeit der Akte als zeitliche Dimension, bestimmte der soziale Grundvorgang des Beteiligungsprozesses eine ungewisse, aber wahrscheinliche Zeitlichkeit, so lässt der dem Bewahrungsprozess eigene soziale Grundvorgang gewissermaßen alles offen: Es wird ja gerade *nichts* unternommen, es soll nichts weiter geschehen, es soll nur die Kaufkraft *erhalten* bleiben, sie soll *dauern*. In der zeitlichen Unbestimmtheit des Bewahrungsprozesses drückt sich die relative Unzeitlichkeit des sozialen Grundverhältnisses aus; die zeitliche Unbestimmtheit des Prozesses ist „Abbild" dieser Unzeitlichkeit.

So sei formuliert: Der *Bewahrungsprozess* als die Weise, in der sich die Bedeutung Bewahren zeitlich realisiert, *verbindet zahlende Akte* mit *gegenzahlenden Akten* im Rahmen des Einordnungsmaßes der erhaltenen Kaufkraft in jener *ungewissen zeitlichen Differenz*, die der Unzeitlichkeit des sozialen Grundverhältnisses entspricht.

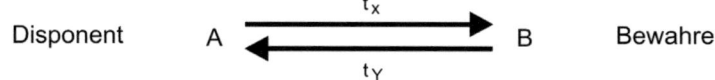

Disponent A $\xrightarrow{t_X}$ B Bewahrer
$\xleftarrow{t_Y}$

3 Der ordnende Geldprozess

Am wenigsten äußerlich bestimmt ist der Prozess, der der Bedeutung „Umlauf-Ordnen" zukommt. Die soziale Situation, die diese Bedeutung „meint", liegt in den Schwierigkeiten, die den „primären" Geldvorgängen entgegenstehen können; *diese* sollen überwunden und der Endprozess damit gefördert werden. In der Bedeutung solchen Geldgeschehens liegt es somit, die Endbedeutung der zu fördernden Geldvorgänge zu antizipieren. Sie ist gewissermaßen die „Maklerin" unter den Geldbedeutungen, die selber weder kaufen, leihen, beitragen etc. will, solche Prozesse jedoch „vermittelt", insofern sie deren „Anlauf-Schwierigkeiten" überwinden hilft. So scheint dieser Prozess die „Formen" der anderen Prozesse zunächst zu benutzen.

Wie bestimmt sich der Prozess in seinem Wesen, der dieser Bedeutung zugehört? Ganz sicher gehört zu ihm ein sozusagen „fördernder" Geldakt, der den zunächst noch fehlenden Geldakt des Endprozesses vorwegnimmt. Da jedoch nicht die endgültige Einordnung umgestaltender oder tradierender Intentionen durch *diesen* Geldprozess gemeint ist (sie sollen erst durch den „Endprozess" endgültig eingeordnet werden), so muss der zunächst vollzogene Akt wieder „ausgeglichen", wieder „aufgehoben" werden – in einem Gegenakt: in der Rückzahlung der Vorfinanzierung z.B., in der Hingabe der A-Währung *gegen* die B-Währung oder in ähnlichen Akten.
Die zeitliche Differenz dieser Akte kann dabei sehr verschieden ausfallen. Sie kann eine relativ lange, dem Leihprozess ähnliche, sein, kann aber auch bis zu relativer Gleichzeitigkeit der Akte (dem Kaufprozess ähnlich) „zusammenschmelzen"; sie wird aber immer eine *in sich bestimmte* sein. Im Einzelfall wird sie eben – wie andere Prozesse auch – ihre zeitliche Bestimmung durch den sozialen Grundvorgang erfahren; dieser liegt hier in der Überwindung von Hindernissen, die primären Geldprozessen entgegenstehen.

So sei formuliert: Der *Prozess „Umlauf–Ordnen"* als die Weise, in der sich die Bedeutung Umlauf-Ordnen zeitlich realisiert, *verbindet* einen *„fördernden"* und einen *„aufhebenden" Geldakt* gleichen Einordnungsmaßes in prinzipiell *bestimmter, doch variierbarer Zeitlichkeit.* Seine nähere zeitliche Bestimmung erhält dieser Prozess aus der zeitlichen Dimension der Schwierigkeiten, die sich den einzuordnenden primären Geldvorgängen entgegenstellen. Schematisch sei das Dargestellte so gezeichnet:

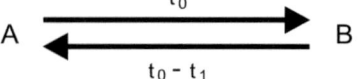

$$A \xrightarrow{t_0} B$$
$$t_0 - t_1$$

4 Die Ganzheit der Geldprozesse

Insofern einer jeden Geldbedeutung ein „eigenes" Prozesselement zugehört, ist die Ganzheit der Geldprozesse in der Ganzheit der Geldbedeutungen mitgegeben. Die Bedeutungen „meinten" gewisse geschilderte *Sachverhalte*: die Einordnung entweder „fordernder" Lebenssituationen (Bedarf, Risiken, Kaufkrafterhaltung) oder „produktiven" Tätigseins (auf dem Gebiete der Produktionserweiterung, der Kulturgestaltung, der Kulturentwicklung); die Prozesse zeigten die *zeitliche Beziehung* der sozialen Akte, in denen sich die Bedeutung ihrem Wesen nach realisieren muss. Das Moment der Zeitlichkeit kam in der Erörterung der Geldprozesse zu dem rein sachhaltigen Meinen der Geldbedeutungen hinzu. Und zwar haben wir es in seiner wesensmäßigen Qualität betrachtet, nicht in einer so und so lang gearteten Tatsächlichkeit. Der Leihprozess z.B. ist eben dem Wesen nach von bestimmter Dauer: ganz gleich, ob es sich um eine Woche oder um 50 Jahre handelt. Der Kaufprozess ist (ohne Hinzutritt weiterer eidetischer Momente) Gleichzeitigkeit wesentlich: Auch wenn auf der Ebene tatsächlichen Geschehens einmal eine gewisse Zeit verstreicht, auf die es – den Umständen nach – in diesem Falle „nicht ankommt". – Es sei jetzt versucht, deutlich zu machen, dass auch die Geldprozesse in ihrem zeitlichen Wesen als Ganzheit zu denken sind.

Die Zeitlichkeit des Prozesses „Bewahren", so zeigte sich, ist Ausdruck der relativen Unzeitlichkeit ihres sozialen Grundvorganges. Es soll Kaufkraft „über die Zeit hin" erhalten werden, bis eine neue bedeutungshafte Bestimmung dieser Kaufkraft erfolgt. In der zeitlichen Unbestimmtheit der beiden Akte dieses Prozesses drückt sich diese relative Unzeitlichkeit aus. – Demgegenüber nimmt der soziale Grundvorgang, der finanziell im Beteiligungsprozess bewältigt wird, festere Konturen an. Im Einzelfall sind die Gegenleistungen unbestimmt, aber im Großen gerechnet „wahrscheinlich". Hier kann es nie einen Banken-„Run" geben – wie beim Bewahren. Der Prozess Beteiligen ist zeitlich unbestimmt, aber nicht in dem Maße ungewiss wie der Prozess Bewahren. – Im Kaufprozess dagegen ist alles bestimmt:

Leistung, Gegenleistung und die zeitliche Dimension in der Gleichzeitigkeit.

Diese Bestimmtheit behält der Leihprozess bei, aber die zeitliche Dimension „expandiert" gewissermaßen gegenüber dem Kaufen. Der soziale Grundvorgang – das Sich-Einordnen produktiv-„rentabler" Tätigkeit – braucht eben diese Zeitdifferenz; das Leihen hat einen „längeren Atem" als das Kaufen. – Die Bedeutung Beitragen „sprengt" dem Leihen gegenüber die zeitliche Fessel. Sie verbindet im Zeitverlauf zwar noch mit den angestrebten Zielen (insofern sie die Geldempfänger auf diese Ziele verpflichtet), aber als Geld*prozess* kann nur noch der soziale Akt der Hingabe angesprochen werden. Die „Gegenleistungen" liegen nicht mehr auf dem wirtschaftlichen Felde (durch das Faktum „Einordnung in den Produktions- und Verteilungsstrom" allgemein charakterisiert). – Für den Prozess Schenken gilt ähnliches: Die Überzeitlichkeit des sozialen Grundvorganges lässt überhaupt nur einen sozialen Akt als Prozesselement relevant werden, eben den Akt des Schenkens (der Geldhingabe). Die Zeitlichkeit des Prozesselementes löst sich hier nahezu auf, weil sie der Überzeitlichkeit des gemeinten sozialen Grundvorganges widerspricht.

Betrachten wir also die Entwicklung der zeitlichen Dimension des Prozesselementes, so können wir im Durchlaufen der Prozesse vom Bewahren über Kaufen und Leihen zum Schenken das Folgende feststellen: Das Zeitelement gewinnt im Bewahren zunächst ungewisse zeitliche Konturen, indem es der relativen Unzeitlichkeit des sozialen Grundvorgangs Ausdruck gibt: Es wird bestimmter im Beteiligen und – in der Gleichzeitigkeit – völlig bestimmt im Kaufen. Je deutlicher der in den tradierenden Bedeutungen jeweils gemeinte Tatbestand ist (bewahrt wird „bis auf weiteres", beteiligt „für den Fall", gekauft wird etwas „Bestimmtes"), desto klarer werden auch die zeitlichen Konturen des Geldprozesses.

Die produktiven Intentionen, die in den umgestaltenden Geldprozessen wirksam sind, „dehnen" das im Kaufen „kontrahierte" Zeitmoment wieder; sie müssen es tun, um in ihrer Eigenart wirksam werden zu können: Alles produktive Entwickeln „braucht Zeit".

Das Leihen behält dabei die bestimmten zeitlichen Konturen, Beitragen sprengt diese Fessel, Schenken steht sozusagen völlig über dem Zeitelement und erscheint prozesshaft nur in einem Akt.

So haben wir auch in der Zeitlichkeit der Geldprozesse jene drei Ebenen, die wir bei den Geldbedeutungen als Ebene der „Rentabilitätsrechnung", der „Rentabilitätsüberlegung" und als „Ebene der Sinn-Offenheit" bezeichneten. Hier sind diese Ebenen zeitlich zu charakterisieren: als Ebene der *zeitlichen Bestimmtheit* (Kaufen, Leihen), Ebene der *zeitlichen Unbestimmtheit* (Beteiligen, Beitragen) und als Ebene des *zeitlichen Ausdrucks* der *Un-*

zeitlichkeit (Bewahren) bzw. *Überzeitlichkeit* (Schenken). Der beigegebene Überblick fasst das hier Geschilderte noch einmal schematisch zusammen.

Schema der primären Geldprozesse

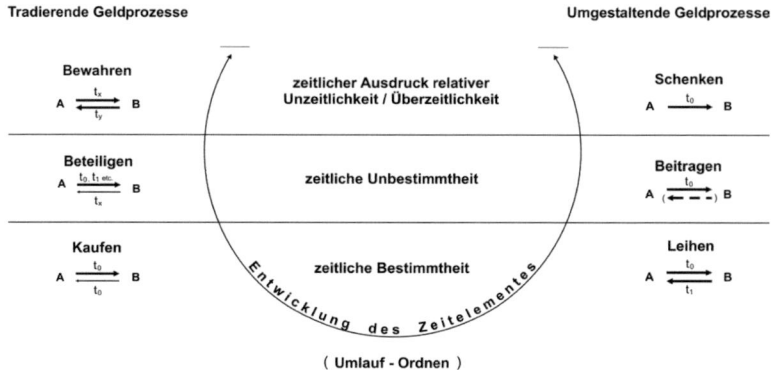

Die Bedeutung des Umlauf-Ordnens, so sagten wir oben, repräsentiert die Ganzheit der sechs anderen Bedeutungen, insofern sie als sekundäre Bedeutung die Schwierigkeiten in der Einordnung der anderen Bedeutungen meint. Von dem Prozess Umlauf-Ordnen könnten wir das nicht in gleicher Weise sagen, da er in seiner zeitlichen Dimension immer bestimmt sein soll: einmal mehr in der Weise des Leihens, einmal mehr in der Weise des Kaufens. Wir müssten ihn in unserem Schema zwischen Leihen und Kaufen anführen.

An dieser Stelle mag die Frage auftauchen, wozu die hier gegebene Schilderung der Geldprozesse in ihrem zeitlichen Wesen gut sein mag, da man sich kaum praktische Ergebnisse davon versprechen könne. – Ausblicksweise sei dazu folgendes gesagt: Auch das Moment der Zeit hat ja in den letzten vierzig Jahren begonnen, eine Rolle in der Geldtheorie zu spielen; man sprach und spricht von der „Umlaufsgeschwindigkeit" des Geldes, von „Multiplikatorwirkungen" u.ä.. Nach unserer Ansicht hat man sich dabei zu eng an den „Händewechsel" der Gelddokumente gehalten. Sicherlich: In diesem Händewechsel kommt die zeitliche Dimension des Geldes zum Ausdruck; aber er ist eben auch nur Ausdruck. Das diese Zeitlichkeit bestimmende Element fehlt. Dies liegt in den Intentionen, die in den Geldbedeutungen zum Ausdruck kommen und die sich ihrerseits in den ihnen zugehörigen Geldprozessen zeitlich realisieren. Man kann also hoffen, für die zeitliche Problematik des Geldes Aufhellendes aufzufinden, wenn man das zeitliche Wesen der Geldprozesse in seiner Verschiedenartigkeit berücksichtigt. Wie dies prinzipiell zu denken ist, wollen wir weiter unten ausführen, wenn wir den Bereich der Tatsachenforschung betreten. Hier war Wesensforschung, nicht Tatsachenforschung, Thema.

5 Geldprozesse und Geldgebiete

Es sei an dieser Stelle ein orientierender Blick auf den Gang unserer Untersuchung gestattet. Aus einer kritischen Betrachtung der „Geldfunktionen in der Theorie" heraus haben wir versucht zu zeigen, dass das Geld seine Eigenart (und damit seine Unterscheidbarkeit) in der Gestaltordnung der „sozialen Formenwelt" (Mackenroth) durch die ihm eigene *Geldgestalt* gewinnt, dass dieser Gestalt, wenn sie individueller Vorgang ist, eine *Bedeutung* zukommt, und dass diese Bedeutung sich in einem ihr je zugehörigen *Geldprozess* zeitlich realisiert. Wir haben diese drei Momente als *allgemeine Gegenstände (Wesen)* zu beschreiben versucht und gezeigt, dass sie auf der Tatsachenebene nur als „unselbständige" Momente des die drei Momente übergreifenden Wesens Geld erscheinen. Einen sozialen Vorgang, der diese drei Momente aufweist, bezeichnen wir als *Geld*.[209] Geld darf nicht mit dem Dokument verwechselt werden, das diesen sozialen Vorgang dokumentiert. Geld erscheint zwar mit Hilfe dieses Dokumentes. Das Wesen des Geldes aber kann nicht durch die Funktionen geklärt werden, die das Dokument „erfüllt", sondern umgekehrt: Wenn das Wesen des Geldes geklärt ist, können wir die Funktionen bestimmen, die das Dokument erfüllen *soll*, können wir nach einer *sinnvollen*, zweckmäßigen *Dokumentation des Geldes* fragen. Denn Geld ist kein Naturereignis, sondern ein von Menschen gestalteter – und damit eben *gestaltbarer* – sozialer Vorgang. Das bedeutet nicht, dass dieser Vorgang völlig willkürlich gestaltet werden kann, im Gegenteil: Es steht uns nur frei, ihn zu gestalten oder nicht zu gestalten; *wird* er gestaltet, dann kann er *nur in der ihm eigenen Weise* gestaltet werden. Wir haben zu schildern versucht, wie sich diese Weise bestimmt und wie sich *durch sie selbst* die Variationsbreite der verschiedenen Geldbedeutungen anbietet.

Im Vorangehenden glauben wir damit die Grundlagen umrisshaft gezeichnet zu haben, die es uns erlauben, die Frage der Dokumentierung des Geldes von seinem eigenen Wesen her als reine Frage der Zweckmäßigkeit anzugehen. Es wird also nicht versucht werden, einen irgendwie gearteten sich selbst steuernden Automatismus zu entwickeln, der – seiner eigenen oder einer „höheren" Notwendigkeit folgend – seinen bestimmten Ablauf hat. Die eidetische Ontologie des Geldes zeigt vielmehr nur

---

209 Im Folgenden wird hierfür der Ausdruck „realer Geldprozess" gebraucht. Der Ausdruck meint das konkrete individuelle Geldgeschehen, nicht nur den zeitlichen Aspekt, der bisher betrachtet wurde.

die Bedingungen auf, die wir beachten müssen, wenn wir uns des Geldes als einer Organisationsform sozialer Prozesse bedienen wollen. Die Dokumentation des Geldes erleichtert dabei diese geldweise Abwicklung sozialer Vorgänge, aber sie kann in der allerverschiedensten Weise erfolgen. Chartale Dokumentierung ist eben nur eine – vielleicht die zweckmäßigste – Form, aber der Geldgebrauch ist nicht an sie gebunden – auch heute nicht. Zuweilen kommen eben Zeiten, in denen es manchen Leuten zweckmäßig erscheint, Geld durch Zigaretten o.ä. zu dokumentieren. Wenn es also um Fragen der Dokumentierung geht, dann haben wir es mit einer Zweckmäßigkeitsfrage zu tun.

Es ist dabei sogleich ersichtlich, dass die Frage der zweckmäßigen Dokumentation nur in größeren Zusammenhängen relevant sein kann: Im einzelnen Fall wird man immer einen Weg finden – der sehr verschieden ausfallen kann –, die Übertragung von Kaufkraft als Schenkung, Kauf, Leihe oder Beteiligung usw. in der notwendigen Dokumentierung zu bewerkstelligen. *Problem* wird diese Frage erst, wenn es sich um ein größeres Wirtschaftsgebiet handelt, in dem eine funktionierende Währung aufgebaut werden und erhalten bleiben soll. Wenn wir von dieser Untersuchung aus etwas Relevantes zur Dokumentierungsfrage sagen wollen, dann müssen wir den Übergang von unseren an einzelnen Fällen erschauten Wesensanalysen zu den gesamtwirtschaftlichen Erscheinungen finden.

Der damit gesuchte Übergang kann in folgender Überlegung gefunden werden. Die verschiedenen Geldarten (das Leihen, Schenken usw.) sind Organisationsformen solcher sozialer Grundvorgänge, in denen bestimmte Intentionen leben. Wir fanden die beiden Gruppen der umgestaltenden und tradierenden Intentionen und gliederten sie in je drei Typen auf. Leben nun solche bestimmten Intentionen in bestimmten realen Prozessen, so leben sie in *allen* Prozessen dieser Art. Zweifellos: Es ist ein Unterschied zwischen Leihe und Leihe, zwischen Kauf und Kauf usw. Aber *allen* Leihprozessen[210] ist die spätere Rückübertragung von Kaufkraft und die Entfaltung rechnerisch erfassbarer Produktivität eigentümlich, was eben in diesem Sinne weder von den Kaufprozessen noch von den Beitragsprozessen o.a. gesagt werden kann. Wir fassen daher die Prozesse gleichen Wesens zusammen und führen dafür die Bezeichnung „Geldgebiet" ein. *Geldgebiet meint die Zusammenordnung der Prozesse gleichen Wesens.* Alle Leihprozesse eines betrachteten Wirtschaftsgebietes werden zusammengenommen „Leihgeldgebiet" genannt, alle Kaufprozesse zusammen „Kaufgeldgebiet" usw. Die „Geldgebiete" werden zueinander wieder ihre bestimmten Bezüge haben, die in der Methode der Wesensforschung „gezeigt" und in der Methode der Tatsachenforschung „belegt" werden können: mit jener Relativität allerdings, die immer im Tatsachenbereich auftritt, wo es eben sehr selten Geldprozesse mit *reinen*, unvermischten Bedeutungen gibt.

Damit stehen wir methodisch auf der Grenze zwischen Wesensforschung und Tatsachenforschung. „Geldgebiet" meint *dem Wesen nach* eine den Prozessen selber äußerliche Zusammenordnung im Hinblick auf tatsächliches Geschehen. Haben wir bisher gefragt, wie *Geld als Wesen* zu verstehen ist, so fragen wir nunmehr, wie *Geld als Tatsache* lebt, wie uns die gewonnenen Wesensansichten in der Tatsachenforschung helfen können. Allerdings wird sich im Bereich der Geldgebiete noch manches Charakteristikum rein aus dem Wesen der verschiedenen Geldarten ergeben: Insofern führen wir hier noch einige Gedanken in der Weise der Wesensforschung fort. Dies war auch der Anlass, den folgenden Abschnitt noch zum Hauptabschnitt B – der eidetischen Ontologie des Geldes selbst – zu rechnen; der „Anwendung" wendet sich der dritte Teil (C) zu.

Die Thematik dieser Untersuchung in ihrer engeren Begrenzung auf die Bedeutung der Wesensanalyse des Geldes für die Finanzwirtschaft der Unternehmung bringt es mit sich, dass wir den Schritt von der Wesensforschung zur Tatsachenforschung im ausgesprochenen Sinne auf dem Gebiet eben dieser Unternehmenslehre vollziehen wollen. Prinzipiell gesehen könnte er naturgemäß auch am Beispiel anderer Tatsachengebiete vollzogen werden: Das mag anderen Untersuchungen vorbehalten bleiben.

---

210 „Leihen" meint hier: Einordnung sich entfaltender (kalkulierbarer) Produktivität, nichts anderes, was gemeinhin mit demselben Namen genannt werden mag.

IV Die Geldgebiete

1 Die Geldgebiete und ihre Einheit

Man kann von Geld nicht sprechen, ohne die Frage seiner Bedeutung und Auswirkung in einem Sozialen Organismus zu berühren. Im Rahmen dieser Untersuchung kann dieser Frage jedoch nur eine prinzipielle Behandlung zukommen; jede weiter ins Einzelne gehende Überlegung – so wichtig sie erscheinen mag – muss notwendig über den Rahmen der hier das Thema bestimmenden Problematik hinausgehen. Es mag deswegen gestattet sein, dass wir in diesem Abschnitt lediglich das prinzipiell Wichtige hervorheben und auf alles quantifizierende oder sonst ausschmückende Beiwerk verzichten.

Geldgebiet: Das meint die Zusammenordnung der Geldprozesse gleichen Wesens. Damit haben wir einen Sachverhalt gegeben, der nicht bloß für die Wesensuntersuchung interessant sein kann, sondern der auch für die Tatsachenuntersuchung relevant wird. „Geldgebiet" meint – wie bereits ausgeführt – keine Einteilung auf der Dokumentierungsebene. Die Gelddokumente, die einen Leihvorgang dokumentieren, gehen beim Schuldner in der Regel unmittelbar in Kaufprozesse über und sollen es ja auch tun. Dennoch ist über einen Wirtschaftsorganismus eine bestimmte Aussage gemacht, wenn man sagen kann: Es wird so und soviel geliehen, mit der und der Fristigkeit.

Mehr ist natürlich noch gesagt, wenn man die Fristigkeiten dieser Leihprozesse im Einzelnen aufgliedern kann; wenn man zudem etwa weiß, *wofür* geliehen wird, wenn man wenigstens den Industriezweig kennt. Wer die Gesamtheit der Leihprozesse (in der hier entwickelten Auffassung) eines Sozialen Organismus überschauen kann, der kennt zugleich die produktiven Kräfte (soweit zumindest wie sie in der Weise des Geldes eingeordnet sind),[211] die – in Schumpeter'schen Worten – die „neuen Kombinationen" durchsetzen, die auf den „Geschäftserfolg" abzielen und ihn bewirken. Die Gesamtheit dieser Geldprozesse wird hier *Leihgeldgebiet* genannt.

---

211 Vgl. hierzu das Kapitel über die „Selbstfinanzierung" (Vgl. S. 192 ff.)

Das *Leihgeldgebiet* nimmt nun in der finanziellen Ganzheit eines betrachteten Wirtschaftsorganismus eine bestimmte Stelle ein.[212] Es steht durch seine Eigenart in ganz bestimmten Beziehungen zu anderen „Geldgebieten"; diese Beziehungen kann die Wesensforschung schildern und die Tatsachenforschung belegen – soweit sie sich tatsachenmäßig darstellen, was ja nicht unbedingt der Fall sein muss. Wenn eben nicht geliehen wird zu einem bestimmten Zeitpunkt, so entfallen die entsprechenden Tatsachen. Die Wesensbezüge der Geldgebiete entfallen deswegen nicht; sie erscheinen nur nicht. – So lässt sich z.B. ganz allgemein sagen, dass sich die Wirkungen dessen, was auf dem Leihgeldgebiet vor sich geht, auf einem der tradierenden Geldgebiete zeigen wird. In der Regel wird es das Kaufgeldgebiet sein. Jemand, der leiht, will eben mit dem geliehenen Gelde kaufen, seltener sich beteiligen usw.: Man wird sich kaum Geld leihen können, um es zu verschenken. So dass sich ersehen lässt, dass die Beziehungen des Leihgeldgebietes zu den anderen umgestaltenden Geldgebieten ganz anderer Art sind als zu den tradierenden Geldgebieten. Einige dieser Beziehungen sollen weiter unten noch aufgezeigt werden.

Leicht aufzeigbar scheint alles zu sein, was mit dem *Kaufgeldgebiet* zusammenhängt. Es handelt sich eben um alle die Geldprozesse, die Leistung und Gegenleistung in den direkten Bezug bringen, den die Bedeutung „Kaufen" meint. Um es noch einmal deutlich abzugrenzen: „Kaufgeldgebiet" meint hier nicht „Bargeld" – also irgendwelche Dokumente (deren Schicksal dann zu verfolgen wäre). Es meint auch nicht etwa „Konsumentengeld" (im Gegensatz z.B. zum „Produzentengeld") – solange damit Gelddokumente bezeichnet werden sollen und nicht ein soziales Geschehen *in der Weise des Geldes* gemeint ist. Wenn der Begriff „Konsum" so gefasst wird, dass er alles meint, was aus dem Produktionsprozess ausscheidet: also auch den „Umweg – Konsum" der Investitionsgüter, so kann man natürlich bei jedem Kaufgeschehen von „Konsum" sprechen – insofern wäre die Bezeichnung „Konsumentengeld" auch für alle Kaufakte zutreffend. Das ist jedoch üblicherweise mit diesem Namen

---

212 Wir untersuchen ja in dieser Arbeit nicht ein – vielleicht sogar in sich autonomes – Teilgebiet des Sozialen Organismus, sondern wir untersuchen den Sozialen Organismus ganz – so wie er sich eben vom finanziellen Gesichtspunkt aus zeigt. Gewiss ist dieser Standpunkt einseitig: Er soll es sein. Trotz dieser Einseitigkeit entgeht ihm nichts: Es gibt kein noch so „geistiges Geistesleben", das nicht in seinem finanziellen Ausdruck, der eben auch zu ihm gehört, erfasst würde. – Von ähnlichem Gesichtspunkt aus sagt Dunkmann einmal: „Alles, was man ‚kaufen' kann, oder alles, was für Geld käuflich ist, gehört zur Wirtschaft, und dazu gehören auch alle sinnenfälligen Mittel für rein geistige Ziele der Kultur" (K. DUNKMANN: Kooperation als Strukturprinzip der Wirtschaft, München-Leipzig 1931, S. 15).

nicht gemeint. Und die heute übliche Einteilung in den Verbrauchs- und Geschäftskreislauf des Geldes meint zunächst nur eine Unterteilung des Kaufgeldgebietes, der wir hier nicht weiter nachgehen können.

Hier muss es uns genügen, dass wir das Kaufgeldgebiet rein sachlich als Zusammenordnung aller Kaufprozesse eines betrachteten Sozialen Organismus auffassen können. Auch tatsachenmäßig lässt es sich leicht erfassen: Es sind die Warenumsätze (Dienstleistungen eingerechnet), die man ja relativ genau kennt. – In gewissem Sinne kann man davon sprechen, dass das Kaufgeldgebiet sozusagen der Prototyp der Geldgebiete sei: Es ist relativ am unabhängigsten in dem Sinne, dass Kaufprozesse wohl – theoretisch – ohne die anderen aufgezeigten Geldprozesse denkbar sind. Es kann ein Kaufgeldgebiet geben, ohne dass es Leihprozesse (geldlicher Art) gibt, aber nie umgekehrt. Geld zu leihen entbehrt eben jedes Sinnes, wenn man nicht damit kaufen kann. (Dies gilt entsprechend für die anderen umgestaltenden Geldarten). Das Leihgeldgebiet (und in ähnlicher Weise das Geldgebiet des Beitragens und Schenkens) kann sich nur in dem Rahmen entfalten, den das Kaufgeldgebiet (und gegebenenfalls noch die beiden anderen tradierenden Geldgebiete) ihm bieten.

Grundsätzlich lässt sich also sagen: Ein Geldgebiet ist dadurch charakterisiert, dass es innerhalb der finanziellen Organisation eines Sozialen Organismus einen bestimmten „Raum" einnimmt und dass es für diesen „Raum" Grenzen gibt, die nicht überschritten werden dürfen, wenn nicht die Ganzheit eben dieser finanziellen Organisation – die man wohl am besten mit dem Worte „Währung" bezeichnen kann – zusammenbrechen soll. Es ist offensichtlich, dass sich an dieser Stelle ein weites Gebiet geldtheoretischer Forschung ergibt, das wir jedoch aus dem Rahmen dieser Untersuchung ausgrenzen. Hier war zunächst die grundsätzliche Charakteristik der einzelnen Geldarten, die durch Geldgestalt, Geldbedeutung und Geldprozess ontologisch analysiert wurden, wichtig. Die durch diese Charakteristik gewonnenen Grundlagen lassen sich eo ipso in die Frage der Währung und Währungsverfassung weiterverfolgen: Dies deuten wir in diesem Abschnitt lediglich an, um uns sodann ihrer Bedeutung für die Finanzwirtschaft der Unternehmung zuzuwenden.

So sei hier nicht noch einmal jedes Geldgebiet einzeln besprochen. Nur ein einziger Punkt sei noch herausgehoben: das Geldgebiet „Umlauf-Ordnen". Man wird vielleicht zunächst Schwierigkeiten haben, sich die Zusammenordnung der hierher gehörigen Geldprozesse zu einem Geldgebiet vorzustellen. Erinnern wir uns: In der Bedeutung „Umlauf-Ordnen" sahen wir jene „sekundäre" Geldbedeutung, die die Einordnung und

Überwindung jener Schwierigkeiten meint, die anderen Geldprozessen – den primären – entgegenstehen. Die Geldprozesse, die wir zum Geldgebiet „Umlauf-Ordnen" zusammenfassen, haben ja keinen „Eigen-Sinn": Sie meinen ja gerade die sachgemäße Entfaltung der anderen Geldprozesse im Zusammenhang der gesamten finanziellen Organisation eines Wirtschaftsgebietes. Das Geldgebiet „Umlauf-Ordnen" macht also den anderen Geldgebieten nicht den „Rang" streitig, es kann für dieses Geldgebiet keine äußere Abgrenzung gegen die anderen Geldgebiete geben (wie wir zwischen Kauf- und Leihgeldgebiet z.B. davon sprechen konnten), da es sich – seinem eigenen Sinne nach – selbst begrenzt. Es tritt eben nur in dem Maße auf, als es durch anderes gefordert wird: In diesem Geldgebiete leben eben jene Intentionen,[213] die die finanzielle Organisation eines Sozialen Organismus als Ganzheit pflegen, erhalten, fördern wollen: das einheitliche Währungsgebiet. Tatsachenmäßig werden wir es insbesondere im Zentralbankbereich zu suchen haben.

2 Das tatsächliche Erfassen der Geldgebiete

Es lässt sich, was wir vom phänomenologisch-ontologischen Gesichtspunkt aus über das *Geld* vorgebracht haben, nicht durch Tatsachen „belegen" – so wenig, wie man die Vorspalte einer Statistik durch diese selbst „beweisen" kann. Man kann eine solche Statistik zunächst „zweckmäßig" finden und sich – in einem weiteren Schritte – die Einsicht in ihre Zweckmäßigkeit verschaffen oder bereits von ihr ausgehen. Insofern man die grundsätzlichen Zusammenhänge kennt, zeigen die in der Statistik auf der Grundlage dieser Zusammenhänge erfassten Tatsachen, wie weit solche Zusammenhänge „gelten" – im Bereich der Tatsachen. Dies ist jedoch eine Frage, die die eidetische Ontologie *zunächst* ganz unbeachtet lässt.

Auf der Wende allerdings von der Wesens- zur Tatsachenforschung dürfen wir die Frage nach der *Quantifizierbarkeit* stellen: mit der für diese

---

213 Der Klarheit halber sei hier noch einmal betont: „Intention" ist hier, wie immer, sachlich gefasst; sie meint die Art und Weise der Bezogenheit, die sozialem Handeln eigentümlich ist: Es ist immer bezogen auf das, was es bewirkt, gleichgültig, ob es dies auch motivisch meint. Zweifellos kann sich beides überdecken: Es kann jemand aus dem Motiv heraus leihen, weil er die produktive Tätigkeit des anderen wirtschaftlich einordnen will; er kann aber auch leihen, um zu „verdienen". Die psychische Motivation klammern wir aus; die sachliche Intentionalität sozialer Akte betrachten wir: Sie ist bei jedem „Leihen" dem Wesen nach gleich, so verschieden auch die sie begleitenden Motive sein mögen. Vgl. die eingangs gemachte Abgrenzung gegen jede Art von Psychologismus S. 36 ff. Vgl. weiter die Ausführung von K. F. VEIL a.a.O. S. 88 f.

Untersuchung jedoch sogleich zu machenden Einschränkung, dass wir sie nur prinzipiell stellen. Wir können hier nur zeigen, wie wir die Tatsachen zu fragen haben, wir stellen hier selber keine quantifizierende Untersuchung an. Wir fragen darum zunächst nur nach der *Dimension*, in der wir die Geldgebiete tatsachenmäßig – in einem politisch begrenzten Gebiete wie die westdeutsche Bundesrepublik z.B. – erfassen können. Für die Gelddokumente wählen wir darum auch die Bezeichnung, die in diesem Bereich üblich ist: die Deutsche Mark (DM), obwohl diese Bezeichnung natürlich nur *ein* mögliches Beispiel der Gelddokumentation ist.

Wir haben bereits gesehen, welche Tatsachen wir ins Auge fassen müssen, wenn wir uns vergegenwärtigen wollen, welche Bedeutung das *Leihgeldgebiet* innerhalb der finanziellen Organisation eines Sozialen Organismus zu einem bestimmten Zeitpunkt hat. Wir können hierbei nicht die Geldumsätze in Betracht ziehen, sondern wir müssen das volkswirtschaftliche *Kreditvolumen* in der Aufgliederung seiner Fristigkeiten kennen. Es bedeutet etwas ganz anderes für die finanzielle Organisation eines Sozialen Organismus, wenn das Kreditvolumen klein ist, etwas anderes, wenn es einen breiten Raum einnimmt. Bei gleicher „Größe" kann es wiederum entscheidend sein, ob es sich vorwiegend um langfristige, mittelfristige oder kurzfristige Kredite handelt: Ja diese Begriffe sind wiederum selbst relativ in Bezug auf das Entwicklungsstadium der Volkswirtschaft, die wir betrachten.

An einem solchen Punkte kann – auch in allgemeinerer Art – deutlich werden, wie nötig wir es haben, von einem bloßen globalen Erfassen des Geldes wegzukommen und seine qualitativen Dimensionen, die von den einzelnen Geldbedeutungen und -prozessen her sichtbar werden können, mit in die Betrachtung einzubeziehen: jedenfalls dann, wenn es uns darum geht, das Geld in seiner sozialökonomischen Wirksamkeit zu erfassen. Im Geld haben wir es eben niemals mit bloßen Quantitäten zu tun, sondern mit Organisationsformen sozialen Geschehens. In diesem sozialen Geschehen ist immer Bestimmtes intendiert; dieses ist das Wirkende, das sich aber in den Quantitäten von Gelddokumenten ausdrückt. Die Dokumente sind nur *Zeichen* für anderes, das sie nicht selbst sind: nämlich für die Geldakte und Geldprozesse. Von dem, worauf sie – als Zeichen – „deuten", haben wir unsere bestimmten reinen Wesenstypen entwickelt. Gehen wir von den Geldzeichen aus, so können wir durch sie nur das zu erfassen suchen, was das Wirkende ist. Das bedeutet hier: Das Leihgeldgebiet – als Zusammenordnung aller Leihprozesse – erfassen wir durch die Dimension Kreditvolumen (DM) und Fristigkeit (t).

Die Geldprozesse des „Beitragens" und „Schenkens" haben – dies wurde bereits ausführlicher gezeigt – nur einen „Fuß": Ein einziger Geldakt findet noch statt. Die sich entfaltende Produktivität verpflichtet nicht zu einer Rückzahlung – wie eben im Leihen. Nur das Beitragen kennt noch eine „Rückbindung" gleichsam: in der Verpflichtung auf die Sache; sie entfällt beim Schenken (jedenfalls als sozial bedeutsamer Bezug). In Bezug auf die Geldgebiete des *Beitragens* und *Schenkens* lässt sich – von der relativen Gleichartigkeit der Geldprozesse (nicht der Geldbedeutungen!) her gesehen – eine Zusammenfassung rechtfertigen: Insbesondere in der tatsachenmäßigen Erfassung eines größeren Wirtschaftsgebietes wird man gegenwärtig zwischen dem einen und dem anderen kaum unterscheiden können. Die Dimension beider Gebiete wäre jedenfalls gleich: Um das „Beteiligungsmaß" dieser beiden Geldgebiete an der finanziellen Organisation eines Sozialen Organismus zu erfassen, müssen wir die gezahlten Beträge (DM) pro Zeiteinheit (Jahr etc.) kennen. Mehr Aufschluss erhalten wir, wenn wir diese Größe noch aufgliedern können in laufende und einmalige Zahlungen; es ist leicht ersichtlich, dass man mit laufenden Zahlungen spezifisch anderes unternehmen kann als mit einmaligen.

Die Dimension des *Kaufgeldgebietes* haben wir bereits erwähnt: Umsätze (DM) pro Zeiteinheit. Hierher gehören natürlich nicht nur Güterumsätze, sondern ebenso gut die Umsätze auf dem Gebiet der Dienstleistungen, kurz alle Umsätze, durch die soziale Akte in der Gestalt „Leistung" finanziell abgewickelt werden.

Beim *Beteiligungsgeldgebiet* wäre vor allem der Strom der Einzahlungen – DM pro Zeiteinheit – zu erfassen und (soweit er auch geldweise erfolgt, was wohl gegenwärtig die Regel sein dürfte) der Gegenstrom der Leistungen in gesonderter Weise. Die „Haushaltsrechnung" nach Einnahmen und Ausgaben ist die hierher gehörige Rechnungsform.

Das *Geldgebiet des Bewahrens* zeigt an, welche Kaufkraft in einem Sozialen Organismus lediglich bewahrt werden soll. Die *zu bewahrende* Kaufkraft ist aber keineswegs – insbesondere heute nicht – mit der de facto *bewahrten* identisch. Bilanzmäßig gesprochen: Was bewahrt werden soll, das ersehen wir z.B. in den Bankbilanzen auf der Passivseite als Sichteinlagen; was tatsächlich bewahrt wird, zeigt sich in der Kassenhaltung (zu der man ja gegebenenfalls auch die „Sicherungsbewahrung" der Reserveguthaben bei der Landeszentralbank mitzählen kann). Innerhalb gewisser Grenzen entspricht die Diskrepanz dieser beiden Größen ja durchaus den Möglichkeiten einer hochorganisierten Volkswirtschaft; wo deren Grenzen liegen, sei hier nicht gefragt. Dennoch ist ersichtlich, dass das Bewahrungsgeldgebiet in der hier gefassten Weise („Passiv"-Definition) uns darüber aufklären kann, ob die Dinge auf der Aktivseite in Ordnung sind oder nicht. Die Ordnung dieses Verhältnisses haben ja auch die Reservevorschriften der Notenbanken im Auge. – Die Dimension des Bewahrungsgeldgebietes können evidenterweise weder der Umsatz, noch die Einnahmen oder Ausgaben sein: Es ist der durchschnittliche Bestand (DM) *in* der Zeit (nicht Umsatz *pro* Zeiteinheit).

Die Geldprozesse des „Umlauf-Ordnens", die wir zum *„Ordnungsgeldgebiet"* zusammenfassen, treten immer dort auf, wo Schwierigkeiten in der Einordnung anderer Geldprozesse zu überwinden sind; dies kann – wie erwähnt wurde – in der Weise geschehen, dass Kaufkraft in eine andere Art der Dokumentierung „transformiert" (Dobretsberger) wird, oder auch so, dass andere Geldprozesse kreditweise vorfinanziert werden. Die Dimension des Ordnungsgeldgebietes hätten wir also entweder in den Umsätzen (DM pro Zeiteinheit) oder in dem Kreditvolumen zu suchen, das hierfür jeweils kurzfristig zur Verfügung steht (DM und Fristigkeit).

Die Tatsachen, in denen sich die Geldgebiete in dem hier gemeinten Sinne darstellen, sind – prinzipiell gesehen – bis zu einem gewissen Grade aufzeigbar; wie weit sie allerdings in dem heute zugänglichen statistischen Material (dessen Erfassung ja eine mehr oder minder ausgeprägte theoretische Konzeption, die nicht in jedem Falle die unsere ist, zugrunde liegt) vorliegen, ist eine Frage, die hier nicht zur Diskussion steht. – Eine weitere Schwierigkeit liegt eben bei jeder Untersuchung tatsächlicher Geldvorgänge darin, dass sich in ihnen die eidetischen Momente der Geldbedeutungen „vermischen" und „überlagern", so dass es auf der Tatsachenebene selten ohne das bekannte Gran Salz abgehen kann. Dies kann natürlich niemals als Einwand gegen *reine* Unterscheidungen im eidetischen Bereich aufgefasst werden.

Die Erfassung des *Leihgeldgebietes* wird keine Schwierigkeiten machen, soweit es bankmäßig organisiert ist. Kreditvorgänge außerhalb des Bankbereiches lassen sich nur schätzen. – Zum Geldgebiet des *Beitragens* haben wir jede mehr oder minder gebundene Finanzierung kultureller Institutionen, insbesondere die Förderung der Wissenschaft in ihrer vielfältigen institutionellen Ausgestaltung, zu rechnen. Der Begriff „Kultur" ist in diesem Zusammenhang relativ weit zu fassen,[214] so dass auch die Finanzierung einer Rüstung mit der dazu gehörigen Wehrmacht als „kulturelle"

---

214 Jedes soziale Geschehen ist von seiner Initiative her gesehen als „kulturell" anzusprechen. (Vgl. unten S. 172 f.)

Institution hierher gehört; insofern die die Rüstung Zahlenden wenig oder gar nicht um ihre Zustimmung gefragt werden (und auch keine Gegenleistung erhalten), könnte man derartige finanzielle Prozesse als den „perversen" Teil des Beitragsgeldgebietes ansprechen. – Das *Schenkungsgeldgebiet* wird sich der Erfassung heute noch so gut wie ganz entziehen, so dass wir alles, was sich hier an Finanzierungsprozessen finden oder wenigstens abschätzen lässt, bei einer gesamtwirtschaftlichen Betrachtung mit dem Beitragsgeldgebiet zusammenfassen würden.

Das *Kaufgeldgebiet* wird sich schon gegenwärtig so gut wie vollständig erfassen lassen; hierher sind, wie erwähnt, alle Warenumsätze zu rechnen. – Das *Geldgebiet* des *Beteiligens* ist wiederum schwerer zu erfassen. Hierher gehören die Umsätze (Einnahmen und Ausgaben) des Versicherungswesens (soweit diese nicht infolge des „Kapitaldeckungsprinzips" in Leihprozesse umgewandelt werden). Wir rechnen auch den Staatshaushalt hierher: soweit jedenfalls, wie die Steuereinnahmen dazu verwendet werden, den Staatsbürgern wiederum Gegenleistungen zukommen zu lassen (in Form einer Rechtspflege, in Form der zivilen Verwaltung, in Form des Straßenbaues und des sonstigen öffentlichen Bedarfes); die Finanzierung einer Rüstung rechnen wir in den Bereich des Beitragsgeldgebietes (aus erwähntem Grunde). – Über das „*Bewahrungsgeldgebiet*" kann uns die Statistik der Depositen bei den Geldinstituten aller Art im Wesentlichen aufklären; Bewahrungsprozesse außerhalb dieses Bereiches dürften kaum einen bedeutenden Umfang haben.

Wir wenden uns jetzt dem Verhältnis der Geldgebiete untereinander zu.

3 Das Verhältnis der umgestaltenden zu den tradierenden Geld gebieten

Das Bild, das wir in der Nationalökonomie, insbesondere in der Geldtheorie, vorfinden, scheint uns zu einseitig nur vom Aufbau und der Verteilung des Sozialproduktes zu reden. Dabei überblendet der Eindruck, als ob es sich im Wesentlichen um einen Geldstrom handle, der einen Güterstrom kauft, alle anderen Leistungen des Geldes. Gewiss: Schaut man vom Tatsachenbereich her, so scheint das „Kaufen" eben die Hauptleistung des Geldes zu sein; schaut man indessen von den Wesensmöglichkeiten des Geldes her, so zeigt sich eine Vielfalt, unter der das „Kaufen" eben nur eine mögliche Form ist. Diese Vielfalt aber eröffnet zugleich den Blick für weite Bereiche des sozialen Lebens, die der geldweisen Organisation unterliegen und die bisher in der Nationalökonomie kaum behandelt wurden; sie sind ja keine „rein wirtschaftlichen" Tatsachen. Unsere eidetische Beschreibung des Geldes versucht demgegenüber, alle diese Bereiche, die der Sache nach zum Gelde gehören, in die Geldwissenschaft mit einzubeziehen. – Zu lange hat sich die Nationalökonomie auf einen willkürlichen, ihr autonom erscheinenden Ausschnitt des sozialen Lebens beschränkt, den sie „Wirtschaft" nannte. Heute scheint es notwendig zu sein, dass die Nationalökonomie diesen zu engen Blickpunkt überwindet, um den Sozialen Organismus unter ihrem Gesichtspunkt, aber dennoch als Ganzheit (also auch dort, wo sicher keine „wirtschaftlichen Motive" zu finden sind) zu erfassen. Ansätze, dies von der Seite der Tatsachenforschung aus zu tun, liegen ja z.B. in den Bestrebungen, zu einer volkswirtschaftlichen Gesamtrechnung zu kommen, vor. Hier wird versucht, diesen Schritt von der Seite der Wesensforschung aus ansatzweise zu tun.

Wir stoßen dabei – von unserer Wesensanalyse der Geldbedeutungen und Geldprozesse ausgehend – auf ein bestimmtes gesamtwirtschaftliches Verhältnis der Geldgebiete. Betrachten wir zunächst das Verhältnis der umgestaltenden zu den tradierenden Geldgebieten. Es zeigt sich, dass die geldweise „organisatorische" Bewältigung sozialer Vorgänge als „Leihen", „Beitragen" oder „Schenken" solchen Kräften im sozialen Zusammenhang Raum gibt, die Produktivität – in verschiedener Weise – entfalten. Im Leihgeldgebiet entfaltet sich die Produktivität in einer Weise, die der Rentabilitätsrechnung zugänglich ist, für das Beitrags- und Schenkgeldgebiet ist das nicht in dieser Weise der Fall; wir bezeichneten diese Formen der Produktivitätsentfaltung als durch „Rentabilitätsüberlegung" oder „Sinn-Offenheit" erfassbar. Allen in den umgestaltenden Geldformen wirtschaftlich eingeordneten sozialen Intentionen ist jedoch gemeinsam, dass sie *zunächst* als reine Konsumenten auftreten, um nach einem gewissen ihnen eigentümlichen Zeitverlauf dem ganzen sozialen Zusammenhang zu erhöhter Befriedigung – sei es materieller oder kultureller Art – zu verhelfen. Beim Leihen wird der Zeitverlauf der Dauer der Umweg-Periode entsprechen (bis die neue Produktion auf dem Markte erscheint), beim Beitragen und Schenken wird es solange dauern, bis die eingeordneten kulturellen Aktivitäten sich „ertragsmäßig" auswirken, ohne dass man diese Erträge dann noch eindeutig irgendwelchen „Faktoren" zurechnen könnte.

Nun ist deutlich, dass es sich ein Sozialer Organismus auf der einen Seite nur bis zu einem gewissen Grade gestatten kann, solchen umgestaltenden Intentionen in sich selber Raum zu geben, da sie eben zunächst nur konsumtiv bemerkbar werden. Die güter- und leistungsmäßige Lebens-grundlage wird ja zunächst nicht verbreitert und muss solange, bis die neuen produktiven Prozesse auch diese verbreitern, eben für den ganzen bisherigen Bedarf (soweit er nicht eingeschränkt wird) und den neuen „Umgestaltungsbedarf" reichen. Auf der anderen Seite braucht der Soziale Organismus jene umgestaltenden Intentionen, die in der Finanzie-rungsform der umgestaltenden Geldarten wirtschaftlich einzuordnen sind. In diesen umgestaltenden Intentionen leben alle die Kräfte, die dem menschlichen Dasein *Sinn* und *Entwicklungsmöglichkeiten* zu ge-ben vermögen und die wir Kultur – wenn sie sich allzu sehr nur auf das Leihgeldgebiet beschränken: Zivilisation – zu nennen pflegen. Es hat solche Kräfte immer gegeben, wenn sie in der Vergangenheit – finanziell gesehen – auch weitgehend *organisch* und nicht *organisatorisch*[215] einge-gliedert waren.[216] Die Intentionen, die in den tradierenden Geldarten ihre finanzielle Einordnung erfahren, können das soziale Leben wohl erhalten, aber nicht entwickeln; sie bedeuten kulturellen Stillstand, aber nicht Ent-wicklung.

Zwischen den umgestaltenden und den tradierenden Geldgebieten muss es also ein bestimmtes Verhältnis geben. Allen den umgestaltenden Geldarten zugrunde liegenden sozialen Vorgängen ist es ja eigentümlich, dass sie zwischen den Empfang einer Leistung (Konsum) und der durch sie zu entwickelnden Produktivität eine zeitliche Differenz entstehen lassen; beim Leihen entsteht hierdurch auch eine rechnungsmäßig die folgende(n) Periode(n) belastende (Geld-) „Schuld", die beim Beitragen und Schenken eben nicht mehr rechnerisch erfasst wird. Anders im tradierenden Bereich. Die sozialen Vorgänge, die in den tradierenden Geldarten ihre finanzielle Organisationsform finden, beziehen sich immer auf die Gegenwart oder die gegenwärtige Periode (wenn nicht Elemente umgestaltender Geldar-ten mit ihnen verquickt werden). Das Kaufen spielt sich ganz in der Ge-genwart ab (Gleichzeitigkeit). Das Beteiligen bringt zwar für den einzelnen Gegenwartsleistung und Gegenleistung in der Zukunft in Zusammenhang, aber im gesamten Sozialen Organismus bedeutet es lediglich eine *Um-verteilung* des Sozialprodukts[217] (Umlageverfahren; „Kapitaldeckung"

---

215 Vgl. die eingangs gebrachte Unterscheidung, S. 98
216 Die Art und Weise ihrer organisatorischen, d.h. geldweisen Einordnungsmöglichkeiten aufzuzeigen ist der Wirtschaftswissenschaft eben *auch* aufgegeben, wenn sie nicht der Uto-pie eines „rein wirtschaftlichen" Sektors – „der Wirtschaft" – im sozialen Leben sich widmen will.
217 Diese Einsicht liegt ja auch den Bestrebungen zugrunde, in der öffentlichen Alters- und Sozialversorgung das Umlageprinzip zu verwirklichen.

im Versicherungswesen bedeutet Leihprozesse). Das Bewahren soll zwar Kaufkraft bis zu weiterer Bestimmung „bewahren", wird jedoch praktisch keine größeren Zeitintervalle bewirken, da es sonst ins Leihen überzugehen die Tendenz hat. Unbeschadet dessen, dass wir diese Zusammenhänge hier nicht in eine quantitative Analyse hinein weiterverfolgen wollen, können wir doch sehen: Im *Verhältnis* der umgestaltenden zu den tradierenden Geldgebieten liegt das *Maß der in Realisierung befindlichen Entwicklung* eines Sozialen Organismus. Ob diese Entwicklung in sich harmonisch verläuft oder wiederum zu Krisen führt: Das ist weitgehend eine Frage der Proportionierung der umgestaltenden Geldgebiete untereinander. Dass es auch dafür Anhaltspunkte gibt, soll der Gedankengang der folgenden Kapitel zeigen.

Für das Maß der Entwicklung der Gesamtkultur, die zu einem Teil eben auch Entwicklung der industriellen Produktion ist, gibt es eine physisch bestimmte – und bestimmbare – obere Grenze. Bildlich gesprochen: Man kann eine noch so erfolgversprechende Seereise zu einem zwanzig Tagereisen entfernten Ziel nicht beginnen, wenn man nur Proviant und Treibstoff für drei Tage hat. Wenn der Ertrag nicht „eingebracht" werden kann, dann haben wir einen Produktions-Irrweg, aber keinen Produktions-Umweg, vor uns. – Von dieser oberen Grenze bis zur – theoretisch – völligen Entwicklungslosigkeit geht der Bereich des Maßes der sich realisierenden Entwicklung, das im Grunde immer auf politischen Entscheidungen beruht. Mit anderen Worten: Es liegt an uns zu entscheiden, wie weit wir uns in der Gegenwart um eines zukünftigen Ertrages willen einschränken wollen. Aus dieser Entwicklung heraus müssen wir das Verhältnis der umgestaltenden zu den tradierenden Geldgebieten sehen und gestalten. *Wollen* wir Entwicklung, so müssen wir sie in der Weise der umgestaltenden Geldarten finanziell einordnen und uns der Folgen für die tradierenden Geldgebiete bewusst sein.

Dies lässt sich nicht mit irgendeinem sich selbst steuernden Automatismus erreichen. Es müssen vielmehr auf dem Wege politisch-sozialer Willensbildung die Entscheidungen gesamtkultureller Art vorbereitet, entwickelt und gefällt werden; diese müssen sodann Grundlage einer sie erfüllenden Geldpolitik der Zentralbank und des mitarbeitenden Bankwesens sein. Nur wenn die wirksamen sozialen Intentionen aufeinander abgestimmt worden sind, lassen sie sich so finanzieren, dass auch das Geldwesen gesund sein kann. Auf der Dokumentierungsebene aber lässt sich niemals reparieren, was auf der Ebene des Abstimmens der sozialen Intentionen versäumt wurde.

4 Die Geldgebiete in ihrer zeitlichen Entwicklung

Wir haben gesehen: Das Verhältnis der umgestaltenden zu den tradierenden Geldgebieten weist uns auf die in Realisierung befindliche Entwicklung eines Sozialen Organismus (wirtschaftlich: eines geschlossenen Wirtschaftsgebiets) hin – soweit dies in geldlichen Organisationsformen zum Ausdruck kommt; doch dürfen wir annehmen, dass dies gegenwärtig in überwiegendem Maße der Fall ist. Nun bleibt eben noch die wichtige Frage, wie diese Entwicklung – wenigstens in prinzipieller Weise – zu denken ist, ob es dabei bestimmte Verhältnisse oder Entwicklungsrichtungen im Bereich der umgestaltenden Geldgebiete gibt und wie sich diese erfassen lassen. – Da es nicht im Rahmen unserer Aufgabenstellung liegt, den hiermit angedeuteten Verhältnissen in der Weise der Tatsachenforschung nachzugehen, werden wir uns damit begnügen, lediglich die Denkbarkeit dieser Entwicklungslinie aufzuzeigen und die Fragen nach den Tatsachen, die diese Entwicklung „beweisen", in systematischem Sinne radikal beiseite zu lassen.

Um eine solche Entwicklungslinie herauszuarbeiten, sei von der Annahme einer stationären Wirtschaft, in der keinerlei Entwicklung stattfindet, ausgegangen. In unserer Ausdrucksweise gesagt: Wir betrachten zunächst einen Sozialen Organismus, in dem keinerlei evolutionierende soziale Prozesse *organisatorisch* eingegliedert sind, d.h. in der Weise der umgestaltenden Geldarten sozial bewältigt werden (soweit sie vorhanden sind – und sie werden vorhanden sein –, mögen sie organisch eingegliedert sein). Es gebe also keine umgestaltenden Geldgebiete sondern lediglich tradierende, und von letzteren interessiert uns auch nur das Kaufgeldgebiet. Von einer solchen Annahme geht auch Schumpeter am Beginn seiner „Theorie der wirtschaftlichen Entwicklung" aus; er nennt diesen Zustand den „Kreislauf der Wirtschaft in seiner Bedingtheit durch gegebene Verhältnisse".[218] Es ist ein System, in dem alle Leistungen (Güter- und Dienstleistungen jeder Art) pro Periode abgenommen und bezahlt werden, so dass sich in der nächsten Periode der gleiche Vorgang wiederholen kann.[219] So sagt Schumpeter: „Daraus aber, dass alle

---

218 SCHUMPETER: Theorie ... a.a.O. S. 1 ff.
219 SCHUMPETER – Theorie ... a.a.O. S. 6 – wählt folgendes Beispiel: „Wie viel Fleisch der Fleischer absetzt, das hängt davon ab, wie viel sein Kunde, der Schneider, haben und welchen Preis er bezahlen will. Das aber hängt davon ab, wie groß der Erlös ist, den dieser letztere aus seinem Geschäft erzielt, dieser Erlös wiederum von dem Bedarfe und der Kaufkraft der Leute, für die er produziert usw., bis wir schließlich auf jemanden stoßen, dessen Einkommen von dem Absatze seiner Waren an den Fleischer stammt. Dieses Ineinandergreifen und diese gegenseitige Bedingtheit der Quantitäten, mit denen das wirtschaftliche Leben rechnet, sehen wir immer ... man stößt da weder auf einen natürlichen Schlusspunkt noch auf eine ‚Ursache', d.h. ein Element, das die anderen mehr bestimmt als es von ihnen bestimmt wird."

Güter ihren Absatz finden, folgt wiederum, dass sich der Kreislauf des wirtschaftlichen Lebens schließt, d.h. die Verkäufer aller Güter wieder in hinreichendem Maße als Käufer auftreten konnten, um jene Güter zu erwerben, die ihren Konsum und ihren Produktionsapparat in der nächsten Wirtschaftsperiode auf dem bisherigen Stande erhalten und umgekehrt."[220]

Ferdinand Grünig kennzeichnet denselben Sachverhalt als „eine Wirtschaft, der es gelingt, alle so entstehenden Wirtschaftsbeziehungen innerhalb des Wirtschaftsjahres oder eines sonstigen ... Zeitraums zum endgültigen Ausgleich zu bringen", und nennt sie eine *„ausgeglichene"* Wirtschaft.[221] Er wählt für diesen „Zustand eine graphische Darstellungsform, die deutlich macht, dass hier die „Tauschkreise" – sowohl leistungswie geldseitig angeschaut – immer geschlossen sein müssen. Zusammengefasst wiedergegeben:[222]

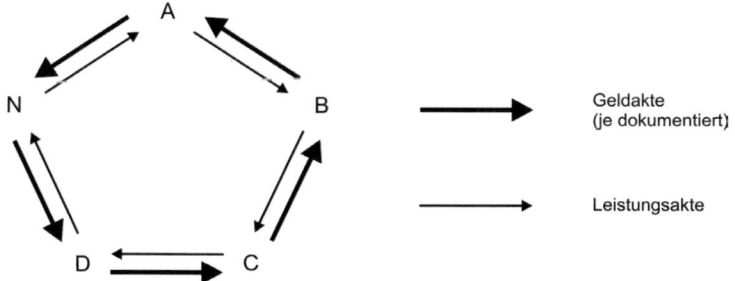

Einem solchen fünf- oder n-gliedrigen Tauschkreis der Wirtschaftspole können nun noch mancherlei andere Tauschkreise überlagert gedacht werden, also etwa ein zusätzlicher Tauschkreis A-B-C oder A-C-D usw., die jedoch am Prinzip nichts ändern und deshalb hier übergangen werden können.[223] Diese Überlagerungen sind allerdings für die Verflechtungen der Tauschkreise wichtig; doch genügt hier deren Erwähnung, im Einzelnen sei dieser Gesichtspunkt hier nicht weiter verfolgt.

Ein geschlossenes Wirtschaftssystem, das in dieser Weise ausgeglichen und organisiert ist, wird keine monetären Probleme bieten, solange weder (durch „organische" Prozesse eingegliedert) zusätzliche Leistungen angeboten werden, noch (durch einseitig „organisatorische" Akte eingeordnet)

---

220 SCHUMPETER, EBENDORT S. 7 – vgl. auch: Das Kapital ... a.a.O. S. 188f.
221 FERDINAND GRÜNIG: Der Wirtschaftskreislauf. München 1933, S. 3
222 Vgl. GRÜNIG, a.a.O. S. 18
223 Dieser Gedanke findet sich bei MICHAEL KRÖLL (Der Kreislauf des Geldes. Berlin 1956, S. 33 ff.) als „Zirkulartausch" weiter ausgebaut; dieser Darstellung haftet jedoch – wie anderen – eine Überbetonung der Tauschleistung des Geldes an: ein Mangel, den wir bereits eingehender kritisierten. Die „völlig exakte Definition" KRÖLLS (a.a.O. S. 43) – wie er selbst sie zu nennen weiß – ist damit eben auch zu eng.

irgendeine nicht-traditionelle Aktivität (z.B. durch Geldschöpfung) entwickelt wird. Man kann sich an einem solchen System insbesondere deutlich machen, dass die so genannte „Umlaufsgeschwindigkeit" des Geldes stets eine abhängige Größe ist und sich nur ändern kann, wenn sich – durch neue, auf die alte Produktions- und Verbrauchsstruktur abgestimmte Leistungen – z.B. ein neues Mitglied zwischen zwei alte Glieder eines Tauschkreises einfügt. Seine Leistung muss in der Größenordnung der Leistungen der übrigen Glieder liegen. Wenn dieses neue Glied kein zusätzliches Gelddokument (gleichen Betrages) mitbringt, ist es durchaus möglich, dass jetzt ein altes Dokument in einer Periode zwei Käufe dokumentiert; die „gestiegene" Umlaufsgeschwindigkeit ist dann der völlige Ausdruck dieser Tatsache (oder nur ein anderes Wort dafür).[224] Jeder Tauschkreis hat aber seine bestimmte „Voltspannung" (Dobretsberger),[225] die in der Währungseinheit (z.B. DM) messbar ist und sich auch durch neue Dokumentierung nicht ändert. Einen Tauschkreis kann man also wohl „verlängern" oder „verkürzen", aber nicht ohne weiteres auf eine neue „Spannung" bringen.[226] Die Konsequenz dieses Gedankens wird sich noch im Verlaufe zeigen.

Es ist wichtig, sich an dieser Stelle auch noch den folgenden Sachverhalt zu vergegenwärtigen: In einem System ausgeglichener Tauschkreise sind gerade soviel Geldakte durch Geldzeichen dokumentiert, als es unter den herrschenden Zahlungsgewohnheiten der Produktionskapazität dieses Systems entspricht, d.h. das „Geld" ist – im wirtschaftlichen Sinne – durch konsumreife Produktion „gedeckt".[227] Die Kaufkraft entsteht mit den Produktionsakten und schwindet mit Verkauf und Konsum. Das Gelddokument ist zwar nach den vollzogenen Leistungsakten beim jeweils nächsten Wirtschaftspol, aber dieser kann erst kaufen, wenn sein Partner wieder produziert hat.[228] *Kaufkraft* kann also nur bei den einzelnen Wirtschaftspolen (durch Produktion) geschaffen werden; *sie* verschwindet wieder durch Konsum. Die *Gelddokumente* werden zumeist vom Banksystem geschaffen (Noten, Buchgeld etc.) und können insoweit nur dort wieder verschwinden. In der entwicklungslosen Wirtschaft kann die darin liegende Gestaltungsaufgabe des Bankwesens zuweilen nicht gesehen und nicht beachtet werden, ohne dass dies sogleich

---

224 In diesem Sinne sagt auch DOBRETSBERGER: „Die Umlaufgeschwindigkeit ist keine Erklärung, denn sie ist Folge der Preisbewegungen" (a.a.O. S. 53).
225 DOBRETSBERGER a.a.O. S. 51
226 Ein ähnlicher Gedanke findet sich auch bei F. Ottel: Bankpolitik. Jena 1937, S. 115 f.
227 Vgl. DOBRETSBERGER: „Jede Deckung von Kaufkraftforderungen besteht letzten Endes im Produktionsertrag" (a.a.O. S. 181).
228 So sagt z.B. DOBRETSBERGER: „Produktion schafft Kaufkraft, Konsum verschlingt sie. Die Geldmenge ist davon nicht notwendig, nicht im selben Ausmaß und nicht im selben Zeitpunkt betroffen" (a.a.O. S. 52).

Schaden anrichten wird; in der nächsten Periode braucht man *hier* „zufällig" wieder soviel Gelddokumente wie in der letzten Periode. Das ist aber ein Grenzfall, der nur zeigen kann, wie wichtig es sonst ist, im *Gelde* dem Wesen nach eine *Organisationsform sozialen Geschehens* zu sehen, das eine Dokumentierung zwar regelmäßig verlangt, aber mit ihr nicht identisch ist. Das Verhältnis der tatsächlich vollzogenen Geldakte zu der Anzahl der vorhandenen Dokumente pro Periode ist eben in der Regel nicht 1:1 – nicht einmal im „stationären" Wirtschaftskreislauf (in ihm besteht aber ein festes Verhältnis zwischen Geldakten und vorhandenen Dokumenten). Mit der „Umlaufsgeschwindigkeit" will man die zusätzlichen Geldakte (diejenigen also, die über die Relation 1:1 von Dokumenten und Akten hinausgehen) erfassen, kann dies aber bestenfalls, soweit sie die Bedeutung „Kaufen" haben.

Nun ist diese „Spannung" zwischen der Kaufkraft und ihren Dokumenten, die sich aus der über die Zahl der Dokumente hinausreichenden Anzahl der Geldakte ergibt, ja keineswegs an sich bedenklich – wir müssen sie nur kennen und handhaben können. Wir brauchen also nicht – wie Dobretsberger dies apostrophiert – „der Forschung zuliebe" jeden kaufkräftigen Geldakt gesondert und jeweils neu zu dokumentieren.[229] Wird nicht fortwährend neu dokumentiert, wie das die Regel ist, sondern bleiben die einmal gewählten Gelddokumente im Verkehr, so bindet jeder geschlossene Tauschkreis eine bestimmte Menge von Gelddokumenten;[230] eine Steigerung der „wirksamen Geldmenge" durch Erhöhung der Umlaufsgeschwindigkeit ist innerhalb solcher Tauschkreise nicht denkbar,[231] wenn nicht auf der Leistungs- oder Produktionsseite eine entsprechende Veränderung durch Einfügen zusätzlicher Pole z.B. vor sich ging; denn erst dann würde sich ja ein kaufbares „Angebot" vorfinden.

Es sei jetzt angenommen, dass sich durch organisch (also nicht in der Geldform) eingegliederte kulturelle Prozesse das allgemeine technische Wissen erhöht habe und auch der Wille, dieses in Produktionsumwegen zu nutzen, vorhanden sei. Vorausgesetzt sei weiter, dass in diesem System miteinander verflochtener und ausgeglichener Tauschkreise nirgends Geldschöpfung betrieben wird: weder von der Seite des Bankwesens, des Staates noch von privater Seite, weder bewusst („autonom"), noch unbewusst

---

229 DOBRETSBERGER a.a.O. S. 51
230 Bei barer Zahlungsweise ist dieses ganz deutlich; doch würde dasselbe auch gelten, wenn die notwendigen Zahlungen durch Umschreibungen bei einer kontenführenden Bank erfolgten.
231 Von einer lediglich „nominalen" Geldvermehung wird hier abgesehen: Wenn sie keine neuen Leistungen hervorrufen kann (damit würden wir aber die gesetzte Annahme stationärer Bedingungen durchbrechen), ist sie ja auch uninteressant.

(z.B. durch Einfuhr „echten" Goldes). Es muss also irgendwo freiwillig auf Konsum verzichtet (gespart) und an die neuen Unternehmer geliehen werden, d.h. es erfolgt eine Umleitung der Leistungen im Hinblick auf den neuen Umweg-Bedarf. Und zwar sei angenommen, dass diese Umleitung (durch das organisatorische Mittel des Kredites) soweit koordiniert erfolge, dass mit dem Aufbau neuer geschlossener Leistungs- oder Tauschkreise gerechnet werden kann. In den damit eingeschlagenen Produktionsumwegen wird jetzt mit Hilfe des gehobenen technischen Wissens neue Produktionskapazität aufgebaut, die ergiebiger (produktiver) sein wird, als es der „Output" der bisherigen Leistungsempfänger bei gleichem „Input" gewesen wäre.[232] Denn mit dem Ertrag der neuen Produktionswege sollen ja nicht nur die Gläubiger befriedigt werden (Amortisation und Zins – monetär gesehen), es soll auch noch – über die laufenden Kosten hinaus – eine Rendite erwirtschaftet werden, die naturgemäß nur Ausdruck und Folge dieser erhöhten Produktivität sein kann.

Wir nehmen an, dass die neuen Unternehmungen in einer ersten Periode des Aufbaues keine Zins- oder Amortisationszahlungen zu leisten haben, so dass sich zunächst keinerlei Komplikationen im Zusammenhang mit den Gläubigern ergeben können. Wir können also unsere Aufmerksamkeit ganz auf die neu aufgebauten oder im Aufbau befindlichen Tauschkreise der neuen Unternehmungen richten. Der Einfachheit halber sei unterstellt, dass die erforderlichen Investitionen der neuen Unternehmer schon in dieser Periode zum Abschluss kommen, so dass sie in der nächsten Periode bereits mit ihren neuen Leistungen aufwarten können. Ihr Leistungsvolumen ist – verglichen mit dem mit denselben Mitteln bisher erbrachten Ausstoß – gestiegen. Innerhalb des ganzen Systems ist also ein höheres Kaufkraftpotential – bei gleich gebliebener Menge von Gelddokumenten.

Nun ist es ja zweifellos möglich, dass sich die neuen Unternehmer reibungslos in die bisherigen Tauschkreise einfügen, indem z.B. zwischen zwei Wirtschaftspole des bisherigen Tauschkreises ein neues Unternehmen als zusätzlicher Wirtschaftspol tritt. Allerdings können die „Neuen" dann nicht ihre ganze Kapazität in den alten Tauschkreisen unterbringen, weil diese in jeder Periode nur die *ihrem* Einordnungsmaß („Voltspannung") entsprechende Leistung pro Wirtschaftspol aufzunehmen vermögen. Dies wird den neuen Unternehmen jedoch zunächst keine Sorge bereiten. Es warten ja noch ihre Gläubiger. Gelingt es, diesen im Maße der noch freien

---

232 Vgl. zum Folgenden G. KROLL: Die automatische Deflation. In: Weltwirtschaftliches Archiv, XLIV (1936) S. 510 ff.

146

Kapazität aus den Erlösen die von ihnen gewährten Kredite (plus Zinsen) zurückzuzahlen und sie noch in dieser Periode zum Kauf der vorhandenen Produktion zu veranlassen, so geht die Rechnung der „Neuen" zunächst auf. In diesem Falle ist es möglich, den Absatz der neuen Unternehmungen (Produktionsumwege) *organisatorisch*, d.h. durch Geldakte, zu bewältigen, ohne die Anzahl der Gelddokumente zu erhöhen; bei entsprechender Kooperation der Gläubiger vermag man die zusätzlichen Geldakte mit den alten Dokumenten zu bewältigen („gestiegene Umlaufsgeschwindigkeit"), aber auf diese Kooperation kommt es an. Die „Zahlungsgewohnheiten" müssen entsprechend „mitziehen".

Nehmen wir also zunächst an, dass die Gläubiger (Sparer) die Zeit für einen erhöhten Konsum ihrerseits gerade dann für gekommen halten, wenn ihnen ihre Kredite zurückgezahlt werden (leistungsseitig gesehen: wenn die zusätzlichen Leistungen auf Absatz angewiesen sind). Dies setzt natürlich ein völlig der Entwicklung angepasstes Verhalten voraus, was heute zumeist schon deswegen nicht erwartet werden kann, weil sich die Tatsache der Entwicklung nicht deutlich genug herumspricht; die Situationen der Entwicklungskrisen, die dann entstehen, sollen im folgenden Kapitel skizziert werden. Erhöhen also die Gläubiger ihren Verbrauch in dem Maße, wie ihnen Kredite zurückgezahlt werden, so verläuft die Entwicklung für alle Beteiligten völlig befriedigend.[233]

Die „Geldpotentialspannungen" (Grünig), die unsere Wirtschaft bisher belasteten, verschwinden wieder, das Kreditvolumen wird wieder gleich Null (neue Leihvorgänge ausgeschlossen). Die ersten, die von dem Ertrag der neuen Produktionsumwege profitierten, waren die Gläubiger. Die „rein wirtschaftliche Entwicklung" scheint erfolgreich abgeschlossen, das „Geld" lieferte seinen „Ertrag",[234] die Geldpotentialspannungen (Schuldverhältnisse) sind abgebaut, und die neuen Kapazitäten „stehen". Kann die Entwicklung jetzt ebenso friedlich weitergehen?

Es ist keine unwichtige Frage, die wir hiermit aufwerfen. Wir nehmen zwar einen einseitigen Standpunkt ein, indem wir zunächst eine „stationäre" Wirtschaft, und sodann deren Expansionsmöglichkeiten lediglich

---

233 Eine neue Anlage ist eben nur dann – wie Grünig dies sehr exakt formuliert – „gemeinwirtschaftlich produktiv, wenn sie erstens in der Lage ist, den zur Deckung der Unkosten und zur Befriedigung des Kapitaldienstes notwendigen Güterstrom zu erzeugen, zweitens, wenn die Wege für eine derartige Güterbewegung, sei es auch nur über Dritte und Vierte, zum Geldgeber hin frei sind. Es muss also nicht nur die Aufbringung des Kapitaldienstes in Sachgütern gesichert sein, sondern auch die Annahme dieser Sachgüter ..." (GRÜNIG a.a.O. S. 70).
234 Eine Theorie, die diesen Erfolg mitberücksichtigt, nennt Dobretsberger „Ertragstheorie des Geldes".

unter monetären Gesichtspunkten betrachten; dieser Gesichtspunkt ist hier jedoch Thema, in diesem Abschnitt insbesondere noch unter der Fragestellung, ob sich so etwas wie eine „zeitliche Entwicklung der Geldgebiete" aufzeigen lässt. Wir sahen bisher: Sobald Entwicklung auftritt, die „organisatorisch" eingeleitet wird (also durch Kredit), entsteht neben dem Kaufgeldgebiet das Leihgeldgebiet. Dieses löst sich – wenn die Entwicklung positiv verläuft – wieder auf. Die Entwicklung ist jedoch damit nicht beendet; sie war bisher – in der üblichen Sprachweise – rein „wirtschaftlich".[235] Bleibt sie es weiterhin? Eins steht eindeutig fest: Sie ist nicht einfach wieder umkehrbar oder gar aufhebbar. Geht sie „rein wirtschaftlich" weiter? Oder besteht nicht vielmehr die über den bisherigen Gesichtspunkt hinausgehende Aufgabe *gesellschaftlicher Konsolidation* (so möchten wir das folgende Problem kennzeichnen) dieser einmal eingeschlagenen Entwicklung? – Mit der Frage nach der gesellschaftlichen Konsolidation ist auch die Frage nach der weiteren Entwicklung der Geldgebiete angeschnitten. Doch schließen wir hier zunächst wieder an unsere Frage an, ob die Entwicklung nun so „friedlich" weitergehen könne.

Vorsichtig formuliert: Sie könnte es. – Die Situation, vor der wir stehen ist ja die: Die Produktivität unseres Systems ist gestiegen; es werden mehr Leistungen angeboten als vorher. Die Schuldverhältnisse sind jedoch getilgt, so dass sich die Frage, wer die gesteigerten Erträge nun bekommen soll, nicht mehr – quasi – „von selbst" löst. Die alten Tauschkreise können ja nur so viele Leistungen der neuen Unternehmen abnehmen, wie das ihrer „Kaufkraftspannung" entspricht – jedenfalls solange sie gegenleisten müssen (die Zins- und Kreditrückzahlungen waren ja einseitige, zusätzliche Zahlungsströme). Eine Möglichkeit böte sich: Die neuen Unternehmen könnten ihre „zusätzlichen Erträge" gegeneinander austauschen und in ihrem Kreise verbrauchen. Dann kämen sie selbst in den Genuss der zusätzlichen Erträge, ohne die alten Tauschkreise zu stören. Immerhin wäre dies noch eine erfreulichere Art der „gesellschaftlichen Konsolidation" der eingeschlagenen Entwicklung, als wenn die „Neuen" ihre Potenz dazu benutzen würden, alte Unternehmen aus den Tauschkreisen hinauszudrängen, ohne sich um deren weiteres Schicksal zu kümmern (vgl. das nächste Kapitel).[236] Man mag ein solches Verhalten weltanschaulich beurteilen, wie man will: Ge-

---

235 Etwa im Sinne der Schumpeter'schen „Theorie der wirtschaftlichen Entwicklung".
236 In diesem Falle würde Schumpeters Satz gelten, dass man hierbei von „Ausleseprozess ... nur mit einer gewichtigen Einschränkung sprechen" kann. „Denn das Gesicherte, nicht das an sich Vollkommenste hat die beste Aussicht, die Krise zu überleben" (SCHUMPETER: Theorie ... a.a.O. S. 354).

samtwirtschaftlich betrachtet „kostet" *dann* eben die Entwicklung des Neuen die Existenz des Alten, was nicht unbedingt zwangsläufig eintreten muss. Ja, in gesamtwirtschaftlicher oder gesellschaftlicher Hinsicht käme man zu dem – unserem heutigen Rechnungswesen gegenüber paradox anmutenden – Ergebnis, dass sich die *Kosten* von Produktionsumwegen zum erheblichen Teil nach dem *gesellschaftswirtschaftlichen Verhalten* der neuen Unternehmer richten, also keineswegs „objektiv" feststehen. Wird – aus weltanschaulichen Gründen – viel kapazitätsvernichtende „Konkurrenz" gemacht, so werden die Produktionsumwege, gesamtwirtschaftlich betrachtet, bei gleichem technischem Wissen eben teurer.[237] [238]

Der positivste Fall in dieser Situation des Anfallens zusätzlicher Erträge wäre es ja zweifellos, wenn die neuen Unternehmer gesellschaftlich so weitsichtig wären, dass sie das Ausmaß ihrer tatsächlichen Verantwortung sehen und sich sagen würden, dass nicht nur der kurzfristige wirtschaftliche Erfolg, sondern auch die gesellschaftliche Konsolidation der Entwicklung, „ihre Sache" sei. Sie könnten sich z.B. daran erinnern, dass sie ihre neuen Ideen und die Möglichkeit zu ihrer Verwirklichung nicht nur sich selbst, sondern einer langen kulturellen Entwicklung verdanken, die sie nur noch wirtschaftlich „ausgemünzt" haben. Solche belebenden kulturellen Prozesse müssen auch in der Gegenwart „Lebensraum" (zweckfrei!) erhalten, damit diese Quelle des „technischen Wissens" auch in Zukunft erhalten bleibe. Man käme so zu einer an der *Zukunft* – statt an der Vergangenheit – orientierten Zurechnung.[239]

Unternehmer, denen ein solches Selbstverständnis ihres gesellschaftlichen Ortes in der Gesamtkultur eines Sozialen Organismus eigen wäre, würden eben die (auch sonst vorhandene) Notwendigkeit sehen, kulturellen Aktivitäten den notwendigen Lebensraum zuzumessen.[240] Und dies bedarf in der Gegenwart und in der Zukunft immer mehr

---

237 Innerbetrieblich gehört es ja zu den notwendigen Investitionsgrundsätzen, ein neues Aggregat z.B. mit den noch nicht „hereingeholten" Kosten des alten Aggregats zu belasten: Bestrebungen, die auf gesamtwirtschaftlicher Basis ein gleiches Ziel verfolgen würden, müssen allerdings mit den energischen Bedenken der Verteidiger unserer „freien Wirtschaft" rechnen.
238 GRÜNIG stellte schon vor fünfundzwanzig Jahren fest: „Beruht beispielsweise die Produktionsausweitung auf Schädigung der Konkurrenz, so ist diese (Schädigung) bei der volkswirtschaftlichen Bilanz in vollem Maße in Rechnung zu stellen" (a.a.O. S. 45).
239 Vgl. unten den Abschnitt über „Ertrag und Ertragsverwendung", in dem das hier Angedeutete im Einzelnen besprochen wird (S. 217 ff.)
240 Wenn der Nationalökonomie für derartiges einsichtsvolles Handeln ein besserer Terminus als „Lähmung des Erwerbsstrebens" (vgl. W. A. JÖHR: Theoretische Grundlagen der Wirtschaftspolitik, Bd. I. St .Gallen 1943, S. 212) zur Verfügung stünde, so würde u.U. das Missverständnissen vorbeugen.

der *bewussten* Eingliederung, in unserer Sprache: Es bedarf der *organisatorischen* Bewältigung in der Form des Geldes durch Beitrags- oder Schenkprozesse. Solche Prozesse „realisieren" gewissermaßen das Kaufkraftpotential, das in der erhöhten Produktion zur Verfügung steht, zu effektiver, ausgewiesener Kaufkraft. Durch Beiträge und Schenkungen wird der Prozess der Ertragsverteilung, der in der Zins- und Kreditrückzahlung gleichsam „von selbst" seinen Anfang nahm, organisatorisch fortgeführt und bewältigt, da durch diese einseitigen Geldprozesse jene Kaufkraft geschaffen wird, die den gestiegenen Erträgen entspricht.[241] – Und es erscheint uns eine – nur gesamtgesellschaftlich zu verstehende – Notwendigkeit zu sein, dass der Ertrag der eingeschlagenen Produktionsumwege zumindest zu einem guten Teil den weiterführenden kulturellen Aktivitäten zugeführt wird. Verkümmern diese, so verkümmert über kurz oder lang die Entwicklungskraft eines Sozialen Organismus.[242] Auch auf kulturellem Gebiet gibt es eben „Produktions-Umwege" – nur dass sie sich nicht in Rentabilitätsrechnungen einfangen lassen. Und *diese* müssen durch Beitrags- oder Schenkprozesse sozial eingegliedert werden.

Insofern diese Notwendigkeit besteht, kann man von einer „zeitlichen Entwicklung der Geldgebiete" sprechen. Aus dem tendenziell entwicklungslosen oder entwicklungshemmenden Zustande einer bloß kaufenden (tauschenden) Wirtschaft (Kaufgeldgebiet) entsteht das Leihgeldgebiet im Maße der beginnenden Entwicklung. Die eingeschlagene Entwicklung ist *nicht umkehrbar*, sie stellt die Frage, wem die Erträge letztlich zufließen sollen, mit anderen Worten: die Frage nach der „gesellschaftlichen Konsolidation". Die Entwicklung kann nur dann in gesellschaftlichem Sinne langfristig gesund sein, wenn genügend kulturelle Aktivität entfaltet wird, die ihrerseits auf Beitrags- oder Schenkprozesse angewiesen ist, sobald sie „organisatorisch" bewältigt werden muss. Diese Notwendigkeit der sich metamorphosierenden gesellschaftlichen Entwicklung scheint zu bestehen und mit ihr die Möglichkeit des Entstehens des Beitrags- oder Schenkgeldgebietes als Form der *gesellschaftlichen Konsolidation* der eingeschlagenen Entwicklung.

---

241 Dieser Gedanke wird im Kapitel über „Die gesellschaftliche Problematik der Kreditgewährung durch Kreditschöpfung" noch eingehender ausgeführt (S. 255 ff.).
242 Dass es heute z.B. an Ingenieuren zu fehlen beginnt, ist schon eines der gröberen Beispiele. – Auf diesen Zusammenhang im Ganzen aufmerksam zu machen, hat sich das Buch von REINHOLD SCHAIRER: Aktivierung der Talente, Düsseldorf-Köln 1957, zur Aufgabe gesetzt.

So kommen wir zu einer zeitlichen Entwicklung der Geldgebiete als Pendant der gesellschafts-wirtschaftlichen Entwicklung. Das Kaufgeldgebiet allein ist Gegenbild einer ausgeglichenen (stationären) Wirtschaft; die beginnende Entwicklung findet ihren Niederschlag im Leihgeldgebiet (Geldpotentialspannungen); sie muss gesellschaftlich konsolidiert werden durch Schenkungen (Beitrags- und Schenkgeldgebiet) – jedenfalls wäre dies die *angemessene* Form der organisatorischen Bewältigung *dieses* Stadiums der Entwicklung.[243] „Zeitliche Entwicklung der Geldgebiete" meint somit: Befindet sich ein Sozialer Organismus in der Entwicklung, und soll diese Entwicklung organisatorisch (geldweise) bewältigt werden, so muss – auf der umgestaltenden Seite – die Entstehung eines Geldgebietes auf das andere folgen. Dieses Folgen des einen Geldgebietes auf das andere mag auch als das „Altern" des Geldes bezeichnet werden, wenn deutlich ist, dass sich das „Altern des Geldes" niemals auf die *Gelddokumente* beziehen kann, also auch *hier* nicht zu regeln ist – durch Aufprägen von Jahreszahlen[244] oder durch partielle Kaufkraftvernichtung (Schwundgeld)[245] etc. Für die Gelddokumente ist es unerheblich, welche Geldprozesse sie dokumentieren; in dem richtigen zeitlichen und sachlichen Verhältnis der zu Geldgebieten geordneten Geldprozesse kann jedoch die Lösung dieser Frage gesucht werden.

Mag dies als These genommen werden, es ging uns hier darum, den prinzipiell denkbaren Entwicklungsgang als *möglich* aufzuweisen;[246] auf jeden Fall aber haben wir es mit einem Sachproblem zu tun,

---

243 Zweifellos tritt diese Form nicht von selbst auf; das ist andererseits aber gerade ihre Stärke: Sie erscheint nur, wenn sie frei gewollt und gesetzt wird. Wird sie jedoch nicht gewollt und gesetzt, so entstehen die Entwicklungskrisen, auf die wir sogleich noch eingehen. Die gesellschaftlich nicht verstandenen oder missverstandenen Erträge sind eben auch ohne ihre bewusste, sinnvolle soziale Eingliederung vorhanden, wenn ihre Wirkung dann auch negativ wird.

244 Einen solchen Hinweis macht STEINER im „Nationalökonomischen Kurs", a.a.O. S. 152 ff. – Es sei hier ausdrücklich erwähnt, dass uns die diesbezüglichen Ausführungen Steiners zum Durchdenken dieses Problems anregten. Nur kann von einer Übernahme seiner Gedanken insofern keine Rede sein, als wir das Problem des „Altern des Geldes" streng von der Dokumentierungsebene getrennt wissen wollen, auf der Steiner es offenbar diskutiert. In diesem Punkte kommen wir zu anderen Unterscheidungen und zu anderen Ergebnissen. Die wissenschaftliche Betrachtung des Geldes muss sich eben notwendigerweise zunächst von der Dokumentierungsebene lösen, um sodann wieder richtig zu ihr hinzufinden. Diesen Schritt vollzog Steiner nicht ausdrücklich – was ihm allerdings keiner der Nationalökonomen seiner Zeit mit Recht hätte vorwerfen können; sie diskutierten ausnahmslos auf der Dokumentierungsebene. – Weiterhin spricht Steiner auch von „Kaufgeld", „Leihgeld", „Schenkungsgeld" (a.a.O. S. 150 f., S. 74 f.), ohne indessen genau zu bestimmen, was damit gemeint ist. Steiners Ansichten lassen somit verschiedene Interpretationen zu, auf die wir uns hier nicht einlassen können. Hier muss es genügen, seine Ausführungen zu nennen und zu sagen, dass sie diese Untersuchung als (unorthodoxe) *Problemstellungen* förderten.

245 Zur Kritik der sog. „Schwundgeldtheorie" vgl. DOBRETSBERGER a.a.O. S. 16 f.

das mit einem Hinweis auf die Mängel dieser Darstellung oder auf die üblichen Grenzen wirtschaftswissenschaftlicher Problemstellung weder beiseite geschoben noch gelöst werden kann.

5   Die Entwicklungskrisen: Inflation und Deflation

Es wurde bisher lediglich eine ideale Linie in der zeitlichen Entwicklung der Geldgebiete skizziert und zu zeigen versucht, dass ihr eine gewisse Entwicklungsnotwendigkeit innewohnt. Man kann sie vielleicht gerade daran ersehen, dass sie sich chaotisch äußert, sobald sie aus der bewussten Überschau allzu sehr verdrängt wird. Sie ist so schwer darstellbar, weil wir es in der Tatsachenwelt eigentlich immer nur mit ihren chaotischen Äußerungen zu tun haben. Denn in der Tatsachenwelt kann sie erst gefunden werden, wenn sie in dieser durch Menschen verwirklicht wird; dazu ist jedoch ihre ideelle, wesensmäßige Erfassung Voraussetzung. Diese haben wir skizzenhaft herauszuarbeiten versucht. Von hier aus sei versucht, auf die Krisen einzugehen, die diese Entwicklung hemmen, aus ihrer ursprünglichen Richtung abdrängen, ja völlig zum Stillstand kommen lassen können: damit einen primitiveren Zustand in der Regel hinterlassend, als es die Ausgangslage zumeist gewesen ist.

Die aus einer ausgeglichenen Ausgangslage – geldlich als reines Kaufgeldgebiet sich darstellend – hervorgehende Entwicklung verläuft nur in dem Maße gesellschaftlich befriedigend, als sie zunehmend durch „höhere" Geldprozesse bewältigt wird: Aus dem Kaufgeldgebiet heraus muss das Leihgeldgebiet, aus diesem heraus das Beitrags- oder Schenkgeldgebiet entstehen (dies betrifft die Dokumentation dieser Vorgänge nicht unmittelbar!). So lautete unsere These. Man kann dies auch das „Altern des Geldes" (Steiner) nennen, wenn man damit genau das meint,

---

246 Wer übrigens – wie man das getan hat – nach der „ewigen Prosperität" der Wirtschaft sucht, der mag die Lösung des Problems in der hier eingeschlagenen Richtung durchaus finden; denn wenn überhaupt, so verwirklicht sie sich über den ökonomischen Beginn *und* die gesellschaftliche Konsolidation der eingeleiteten Entwicklung. Man sieht jedoch sogleich, warum sich diese „ewige Prosperität" nicht verwirklichen wird: weil die Geisteshaltung, die sie fordert (sie will ja für *sich* etwas), in der gesellschaftlichen Konsolidierung der Entwicklung (durch Beitragen und Schenken) sich selbst überhöhen müsste. Das wird sie nicht so bald tun; aber möglich wäre diese Prosperität so – und nur so. Denn es gehört zweifellos zu den echten und offenbaren Geheimnissen menschlicher Entwicklung, dass wir „unsere Existenz aufgeben müssen, um zu existieren" – wie Goethe dies einmalig gesagt hat. Aber die Weisheit des Märchens vom „Fischer un siner Fru" scheint zunächst einmal das Leitmotiv für das Fortschreiten eben der gesellschaftlichen Entwicklung abzugeben: Es ist die „ewige Prosperität des Wiederaufbaues" – ohne zu lernen?

was als Notwendigkeit des Entstehens „höherer" Geldarten geschildert wurde: das Fortschreiten und die Konsolidation der sozialökonomischen Entwicklung selber. Auf die Gelddokumente – darin besteht ein wesentlicher Unterschied zu ähnlichen Ansichten[247] – bezieht sich das „Altern" des Geldes nicht, jedenfalls nicht unmittelbar.

Gibt es – im Sinne unserer These – eine der Gesamtentwicklung angemessene Entwicklung der Geldgebiete oder Geldarten, so muss es wenigstens zwei Arten der Abweichung von dieser adäquaten Geldentwicklung geben: Es kann *zu schnell* oder *zu langsam* – im Hinblick auf die Grundentwicklung – der Übergang von einem Geldgebiet in das andere gefunden werden. Wie sehen sie aus?

Gehen wir von dem einfachsten Fall einer stationären Wirtschaft mit ausgeglichenen Tauschkreisen aus, in der sich auch keine Unternehmer finden, die Produktionswege verlängern wollen. Es ist deutlich, dass in einem solchen System nicht plötzlich wesentlich mehr in Geldform „gespart" werden kann, als auf der anderen Seite „entspart" wird; geschieht es dennoch, so kommt das einer effektiven Kaufkraftvernichtung gleich: Leistungen, die bisher regelmäßig abgenommen wurden, werden plötzlich nicht mehr abgenommen. Da man sie nicht beliebig „auf Lager" nehmen kann, entsteht ein Preisdruck: Die Produzenten gehen mit den Preisen herunter, um ihre Lager zu räumen. Der „Geldwert" steigt nominal (real für die, die jetzt *mehr* kaufen). Aber die Produktion wird eingeschränkt, Ersatzinvestitionen werden unterlassen, so dass die effektive Produktionskapazität sinkt. Man hält es – mit einem gewissen Recht – für unangebracht, in dieser Situation zu investieren. In unserer Sprache: Es fehlt das Entstehen des Leihgeldgebietes; die Kaufkraft „staut" sich gewissermaßen im Kaufgeldgebiet.

Denn gesamtwirtschaftlich gesehen kann erhöhtes Sparen nur dann gesund sein, wenn auf der anderen Seite statt des ausgefallenen Konsumbedarfes „Umweg-Bedarf" geltend gemacht werden kann und wird, der zum Aufbau neuer Produktionskapazität führt, aus der heraus die Sparer dann befriedigt werden können. Wird in einer entwicklungslosen Wirtschaft „zuviel" gespart, so entsteht zunächst die Tendenz der *Deflation*.

Besinnen sich die „Sparer" (in einem solchen System ist Sparen gleich Horten von Gelddokumenten) sodann zur Unzeit, d.h. nach Einschränkung und Vernichtung von Produktionskapazität, auf ihr „gutes Recht" und

---

247 Vgl. hierzu FOLKERT WILKEN: Selbstgestaltung der Wirtschaft. Freiburg i.Br. 1949, S. 195ff. – In diesem Punkte scheint auch eine gewisse Differenz zu Steiner zu bestehen.

fordern sie – aus irgendeinem Panik erregenden Anlass z.B. – plötzlich leistungsmäßige Befriedigung, so muss dies wie autonome Geldschöpfung wirken, da die vorhandene Produktionskapazität ein solches Leistungsvolumen nicht darstellen kann. Für das durch die Wirkung der ersten unproduktiv-enthaltsamen Sparprozesse *rückentwickelte* System ist die wiederauftauchende Kaufkraft *zusätzlich*,[248] d.h. sie wirkt so, als ob Erträge verteilt werden sollen, die es gar nicht gibt (bzw. so, als ob jetzt Produktionsumwege eingeschlagen werden sollen, ohne dass andererseits auf Konsum freiwillig verzichtet würde). – Für das Bewusstsein der Beteiligten wird zwar nur „Bewahren" in „Kaufen" übergeführt: Dies wirkt in der gekennzeichneten Situation jedoch genau so wie das Auftreten von „Beitragen" oder „Schenken" – allerdings *hier* in ungutem Sinn; denn es liegen eben keine Erträge vor, über die verfügt werden könnte. Die „Bewahrung" ist in Wahrheit also nicht gültig, d.h. im Zusammenhang des ganzen Systems, vollzogen worden. Das „*Geld*" (als Bewältigungsweise sozialen Geschehens) ist längst überfällig (oder zunichte); nur die alten Gelddokumente existieren noch. Ihr zusammenhangloses, unberechtigtes Auftreten wirkt wie Beitragen oder Schenken (oder wie eine Geldschöpfung für konsumtive Zwecke);[249] da ein möglicher Anspruch der „Sparer" längst hinfällig ist. Da sie dennoch mit solchen Ertragsanweisungen auftreten, so müssen diese den Ertrag „ersetzen": Das *Geld* wird nicht sachgemäß gehandhabt. Die reale Entwicklung, die nur zu oft ihrer geldweisen Bewältigung gegenüber „vorprellt", *hinkt* in diesem Falle *nach*. Die wieder auftauchende Kaufkraft bedeutet also: Es treten Finanzierungsformen auf, die nur einer sich entwickelnden Wirtschaft angemessen sind, *bevor* die Entwicklung de facto zustande kam. Mit unseren Worten gesagt: Die „höheren" Geldgebiete entstehen zu früh, das Geld – als Organisationsform sozialen Geschehens – „altert" zu schnell. Man nennt dies *Inflation*.

Dieses zu schnelle oder zu langsame Aufsteigen – oder „Altern" – in den Organisationsformen, die das Geld darstellt, kann sich nun in vielerlei Formen wiederholen. Greifen wir noch einige charakteristische heraus.

Man kann sich vorstellen, dass in einem relativ ausgeglichenen System plötzlich durch autonome Geldschöpfung eine Lage entsteht, die der

---

249 Vgl. KROLL a.a.O. S. 527
248 Auch Stucken weist darauf hin, wenn er sagt, dass es „im Zusammenhang mit dem Sparen einen Prozess gibt", der der Geldschöpfung „an die Seite zu stellen ist, nämlich die Wiederverwendung der Spareinlagen durch den Sparer" (R. STUCKEN: Geld und Kredit. Tübingen 1957^2 S. 72).

zuletzt erwähnten Situation entspricht. Nehmen wir an, dass die Geldschöpfung dazu dient, zusätzliche Produktionsumwege zu ermöglichen. Es müssen dann allerdings die entsprechend fähigen Unternehmer vorhanden sein, die solche Produktionsumwege zumindest soweit realisieren können, wie man dies von einem einzelnen Unternehmer verlangen kann (mit der „Sorgfalt eines ordentlichen Kaufmanns"). Dies sei unterstellt. Wird nun das Mittel der Geldschöpfung angewandt, so heißt das, dass es auf dem Wege des auf freiwilligem Konsumverzicht basierenden Leihens nicht gelingt, die für die Produktionsumwege notwendigen Mittel „bereitzustellen". Marktmäßig gesehen, bedeutet dies: Man ist auf die plötzlich steigende Nachfrage nicht eingerichtet,[250] so dass man mit Preissteigerungen rechnen muss. Wir haben hier einen schnelleren Übergang ins Leihgeldgebiet, als es der – an das Sozialverhalten der Marktteilnehmer gebundenen – Entwicklung entsprach. Die neuen Unternehmer und ihre Financiers sind gewissermaßen mit der Entwicklung *technisch vorgeprellt*. Die passiven Teilnehmer – die „Nicht-Sparer" – werden überrumpelt, ohne es zu merken; sie meinen, es sei „Konjunktur".

Diese Erscheinung des „technischen Vorprellens" – bei dem das Sozialverhalten der anderen Marktteilnehmer nicht „mitzieht": Sie wollen „die Konjunktur nützen" – ist natürlich auch ohne direkte Geldschöpfung denkbar. Nehmen wir an, es würde ohne Geldschöpfung (also mit freiwilligem Konsumverzicht) geliehen, so ist immerhin möglich, dass der Umwegbedarf, der jetzt kaufkräftig ist, eine völlig andere Richtung einschlägt, als es das bisherige – ja stets „gerichtete" – Leistungsvolumen „hergibt":[251] Dann konzentriert sich die Nachfrage an bestimmten Punkten des Marktes, wo es zu inflationistischen Tendenzen kommt, während andererseits vorbereitete Leistungen nicht abgenommen werden (deflationistisch wirkend). Man mag diese Gefahr als weniger groß betrachten, aber eine mögliche bloße Saldierung inflationistischer und deflationistischer Tendenzen kann man wohl auch nicht für das Urbild einer gesunden Entwicklung halten. – Eines zumindest wird man in beiden Fällen feststellen können: Diejenigen, die die Produktionsumwege einschlagen oder ermöglichen, sehen – bewusst oder unbewusst – davon ab, die neue Entwicklung organisch

---

250 Bei unserer Annahme, dass die besprochenen Produktionsumwege aus einer relativ ausgeglichenen Ausgangslage heraus beschritten werden, kann man ja nicht unterstellen, dass der Umwegbedarf sozusagen aus der Wachstumsrate des Sozialprodukts befriedigt werden kann. Zu seinen Gunsten müssen vielmehr andere Bedarfe (des privaten Konsums) zurückstehen; das bedeutet in der Regel in einer Marktwirtschaft: Preissteigerungen.
251 Der Gedanke der „Gerichtetheit" der „Leistungswege" findet sich durchgängig bei OTTEL: Bankpolitik, a.a.O. S. 113

aus dem bisherigen Zustande herauswachsen zu lassen; dieses Verhalten nennen wir „technisches Vorprellen". Es ist eben dadurch gekennzeichnet, dass die andere Seite, die nicht zu dieser „Elite" gehört, die Entwicklung weder versteht noch – ihrem Verhalten nach – mitmacht, wenn sie beginnt.

Aber nehmen wir einmal an, sie gelänge zunächst. Die neuen Unternehmen erwirtschaften einen so großen Ertrag, dass sie die Kredite zurückzahlen können und die Zinsen dazu. Bereits jetzt kommt es u.U. entscheidend darauf an, was die befriedigten Gläubiger mit der Kaufkraft machen, die sie verwalten.[252] Es wird relativ unwahrscheinlich sein, dass sie die Gelddokumente einfach horten und so – für die anstehende Situation – praktisch Kaufkraft vernichten; dies kann höchstens insofern eintreten, als sie höhere bare Kassenreserven halten. Aber sie können der Meinung sein, dass ihr Kreditgeschäft so gut gelungen sei, dass sie es wiederholen sollten. Dies mag praktisch ein zweites Mal gelingen, wenn wiederum Produktionsumwege eingeschlagen werden, deren Bedarf aus der *gegenwärtigen* Produktionsverfassung heraus befriedigt werden kann. Früher oder später wird man jedoch auf die Tatsache stoßen, dass die errichtete Produktionsstruktur nicht *flexibel* genug ist, um immer wieder nur Umwegbedarf im Wesentlichen auszustoßen (grob gesagt: Man kann eben mit Konsumprodukten keine Maschinenfabrik ausstatten). Kreditrückzahlung kann – kreislaufmäßig gesehen – nur Ertragsbeteiligung sein, und dieser Ertrag muss eines Tages auch abgenommen und verbraucht werden.[253] [254] Geschieht dies nicht, so bleiben die Leistungen liegen, Unternehmen brechen zusammen und ein großer Teil der Gläubiger erhält gar nichts (nur einem kleineren Teile mögen die in der Deflation entstehenden „Geldwertsteigerungen" zugute kommen).

---

252 Auf diesen Punkt weist z.B. auch Schumpeter hin, wenn er schreibt: „Drittens führt der planmäßig eintretende Erfolg der neuen Unternehmungen zu einer Kreditdeflation, weil die Unternehmer nunmehr in der Lage sind, ... ihre Schulden abzuzahlen, was ... zu einem Verschwinden neu geschaffener Kaufkraft gerade dann führt, wenn ihr Güterkomplement da ist und fortan kreislaufmäßig immer wieder erzeugt werden kann" (SCHUMPETER: Theorie ... a.a.O. S. 345).

253 Auf dieses Problem hat F. GRÜNIG bereits Anfang der dreißiger Jahre sehr eindringlich hingewiesen. Er nennt es ein „binnenwirtschaftliches Transferproblem" (vgl. a.a.O. S. 31 ff.). – Von anderer Seite aus kommt Paulsen auf diese kritische Situation zu sprechen, wenn er sagt: „Mit der immer reichlicheren Ausstattung der Gesellschaft mit solchen (Kapital-)Gütern fällt deren Grenzertrag. Es muss also der Zeitpunkt kommen, an dem die Gesellschaft sich entschließt, die erhöhten Verbrauchsmöglichkeiten auch auszunutzen" (ANDREAS PAULSEN: Neue Wirtschaftslehre. Berlin/Frankfurt a.M. 1952², S. 255).

254 Vgl. auch G. KROLL; er sagt: „Soweit die Finanzierung der Investition aus ersparten Mitteln stattgefunden hat und jetzt eine Schuldentilgung erfolgt, würde dies nur dann nicht ... deflationistisch wirken, wenn die Sparer im gleichen Umfange, wie die Rückzahlung erfolgt, ihre Einlagen abheben und verzehren würden" (Die automatische Deflation, a.a.O. S. 521).

Waren die Gläubiger geldschöpfende Banken, so ist es zunächst vielleicht eine Erleichterung beim „Entfachen der Konjunktur" gewesen, dass man nicht lange nach Gläubigern, die durch Konsumverzicht leihen, suchen musste. Jetzt wird es sich wahrscheinlich rächen; denn wie sollte es so leicht zum Verbrauch der Zinserträge und Rückzahlungen kommen? Für die Bank gehört das Wiederausleihen zum Geschäft, sie ist ja ein „Erwerbsunternehmen". Dies wird jedoch *dann* für einen Sozialen Organismus gefährlich, wenn die zurückgezahlte Kaufkraft immer wieder ausgeliehen wird;[255] und es wirkt katastrophal, wenn die ursprüngliche Geldschöpfung etwa gar – wegen schlechter Geschäftslage – durch Geldvernichtung wieder aufgehoben wird.[256] Man kann eben eine eingeleitete Entwicklung nicht durch einseitige Maßnahmen auf der Geldseite wieder rückgängig machen; wird eine Entwicklung kreditiv eingeleitet, so muss auch klar sein oder wenigstens klar werden, *wofür* oder *für wen* die Erträge bestimmt sind,[257] und dieses muss in dem Aufsteigen zu „höheren" Organisationsformen zum Ausdruck kommen, nämlich in Beitrags- oder Schenkprozessen, durch die die Entwicklung erst gesellschaftlich konsolidiert wird. Das Unvermögen, diesen realen Zusammenhang zu sehen, das entsprechende Selbstverständnis zu entwickeln und ihm gemäß zu handeln, findet dann seinen Ausdruck in großen Krisen. Diese zeigen unbeschäftigte Produktionsanlagen und arbeitslose Menschen, die nicht zusammenfinden können, weil es an der entsprechenden geldweisen „organisatorischen" Bewältigung fehlt.[258]

Das Tragische an der skizzierten Situationenfolge ist der Umstand, dass sich – im bürgerlich-rechtlichen oder moralischen Sinne – niemand schuldhaft verhält.[259] Die Gläubiger ahnen u.U. nicht, dass sie Partner einer wirtschaftlich-sozialen Entwicklung sind, die ihnen *der Sache nach* eben

---

255 Im Einzelnen wird dieser Zusammenhang unten im Kapitel über „Die gesellschaftliche Problematik der Kreditgewährung durch Kreditschöpfung" (S. 255 ff.) nachgewiesen.
256 Eben hierauf will Kroll mit dem Titel „Automatische Deflation" hinweisen.
257 KROLL, der das Problem des Auftretens zusätzlicher Erträge (leistungsmäßig) im Zusammenhang mit der aus der Kreditrückzahlung sich ergebenden „automatischen Deflation" (geldseitig) sieht, macht folgenden interessanten Vorschlag: „In Anbetracht dessen", sagt er, „dass eine Investitionskonjunktur ... nicht ewig fortgesetzt werden kann, empfiehlt es sich, die drohende automatische Deflation durch eine entsprechende Geldschöpfung für unmittelbar konsumtive Verwendung auszugleichen" (a.a.O. S. 527). Er deutet damit auf das gleiche Problem, dem auch wir nachgehen: auf die gesellschaftliche Konsolidierung der eingeschlagenen Entwicklung. *Diese* soll bei Kroll der *Staat* (durch die Geldschöpfung) besorgen; an diesem Punkte trennen sich die Anschauungen allerdings.
258 Vgl. GRÜNIG a.a.O. S. 26 f.

157

auch Pflichten auferlegt, von denen sie weder bei der Eröffnung noch bei der Rückzahlung des Kredites etwas hören. Ähnliches gilt für die Unternehmer: Auch sie werden – vom Gesichtspunkt ihres einzelnen Unternehmens aus beurteilt – ihr Bestes geleistet haben; sie haben den Kredit zuzeiten beigebracht, sie haben die Produktion und den Verkauf neuer Leistungen organisiert und einen Ertrag erwirtschaftet. Wer könnte heute von einem Unternehmer verlangen, dass er sich für die Gesamtheit des Sozialen Organismus verantwortlich fühlt? Und dennoch: Es sind eben auch Folgen *seines Verhaltens*, die wir besprochen haben, die vielleicht zunächst andere, zuletzt ihn aber wieder selber treffen. Denn in hochorganisierten, arbeitsteiligen Volkswirtschaften gibt es auf die Dauer keine „Inseln des Glücks", wenn ringsherum Tauschkreise zusammenbrechen.[260] Im Gegenteil: Je mehr Teilnehmer des „Spieles" ausscheiden, desto größer wird die Wahrscheinlichkeit für die Überlebenden, dass auch *sie* den „Schwarzen Peter" ziehen. So muss man denn sehen: Auch der Unternehmer, der Gewinne macht, ist der Sache nach für die *gesamtwirtschaftsgemäße Verwendung* seiner Erträge verantwortlich; *seine* Situation entspricht auf höherer Stufe durchaus der Situation des *Gläubigers*, der – sachlich gesehen – eben auch für die Verwendung der ihm zunächst zur Verfügung gestellten Erträge verantwortlich ist.

Was jedoch nicht freiwillig und bewusst bewältigt werden kann, das tritt nur allzu oft im sozialen Leben in perverser Form auf. So wohl auch hier. – Machen wir uns die Situation deutlich: Wir haben eine krass unterbeschäftigte Wirtschaft vor uns. Finden jetzt Leute den Weg zur „Notenpresse", d.h. zu allgemeiner Geldschöpfung, und wissen sie gleichzeitig für Konsum zu sorgen, so können sie in einer solchen Situation als „Retter in der Not" nahezu Wunder wirken. Sie schaffen Kaufkraft und kaufen damit selbst, z.B. um eine Rüstung zu finanzieren. Sie sorgen dafür, dass die gestörten Tauschkreise wieder funktionieren, und können dabei durch langsames Hinaufschrauben der steuerlichen Belastung womöglich auch ihr Defizit wieder decken. Nach einer großen Krise wird es den Unternehmern wichtiger sein, dass der „Laden" überhaupt wieder „läuft", als dass sie große Gewinne machen. *Das Beitrags- oder Schenkungsgeldgebiet entsteht jetzt pervers,*

---

259 Vgl. GRÜNIG a.a.O. S. 33260 Auch DOBRETSBERGER betont: „Es gibt keinen wirklichen wirtschaftlichen Vorteil, der nicht ein Vorteil aller wäre. Was auf Kosten anderer gewonnen wird, zerrinnt dem Gewinner unter den Händen" (a.a.O. S. 291). – Die „beggar my neighbour-policy" trifft, langfristig gesehen, doch wieder sich selbst.

260 Auch DOBRETSBERGER betont: „Es gibt keinen wirklichen wirtschaftlichen Vorteil, der nicht ein Vorteil aller wäre. Was auf Kosten anderer gewonnen wird, zerrinnt dem Gewinner unter den Händen" (a.a.O. S. 291). – Die „beggar my neighbour-policy" trifft, langfristig gesehen, doch wieder sich selbst.

da es freiwillig nicht geschaffen wurde. Ist einmal die Möglichkeit da, auf diesem Wege große machtpolitische Dinge wirtschaftlich einzuordnen, so wird man nicht allzu lange warten müssen, bis auf diese Weise die Deflation durch eine neuerliche Inflation abgelöst sein wird. Technisch gesehen, ist die Entwicklung nunmehr „konsolidiert", ja „überkonsolidiert" – wenn auch in einer Weise, die den ersten Vätern dieser Entwicklung schwerlich vorgeschwebt haben dürfte.

Der Verlauf der Krisenfolge, den wir von der Geldseite aus zu skizzieren suchten, kann also der sein: Zunächst kann eine Entwicklung durch zu starke Leihprozesse ausgelöst werden, die sich inflationistisch äußert; auf der Unternehmerseite prellt man im Einleiten der Entwicklung zu schnell vor. Das Leihgeldgebiet entsteht zu schnell, oder das Geld „altert" zu rasch („Aufschwung"). – Die Kreditrückzahlungen etc. werden von den Gläubigern in Verkennung der eingeleiteten Entwicklung zu immer neuen Kreditvorgängen benutzt; sie geben sich gleichsam – für ihren persönlichen Bereich – der merkantilistischen Idee hin: „reich" zu sein, wenn sie viel Geld*forderungen* haben (die „Konjunktur überhitzt sich"). – Die Kaufkraft geht jetzt gewissermaßen „andere Wege" als der Aufbau der Produktionsverfassung.[261] Die Unternehmer können ihre Leistungen nicht mehr in vollem Umfange absetzen (in dem Umfange nicht, in dem jetzt *an Stelle* von Konsumgütern Produktionsmittel – Investitionsbedarf – nachgefragt werden), sie gehen mit den Preisen herunter, um dennoch absetzen zu können („Abschwung", Deflation); es folgen Zusammenbrüche etc. Die Kaufkraft „staut" sich im Leihgeldgebiet, findet nicht den Weg in produktive Beiträge und Schenkungen; das Geld „altert" zu langsam. – Wie die Unternehmer und Financiers bei der Einleitung der Entwicklung – also beim Entstehen des Leihgeldgebietes – „technisch vorgeprellt" waren, so wird nunmehr das Entstehen des Beitrags- und Schenkgeldgebietes „technisch organisiert", d.h. es entsteht pervers über die Notenpresse oder über dem gleichzusetzende Methoden. Jetzt wird die Entscheidung darüber, wem die Erträge der Entwicklung zufließen sollen und wofür sie zu dienen haben, gewaltsam nachgeholt. Die Leute, die jetzt am Ruder sind, brauchten vielleicht die Krise, um als „Retter in der Not" mit „Notmaßnahmen" und „Notverordnungen" die Macht an sich zu reißen, die man ihnen normalerweise nicht zugestanden hätte.[262] Das Geld „altert" jetzt wieder schneller und nur allzu bald allzu schnell.

---

261 Vgl. wiederum S. 255 ff.

Wir haben offenbar das Bild des Konjunkturzyklus[263] vor uns – vom Gesichtspunkt freilich der *organisatorischen Bewältigung* aus gesehen, als die wir das Geld erkannt haben. *Diese* reicht hier nicht zu. Wir versuchten zu zeigen, warum sie nicht zureicht: weil weder die „Manager" noch die „Gemanagten" – wenn wir die Menschen des in der Entwicklung sich befindenden Sozialen Organismus hier in dieser Polarität sehen dürfen – voll überschauen, um was es in der Entwicklung de facto geht (zumindest handeln sie nicht so).

Die „Manager" gleichen dabei den Leuten, die in der Eisenbahn stets den ersten Wagen benutzen – um schneller am Ziel zu sein; die „Gemanagten" freuen sich zwar über die neuen Eindrücke der Reise, wollen aber nicht wahrhaben, dass sie die Reise zu anderen Orten hingeführt hat, die ein entsprechendes Verhalten von ihnen verlangen. – Die von beiden Seiten nur halbverstandene Entwicklung fällt damit von einem Extrem ins andere. Haben die Manager die Führung, so besteht die Gefahr der Inflation oder des zu schnellen Entstehens der höheren Geldgebiete; sollen die anderen „mitgehen", so beharren sie in ihren überkommenen Verhaltensweisen und bringen die begonnene Entwicklung in die Gefahr der Deflation, d.h. sie verhindern das rechtzeitige Entstehen der höheren Geldgebiete.[264] Auch die „Konjunktur" und das Erhalten eines gesunden Geldwesens ist eben im Grunde keine Frage des „technischen Manipulierens", sondern des sachlich angebrachten menschlich-sozialen Verhaltens, das mit der Gesamtentwicklung eines Sozialen Organismus *mitwachsen* muss.[265]

---

262 Stucken meint, dass in solchen Zeiten „alle sonst bestehenden und sonst beachteten Grenzen der Geldschöpfung niedergebrochen" werden; aber: „Wir dürfen glücklicherweise davon ausgehen, dass solche Verhaltensweisen der Regierenden und der sonstigen für die Geldschöpfung maßgeblichen Personen nur in Ausnahmezeiten vorkommen" (Geld ... a.a.O. S. 76). – Dürfen wir solche Erscheinungen, denen der Skeptiker denn doch eine gewisse Regelmäßigkeit nachsagen wird, wirklich und „glücklicherweise" in „Ausnahmezeiten" verweisen? Rosenstock würde sagen: Wir halten nur die „unangenehmen Tatsachen" aus unseren „Berechnungen heraus" – wir „diffamieren" die Krise und „stolpern so in die nächste" ... (vgl. E.ROSENSTOCK-HUESSY: Der unbezahlbare Mensch, a.a.O. S. 98). So aber geht es offenbar immer in der gesellschaftlichen Entwicklung, wenn das Bewusstsein nachhinkt.

263 Das Dargestellte beansprucht naturgemäß nicht, als „monetäre Konjunkturtheorie" zu gelten; in diesem Zusammenhang kam es vielmehr darauf an, vom Gesichtspunkt des Geldes aus die Brücke zu den Konjunkturerscheinungen in *prinzipieller* Hinsicht zu finden (es werden ja keine historischen Tatsachen erwähnt!). Diese Brücke brauchen wir, um im „Anwendungsteil" dieser Untersuchung die finanziellen Probleme des Unternehmens *in der Konjunktur* zu verstehen.

264 Der Satz der Praxis – der Lebensstandard des Schuldners hänge von der Zahlungsfähigkeit des Gläubigers ab – gilt offenbar in „wirtschaftlichen Wechsellagen" auch vice versa: Denn „Schuldner" der gesellschaftlichen Entwicklung kann sowohl der vorauseilende Manager wie der zurückbleibende Gläubiger sein.

So skizzenhaft die Entwicklung und ihre Krisen hier auch gezeichnet werden mussten, so ist vielleicht doch deutlich geworden, dass es in der Entwicklung eines Sozialen Organismus eine zeitliche Folge des Entstehens der Geldgebiete gibt, die man das „Altern" des Geldes nennen kann. Es bedeutet *nicht* das „Älterwerden" von Gelddokumenten, sondern das Aufsteigen zu höheren Geldarten und Geldgebieten. In diesem mit der sozialökonomischen Entwicklung mitgehenden Prozess des organisatorischen Bewältigens der uns im Gelde aufgegebenen sozialen Probleme gibt es zwei grundsätzliche *Abweichungen* der angemessenen Entwicklung: Die höheren Geldarten können zu schnell entstehen – *Inflation*, oder sie können zu langsam entstehen – *Deflation*. Beides zeigt, dass Bewusstsein und entwicklungsnotwendiges Verhalten mit der Entwicklung selber nicht übereinstimmen. Inflation und Deflation sind insofern menschliche Probleme.

6 Die Entwicklung der Geldgebiete und die Aufgabe der Dokumentierung

Die vorangehend skizzierte Entwicklung der Geldgebiete in der Zeit sollte einen groben Umriss der Konsequenzen aufzeigen, die sich aus der hier versuchten Sicht einer eidetischen Ontologie des Geldes in gesamtwirtschaftlich-gesellschaftlicher Hinsicht ergeben. Wir brauchen diesen Umriss, wenn wir uns im Folgenden fragen wollen, welche Bedeutung denn nun diese „Ontologie des Geldes" für das einzelne Unternehmen sowohl – das ja zu einem guten Teil aus seinem Einbezogensein in diese Entwicklung verstanden werden muss – als auch für die Unternehmenslehre haben kann.[266] Wir brauchen sie aber auch, wenn wir uns die Aufgabe der Dokumentierung von Kaufkraft vergegenwärtigen wollen.

---

265 In ähnlichem Sinne sagt PAULSEN: „Vollbeschäftigung als stabiler Dauerzustand ist daher nur möglich, wenn sich eine volkswirtschaftliche *Moral* entwickelt, welche die Ausnutzung taktisch günstiger Marktsituationen für partielle Interessen als unzulässig anerkennt. Diese Moral kann sich entwickeln, wenn sie sich auf die Einsicht stützt, dass eine solche Ausnutzung dem Ganzen, aber auch den Beteiligten selbst auf längere Sicht nur Nachteile bringen kann ... Wenn es nicht gelingt, die der Vollbeschäftigung als Norm entsprechende Wirtschaftseinsicht und Wirtschaftsmoral durchzusetzen, kann sie auch nicht erreicht werden" (a.a.O. S. 263).

Die bisherige Untersuchung hat versucht zu zeigen, dass *Geld* dem Wesen nach ein in sozialen Akten bestimmter Art erfassbares soziales Geschehen ist, das sich in Gestalt, Bedeutung und zeitlichem Verlauf (oder Prozess) enthüllt. *Weg* von den *Dokumenten*, hin zu diesem in seinem Wesen zu erfassenden *sozialen Geschehen*: Das war bisher die These! Sie half uns, in diesem sozialen Geschehen der Geldakte und Geldprozesse die *gestaltbare* soziale Wirklichkeit zu finden. Jetzt müssen wir mit dem Ertrag der bisherigen Untersuchung wieder an die Frage der Dokumentierung herantreten, um sie – wiederum nur prinzipiell – als aus dem Erfassen des Wesens heraus zu lösende *Aufgabe* zu zeigen. Denn die Dokumentierung der Kaufkraft kann dem primär wichtigen sozialen Geschehen gegenüber nur eine *dienende Rolle* spielen. Dennoch, oder gerade deshalb, ist es entscheidend wichtig, dass sie richtig gelöst wird. Wessen Aufgabe ist es aber?

Man ist zunächst versucht zu sagen: Die Dokumentierung des Geldes in einer Volkswirtschaft muss immer *zentral* gelöst werden; sie kann also nur Aufgabe einer Zentralnotenbank oder eines ähnlichen Institutes sein. Daran ist zweifellos vieles richtig; denn eine in ihren Tauschverkettungen hoch entwickelte Wirtschaft bedarf schon wegen dieser Kompliziertheit und des in ihr notwendigen Vertrauens zu den Gelddokumenten einer solchen zentralen Lenkung. Doch zeigte sich ja bereits eingangs der Untersuchung – bei der Erörterung der Geldgestalt –, dass eben alles, was die Verknüpfung von Geldakten in der Gestalt Geld dokumentiert, als *Geldzeichen* angesprochen werden muss. Kaufkraft selber wird durch *Produktion* geschaffen (oder mindestens veranlagt), und es produzieren die einzelnen Wirtschaftssubjekte, nicht die Notenbank. Ist der Wille zu produzieren vorhanden und zeigen sich auch die entsprechenden Absatzmöglichkeiten, so findet der Verkehr selbst bis zu einem gewissen Grade Mittel und Wege zu eigener Dokumentation (z.B. durch Wechselausstellung und Wechselweitergabe ohne Diskontierung) oder zur „Verlängerung" der vorhandenen Dokumentation durch Veränderung der Zahlungsgewohnheiten (Erhöhung der Umlaufsgeschwindigkeit) u.ä. Je höher organisiert ein Wirtschaftsorga-

---

266 Wir sind uns dabei bewusst, dass wir uns im Sinne der Einteilung und herkömmlichen Abgrenzung der wissenschaftlichen Disziplinen fortwährend „Grenzüberschreitungen" zuschulden kommen lassen; manches, was vorgebracht wurde, wird man nicht in einer „wirtschaftlichen" Untersuchung – und schon gar nicht in einer betriebswirtschaftlich ausklingenden – suchen wollen. Wir glauben andererseits aber, uns an das Thema „Geld", so wie es sich selber stellt, gehalten zu haben; wenn dieses Sachproblem selbst es erforderlich macht, nicht in abgegrenzten Betrachtungsweisen der Einzeldisziplinen zu bleiben, so scheint das der Rechtfertigung genug zu sein.

nismus ist, desto unbefriedigender wird natürlich die Kaufkraftdokumentierung, die der Verkehr selber schafft; prinzipiell gesehen hat er dennoch stets die Möglichkeit zu eigener Dokumentierung. Alles, was als ein Geldgestalt dokumentierendes Zeichen genommen wird, ist eben ein Geldzeichen; Formulierungen wie: „allgemein anerkanntes Tauschmittel" etc. sind hier eine höchst überflüssige Ausschmückung ohne spezifischen Erkenntniswert.

Eine Zentralnotenbank kann deshalb in Bezug auf die Dokumentierung der im Verkehr geschaffenen Kaufkraft nur eine *dienende Rolle* spielen, sie kann sinnvoller Weise nur *Organ des wirtschaftenden Verkehrs* sein. Sie muss in Fragen der Dokumentierung von der Einsicht geleitet sein, dass gesamtwirtschaftliche *Fehlleistungen* durch bloße *Dokumentierungsmaßnahmen nicht reparabel* sind. Denn Schaffung von Gelddokumenten und deren Ausgabe bedeutet eben nicht ohne weiteres: „Schaffung von Kaufkraft (höchstens deren Umverteilung). Insofern erweckt z.B. das Wort von der „klassischen Geldschöpfung" auf Grund von Handelswechseln oft einen falschen Eindruck. Es handelt sich nur – wie Dobretsberger zeigt[267] – um die „Unifizierung" der Kaufkraftdokumente, die der Verkehr bereits geschaffen hat; es ist noch kein „zusätzliches" Geld. Diejenige Geldschöpfung, die es verdient „klassisch" genannt zu werden, beginnt eigentlich erst jenseits der „Unifizierung" von Kaufkraft, wenn nämlich durch autonome Maßnahmen des Banksystems das Beschreiten völlig neuer Produktionsumwege ermöglicht wird; erst im Investitionskredit kommt die ganze geldschöpfende Gestaltungsmacht des Bankwesens zum Vorschein. Der Diskont oder Rediskont von Handelswechseln ist demgegenüber relativ harmlos. Er ist ein typisches Beispiel für jene Geldprozesse, die wir als „Umlauf-Ordnen" bezeichnet haben. Er will ja als Prozess nichts „Eigenes", er ermöglicht lediglich die zeit- und sachgerechte organisatorische Bewältigung eines bereits – ohne Befragen der Bank – begonnenen Produktionsprozesses.[268] Würde die Bank hier die Umdokumentierung (Unifizierung) der Kaufkraft verweigern, so würde sie zwar die längst begonnenen Produktionsprozesse hemmen, aber nicht rückgängig machen. „Restriktionsmaßnahmen" auf diesem Gebiete lassen bestenfalls eine *lenkende* Wirkung auf jene Prozesse, die begonnen werden würden, erhoffen; auf die bereits begonnenen wirken sie hemmend, aber nicht mehr positiv- *lenkend* ein.

---

267 DOBRETSBERGER a.a.O. S. 49 f.
268 Vgl. oben S. 252 ff.
Überreichlichen" (GOETHE, Faust II) wäre dann wohl etwas ingenieurmäßig missverstanden

Die der Zentralbank – und dem mitarbeitenden Bankwesen –zukommenden Lenkungsfunktionen halten wir dennoch für erheblich. Sie müssen nur schon möglichst früh einsetzen, nicht erst dann, wenn Fehlentwicklungen bereits eingeleitet und nur noch mit Verlust abzubrechen sind. Die *Grundaufgabe*, die dem Bankwesen – in erster Linie der Zentralbank – zukommt, ergibt sich dabei aus der zuvor geschilderten zeitlichen Entwicklung des Geldes oder der Geldgebiete. Sie muss die gesamte wirtschaftlich-gesellschaftliche Entwicklung im Auge haben und die finanzielle Ordnung und Abwicklung dieser Entwicklung „besorgen". Die Zentralbank muss eben übersehen können, welche wirtschaftlichen Einzelentwicklungen in dem ihr anvertrauten Währungsgebiet *angebahnt* sind und wie sie gesellschaftlich *konsolidiert* werden können. Dass sie dazu einer großen informativen Organisation bedarf, steht außer Frage; sie bedarf wahrscheinlich sogar gewisser informatorischer Rechte, die den einzelnen Unternehmern, Verbänden etc. gewisse Auskunftspflichten auferlegen.

Nur auf dem Grunde einer wirklichen ideellen und tatsachenmäßigen Überschau über die gesamte soziale und wirtschaftliche Entwicklung eines Sozialen Organismus kann sie die vor allem ihr zukommenden Geldprozesse des *Umlauf-Ordnens* sachlich richtig vollziehen und mit ihnen zugleich auch die Aufgabe der Dokumentierung der entstehenden und vergehenden Kaufkraft *so* lösen, dass immer soviel Gelddokumente dem Verkehr zur Verfügung stehen, wie sie dieser für die Abwicklung der gesellschafts-wirtschaftlichen Entwicklung angemessenen Geldprozesse benötigt. – Grundsätzlich gesehen: Die Zentralbank muss eingreifen, wenn Leihprozesse zu langsam oder zu schnell entstehen. Zu langsam entstehen sie, wenn geldmäßig „gespart" wird, ohne dass entsprechende Produktionsumwege eingeschlagen werden (Konsum kann nur verschoben werden, wenn dies von der Produktionsseite her möglich gemacht wird); zu schnell entstehen sie, wenn mehr Produktionsumwege eingeschlagen werden, als Umweg-Bedarf freiwillig (durch Sparen) zur Verfügung gestellt werden kann. Es entsteht tendenziell Inflation, die ihre eigentliche Problematik erst enthüllt, wenn sie gesellschaftlich konsolidiert werden soll.[269] Die Zentralbank sollte aber auch eingreifen, wenn die „Erträge" der Produktionsumwege (geldseitig als Rückzahlungen, Zinsen, Dividenden, Gewinne) sich im Leihgeldgebiet „stauen", d.h. zu immer neuen Leihprozessen verwendet werden sollen, ohne den Übergang in Beitrags- oder Schenkprozesse zu finden, in denen die Entwicklung erst

---

269 Vgl. S. 255 ff.

gesellschaftlich konsolidiert wird.[270] Ihre wesentliche Aufgabe ist es also, für das der Entwicklung gemäße „Altern" des Geldes zu sorgen. Oder kulturell formuliert: Sie muss von ihrer Seite aus mithelfen, dem sich entwickelnden Sozialorganismus das notwendige Selbst-Verständnis zu geben.

Die Zentralbank kann sinnvollerweise nur eine durch und durch gemeinwirtschaftliche Aufgabe haben, der gegenüber „Wettbewerb" und „Konkurrenz" zu völlig sinnleeren Vokabeln werden. Ein soziales Ganzes – ob man es „soziale Marktwirtschaft", „Währungsgebiet", „Volkswirtschaft" oder „Weltwirtschaft" oder wie immer nennt, ist ganz gleich – kann nur funktionieren, d.h. lebens-*fähig* sein, wenn dieses Ganze als Gestaltungsaufgabe gesehen wird und wenn möglichst viele Sozialpartner an dieser ganzheitsgestaltenden Aufgabe aus freiem Willen ihr Sozialverhalten orientieren.[271] Auf diese Mitarbeit und Einsicht wird auch die Zentralbank angewiesen sein, wenn sie ihre Aufgabe nicht im „luftleeren Raum" vollziehen und damit praktisch zur Unwirksamkeit verurteilt sein will. Nur im Maße der in diesem Sinne realisierten Kooperation kann die Zentralbank und das mitarbeitende Bankwesen den vorliegenden Anforderungen in der Gestaltung der Kaufkraft und in der Dokumentierung des Geldes entsprechen.

---

270 Zweifellos muss sie bei der Anregung solcher „Konsolidationsprozesse" beachten, inwieweit die Erträge neuer Produktionsumwege bereits durch den Ausfall alter (technisch eventuell durchaus noch brauchbarer) Produktionskapazitäten (und deren Erträge) absorbiert sind. Die „schöpferische Zerstörung" (Schumpeter) kann ja soweit gehen, dass wir dauernd mit der Entwicklung und dem Aufbau neuer, technisch effizienterer Produktionskapazitäten beschäftigt sind, deren zusätzlicher Ertrag wiederum nur für deren Verbesserung verbraucht würde („Leistungswettbewerb"); das Ideal der „sehnsuchtsvollen Hungerleider nach dem

271 In dieser Beziehung kann man ja nur hoffen, dass jener Sozial-Verhaltenslehre der „Zusammenarbeit des Als-Ob" (Gewinnmaximierung), die den Einzelnen nur *seinen Zielen* nachgehen heißt, indem er mit anderen (in „atomistischer Konkurrenz") zusammenwirkt, in naher Zukunft lediglich noch eine historische Bedeutung zukommen möge. – Realistischer und hoffnungsvoller zugleich klingt jedenfalls, was Lauterbach schreibt: „Die Normen für die Ausübung des Geschäfts (business) verändern sich historisch dauernd, besonders in den USA. Langfristige Erwägungen und soziale Identifizierung und Verantwortlichkeit sind heute weiter verbreitet als vor einem halben Jahrhundert. Wenngleich die Sprache sowohl der Verteidiger als auch der Kritiker der Geschäftstätigkeit hinter den sozialen Tatsachen zurückgeblieben ist (!), hat sich die tatsächliche Motivierung der Geschäftsaktivität beträchtlich geändert und wird jetzt auch besser verstanden. Die Identifizierung von Geschäftsaktivität mit direktem Drang nach kurzfristigen Profiten kann sich in Zukunft weiterhin verringern, ohne notwendigerweise zu einer Reduktion der wirtschaftlichen Leistungsfähigkeit zu führen." (A. Lauterbach, a.a.O. S. 260) – Derartige Gesichtspunkte legen zuweilen die Vermutung recht nahe, dass die Nationalökonomie von den psychischen Grundlagen ihres wirtschaftlichen Wissens weniger gehandelt hätte, wenn sie ihr besser bekannt gewesen wären.

V Begriff und Wesen des Geldes

1 Zusammenfassung der Wesensbeschreibungen

Rekapitulieren wir kurz, was sich bisher ergab.

Ausgangspunkt dieser Untersuchung des Geldes war der Widerspruch, in den sich jede am bloßen Gelddokument orientierte Tatsachenwissenschaft verstricken muss. Sie muss ihren Geldbegriff bereits haben, um den Tatsachenbereich abzugrenzen, aus dem heraus sie den Begriff des Geldes – durch „objektive" Beschreibung – wiederum zu gewinnen glaubt. Dieser Widerspruch zeigt, dass das Phänomen des Geldes *durch sich selbst* einen nicht an Tatsachen orientierten methodischen Zugriff verlangt.

Die Möglichkeit eines solchen methodischen Zugriffs zeigt sich in der *phänomenologischen Methode* Edmund Husserls, die die *Tore* zu einer eidetischen Ontologie sozialer Gegenstände erschließt. Sie weist bereits in ihren ersten Schritten den Weg, von individuellen Gegenständen oder Vorgängen (Tatsachen) durch phänomenologische oder eidetische Reduktion auf *allgemeine Gegenstände* oder Wesen den Blick zu wenden, aus Tatsachen deren Wesen *herauszuschauen*. Es zeigt sich dann in der Wesenswelt *rein*, was in der Tatsachenwelt *verdeckt* ist, weil sich die Wesen vermischen. Die reine Wesenswissenschaft (Eidetik) vermag die Elemente – unvermischt – zu enthüllen, die die Tatsachenforschung für ihre Arbeit braucht; die letztere bildet sodann das exemplarische Bewusstsein dessen aus, was seiner Struktur nach nur eidetisch in reiner Weise erforscht werden kann. – Die Möglichkeit dieses neuartigen methodischen Zugriffs kann sich die Geldwissenschaft zu Eigen machen.

Das soziale Leben kann unter dem Gesichtspunkt seines Ausdruckes im Produktions- und Verteilungsstrom betrachtet werden. Dieser entsteht und entwickelt sich durch *soziale Akte*, die sich auf ihn beziehen. Soziale Akte, die auf Einordnung in den Produktions- und Verteilungsstrom eines Sozialen Organismus Bezug haben, *gewähren* oder *versprechen* dem Empfänger konsumtible Leistungen. Gewähren sie diese (Leistung), so kommen sie beim Empfänger zum Ende; versprechen sie solche in dokumentierender Weise, so werden sie durch den Empfänger mit einem Eigenakt gleichen Einordnungsmaßes verknüpft. Die Verknüpfung zweier sozialer Akte gleichen Einordnungsmaßes bringt soziale Beziehungsfiguren in den Produktions- und Verteilungsstrom, die sich – durch diese Verknüpfung

– *gestalthaft* von den konsumtive Befriedigung gewährenden Leistungsakten unterscheiden. Diese Verknüpfung ist zunächst unselbständiges Moment tatsächlicher sozialer Akte. Als allgemeiner Gegenstand oder Wesen erfasst, nennen wir sie die *Gestalt Geld*. Das Einordnungsmaß der in der Geldgestalt verknüpften Akte wird im Geldzeichen dokumentiert.

Die damit von den Leistungsakten unterscheidbar gewordenen Geldakte sind jedoch nicht nur gestalthaft in den Produktions- und Verteilungsstrom eingeordnet; sie beziehen sich auch *sinnhaft* auf andere soziale Akte gegenleistender Art oder schließen solche ausdrücklich aus. Was in *dieser* Weise unselbständiges Moment tatsächlichen Geldgeschehens ist, lässt sich in einer Reihe von *Geldbedeutungen* als Wesen erfahren. Diese Reihe erweist sich als eidetisch vollständig und geschlossen; erst durch die Verwirklichung (u.U. Vermischung und Überlagerung dieser Bedeutungen) entsteht die bedeutungshafte Mannigfaltigkeit tatsächlichen Geldgeschehens.

Jeder Geldbedeutung entspricht eine eigene Weise der zeitlichen Realisierung, des zeitlichen Verbundenseins der die Bedeutung realisierenden Akte. Diese Weise – als Wesen genommen – wird *Geldprozess* genannt. Die Vollständigkeit und Geschlossenheit der Geldprozesse ergibt sich wie jene der Geldbedeutungen.

In Geldgestalt, Geldbedeutung und Geldprozess erschließt sich die Eigenart jenes sozialen Geschehens im Wesen, das wir tatsachenmäßig als Geld und Geldgebrauch kennen. Das so erfassbare individuelle Geschehen findet seinen Ausdruck im *Geldzeichen*, welches das Einordnungsmaß der Geldakte dokumentiert. Wesen des Gelddokumentes ist es also, zeichenhaftes Ausdrucksfeld (Leiblichkeit) des in der Weise des Geldes sich konstituierenden sozialen Geschehens zu sein. Soll ein Sozialer Organismus geldmäßig überschaut werden, so bedarf es weiterer Bestimmungen. Wir fassen die Geldprozesse gleichen Wesens zu *Geldgebieten* zusammen. Die Geldgebiete sind „größenmäßig erfassbar, meinen aber keine Einteilung der Gelddokumente, da sie die Dokumentierungsebene gleichsam „spannungsmäßig" überlagern. – Im gesellschafts-wirtschaftlichen Entwicklungsprozess eines Sozialen Organismus zeigt sich eine diesem Entwicklungsprozess adäquate zeitliche Entwicklung der Geldgebiete, die ein Aufsteigen – oder „Altern" – des Geldes zu höheren Geldgebieten beinhaltet und *Krisen* unterliegen kann. Entstehen höhere Geldgebiete in der Entwicklung zu schnell, so kann dies als *Inflation* verstanden werden; entstehen sie zu langsam, so bedeutet dies *Deflation*. Beides sind Krisen der sozialen Entwicklung, in denen sich ein ungenügendes Selbst-Verständnis einer Gesellschaft als

168

Ganzes ausdrückt. Aus der aufgezeigten zeitlichen Entwicklung der Geldgebiete wird auch die *Aufgabe* der *Dokumentierung des Geldes* deutlich, die führend von der Zentralbank und dem Bankwesen zu leiten ist.

Die eidetisch-ontologische Betrachtungsweise des Geldes zeigt den Geldgebrauch als eine *organisatorische* – das meint: bewusst gestaltete – *Bewältigungsform* sozialen Geschehens, die die *organische* – das heißt: unbewusst-selbstverständlich verlaufende – *Bewältigungsweise* auf eine höhere Stufe hebt. Sie beschränkt sich nicht mehr auf einen willkürlich begrenzten „erwerbswirtschaftlichen" Ausschnitt des sozialen Lebens, der gemeinhin „Wirtschaft" genannt wird, sondern weist alle, dem Gelde wesensmäßig zukommenden Leistungen nach. Sie zeigt damit den Geldgebrauch als eine *sich erst entwickelnde Form menschlichen Sozialverhaltens* auf, dessen zu fordernde weitere Entwicklungsschritte sie zugleich mit den Wesensmöglichkeiten des Geldes deutlich macht. Sie enthüllt darin ihre Bedeutung für das praktische soziale Leben und dessen Entwicklung.

2 Abschließende Formulierung des Geldbegriffes

Das vorstehend Geschilderte möchte als ein erster *Versuch* gewertet sein, die durch phänomenologisch-eidetische Reduktion zugänglichen und in der Wesensschau realisierbaren Wesensgesetze des Geldes zu erfassen und sie in wissenschaftlicher Form darzustellen.[272] Manches mag dabei noch inadäquat formuliert sein und berechtigter Kritik anheim fallen. Man möge jedoch bedenken: Das Kriterium unserer Beschreibungen liegt in den sachhaltigen Wesen selbst, nicht in mehr oder weniger gelungenen Formulierungen. Letztere gehören selber der Tatsachenwelt an, in der Wesen niemals *rein* erscheinen. Unter Voraussetzung dieses einschränkenden Hinweises sei es versucht, eine Definition des Geldes zu geben; sie lautet:

Unter *„Geld"* können jene verschiedenartig dokumentierbaren sozialen Akte verstanden werden, die sich auf Einordnung in den Produktions- und Verteilungsstrom eines Sozialen Organismus beziehen, ohne selber konsumtive Befriedigung zu gewähren, und

---

272 Auch für das hier Formulierte darf schließlich gelten, was GEORG SIMMEL in seiner „Philosophie des Geldes" (Leipzig 1900, S. 136) gesagt hat: „Wesen und Bedeutung des Geldes treten nach ihren großen kulturphilosophischen Zusammenhängen an den Bewegungen hervor, die es auf seinen reinen Begriff zu und von seiner Fesselung an bestimmte Substanzen abführen – so wenig dieser Weg das Ziel erreichen kann, das ihm Richtung gibt. Hiermit erst schließt sich das Geld der allgemeinen Entwicklung an, die auf jedem Gebiet und in jedem Sinn das Substantielle in freischwebende Prozesse aufzulösen strebt."

(1) in gleichem Einordnungsmaß *gestalthaft* miteinander verknüpft werden,

(2) durch eine bestimmte Reihe *reiner Bedeutungen sinnhaft* auf andere soziale Akte bezogen werden (oder einen solchen Bezug ausschließen),

(3) je nach ihrer bedeutungshaften Erfüllung eine eigene Weise der *zeitlich-qualitativen Realisierung* haben.

Geldzeichen sind solche Dokumente (Münzen, Banknoten, Wechsel, Bucheintragungen etc.), die das Einordnungsmaß dieser Akte und ihre gestalthafte Verknüpfung dokumentieren. Ihr Wesen ist es, zeichenhaftes Ausdrucksfeld (Leiblichkeit) des in der Weise des Geldes sich konstituierenden sozialen Geschehens zu sein.

C Die Bedeutung der eidetischen Ontologie des Geldes für die Finanzwirtschaft der Unternehmung

I Die Beziehungen zwischen Geld und Unternehmung

1 Der Bezugspunkt: das Unternehmen

Haben wir uns im bisherigen Teil dieser Untersuchung damit befasst, den Seinsgestaltungen des als *Geld* zu fassenden sozialen Geschehens nachzugehen, so soll im Folgenden aufgewiesen werden, dass unser Ansatz keineswegs müßig ist. Am Beispiel jener Probleme und Aufgaben, die unter dem Titel „Finanzwirtschaft der Unternehmung" zusammengefasst werden können, sei vielmehr erörtert, welche Bedeutung die entwickelte eidetisch-ontologische Geldanschauung haben kann.

Den Bezugspunkt für die „Anwendung" dieser Geldlehre bildet somit das *Unternehmen*. Von ihm wird in neuerer Zeit zunehmend als von einem eigengesetzlichen Sozialgebilde gesprochen.[273] Die Person des Unternehmers, die ja auch wechseln kann, tritt demgegenüber mehr in den Hintergrund. Sie ist zwar Träger des Unternehmens – zusammen mit den Mitarbeitern, aber das Unternehmen überdauert sie in der Regel. Die Unternehmung, sagt M. Lohmann, „ist ein wirtschaftlich-soziales Gebilde, dessen Träger ein Unternehmer oder eine Mehrheit von Unternehmern ist ... Diese Träger sind vorzugsweise an der Willensbildung im Bereich der Unternehmung beteiligt und setzen menschliche Arbeitsleistungen und materielle oder immaterielle Produktionsmittel ein, um ... im Markt realisierbare Leistungen hervorzubringen." Sie erzeugen so zugleich Einkommen für die am Unternehmensprozess Beteiligten. „Dabei lassen sie sich in ihrer Wirtschaftsführung in zunehmendem Maße von dem Gedanken leiten, dass sie auf Kooperation sowohl im Innern der Unternehmung

---

273 VARGA z.B. führt die These aus, „dass die wirtschaftsorganisatorische Einheit, die man Unternehmen nennt, heute wichtiger ist als die Person des Unternehmers" (STEFAN VARGA: Der Unternehmungsgewinn. Berlin 1957, S. 29). – Eine entsprechende Wendung findet sich auch bei ALFRED WALTHER: Einführung in die Wirtschaftslehre der Unternehmung. Bd. II: Die Unternehmung. Zürich 1953, S. 1 ff.

als auch mit der Außenwelt angewiesen sind."[274] Mit dieser Definition ist zunächst umschrieben, was „Unternehmung" im Zusammenhang dieser Untersuchung meint. Für deren Fortgang empfiehlt es sich jedoch, den Inhalt dieser Umschreibung durch Betonung bestimmter Momente, die im Folgenden Bedeutung erlangen, neu zu formulieren. Sachlich brauchen wir über ihren Inhalt nicht hinauszugehen.

Man kann in der Betrachtung sozialer Prozesse zwei – polar aufeinander bezogene – Blickrichtungen unterscheiden. Man kann einmal auf die wertmäßige Formung sozialer Vorgänge achten und dabei verschiedene Weisen der Einordnung dieser sozialen Prozesse in die allgemeinen Wertbeziehungen unterscheiden. (Dieser Gesichtspunkt lag vornehmlich unserer Untersuchung des Geldes zugrunde.) Es ist dies der eigentlich *wirtschaftliche* Blickpunkt.[275] Im Zusammenhang des konkreten menschlichen Lebens ist er jedoch nur verständlich, wenn er auf die sinngebenden Faktoren menschlichen Daseins bezogen wird. Denn immer und überall wird dieses menschliche Dasein von gewussten oder empfundenen ethischen Werten aus gestaltet.[276] Und zwar werden die sozialen Prozesse sehr konkret und lebendig geformt, denn diese sinngebenden Werte sind es, für die Menschen ihre Kraft und ihr Leben einsetzen. Den Gesichtspunkt dieser *gestaltenden Initiative* im sozialen Geschehen wollen wir als den Aspekt des *Geisteslebens* oder der *Kultur* auffassen. Ihm gegenüber kann die wirtschaftliche Betrachtung sozialen Daseins stets nur als abgeleitet betrachtet werden.

Die Unterscheidung dieser beiden Gesichtspunkte ist insofern für die Unternehmung wichtig, als wir es in ihr einerseits mit einem entscheidenden Faktor bei der initiativen Gestaltung der gegenwärtigen Sozialwelt zu tun haben – andererseits erstreckt und erfüllt sich ihr Dasein aber vornehmlich in der wertmäßigen Formung des sozialen Lebens. In der Unternehmung selber müssen – und können – beide Momente in irgendeinen Bezug gebracht werden. Auch der idealistische Unternehmer muss

---

274 MARTIN LOHMANN: Einführung in die Betriebswirtschaftslehre. Tübingen 1955², S. 271

275 Unter „*Wirtschaft*" verstehen wir also, um es einmal deutlich zu formulieren, *die wertmäßige Formung sozialer Prozesse*. Diese Formulierung deckt sich sinngemäß mit den Ansichten von G. WEISSER (vgl. dessen Artikel „Wirtschaft" im Handbuch der Soziologie. Bd. II. Hrsg. von W. ZIEGENFUSS. Stuttgart 1956, S. 973 ff.)

276 Sehr deutlich legt uns GERHARD WEISSER die Unterscheidung dieser beiden Gesichtspunkte nahe. So, wenn er sagt: „Die *Grundlagen* des ökonomischen Denkens bestehen ... in *außer*ökonomischen Entscheidungen, die den Sinn unseres Lebens letztlich bestimmen" (G. WEISSER: Gegenstand und Hauptprobleme der Morphologie der einzelwirtschaftlichen Gebilde. In: Die Morphologie der einzelwirtschaftlichen Gebilde und ihre Bedeutung für die Einzelwirtschaftspolitik. Hrsg. von G. WEISSER. Göttingen 1957, S. 7).

seine Kosten hereinbringen, wenn er existieren will; auch der „geschäfts-tüchtigste" Manager wird sich gelegentlich fragen müssen, was er denn eigentlich letztlich will. – In seinen finanziellen Konsequenzen, soll uns dieser Gedanke noch beschäftigen.

Das Moment der gestaltenden Initiative hat denn auch neuerdings stärkere Beachtung bei allen Autoren gefunden, die sich ausdrücklich mit den Problemen der „betrieblichen Willensbildung" (z.B.) auseinandersetzen.[277] In anderer Weise geht ihm die bereits erwähnte Arbeit von Veil nach, der vornehmlich auf den Unternehmens*zweck* achtet, der die Unternehmung in einen geordneten Wirkungszusammenhang bringt.[278] Initiative ist lebendiger, gelebter Zweck. Insofern sich mehrere Menschen in *einer* Initiative *einig* sein können, beschränkt sie sich auch nicht auf den einzelnen Menschen. Dies macht es möglich, im Folgenden von einer (einheitlichen) *Unternehmensinitiative* zu reden, wenn die Unternehmung mehr von der Seite ihres gestaltenden Vollzugs her betrachtet wird.

So gestaltend bringt das Unternehmen „im Markt realisierbare Leistungen" (Lohmann) hervor. Es wird also jenen sozial fordernd hervortretenden Mangelsituationen gegenüber tätig, die die ökonomische Theorie (indirekt) in der Formel von der „relativen Knappheit" der Güter und Dienste zu fassen sucht. Diese Mangelsituationen – sie sind gewissermaßen „Negativ-Phänomene" des sozialen Lebens (als solche aber höchst real) – seien im Folgenden *„Daseinslagen"* genannt. – Als charakteristisch für die Unternehmung betrachten wir es weiterhin, dass sie *selber* entscheidet, wie sie diese Daseinslagen aufgreifen will und welchen von ihnen sie sich speziell widmet. Sie ist also in ihrer Willensbildung *selbstverantwortlich* oder *autonom*.[279] Die Autonomie mag verfassungsmäßig in manchen Unternehmensformen aufgeteilt sein: Auf die Geschäftsführung im engeren Sinne und auf einen Aufsichtsrat z.B., dem Unternehmen als Ganzem kommt sie jedoch sicher zu.

---

277 Vgl. etwa OTTO NEULOH: Die deutsche Betriebsverfassung und ihre Sozialformen bis zur Mitbestimmung. Tübingen 1956, S. 13 ff. u. S. 41 ff.

278 Vgl. VEIL: Das Wesen von Unternehmung und Unternehmer, a.a.O. S. 86 ff.

279 Vgl. hierzu GUTENBERG, der u.a. das „Prinzip der Autonomie" ausführlich behandelt (E. GUTENBERG: Grundlagen der Betriebswirtschaftslehre. Bd. I. Die Produktion. Berlin-Göttingen-Heidelberg 1957³, S. 343 ff.). Er sieht es allerdings im strikten Gegensatz zum sog. „Organprinzip" (durch das die Unternehmung bloßes Organ einer Zentralverwaltungswirtschaft z.B. wird), wozu eine unbedingte Notwendigkeit doch wohl nicht besteht. Denn man bedenke, dass es der Autonomie oder Selbstverantwortlichkeit des Unternehmens keineswegs widerspricht, wenn es sich aus freier Einsicht als Organ der Gesamtwirtschaft empfindet und auch so verhält. Im Gegenteil: Ein solches Verhalten gibt vielmehr erst die Grundlage her, auf der dem Unternehmen auf die Dauer seine Autonomie erhalten bleiben kann im sozialen Zusammenhang. Die beiden Prinzipien widersprechen sich also nicht letztlich. Sie sind vielmehr auf eine Synthese angelegt.

Ein letztes Moment, das wir hervorheben und im Folgenden besonders verfolgen wollen, liegt in der *Kooperation* der Unternehmung im sozialen Zusammenhang. Dies ist vielen Orts betont worden. Es ergibt sich zudem rein sachlich aus dem Moment des Ergreifens von *sozial* fordernd hervortretenden Daseinslagen, die, durch Menschen repräsentiert, zu entsprechender sachlicher Kooperation – unter Umständen durch „Gewinn"-Kalküle motivisch (aber nicht sachlich) verleugnet – auffordern und diese verlangen. Es soll also nur dann von Unternehmen gesprochen werden, wenn diese Leistungen *für andere*, mit denen sie sozial in irgendeiner Weise verbunden sind, hervorbringen und zur Verfügung stellen.

Damit haben wir die Elemente beisammen, die es uns ermöglichen, den Gegenstand „Unternehmen" – so wie er im Folgenden dieser Untersuchung zugrunde gelegt werden soll – zu bestimmen. Dies sei so formuliert:

Als *Unternehmen* kann jede sozialgebildehaft ausgestaltete, aus menschlichem Wollen getragene zweckvolle *Initiative* verstanden werden,

(1) die *selbstverantwortlich* (autonom) ist,

(2) die Bewältigung sozial auftretender menschlicher *Daseinslagen* zum Ziele hat,

(3) und die sich darum *kooperierend* in die Wertbeziehungen (Produktions- und Verteilungsstrom) eines Sozialen Organismus eingliedert.

Der Deutlichkeit halber sei hierzu noch angemerkt, dass wir es nicht als Kriterium des Unternehmens ansehen, dass seine Träger etwa Gewinnabsichten verfolgen oder gar einen Geldgewinn maximieren wollen.[280] Mögen sie es tun oder lassen: Das berührt die Motivseite ihres Handelns – nicht die Frage, ob wir es mit einem Unternehmen zu tun haben oder nicht. Dafür wollen wir die erwähnten Kriterien zu Rate ziehen.

Für den Fortgang der Untersuchung wird es sich weiterhin als zweckmäßig erweisen, gewisse Typen von Unternehmen zu unterscheiden. Und zwar erfolgt die Typisierung hierbei unter dem Gesichtspunkt der *Eigenart der Unternehmensleistung* im Zusammenhang des Sozialen Organismus.[281] Die Möglichkeit zu solcher Typisierung ergibt sich in der folgenden Weise.

---

280 Vgl. WEISSER a.a.O. S. 8 f.
281 Mit der Morphologie der einzelwirtschaftlichen Gebilde hat sich vor allem G. WEISSER in seinem Buch über „Form und Wesen der Einzelwirtschaft" (Stuttgart 1947) befasst. Er gliedert die Formen der Einzelwirtschaft dort nach den Gesichtspunkten: 1. der Trägerschaft, 2. der Leistung, 3. der Größe, 4. des Maßes der Verflechtung, 5. der Zweckbestimmung, 6. des angewendeten Wirtschaftssystems und 7. nach der Rechtsform. Der oben angeführte Gesichtspunkt scheint dem noch hinzufügbar zu sein.

Die das Unternehmen in die Existenz bringende Initiative entfaltet sich, so hatten wir gesehen, im Gegenüber zu den sozial fordernd hervortretenden Daseinslagen. Diese können aber in charakteristischer Weise *Verschiedenes* fordern. So kann z.B. gefordert sein, dass gewisse neue Produktionsweisen, deren grundsätzliche Möglichkeit sowohl der Sache nach geklärt als auch dem allgemeinen „technischen Wissen" einverleibt sind, in neuen Produktionswegen verwirklicht werden. Wir wollen diese Daseinslage „*Verwirklichung*" (fordernd) nennen. – Eine andere solche Daseinslage kann sich darin zeigen, dass es im gesellschaftlichen Leben notwendig wird, Angefangenes, noch Wertvolles (z.B. an Institutionen) weiterzuführen. Ein Bauernhof muss weiterhin bewirtschaftet, die Lebensmittelversorgung einer Ortschaft muss (durch Übernahme einer „Handlung" etwa) aufrechterhalten werden. Charakteristisch ist hier, dass keine Produktionsumwege eingeschlagen werden müssen. Diese zweite Daseinslage sei „*Fortführung*" (fordernd) genannt.

Konstituiert sich ein Unternehmen *vornehmlich* (in der Praxis wird es immer Übergänge geben) der zuerst genannten Daseinslage („Verwirklichung") gegenüber, so wollen wir von einem *Produktionsunternehmen* sprechen. Die Betonung liegt dabei auf dem Hervorführen (pro-ducere) der neuen Erzeugungsmöglichkeiten aus dem gesellschaftlich bereits Veranlagten. – Konstituiert sich ein Unternehmen vornehmlich jener zweiten Daseinslage („Fortführung") gegenüber, so sei von einem *Traduktionsunternehmen* gesprochen. Beispiele wären: die Handlung auf dem Dorfe, der Bauernhof, das Handwerk „nach altem Brauch". Dieser Unternehmenstyp führt die gesellschaftlich bereits erworbenen (traditionellen) Produktionsweisen aus der Vergangenheit in die Gegenwart herüber (trans-ducere), solange sie noch ein Lebensrecht haben.[282]

Werden die verschiedenen Daseinslagen von den ihnen entsprechenden Initiativen ergriffen, so mag eine weitere, übergeordnete Daseinslage dadurch entstehen, dass sich aus dem Wirken der einzelnen Unternehmungsinitiativen Tendenzen ergeben, die sich im Zusammenhang eines Sozialen Organismus zunächst widersprechen. Soll dessen organi-

---

[282] An dieser Stelle ergibt sich die Frage, ob man im Sinne der besprochenen Daseinslagen von noch weiteren als den genannten sprechen kann. Dies würde zur Folge haben, dass die begonnene Typologie des Unternehmens noch fortgesetzt werden könnte. Warum soll man nicht auch von dem Vorhandensein eines bestimmten „Bildungsbedarfes" im Sinne einer sozial fordernden Daseinslage, sprechen können? Wir kämen so z.B. dazu, eine freie Schule oder eine andere bildende Institution (etwa ein Theater), als Unternehmung zu verstehen – freilich mit ihren eigenen Problemen, die nicht mit denen des Produktionsunternehmens identisch wären. – Doch mag dieser Gedanke hier auf sich beruhen bleiben.

sche Ganzheit nicht gestört werden, so müssen die sich widersprechenden Tendenzen aufeinander abgestimmt werden. Es ist „Zusammenordnung" – so sei diese übergeordnete Daseinslage genannt – gefordert. Diese kann autoritativ, durch eine Zentralverwaltungsbehörde z.B., geleistet werden. Das Aufgreifen dieser Daseinslage – und das will uns fruchtbarer erscheinen – kann aber auch durch bestimmte Unternehmen erfolgen. Unternehmen, die die Daseinslage „Zusammenordnung" initiativ aufgreifen, seien „Ordnungsunternehmen" genannt. Wir werden im Weiteren sehen, dass wir die Banken hierher zu rechnen haben.[283]

Auf die Probleme, die sich aus der Institutionalisierung des Unternehmens ergeben, sei nur kurz hingewiesen. Es ist deutlich, dass eine Initiative stets ihren Niederschlag finden wird in einer – auch rechtlich begründeten – Institution. So erst wird sie zum Gebilde von „gestalthaft verbürgter Dauer" (Back), zur Institution, zur „Firma". Die juristische Konstruktion, die Rechtsform der Unternehmung, muss nun bekanntlich nicht mit dem Umfang der Unternehmensinitiative identisch sein. Eine Initiative kann zwei Rechtsformen übergreifen (Mutter- und Tochtergesellschaft). Eine Rechtsform kann eventuell zwei Initiativen Raum geben: Das sind Varianten, die wir in diesem Rahmen unberücksichtigt lassen müssen.

2 Die Kooperation des Unternehmens „im Gelde"

Der Zusammenhang der beiden Themen „Geld" und „Unternehmung" (und damit zugleich auch deren „Finanzwirtschaft") ist, wie wir sehen konnten, bereits im Unternehmensbegriff veranlagt. Wir bestimmten das Sozialgebilde „Unternehmen" nicht nur als initiativ auf Daseinslagen gerichtet, sondern auch als im Produktions- und Verteilungsstrom eines Sozialen Organismus kooperierend; denn „sozial auftretende" Daseinslagen können nur in der Weise der Unternehmung bewältigt werden, wenn diese im sozialen Zusammenhang kooperiert.[284] Von den vielen Möglichkeiten und Notwendigkeiten der Kooperation, vor die das Unternehmen sich gestellt findet,[285] sei hier nur die eine ausdrücklich behandelt: die

---

283 Vgl. den Abschnitt über die „Aufgabe des Bankwesens in der unternehmensweisen Wirtschaft", S. 239 ff.

284 Die Herausarbeitung dieses Zusammenhanges verdanken wir wesentlich der Veilschen Untersuchung. Vgl. jedoch auch M. LOHMANN: Einführung ... 2. Aufl. a.a.O. S. 271, S. 283 und im weiteren Sinne: KARL DUNKMANN: Kooperation als Strukturprinzip der Wirtschaft. München 1931; F. DESSAUER: Kooperative Wirtschaft. Bonn 1929.

Kooperation des Unternehmens *„im Gelde"*. Das meint: In den vielerlei und verschiedenartigsten Geldprozessen, durch die das Unternehmen sich gestalthaft verwirklicht, in denen es lebt.

Aber nicht nur in dieser einen Kooperationsform des Unternehmens liegt sein Bezug zum Geld, sondern auch in diesem: Wir sahen im Gelde eine *organisatorische* Form des Bewältigens sozialer Gegebenheiten (sie klärten sich in den Daseinslagen wesensmäßig auf); das Unternehmen als Sozialgebilde gehört seinem Wesen nach der Reihe jener Sozialgebilde an, die wir ebenso als *organisatorische* fassen müssen im Gegensatz zu jenen anderen, die ohne eine solche bewusst gestaltete Formung auskommen, in unserer Terminologie also *organisch* zu nennen wären (die Familie etwa, die Sippe, eine Dorfgemeinschaft, ein Freundeskreis u.ä.). In diesem Wesenszug der „organisatorischen" Lebensform erweisen sich Geld und Unternehmung als verwandt: In der Weise der Bewusstheit stehen beide auf einer Stufe.

Bleiben wir jedoch bei den Kooperationsformen der Geldprozesse, so können wir fragen: Wie und wo gewinnt nun die geldweise Kooperationsform für das Unternehmen eine Bedeutung? – Vom Lebensprozess der Unternehmung selbst abgelesen zeigen sich drei Bereiche. – Wird ein Unternehmen nicht einfach vorgefunden und übernommen, sondern wird es bereits von seinem Anfang an bewusst gestaltet, so tritt uns ein erster Problemkreis in der *Gründung* entgegen. Geldlich gesprochen: Es ergeben sich die Fragen und Kooperationsweisen der Gründungs- oder *Grundfinanzierung*.

Den zweiten Fragenkreis finanzieller Probleme finden wir im *laufenden Geschäft*, d.h. in allen jenen Fragen, die weder das Dasein der Unternehmung selbst noch ihre gesellschaftliche Bedeutung direkt berühren: im Einkauf, im Verkauf, in den laufenden Lohn- und Gehaltszahlungen, in allem also, was mit den Beschaffungs- oder Absatzmärkten im Zusammenhang steht.[286] – Den dritten Fragenkreis haben wir dann mit den Fragen des *Ertrags* und der *Ertragsverwendung* gegeben. Warum diesen Fragen eine gesonderte Behandlung gewidmet werden muss, konnte wohl schon in den Ausführungen über die „zeitliche Entwicklung der Geldgebiete" deutlich werden. – Die drei genannten Fragenkreise sollen der Gliederung

---

285 VEIL weist im Einzelnen darauf hin (a.a.O. S. 100 ff.)
286 Vgl. M. LOHMANN, a.a.O. S. 23. In dem Lohmann'schen Schema der Unternehmung treten die drei hier gemeinten Bereiche deutlich hervor: der erste in der Kapitalaufnahme, der zweite in Einnahmen und Ausgaben, der dritte in der Kapitalabgabe.

des nun folgenden Teiles dieser Untersuchung zugrunde gelegt werden.

Worin liegt die unterschiedliche Bedeutung dieser Finanzierungsbereiche für die erwähnten Unternehmungstypen? Im groben Umriss können wir bereits jetzt sehen: Für das „Traduktionsunternehmen" tritt der Bereich der Grundfinanzierung, wie auch der des Ertrags, in den Hintergrund, wenn sie nicht ganz verschwinden. Diese Bereiche werden aber für das „Produktionsunternehmen" wichtig. Die Breite zu gestaltender geldlicher Kooperationsweisen „dehnt" sich gewissermaßen vom laufenden Geschäft her über die Grundfinanzierung und die Ertragsverwendung aus; im Produktionsunternehmen treten alle drei Bereiche deutlich hervor. Würden wir uns auch von „Bildungsunternehmen" zu sprechen entschließen,[287] so würde in ihnen das Ertragsphänomen eine bestimmte Modifikation dadurch erfahren, dass Erträge eben nicht unbedingt geldlich in Erscheinung treten müssen.

Abgrenzend sei noch die Frage der *Deutung* realer Geldprozesse, in denen das Unternehmen kooperiert, gestreift. Wir haben im Vorangehenden von den *reinen* Geldbedeutungen gesprochen und ihr Wesen bestimmt. Sie sind in der Praxis zweifellos nicht in „Idealformen" anzutreffen. Das ist jedoch kein Einwand, gegen die praktische Bedeutung der ontologischen Geldlehre. Im Gegenteil: Die reinen Bedeutungen stellen ihrerseits höchst praktische Aufgaben. Oder anders gesagt: Sie machen Aufgaben deutlich, die in den sozialen Prozessen selber verborgen liegen. Sie stellen nämlich die Aufgabe, die realen Geldprozesse, wenn schon nicht „ideal", so doch *angemessen* zu deuten. Denn es lässt sich eben nicht zu jeder beliebigen Zeit jeder beliebige Geldprozess in beliebiger Weise realisieren, sondern jede bestimmte Situation stellt gewisse objektive Bedingungen an menschliches Handeln. So kann der Sparer, mit dessen zur Verfügung gestellter Kaufkraft Produktionsumwege eingeschlagen wurden, leistungsmäßige Befriedigung nur dann erhalten, wenn dies mit dem Fortgeschrittensein der Produktionsumwege in Einklang steht: auch wenn er sein Sparen als „Bewahren" verhaltensmäßig gedeutet hat. In begrenztem Maße mag die Stellvertretung der Sparer untereinander möglich sein, aber um eine solche muss es sich dann auch handeln.[288] – Entsprechendes gilt von anderen Geldprozessen und von anderen Situationen.

---

287 Vgl. hierzu Anmerkung 282 auf S. 175
288 Vgl. POLAK, a.a.O. S. 26

178

Deutung meint hier also nicht das Hinblicken auf wirkliche oder mögliche *Motive* der Beteiligten, sondern Deutung meint die ganze Art realer, *verhaltensmäßiger Einstellung* auf soziale Prozesse *hin* und *in* ihnen. So kann ich mich z.B. – ungeachtet des Motives: durch mein Handeln erwerben zu wollen (kaufen) – in realer Kooperation als Geldgeber so verhalten, dass *Leihe* realisiert wird. Wenn *beide* Partner realer Geldprozesse in ihrem Handeln *eine* Deutung zum Ausdruck bringen – Kaufen *oder* Leihen *oder* Bewahren etc. – und dies den objektiven sozialen Bedingungen gerecht wird, so sind kooperative Möglichkeiten gesellschaftlichen Daseins in *sozial gesunder Weise* genutzt. Die Geldprozesse sind „angemessen" gedeutet. Reißen zwischen den verhaltensmäßig realisierten Deutungen der Partner im sozialen Prozess *Diskrepanzen* auf, so *widerstreiten* sie den Anforderungen des auf Kooperation angelegten gesellschaftlichen Daseins und müssen die schädigenden Folgen solchen Verhaltens in Kauf nehmen und – wo möglich – durch ausgleichendes Handeln heilen. In diesem Sinne sprechen wir vom „Prinzip der angemessenen Deutung" realer Geldprozesse. Es muss auch vom Unternehmen beachtet werden.

II Die Grundfinanzierung

1 Die Grundfinanzierung als Problem in der sich entwickelnden Wirtschaft

Den ersten Fragenkreis finanzwirtschaftlicher Probleme der Unternehmung, den wir mit der auf phänomenologischer Basis errichteten Geldanschauung erörtern wollen, hatten wir den Bereich der *Grundfinanzierung* genannt. Er sei im Folgenden nicht so behandelt, dass die Fragen inventurmäßig durchgegangen werden, die sich mit der Nennung des Themas „Grundfinanzierung" *überhaupt* stellen. Das Thema soll vielmehr in der Weise erörtert werden, dass auf Probleme eingegangen wird, auf die die angewandte Betrachtungsweise ein bestimmtes Licht zu werfen vermag.

Im *Gelde* haben wir im Verlaufe der Untersuchung eine solche Form sozialen Geschehens zu sehen gelernt, das eine bestimmte Stufe bewussten Ergreifens, nämlich die *organisatorische* Stufe, erreicht hat. Die Möglichkeit solcher organisatorischer Bewältigung ergreift das Unternehmen: Es kooperiert „im Gelde". Die verschiedenen Geldarten oder geldlichen Kooperationsformen verlangen nun zu prüfen, wieweit sie für die Finanzierung des Unternehmens wichtig werden, welche Geldarten sich gegebenenfalls für einzelne Unternehmenstypen besonders eignen oder nicht eignen; und sie verlangen zu prüfen, was sich über eine angemessene Grundfinanzierung der einzelnen Unternehmen durch diese verschiedenen Geldarten sagen lässt.

Blicken wir geschichtlich zurück, so zeigt sich, dass der organisatorische Gebrauch des Geldes sich naturgemäß zunächst in jenem Bereich einstellt, den wir als „laufendes Geschäft" bezeichnet haben: in Kauf und Verkauf von Leistungen hauptsächlich. *Geldprozesse* als Mittel der *Gründung* von Unternehmen entfallen entweder ganz oder spielen doch eine so untergeordnete Rolle, dass sie nicht als für ein Wirtschaftsgebiet charakteristisch und sein Bild zeichnend angesprochen werden können. Für Mitteleuropa ändert sich dies erst mit der Industriefinanzierung in der Mitte des vergangenen Jahrhunderts; als Übergang von der „Geldwirtschaft" zur „Kreditwirtschaft" wird es vom wissenschaftlichen Bewusstsein verzeichnet.[289] Unter dem Titel „Kreditwirtschaft" beginnt man neue, vor

---

289 Vgl. BRUNO HILDEBRAND: Natural-, Geld- und Kreditwirtschaft ... a.a.O. S. 355

allem auch menschlich befriedigendere Formen des gemeinschaftlichen Miteinander-Wirtschaftens zu begreifen: Das „Leihgeldgebiet" beginnt sich zu entfalten. Aber auch mit seiner Entfaltung ist nicht alles getan. Wenn wir sahen, dass mit diesem „Gewinn" der Entwicklung neue Krisenmöglichkeiten gegeben sind, so müssen wir heute erkennen, dass die im Leihgeldgebiet ökonomisch eingeschlagene Entwicklung „gesellschaftlich konsolidiert" werden muss; dies kann durch einseitige Geldprozesse – also durch Beitrags- oder Schenkprozesse – geleistet werden.

Vom Unternehmen aus gesehen bedeutet diese Entwicklung *verstärkte finanzielle Kooperation*: Jetzt kooperiert es sozusagen auch im Bereich der *Gründung* – und muss es im *Ertrag* und seiner Verwendung noch lernen. War das Problem der Kapitalaufbringung vordem mehr ein Problem gewesen, das in „organischer" Weise – durch Sacheinlagen oder schlichte Fortentwicklung (Expansion) alter Unternehmungen – gelöst werden konnte, so wird es im Zuge der vor gut hundert Jahren einsetzenden Industrialisierung – in unserer Terminologie: mit dem Auftreten von „Produktionsunternehmen" – zum Problem „organisatorischer" Bewältigung. Im Vordringen der Aktie (als Finanzierungsmittel), der Obligation und anderer Formen des so genannten Kapitalmarktes findet diese Entwicklung ihren Niederschlag.

Damit ist indirekt schon ein Hinweis gegeben auf die Bedeutung der Geldarten als Finanzierungsweisen für die verschiedenen Unternehmensformen: Mit dem Begründen der industriellen Entwicklung, sahen wir, wächst dem Kredit seine entscheidend wichtige Rolle zu. D.h. mit unseren Worten: Zum Auftreten der umgestaltend-dynamischen Unternehmensinitiativen des Produktionsunternehmens gehören auch die umgestaltenden Geldarten. Der Kredit zumindest eröffnet – in seiner Bedeutung für die Grundfinanzierung – erst die Tore des gesellschaftswirtschaftlichen Raumes, den das Produktionsunternehmen braucht.[290]

Vor allem im Produktionsunternehmen also nimmt die gesellschaftliche Entwicklung unseres industriellen Zeitalters ihre unternehmungsweise Gestalt an. Im Kredit findet sie die angemessene Form organisatorisch-kooperativer Bewältigung der Gründungsfinanzierung für die erforderlichen Unternehmensinitiativen. Durch Beitrag und Schenkung muss den kulturellen Instanzen ökonomischer Lebensraum zugemessen werden. So ist die

---

290 Vgl. etwa SCHUMPETER: „Aber in der Produktionswirtschaft ... gewinnt der Kredit seine fundamentale Bedeutung überhaupt erst dann, wenn Neues in der Wirtschaft geschieht" (Das Kapital ... a.a.O. S. 198).

182

Grundfinanzierung denn ein Problem, das sich hauptsächlich und wesentlich neu – weil „organisatorisch" – in der sich entwickelnden Wirtschaft stellt. Im Bereich tradierender Unternehmensinitiativen tritt die Bedeutung dieses Problems dagegen zurück und erscheint nur insofern, als diese Unternehmen gewissermaßen in den „Sog" der industriellen Entwicklung geraten, die sie selber nicht aktiv vorantreiben. Dies führt dann mehr zu Verteidigungsformen der Finanzierung (z.B. in der ländlichen Kreditgenossenschaft),[291] die in diesem Zusammenhang nicht weiter interessieren. – Wir wenden uns hier den *charakteristischen* Finanzierungsformen der industriellen Entwicklung zu.

2 Zum Problem der Beteiligung; das Beispiel der Aktie

Unzweifelhaft verdanken wir den industriellen Aufschwung des vorigen Jahrhunderts den elastischen, „mobilen" Finanzierungsmitteln in Gestalt der Aktie, der Obligation etc. Sie haben die Kapitalbildungsmöglichkeiten[292] freigelegt, die das – im Vergleich zum vorhergehenden Zustand – immense Einschlagen von Produktionsumwegen für sich notwendig hatte. Indem sie die Grundfinanzierung von Produktionsunternehmen sicherten, ermöglichten sie den Beginn einer spezifisch gesellschafts-*wirtschaftlichen* Entwicklung. Doch hat uns diese Entwicklung auch Krisen gebracht, die ebenso bis dahin unbekanntes Ausmaß erreichten. Dies muss zu der Frage führen, ob solche Krisen bereits in den Finanzierungsformen veranlagt sind, die zunächst so förderlich scheinen. – Wir wollen am Beispiel der Aktie prüfen, wie weit die hier erarbeitete Anschauung Licht auf diese Frage zu werfen vermag.

Es sei die folgende Sachlage gegeben: Ein Unternehmen beabsichtige, eine neue Produktion aufzuziehen, theoretisch ausgedrückt: einen Produktionsumweg einzuschlagen. Das technische Wissen, die notwendigen Mitarbeiter seien vorhanden, und auch der Absatz des Produktes soll keine Schwierigkeiten bieten. Der notwendige finanzielle Investitionsbedarf werde durch Ausgabe neuer Aktien aufgebracht,[293] die von vielen kleinen Sparer-„Kapitalisten" voll gezeichnet werden; denn letzteres gilt ja als besonderer Vorzug der mobilen Finanzierungsform der Aktie.[294] Der Aufbau

---

291 Vgl. hierzu E. GRÜNFELD: Die Selbsthilfebanken. Beitrag in: Kapital und Kapitalismus. Hrsg. von B. HARMS, a.a.O. S. 447 ff.

292 Es genügt für die Zwecke dieser Untersuchung, etwa auf den Preiser'schen Kapitalbegriff zu verweisen, der an den von Schumpeter anschließt. Preiser sagt: „Unter Kapital versteht die Praxis Finanzierungsmittel für Investitionen, d.h. Geld für Investitionszwecke: Geld in dieser Funktion ist Kapital" (ERICH PREISER: Bildung und Verteilung ... a.a.O. S. 105).

293 Dies braucht hier nicht technisch-juristisch spezifiziert zu werden.

der Produktionskapazität beginnt und in ihrem Verlaufe auch die Produktion und der Absatz. Aus diesem Bereich sollen, wie gesagt, keine Schwierigkeiten erwartet werden; problematisch sei uns allein die Art der Finanzierung.

Wir haben es also mit der Kooperation eines Produktionsunternehmens im Bereich seiner Grundfinanzierung zu tun. Und zwar geht die in Frage stehende Unternehmensinitiative auf „Verwirklichung", d.h. sie holt gewissermaßen neue Möglichkeiten in den gesellschafts-wirtschaftlichen Prozess herein. Dieser erhält dadurch Entwicklungsmomente, die er sonst nicht aufweisen würde. Die Finanzierungsform, die die Einordnung neuer Produktionsinitiative meint, konnten wir im *Leihen* erkennen.[295] Sie wird hier nicht angewandt. An ihre Stelle tritt – wenigstens formaliter – die Finanzierungsform des „Beteiligens": Der einzelne Sparer-Kapitalist beteiligt sich eben an der Aktiengesellschaft und hat Anspruch auf Gegenleistung in Form der Dividende etc., wenn Gewinn gemacht wird.[296]

Dennoch haben wir es mit einer Initiative auf der Empfängerseite zu tun, die bis zum bestimmten Grade so mit dem Gelde umgeht – d.h. mit ihrer kaufkräftigen Einordnungsweise – , wie es der Leihe entspricht: Das Unternehmen kalkuliert den Preis seiner Leistungen so, dass der Produktionsumweg „rentabel" ist, der Ertrag dieses Umweges, in dem Abschreibungen als Kosten auftreten, also in Geldform bei ihm selbst entsteht. Unsere Voruntersuchungen brachten uns nun die Erkenntnis, dass die ganze Schwierigkeit des gesellschaftlichen Miteinander-Wirtschaftens jedoch erst dann deutlich wird, wenn es um die „gesellschaftliche Konsolidation" der Entwicklung geht, d.h. um die Frage, *wofür* die Erträge, *letztlich dienen* sollen.[297] Auf dieses Problem abstellend müssen wir fragen: Fördert nun diese „Ausweich-Form" der Finanzierung die gesellschaftliche Konsolidation des eingeschlagenen Produktionsumweges, oder hemmt sie diese?

Zuvor: Ist es denn eine „Ausweichform"? – Dies kann so deutlich werden: Auf der *Unternehmensseite* ist es eine relativ bequeme Finanzierungsweise, denn man hat keine unbedingte Verpflichtung zur Verzinsung und Amortisation – wie im Falle der Obligation, d.h. man kann Erträge dann verteilen, wenn sie da sind (oder sich nicht mehr verbergen lassen) oder wenn es einem genehm ist. Das Nötige hat hier bereits Polak zum

---

294 Vgl. Schmalenbachs bekanntes Bild von der Aktiengesellschaft als „Pumpmaschine", die auch die kleinsten Kapitalbeträge zu erfassen vermag (SCHMALENBACH: Die Aktiengesellschaft. Köln-Opladen 1950², S. 12).
295 Vgl. oben S. 87 u. S. 117
296 Vgl. S. 100 f.
297 Vgl. unten S. 147 ff.

184

Ausdruck gebracht: „Wir sehen denn auch", sagt er, „dass die meisten Produktionsunternehmungen nur notgedrungen Obligationen zur Emission anbieten; lieber geben sie Aktien, seien es Stamm- oder Vorzugsaktien, aus, die nicht zur Tilgung verpflichten."[298] Zwar erwirbt der neue „Teilhaber", der Aktionär, ein gewisses Mitsprache- und Bestimmungsrecht: Doch wird die Unternehmensleitung (Verwaltung) diesen „Nachteil" nur sehr selten zu fürchten brauchen.

Auf der anderen Seite sucht man unserem Sparer-Kapitalisten seinen „Einsteige"-Entschluss leicht zu machen. Dazu sagt etwa Röpke: „Die Funktionsteilung zwischen Sparer und Investor ist *insofern* von großer Bedeutung, als sie den Sparer weitgehend vom Risiko oder zum mindesten vom *Bewusstsein eines Risikos* befreit und so ein immer wirksames Hemmnis des Sparentschlusses beseitigt."[299] Schmalenbach sieht in dieser Hemmnisbeseitigung (durch Unklarlassen der Tatsachen) immerhin schon die „Begünstigung" der Spekulation und „derartiger übler Erscheinungen", aber er rät: „Man soll diese Dinge nicht tragisch nehmen." Er begründet dies so: „Wenn der spekulationslüsterne Teil der Menschheit von Zeit zu Zeit tüchtig hereinfällt, ist das eine notwendige und begrüßenswerte Erscheinung."[300]

Man sagt sich also: Am besten mache sich der neue Sparer-Teilhaber gar keine Gedanken, Hauptsache: Er zahlt; macht er sich aber falsche Gedanken („im eigenen Namen"), dann soll er gelegentlich nur tüchtig hereinfallen.[301] Man kümmert sich also auf der Unternehmensseite nicht weiter um diejenigen, mit denen man zu kooperieren begonnen hat, sondern bemüht sich, ihnen die Illusion solange wie möglich aufrechtzuerhalten, als sei alles beim Alten geblieben, als seien nicht durch *ihre Hilfe Entwicklungsimpulse* in den Produktions- und Verteilungsstrom des Sozialen Organismus eingeordnet worden.

Die realen Verhaltensweisen ergänzen sich nicht mehr zum einheitlichen Prozess, es klaffen Diskrepanzen in den verhaltensmäßigen Deutungen auf.[302] „Man weicht von der angemessenen Finanzierungsform der „Leihe" – die

---

298 N. J. POLAK: Grundzüge der Finanzierung mit Rücksicht auf die Kreditdauer. Berlin, Wien 1926, S. 94
299 WILHELM RÖPKE: Die Theorie der Kapitalbildung. Tübingen 1929, S. 17. Die Kursivsetzung wurde hinzugefügt.
300 SCHMALENBACH: Die Aktiengesellschaft … a.a.O. S. 12
301 Sollte mit diesem „Hereinfallen" das Zusammenbrechen von Unternehmungen zusammenhängen, so wäre die Begründung wohl leichtfertig zu nennen, da sie sich in ihren Folgen nicht auf die „Spekulanten" beschränkt. An solchen Punkten mag es sich rächen, dass Schmalenbach in philosophischen Grundüberlegungen nur „wortreich-ergebnisarme Umständlichkeiten" zu sehen vermochte (vgl. S. 19 Anm. 8).
302 Vgl. S. 178 f.

freilich auch nicht alle Probleme löst – zu der traditionalen Form des „Beteiligens" aus – dies meint: „Ausweich-Form" der Finanzierung. Auf der einen Seite – der Seite der Manager – *prellt* man mit der Entwicklung *vor*. Die andere Seite bleibt in dem Bewusstsein zurück, dass sich nichts Besonderes ereignet habe. Jedenfalls entfällt für sie auch noch die *Informations*-Funktion der Kreditrückzahlung, die unterstützt werden müsste – anstatt fortzufallen. Damit sind die bewusstseinsmäßigen und faktischen Voraussetzungen gegeben, die zu den Krisen der einmal eingeschlagenen und nicht umkehrbaren gesellschafts-wirtschaftlichen Entwicklung führen und nicht zu deren Konsolidation. Wir begegnen hier den gesamtwirtschaftlich bereits geschilderten Zusammenhängen bei ihrer Entstehung in der Unternehmung – durch deren ungenügende finanzielle Kooperation.

Vom Problem der gesellschaftlichen Konsolidation der sozial-ökonomischen Entwicklung her geurteilt muss man sagen: Die *Beteiligungsfinanzierung* in Form der Aktie ist *dieser Entwicklung grundsätzlich unangemessen*. Es ist eine nicht zu Ende gedachte Form der Finanzierung von Produktionsumwegen, bei der man nur im Auge hat, wie man sie *beginnen*, nicht aber: wie man sie führen und *konsolidieren* – also fruchtbringend beendigen – kann. Über ihrem Beginn steht dabei auf beiden Seiten – wenn man auf die „pflegliche" gegenseitige Behandlung schaut – gewissermaßen der Satz: „Tue du mir nichts, so tue ich dir auch nichts." Aber gerade das Unklarlassen der tatsächlichen Lage muss später zu Krisen führen, die erfahrungsgemäß schmerzlicher ausfallen als die Verschleierung der tatsächlichen Lage anfangs angenehm sein konnte. *Verantwortungsvoll* können sozialökonomische Entwicklungsprozesse jedoch nur geführt werden, wenn ihr *Beginn* sowohl wie ihr *Sinn* – und damit die Weise ihrer Konsolidation – klar im Bewusstsein der Beteiligten leben.

So muss man von diesem Gesichtspunkte aus denen zustimmen, die mit M. Lohmann fragen, „ob man einen Aktionär künftig als Eigentümer-Mitunternehmer betrachten solle, oder ob die Aktiengesellschaft nicht etwa einfach *als ein System von Finanzierungen* aufzufassen sei mit allen Konsequenzen, die das unternehmensrechtlich und tatsächlich nach sich ziehen müsste, besonders in der Anerkennung von Sondervermögen."[303] Unsere eindeutige Antwort auf diese Frage kann nur lauten: Man befreie den Aktionär von einer Rolle, die er nur mit wenig Erfolg spielen kann und mit noch weniger Geschick gespielt hat. Man zwinge ihn nicht – durch ju-

---

303 MARTIN LOHMANN: Einführung ... a.a.O. S. 280 (2. Aufl.). Die Kursivsetzung wurde hinzugefügt.

ristische „Wiederherstellungen" seines „Rechtes" – in Situationen, denen er nicht gewachsen ist.[304] Man mache einen Leihvorgang auch formaliter wieder zu dem, was er ist, und weiche nicht in die – in diesem Falle – unklare Beteiligungsfinanzierung aus. Finanziell soll sich der ehemalige Aktionär dabei keineswegs schlechter stellen: Man gewähre ihm einen angemessenen (eventuell variablen) Zins und zahle ihm – mit dem Gelingen des Produktionsumweges – sein Geld zurück. Die „Hauptversammlung" wandle man zu einer Stätte, auf der man den Kooperationspartner über ein der Entwicklung angemessenes Verhalten bezüglich der Verwendung der ihm zurückerstatteten Mittel *aufklärt*, anstatt ihn über Dinge – als so genannter „Eigentümer-Mitunternehmer" – *urteilen* zu lassen, für die er *als* Eigentümer weder sozial legitimiert noch zuständig *sein kann*. Ein Auskunfts*recht* des Gläubigers wäre dabei durchaus angebracht; denn an nichts leidet vielleicht unsere Sozialordnung so sehr wie an der Anonymität der sie angehenden wesentlichen Entwicklungsprozesse. Doch scheint das Verständnis für dieses Bedürfnis auch bei verantwortlichen Stellen langsam zu wachsen: Darauf deuten die vielen *echten* Public-Relations-Bestrebungen, die es immerhin auch gibt.

Gilt, was für die Beteiligungsfinanzierung in Gestalt der Aktie gesagt wurde, auch *allgemein* für das Problem der *Beteiligung*? Wir möchten dies grundsätzlich bejahen, wenn auch der Formen der Beteiligung so viele sind, dass diese kaum als sehr einheitliches Faktum zu werten ist. Zu unterscheiden wäre hier hauptsächlich zwischen der Beteiligung als Form der *Geldanlage* und der Beteiligung als Mittel der Unternehmensverflechtung. Für die Beteiligung als Geldanlage gilt das Gesagte: Als *Finanzierungsart* ist sie der sozialökonomischen Entwicklung *nicht angemessen*.

Mit der Frage nach der Beurteilung der Beteiligung als Mittel der *Unternehmensverflechtung* werfen wir natürlich zugleich das weittragende Problem des Eigentums an Produktionsmitteln und seiner Rechtfertigung auf. Es kann im Rahmen dieser Untersuchung nicht behandelt werden. Dass aber mit dem gängigen Gebrauch dieses Mittels nicht das letzte Wort in dieser Sache gesprochen sein kann, darauf weist nicht nur die Beachtung, die die Frage ökonomischer Macht und deren Missbrauch in der Gegenwart gefunden hat, sondern darauf weisen auch die mannigfachen

---

304 Entsprechend sagt HANS FREYER in seiner „Theorie des gegenwärtigen Zeitalters" (Stuttgart 1955, S. 115): „Denn auf wessen Namen das Eigentum an den Produktionsmitteln und der Besitz der Schlüsselpunkte lautet, ist nicht entscheidend und wird immer gleichgültiger. Entscheidend ist, wer den Zugang zu ihnen und die Verteilung der Produkte tatsächlich in der Hand hat."

Versuche, neue Formen industriellen Eigentums und der mit ihm verbundenen Rechte (Mitbestimmung) zu finden.[305]

M. Lohmann macht auf eine weitere Nuance aufmerksam, wenn er schreibt: „Schließlich hat industrielles Eigentum doch eben noch eine dritte Seite. Es besteht aus den Produktionsmitteln ..., mit denen der arbeitende Mensch tagaus tagein in innigster Verbindung lebt, weit inniger, als sie jemals der juristische Eigentümer, ein der Aktiengesellschaft und ihm unbekannter Aktionär, empfinden könnte. Für den Arbeiter sind diese Dinge aber Voraussetzung seiner Existenz und der Sicherung seines Lebensunterhaltes. Es liegt aller Anlass vor zu überlegen, durch welche Formen der Mitbestimmung und der Eigentumsverfassung Einflüsse, die sich aus der bloß formalen Eigentumszuständigkeit ergeben, zugunsten jenes *sozialpolitischen* Anliegens gemildert werden können. Ohne Eingriffe in die Rechts- und Wirtschaftsordnung, von der wir im Grunde seit 1914 Abschied genommen haben, ohne dass sich über eine neue von einigem Bestand hätte Einigung erzielen lassen, wird das freilich nicht gehen. Durch sie wird dann auch der Typus der Unternehmung neu bestimmt werden, der dieser kommenden Ordnung adäquat ist."[306] Mit diesen wichtigen Fragen haben wir wiederum einen Grenzpunkt unserer Untersuchung: Die Probleme berühren sich hier sachlich stark, wir können sie jedoch nicht weiterverfolgen.

Zum Problem beteiligungsmäßiger Verflechtung von Unternehmen sei hier nur soviel gesagt: Es handelt sich stets um Fragen, die mit der Zusammenarbeit von Unternehmens*initiativen* zu tun haben, also mit dem *initiativen Gestalten* sozialer Prozesse; fachliches Können und soziales Verantwortungsbewusstsein – also *kulturelle* Gesichtspunkte – sollten Maß und Ausschlag geben. Diese können in vertraglichen Bindungen ihre Regelung finden, so dass das kulturell als richtig Erkannte schließlich die wirtschaftliche Wirklichkeit in ihrer wertmäßigen Formung bestimmt. Stattdessen entscheidet verfügbare Kaufkraft – also eine wirtschaftliche Größe – über die anstehenden Fragen: in der Tat ein Sachverhalt, der einen „objektiven" Betrachter dieser Vorgänge zu der These veranlassen könnte: Alles kulturelle, geistige Leben ergebe sich im Grunde aus ökonomischen Sachverhalten. Die These wäre nicht neu: Wäre sie darum völlig falsch? – Wir wollen milder urteilen und sagen: Das Pferd, das wir

---

305 Hier sei auf die Gedanken vor allem Strickrodts verwiesen. Vgl. GEORG STRICKRODT: Unternehmen unter frei gewählter Stiftungssatzung. Baden-Baden/Frankfurt/Main 1956.
306 M. LOHMANN ... a.a.O. S. 280 (2. Aufl.)

188

reiten, ist zumindest am Schwanz aufgezäumt. Wir haben zwar Sporen es anzutreiben; aber wir befinden uns nur allzu bald in der unglücklichen Lage jenes Reiters, der sein galoppierendes Pferd weder lenken noch zum Stehen bringen konnte: Doch ist dies deswegen nicht prinzipiell unmöglich.

3 Die angemessene Finanzierung des Produktionsunternehmens

Nachdem wir uns davon überzeugt haben, dass dem „Entwicklungstyp" des Produktionsunternehmens tradierende Finanzierungsformen keinesfalls angemessen sind – auch dann nicht, wenn sie im Einzelfall ihrer Anwendung vielleicht einmal keinen Schaden anrichten – , müssen wir nun positiv fragen, wie eine angemessene Finanzierung denn aussehen soll. Für die Finanzierung von Produktionsumwegen sei die „Leihe" angebracht, wurde gesagt. Wie war dies gemeint?

Im „Produktionsunternehmen" hatten wir jene Initiative sehen gelernt, die auf „Verwirklichung" geht, die im Schumpeter'schen Sinne „neue Kombinationen" durchsetzt. Die holt aus dem – im technischen Wissen z.B. und in neuen Forschungsergebnissen kulturell Veranlagten – die neuen Produktionsmöglichkeiten heraus, „münzt" sie gleichsam „aus", so dass sich das im sozialen Bereich Mögliche in tatsächlicher Verbesserung der Lebensgrundlage, in der Zunahme des Sozialprodukts, also in der „Verbreiterung" des Produktions- und Verteilungsstromes niederschlägt.

Materiell stellt sich dieser Ausgriff in der sozialökonomischen Entwicklung dabei als „Produktionsumweg" dar, d.h. es werden zunächst Produktionsmittel und Arbeitsleistungen investiert, die nicht uno actu schon den Ertrag liefern, auf den sie abzielen, die ihn aber zu ihrer Zeit in relativ *verstärktem Maße* liefern. Das investierte Kapital ist kalkuliert und „werbend" angelegt: ein gängiger Ausdruck, der den Sachverhalt jedoch recht plastisch wiedergibt. Ein gegenüber den bisherigen traditionalen Herstellungsmethoden in der Regel vermehrter Ertrag, der auch die anfänglich hohen (fixen) Kosten wieder hereinholt (rechnungsmäßig als Abschreibungen), ordnet den sich vollendenden, gelingenden Produktionsumweg in die sozialen Wertbeziehungen ein und steht in geldweiser Form als Gewinn zur Verfügung. Im Produktionsunternehmen hat darum der *Gewinn* seine ihm spezifisch zukommende Stelle.

Obgleich es kulturell wesentlich auf andere vorbereitende Aktivitäten forschender und bildender Art angewiesen ist[307] – in ihm sieht die „Schlauheit der Jahrzehnte" oftmals wie die „Schlauheit des Individuums" aus (Schumpeter)[308]–, kann sich das Produktionsunternehmen auf finanziellem Gebiete am stärksten unabhängig entwickeln. Es bedarf lediglich des Kredites (nicht des Beitrags, nicht der Schenkung), um zu seiner Verwirklichung schreiten zu können; und dieser ist erfahrungsgemäß leichter zu bekommen als etwa ein Beitrag[309] oder gar eine Schenkung. Entsprechend und bestätigend sagt Schumpeter: „Der Unternehmer aber, der, wenn er etwas Neues tun will, die Produktionsmittel, die dazu gehören, nicht schon aus vorgängigen Erlösen hat ... muss sich Kaufkraft beschaffen. Hier wird der *Kredit wesensnotwendig*, während er es sonst nicht ist – hier wird er zu einem *wesentlichen Element* des Produktionsprozesses."[310] Zwar legt der Kredit dem Unternehmen immer Verpflichtungen auf, von denen sich die Unternehmer gern und sobald als möglich frei wissen möchten – die Freiheit von äußerlich bindenden (juristisch gesprochen: einklagbaren) Verpflichtungen kann jedoch sozial nur dann gesund sein, wenn sie durch freiwillige Übernahme sozialer Verantwortung für die finanzielle, entwicklungsgemäße Kooperation des Unternehmens – vor allem auf dem Gebiete der Ertragsverwendung – kompensiert wird. Und gerade in diesem Punkte dürfte die Anforderung, die der Kredit dem Unternehmen stellt, indem er einen zielgerichteten Umgang mit den dem Unternehmen anvertrauten Mitteln verlangt, sozial sehr angemessen sein.

So enthält denn der Kredit, die Leihe, genau jene Elemente (er ist ja auch historisch mit ihm gewachsen), deren das Produktionsunternehmen zu seiner Realisierung im Bereich der Grundfinanzierung bedarf: Er stellt Kaufkraft „auf Zeit" zur Verfügung, die während dieser Zeit vom Produktionsunternehmen schöpferisch so genutzt wird, dass der im Unternehmen selbst anfallende Ertrag am Ende der bemessenen Periode die Rückzahlung ermöglicht. Dies ist gemeint, wenn gesagt wird: Das *Leihen* ist die dem Produktionsunternehmen *angemessene Finanzierungsform*. Sie sollte in Zukunft so ausgestaltet werden, dass ihre Hilfe für den Be-

---

307 Vgl. hierzu etwa FOLKERT WILKEN: Selbstgestaltung der Wirtschaft. Freiburg i.Br. 1949, insbes. S. 160 ff.

308 Schumpeter: Theorie ... a.a.O. S. 118

309 In Subventionen z.B. spielt diese Finanzierungsform auch für das Produktionsunternehmen eine gewisse Rolle, wobei allerdings zu bedenken ist, dass es in solchem Falle Aufgaben forschender oder bildender Art mitübernehmen kann. (Vgl. auch M. Lohmann: Einführung ... a.a.O., S. 180 (2. Aufl.))

310 SCHUMPETER: Das Kapital ... a.a.O., S. 201; die Kursivsetzung wurde hinzugefügt.

ginn sozialökonomischer Entwicklungsprozesse zugleich ein Beitrag für die Gestaltung einer „menschlich erträglichen Ordnung" (Lohmann) des Sozialen Organismus wird.

Dies kann in vielerlei Formen gedacht werden. Eine Form könnte z.B. darin liegen, dass man das Gesellschaftsverhältnis, das in der Aktiengesellschaft heute noch als zu unentwickelt gelten muss, in positiver Weise umgestaltet. Dies könnte z.B. auf eine neuartige Synthese von Aktie und Obligation hinauslaufen: Der einen wäre dabei ihr Eigentums-Beteiligungscharakter zu nehmen,[311] der anderen wäre zu ihrer anonymen Unverbindlichkeit hinzuzufügen, was ihr mehr den Charakter eines Gesellschaftsverhältnisses verleiht. (Gesellschaftsverhältnisse lassen sich ja auch auf vertraglicher Basis denken und nicht nur auf Grund von Beteiligungsverhältnissen.) Die Hauptversammlung müsste dann mehr den Charakter einer „Gläubigerversammlung" annehmen (was ja auch ohne den Nebengeschmack des Konkursfalles möglich sein sollte). Auf ihr sollten Gläubiger und Öffentlichkeit über die Lage des Unternehmens, seine Ziele und Erfolge unterrichtet werden und tunlichst auch ein gewisses Auskunfts*recht* erhalten, wie es heute dem Aktionär zusteht. Würde bei solcher Gelegenheit zudem noch dem Vertreter einer unabhängigen Wirtschaftsinstitution – etwa der Zentralbank in ihrer örtlichen Vertretung – das Wort gegeben, so wäre immerhin auch die Möglichkeit für eine über dem Einzelinteresse stehende gesamtwirtschaftliche *Information* gegeben, die voraussichtlich bei denen „ankommt", die im finanziellen Bereich Entscheidungen zu treffen haben. Auf die Verwendung von Rückzahlungen und Erträgen wäre dabei besonderer Wert zu legen.

Nun muss man in Mitteleuropa freilich fast immer mit Bedenken rechnen, wenn Lösungsvorschläge gemacht werden, hinter denen nicht irgendeine Art von automatischem oder gesetzlichem Zwang steht. Aber solche Lösungen stehen letztlich doch nur der Diktatur mit einiger Hoffnung auf Erfolg (unberücksichtigt jetzt ihre eigene innere Erfolglosig-

---

311 Wer hier aus einem – geschichtlich, aber nicht funktionell verständlichem – Haftungs-Ethos heraus sagen wollte: Ein solcher Gestaltwandel der Aktie würde aber dem Unternehmer zuviel Haftung abnehmen, um sie dem Gläubiger zu überwälzen, der vergisst, dass der Eigentümer-Mitunternehmer-Aktionär eben eine Fiktion ist. Er vergisst zudem, dass das Problem der Haftung in unserer Zeit viel weniger eine Frage persönlichen Vermögenseinsatzes, sondern vielmehr zunehmend ein Kreislaufproblem geworden ist. Es gibt eben auch eine *kreislauf-mäßige Haftung:* und sie trifft den Unternehmer persönlich in den seltensten Fällen; man „bestraft" eben nicht den Eigentümer-Unternehmer, wenn ein Großunternehmen in Konkurs geht, aber man schafft schwere kreislaufmäßige Schädigungen. Schumpeter hat schon vor Zeiten darauf gewiesen: „Die Übernahme eines Risikos ist in keinem Falle ein Element der Unternehmerfunktion. Mag er auch seinen Ruf riskieren, die direkte ökonomische Verantwortung eines Misserfolges trifft ihn nie." (SCHUMPETER: Theorie ... a.a.O. S. 217)

keit) zu. Mit gesetzlichen oder ähnlichen Mitteln kann man die auf dem Gebiete der finanziellen Kooperation notwendigen Verhaltensweisen nicht „bewirken"; sie müssen aus *freier Einsicht* wachsen. Aber für diese müssen die *Vorbedingungen* in immer wiederkehrender unermüdlicher Informationsarbeit geleistet werden; nur so ist wirklicher, d.h. wirksamer Erfolg zu erwarten.[312] Und jeder nur „technisch"-äußerlich erreichte soziale „Erfolg" täuscht uns nur über die wahre Erfolglosigkeit in der erstrebten Sache hinweg. Der Mensch ist eben letztlich nicht manipulierbar.

Im Großen und Ganzen wird man sich auf dem Gebiete des industriellen Unternehmens – insbesondere in dem Bereich seiner finanziellen Kooperation – zu der Einsicht finden müssen, dass jedes Beginnen sozialer Entwicklungsprozesse im Einschlagen von Produktionsumwegen (und jedes betriebliche Geschehen im Zusammenhang damit) zugleich die Frage nach seiner *menschlich-kulturellen Bewältigung* aufwerfen muss. *Die Aufgabe auch des Produktionsunternehmens will als kulturelle Aufgabe gesehen und ergriffen werden.*[313] [314]

4 Die Selbstfinanzierung und ihre Problematik

Unter den in praktischer Hinsicht wichtigen Finanzierungsformen müssen wir in neuester Zeit besonders der so genannten *Selbstfinanzierung* eine beträchtliche Bedeutung zumessen. Sie sei hier am Beispiel des gesellschaftlich wichtigen Industrieunternehmens, im Wesentlichen also des Produktionsunternehmens, besprochen. Lohmann errechnet ihren ausgewiesenen Anteil an der westdeutschen Industriefinanzierung („nicht entnommene Gewinne der Unternehmen") im Durchschnitt der Jahre 1950-1956 mit

---

312 Es darf an dieser Stelle wiederum gesagt werden, dass wir von der hier „ideal" geschilderten Entwicklungsrichtung vielleicht gar nicht so weit entfernt sind, wie das Geschilderte zunächst vermuten lässt: Der gute Wille zu solch kooperativer Denkweise ist bei vielen bedeutenden Unternehmerpersönlichkeiten durchaus gegeben. Woran es aber fehlt, das ist eine *Gesamtschau* der Zusammenhänge, in die sich die einzelnen betrieblich-unternehmerischen Maßnahmen einfügen sollen und müssen, und: *Dies* wiederum ist in erster Linie eine Verpflichtung wissenschaftlicher Entwicklungsarbeit.

313 Vgl. P. F. DRUCKER: Die nächsten zwanzig Jahre. Düsseldorf 1957, S. 16. – Vgl. auch E. JUCKER: Die Arbeit ist keine Ware. Bern 1957, S. 38.

314 Angemerkt sei an dieser Stelle: Würden wir auch die institutionell sich konstituierenden kulturellen Instanzen als unternehmensweise Sozialgebilde begreifen, so würde sich zeigen, dass es ihrem Wesen entspricht, wenn das ja auch bei ihnen auftretende Problem der Grundfinanzierung in der Weise des Beitragens und in der des Schenkens gelöst würde. Denn diese Finanzierungsformen gewähren jenes Maß freier Selbstbestimmung, das für kulturelles Schaffen nun einmal notwendig ist.

knapp 42 %.[315] Hinzuzurechnen wäre noch der nicht ausgewiesene Anteil, der angesichts der in dieser Zeit noch möglichen Sonderabschreibungen (Investitionshilfe etc.) gewiss nicht gering zu veranschlagen sein dürfte. Auf jeden Fall ist deutlich, dass die Selbstfinanzierung in praktischer Hinsicht wohl an erster Stelle der Finanzierungsformen der Industrie genannt werden muss.

Selbstfinanzierung bedeutet, dass sich das Unternehmen auf Grund seiner Machtstellung die für notwendig gehaltenen Finanzierungsmittel seiner Investitionen aus entsprechend hohen Verkaufserlösen seiner Leistungen sogleich beschafft.[316] Es macht sich damit von der Notwendigkeit finanzieller Kooperation im Bereich seiner Grundfinanzierung frei. Der „Normalfall" der Selbstfinanzierung beinhaltet damit die Tatsache, dass Produktionsumwege eingeschlagen werden, ohne dass ihnen die Form einer Leihe oder einer Beteiligung gegeben würde,[317] es ist sozusagen eine „Beteiligungsfinanzierung in eigener Regie", d.h. eine Finanzierung unter *Fortfall der Geldform* im Bereich der *Grundfinanzierung* (denn es finden für die letztere keine Geldakte mehr statt). Dies besagt: Man kann überhaupt nur im *uneigentlichen* Sinne – vom *Effekt*, vom faktischen Einschlagen des Produktionsumweges her urteilend – von „Finanzierung" reden.

Praktisch ist die Selbstfinanzierung – wie Hagest[318] ausführt – an drei Voraussetzungen gebunden, nämlich an:

„1. das Vorhandensein von tatsächlichen liquiden Gelderlösen aus der Unternehmungstätigkeit, die nicht zur Aufwandsdeckung verwendet werden müssen,

---

315 LOHMANN gibt – auf Grund der Berichte der ehemaligen Bank deutscher Länder – die Ersparnisbildung in der Bundesrepublik Deutschland (1950-1956) insgesamt mit 176,1 Mrd. DM an; auf die nicht entnommenen Gewinne der Unternehmen entfallen im gleichen Zeitraum 73,4 Mrd. DM = 41,7 %. Vgl. M. LOHMANN: Die westdeutschen Investitionen 1948-1957 und ihre soziale Problematik. In: Hamburger Jahrbuch für Wirtschafts- und Gesellschaftspolitik. Hrsg. von HEINZ-DIETRICH ORTLIEB. Tübingen 1958, S. 54.
316 Vgl. Hegners Definition. F. HEGNER: Die Selbstfinanzierung der Unternehmung als theoretisches Problem der Betriebswirtschaftslehre und der Volkswirtschaftslehre. Bern 1946, S. 34. Oder: KARL HAGEST: Die Selbstfinanzierung des Betriebes. Stuttgart 1952.
317 In der betriebswirtschaftlichen Literatur rechnet man allerdings auch den Fall der Gewinnverwendung zur Schuldenrückzahlung – unter der gleichen „Preispolitik" wie die sonstige Selbstfinanzierung stehend – zum Phänomen „Selbstfinanzierung" und nennt diesen Fall mit Theisinger eine „Selbstfinanzierung in entgegengesetzter Richtung" (vgl. HAGEST a.a.O. S. 32). Sachlich gesehen begeben wir uns aber mit dieser Variante der Selbstfinanzierung – der Schuldenrückzahlung – in das Gebiet, das für uns erst im Abschnitt über „Ertrag und Ertragsverwendung" zur Diskussion steht. Diese Variante bleibt deswegen an dieser Stelle unberücksichtigt. Die Selbstfinanzierung soll hier nur besprochen werden, soweit sie für das Problem der Grundfinanzierung relevant wird; dies ist aber ja auch anerkanntermaßen ihre Hauptbedeutung.
318 HAGEST a.a.O. S .36

2. die Möglichkeit, diese Gelderlöse in der Unternehmung zurückzubehalten, und

3. die Möglichkeit, diese Mittel für neue Betriebszwecke zu verwenden."

Der letzte Punkt weist dabei deutlich auf das Einschlagen von Produktionsumwegen hin. – Ob die Selbstfinanzierung dabei rechnungsmäßig auf dem Wege der „Nichtausschüttung ausgewiesener Gewinne" oder gleich durch „Nichtausweisung von erzielten Gewinnen" bewerkstelligt wird,[319] spielt dabei für unsere Untersuchung keine Rolle – und in der Praxis dürfte beides gleichzeitig und ineinander übergehend vertreten sein.

Die Gründe, die zur Selbstfinanzierung führen, müssen vor allem von der Unternehmensseite her verstanden werden. So schreibt M. Lohmann: „Der kleinere und mittlere Unternehmer freilich hat die Selbstfinanzierung stets nicht nur als eine Not, sondern häufig als eine Tugend betrachtet. Die bei Verhandlungen mit der Außenwelt unvermeidlichen Verzögerungen fielen weg, desgleichen die Verpflichtung, einen festen Zins bar zu zahlen, Geschäftsgeheimnisse den Kreditprüfern preiszugeben und sich von ihnen für künftige Planungen hinderliche Vorschriften auferlegen, überhaupt einen fremden Investor mitreden zu lassen."[320] Was dem kleinen Unternehmen dabei unangenehm ist, ist es freilich nicht weniger dem großen. Zudem wird die Selbstfinanzierung dem nicht scharf kalkulierenden Unternehmen von vornherein als die billigste Finanzierungsmethode gelten: Wenn dies auch faktisch nicht als in jedem Falle stichhaltig zu gelten hat, so darf doch die zunächst subjektive (sodann objektive) Wirkung dieser Meinung nicht übersehen werden.[321] Und zu guter Letzt muss auch des Gewichts steuerlicher Überlegungen gedacht werden: verleiten sie doch zumindest im Rahmen steuerlicher Abschreibungsmöglichkeiten zur Selbstfinanzierung „auf jeden Fall", womit durchaus – wie M. Lohmann nachweist – expansive Prozesse verbunden sein können.[322]

---

319 EBENDORT S. 57
320 M. LOHMANN: Kapitalbildung und Kapitalverwendung in der Unternehmung. Beitrag in: Schriften des Vereins für Sozialpolitik, N.F. V (1953) Berlin, S. 172
321 HAGEST (a.a.O. S. 59) ergänzt hierzu etwa noch: „Das laufende Auftauchen von flüssigen Mitteln während des Ablaufs des erfolgreichen Betriebsprozesses, über deren Herkunft und Bestimmung man sich meist gar nicht klar wird, bildet einen dauernden Anreiz zur Selbstfinanzierung."

Verständlich zwar, aber auch schon für den ersten Hinblick bedenklich, wird die Frage der Selbstfinanzierung, wenn sie geradezu zum *Kriterium* für den Produktionsumweg gemacht wird. Die Praxis tut dies unter der Formel des *pay-off*, wenn sie „die Investition einer Maschine einfach davon abhängig macht, dass sie sich in wenigen, 2,3,4 Jahren bezahlt mache, obwohl er (der Unternehmer) damit keineswegs die Garantie der wirtschaftlichsten Investition von allen in Frage kommenden hat. Er wünscht, sich einfach dem Risiko so schnell wie möglich zu entziehen. Die Methode ist allerdings völlig absurd, wenn der Unternehmer, statt nach Hereinholung der Anschaffungskosten die Preise zu senken, sich in eine neue Anschaffung wieder nach der Methode des pay-off stürzt und dabei die Kapazität der Industrie sinnlos steigert."[323] Die Gefahr der Überinvestition und der Fehlinvestition (Kapitalfehlleitung) scheint mit der Selbstfinanzierung somit eng verbunden zu sein.

An diesem Punkte setzt denn auch die Kritik an der Selbstfinanzierung – aus den verschiedensten Anschauungsrichtungen kommend, sich im Ergebnis aber meist überschneidend – ein. Von sozialistischer Seite wäre die mangelnde Planung zu kritisieren, von liberaler Seite der nicht „wettbewerbsgerechte" Preis und die Ausschaltung der automatisch-lenkenden Wirkung des Zinses (des liberalen Feigenblattes gleichsam vor der „Blöße" des verpönten Gedankens gesamtwirtschaftlicher Planung).[324] In diesem Sinne wird naturgemäß immer wieder geltend gemacht, dass die Selbstfinanzierung die Wirtschaftlichkeitsrechnung beeinträchtige – sei es, dass die Investition selbst als in nicht durchdachter Weise vorgenommen

---

322 Vgl. M. LOHMANN: Kapitalbildung ... a.a.O. S. 177; Einführung ... a.a.O. (2. Aufl.) S. 184 f. Mit einer nominellen Kapitalerhaltung kann eben durchaus eine erhebliche Intensivierung der realen Kapazität verbunden sein, die stark expansiv wirkt. In der Literatur ist dies als „Lohmann-Ruchti-Effekt" bekannt geworden.

323 M. LOHMANN: Kapitalbildung ... a.a.O. S. 179

324 So schreibt HAROLD RASCH in seinem Gutachten für den 42. Deutschen Juristentag (Sind auf dem Gebiete des Konzernrechts gesetzgeberische Maßnahmen gesellschaftsrechtlicher Art erforderlich? Tübingen 1957, S. 19 f.): „Das Bedenkliche der Selbstfinanzierung der Industrie besteht darin, dass mit ihr die Entscheidung über Neuinvestitionen in weitestem Maße dem Markt ... entzogen wird und die Investition Selbstzweck zu werden droht ... Die Praxis der Selbstfinanzierung bringt die Gefahr mit sich, dass die für Neuinvestitionen verfügbaren Mittel nicht dorthin fließen, wo der größte Ertrag herausgewirtschaftet werden kann, also die höchste volkswirtschaftliche Produktivität gewährleistet ist. Sie begünstigt die Schaffung von Überkapazitäten und damit Kapitalfehlleitungen." Und S. 21: „Untergrabung einer gesunden *Gesellschaftsordnung* durch *Konzentration der Macht mit Mitteln, die den Grundprinzipien dieser Ordnung zuwiderlaufen,* – das ist der schwerste Vorwurf, den man gegen eine übermäßige Selbstfinanzierung der Aktiengesellschaften erheben muss." – Lohmann gibt demgegenüber zu bedenken, dass es schwer ist „nachzuweisen, dass Selbstfinanzierung wegen des Fortfalls fester Zinsverpflichtungen zu besonders leichtsinniger Investition führt" (LOHMANN: Einführung ... a.a.O. (2. Aufl.) S. 183.

erscheint,[325] sei es, dass durch „die stille Form der Selbstfinanzierung ... die Gewinngröße ihre wichtigste Eigenschaft verliert, nämlich Maßstab der Wirtschaftlichkeit zu sein."[326] – Auf einen wesentlichen Fragepunkt kommen wir weiterhin, wenn wir zu Gunsten der Selbstfinanzierung geltend machen hören: „Es ist zudem zweifelhaft, ob bei Vollausschüttung aller Gewinne die Einzelempfänger im Ganzen wieder soviel der Investition zuführen würden, wie im Falle der Selbstfinanzierung."[327] Da liegt wohl der nervus rerum: Wer soll denn über die Gestaltung unserer Sozialwelt bestimmen, die „Manager" allein oder auch andere? Für die ersteren bedeutet die Selbstfinanzierung eben eine Art „Selbstkontrahieren" (wenn wir auf die finanzielle Kooperation achten) – mit all ihren Möglichkeiten und Gefahren.

Stammen die bisherigen Einwände zumeist aus *produktions*-theoretischen Überlegungen, so gibt M. Lohmann außerdem noch zu bedenken, dass Selbstfinanzierung auch eine „*verteilungspolitische* Seite" hat. „Geht sie zu Lasten überhöhter Preise und dem Abnehmer vorenthaltener Rationalisierungsgewinne vor sich, so macht das den Konsumenten zum ,unbekannten Geldgeber', der freilich für seine erzwungene Kapitalleistung keinerlei Titel ausgehändigt bekommt ..."[328] Nicht im Ausgangspunkt, aber im Ergebnis, berührt sich dieser Einwand freilich mit dem Anstoß, den die liberale Anschauung an den nicht mehr wettbewerbsgemäßen Preisen nahm.

So sehr man nun all diesen Bedenken und Einwänden gegen die Selbstfinanzierung zustimmen kann,[329] so muss man doch sehen: Sie gehen alle auf ihre (meist negativen) Ergebnisse, *nicht* auf die *Finanzierungsform* – als Weise sozialen Geschehens – *selbst*. Und dem letzteren gilt doch unser spezifisches Interesse. Wie also, so legt uns unsere Untersuchung auf zu fragen, beurteilt sich die Selbstfinanzierung vom Gesichtspunkt kooperativer geldweiser Bewältigung sozialer Prozesse?

---

325 LOHMANN: „Der Geschäftsmann, der Selbstfinanzierung schätzt, scheint jedenfalls in dem Maße zu investieren, wie er Gewinne in der Vergangenheit gehabt hat, nicht wenn er, wie unsere Textbücher wollen, Gewinne für die Zukunft erwartet" (Kapitalbildung ... a.a.O. S. 173). Ähnlich F. W. HARDACH in seinem Aufsatz: Wandlungen in der Finanzierung der Aktiengesellschaft, in: ZfhF. N.F. II (1950) S. 267.
326 HAGEST ... a.a.O. S. 105
327 M .LOHMANN: Kapitalbildung ... a.a.O. S. 172
328 M. LOHMANN: Kapitalbildung ... a.a.O. S. 173
329 Wir wären freilich auch der Ansicht, dass sie kaum ausreichen, „um eine Unterdrückung der Selbstfinanzierung um jeden Preis zu fordern" (M. LOHMANN: Kapitalbildung ... a.a.O S. 173).

Faktisch – das halten wir fest – ermöglicht sie das Einschlagen von Produktionsumwegen außerhalb jeglicher geldweiser Kooperation auf dem Gebiete der Grundfinanzierung. Produktionsumwege können also noch leichter – die von Hagest genannten Voraussetzungen unterstellt – vom Zaune gebrochen werden als im Falle der Beteiligungsfinanzierung, ohne dass auch nur der Gedanke an die erste Stufe ihrer gesellschaftlichen Konsolidation (die Verwendung des Ertrages zur Rückzahlung) ins Blickfeld der Investoren zu gelangen braucht – ganz zu schweigen von deren endgültigem Zu-Ende-Führen. Denn die *Geldform* sozialer Prozesse, in der wir gegenüber einer noch geldlosen Bewältigungsweise sozialen Geschehens gerade deren bewussteres Ergreifen zu sehen gelernt haben, fällt hier wiederum dahin. Also gerade *das* Moment sozialen Geschehens erleidet einen *Rückschlag*, auf das es in der Gegenwart und für die Zukunft allererst anzukommen scheint: das die sozialen Gesamtzusammenhänge im Blick habende *bewusste Ergreifen* der sozialen Wirklichkeit. Für das Problem der *Grundfinanzierung* der Unternehmung *ist die Selbstfinanzierung* also ein *eklatanter Rückschritt zu organischen Bewältigungsformen*, den wir uns auf lange Sicht gesehen zweifellos nicht leisten können; und von unserem Thema „Geld" aus gesehen ist es der größte mögliche Rückschritt: nämlich der *unter* die Geldform überhaupt.

Da sie jedoch soziale Prozesse in Form von Produktionsumwegen zunächst zu beginnen erlaubt, so bedeutet dies: Das durch die Selbstfinanzierung sich entwickelnde Unternehmen setzt das spätere *ihm* (polar) *angepasste* Verhalten der sozialen Partner voraus, ohne sich um den nötigen Transfer von Kaufkraft zu sorgen. Tritt dieses Verhalten nachher nicht auf, so haben wir von dem sich durchsetzen-wollenden Unternehmen die Tendenz zu erwarten, dieses sich auf gesundem Wege nicht einstellende Polar-Verhalten auf „technischem Wege" zu manipulieren: Die auf das Unbewusste abzielende „Werbung" versucht, den Konsumenten „auf Draht zu ziehen", ihn an das Gängelband der Unternehmensentscheidung unbewusst zu binden.[330] Der Versuch wird zu erwarten sein, den „Menschen zu manipulieren". Ähnliches hat Freyer im Blick, wenn er schreibt: „Eine Existenz in einer durchaus gemachten Welt, das Leben auf Betrieb reduziert, die Freiheit auf Freizeit, das Glück auf Komfort, die Menschlichkeit auf ein humanitäres Sozialprogramm, das die Grausamkeiten des Systems notdürftig überdeckt: Diese Zukunft (vielmehr Zukunftslo-

---

330 Es handelt sich bei dieser Überlegung um gängige Praktiken, also nicht um irgendeine Art von Märchenschreck. Vgl. VANCE PACKARD: The Hidden Persuaders. New York 1957[8]

sigkeit) ist als echte Möglichkeit am Horizont erschienen."[331] Wir haben allen Anlass, diesen Zusammenhang zu sehen und ernst zu nehmen.

Allerdings ist dieses Ernstnehmen nicht in dem Sinne gemeint, dass gesagt werden soll: Die Selbstfinanzierung ist an allem schuld und muss womöglich verhindert werden. – Wir wissen ganz gut, dass dem einzelnen Unternehmen oft keine andere Wahl bleibt oder zu bleiben scheint, als ihren Weg zu beschreiten. Eine nur negative Verhinderung – etwa durch ein Verbot – würde gar nicht an dem Punkte ansetzen können, an dem es anzusetzen gilt: an der Weckung von Bewusstsein und Verantwortung für die gesamtwirtschaftlichen, gesamtgesellschaftlichen Zusammenhänge, in denen und durch die wir leben. Die Selbstfinanzierung als solche ist eben auch wieder *nur Symptom*, und an Symptomen zu *kurieren* hat gar keinen Sinn – wohl aber: an Symptomen zu *erkennen*, worum es sich im Ganzen handelt.

Und so ist auch unsere Beurteilung der Selbstfinanzierung gemeint. Wenn gesagt wird: Sie ist ein Rückschritt in *organische* Formen sozialen Geschehens und liegt nicht in der Linie der Entwicklung zu *organisatorischen* Formen, auf die es ankommt, so ist sie damit kulturgeschichtlich und auch soziologisch charakterisiert. Aber es ist nicht gesagt: Sie ist unter den allgemeinen heutigen gesellschaftlichen Lebensbedingungen im Einzelfalle ihrer Anwendung unbedingt zu verwerfen; ein solches Urteil könnte nur berechtigt sein, wenn es sich auch aus dem einzelnen konkreten Fall ergibt. Gesamtgesellschaftlich – auf dem Hintergrunde unserer Geldanschauung gesehen – ist die Selbstfinanzierung gleichwohl einer der Bausteine auf dem Wege der Gedanken- und Sorglosigkeiten, der zu dem von Freyer gekennzeichneten Zustand hinführen könnte. Sie durchbricht die sie bildenden organisatorischen sozialen Gestalt- und Entwicklungsgesetzmäßigkeiten wie eine wuchernde Zelle – und ist insofern als eine Art gesellschaftlicher Tumor anzusehen. Aber hier wie dort gilt: Das einzelne Glied kann nur dann richtig *sein Leben* entfalten, wenn es den Gesamtzusammenhang achtet, in dem es lebt. Im sozialen Bereich ist dies heute als *Bewusstseinsleistung* gefordert.

---

331 H. FREYER: Theorie des gegenwärtigen Zeitalters, a.a.O. S. 247

III Das laufende Geschäft

1 Zur allgemeinen Charakteristik

Der Ausdruck „laufendes Geschäft" – als solcher zugegebener Weise etwas eng – meint im Rahmen dieser Untersuchung jene Geldprozesse, die das tägliche Bild der sozialen Wirklichkeit *des Unternehmens* zeichnen, die also weder direkt mit den Fragen der Grundfinanzierung noch mit denen der Ertragsverwendung zusammenhängen. Historisch gesehen haben wir es also mit dem Grundbereich finanzieller Kooperation überhaupt zu tun; denn sowohl die Grundfinanzierung wie die Ertragsverwendung erhalten ihre akzentuierte Bedeutung erst mit dem Auftreten einer geldweise zu bewältigenden gesellschaftlichen Entwicklung. Das „laufende Geschäft" umspannt damit sowohl die entwicklungslose wie die sich entwickelnde Wirtschaft.

Geldprozesse dieser Art finden wir *innerhalb* des Unternehmens, wenn es darum geht, den im Unternehmen selbst mitarbeitenden Menschen ihren ökonomischen Lebensraum in der *Einkommensbildung* zuzumessen. Diesem Fragenkreis wollen wir zuerst unsere Aufmerksamkeit zuwenden.

Wir finden sie weiter, wenn wir auf die tägliche geldweise Kooperation existenter Unternehmungen mit ihrer *gesellschaftlichen Umwelt* schauen: Es werden Leistungen „angedient" und „in Kauf" genommen; es müssen die verschiedensten Risiken abgesichert („vergemeinschaftet") werden; es soll zeitweilig nicht tätig genutzte Kaufkraft bewahrt werden.

Geldprozesse *besonderer Kennzeichnung* (auf diesem Gebiete) ergeben sich, wenn wir sehen, wie beispielsweise bei der Versicherung das laufende Geschäft mit der Grundfinanzierung *verschmilzt*. Oder in anderem Entwicklungssinne gesprochen: Die Grundfinanzierung hat sich noch nicht als Kooperationsform selbständig gemacht, weil keine Entwicklungsprozesse eingeschlagen werden. Solche Geldprozesse sollen für die Versicherungswirtschaft und für das Kaufkraft bewahrende Unternehmen dargestellt werden.

---

332 M. LOHMANN: Einführung ... a.a.O. S. 37, vgl. weiter vom gleichen Verfasser: Die Überwindung des Lohnarbeitsverhältnisses. In: Soziale Welt I (1949/50) S. 40 ff.; und: Neuzeitliche Formen der Entlohnung. In: Der Betrieb I (1948) S. 437 f.

2 Geldprozesse in der Unternehmung: die Einkommensbildung

Von den Geldprozessen, die innerhalb des Unternehmens möglich sind, sollen hier diejenigen besprochen werden, die mit der Einkommensbildung der im Unternehmen beschäftigten Menschen zu tun haben. Fragwürdig ist diese ja insbesondere im so genannten „Lohnarbeitsverhältnis" geworden. An seinem Beispiel kann jedoch gezeigt werden, dass man zu menschlich befriedigenderen Lösungen kommen kann, wenn die diesbezüglichen Geldprozesse statt in der Weise des *Kaufens* in der des *Beitragens* gehandhabt werden.

Das menschliche Ungenügen des reinen Lohnarbeitsverhältnisses ist oft und eindringlich geschildert worden; so von M. Lohmann. Er sagt: „Der Lohnempfänger ist lange Zeit und in vielen Beziehungen noch bis heute mindestens rechtlich ein für die Unternehmung Fremder, mit der Unternehmung durch Dienstvertrag verbunden wie andere Kontrahenten des Unternehmens durch entsprechende andere Vertragsarten. Es ist seine Sache, seine Arbeitskraft ständig zu regenerieren; die Unternehmung trifft entsprechende Vorsorge beispielsweise zwar für den Maschinenpark, aber nicht für ihn."[332] Ähnlich äußert sich Wilken: „Wo eigentlich die Gegengabe für das vom Arbeiter Gearbeitete stehen müsste ...", sagt er, „steht eine widerwillig gezahlte Unkostengröße. Diese wird mit dem Worte Lohn bezeichnet. Der Begriff des Lohnes ist eine antisoziale Kategorie. Die Stellung des Unternehmers ... behandelt ein Geistiges als Ware. Die Form, in der das geschieht, ist ein Kaufgeschäft über das, was der Arbeiter herstellt."[333]

Die Spannung der im Lohnarbeitsverhältnis sich darstellenden menschlichen Beziehung scheint also zu einem guten Teil daraus zu erwachsen, dass der Arbeiter sich – trotz vieler guter und schönklingender Worte – weder *sachlich* noch – in gesteigerter Sachlichkeit – *menschlich* ernst genommen fühlt, dass er berechtigt die Meinung haben kann: Ich bin für den Unternehmer lediglich ein „Produktionsfaktor", der ihm den Vorteil bietet, vom Datum meiner jederzeit möglichen Entlassung an, die ökonomische Verantwortung meiner Existenz (anders als die Maschine) wieder in eigene Regie zu übernehmen. Habe ich im Rahmen mir fremder Ziele meine Schuldigkeit getan, so kann ich meiner Wege gehen.[334] – Die ge-

---

333 F. WILKEN: Selbstgestaltung ... a.a.O. S. 120 f.
334 „That's nothing in my life!" – sagt etwa der englische Arbeiter er bringt damit – wie Rosenstock zeigt – zum Ausdruck, dass die Arbeitsstunde, für die er bezahlt wird, in qualitativem Sinne keinen Raum in seinem Leben einnimmt (vgl. E. ROSENSTOCK: Der unbezahlbare Mensch ... a.a.O. S. 56).

schichtliche Reaktion der so empfundenen Ohnmacht ist bekannt und verständlich: Es ist der sich gewerkschaftlich formierende eigene – und wenn nötig: revolutionäre – Wille zur Macht. Wo sich jedoch zwei Machtblöcke feindlich gegenüberstehen, steht die *Lösung* des *eigentlichen Problems* – auch wenn sich materiell manches „bessert" – gewisslich noch aus. Ihm müssen wir nachspüren, um es von der Wurzel her – „radikal" – zu sehen und vielleicht zu lösen.

Unser Gesichtspunkt ist hier der finanzielle. Wir müssen jedoch verstehen und miteinbeziehen, was der Sache nach vor sich geht, wenn wir angeben wollen, in welcher Art die finanzielle Seite des Problems der Mitarbeit in der Einkommensbildung angemessen gehandhabt werden kann. – Offenbar handelt es sich der gängigen Auffassung nach im Lohnarbeitsverhältnis um einen *Kauf*, und mit diesem Kauf scheint seine ganze Schwierigkeit verbunden zu sein. Worin kann diese dem Wesen nach liegen?

Vergegenwärtigen wir uns, was vorliegt: Es soll ein Mensch zur Mitarbeit an einer als Unternehmen konstituierten Initiative[335] bewogen und verpflichtet werden. Betrachten wir diese Tatsache zunächst unabhängig von jeder weiteren Vereinbarung über irgendeine Entgeltlichkeit, so ergibt sich auf dem Grunde des bereits Ausgeführten, dass wir es mit dem gemeinsamen Gestalten irgendwelcher, aber je bestimmter, sozial auftretender Daseinslagen zu tun haben, und insofern handelt es sich eindeutig um einen *kulturellen Sachverhalt*. D.h. es ist nach Fähigkeiten und nach zu entwickelnder Initiative gefragt, die sich – weil sie ihrem Wesen nach *tätig gelebte Idee* ist – mit bereits entwickelter Initiative ver-„*einen*" kann. *Entscheidend* für diese Seite des Vertragsverhältnisses ist jedenfalls, ob das sachlich Geforderte auf Grund vorhandener oder auszubildender Fähigkeiten geleistet werden kann und geleistet wird; ein möglicher oder tatsächlicher „*Lohn*" ist demgegenüber ganz irrelevant, denn ein noch so großer Lohn vermag durch sich selbst keine Fähigkeiten hervorzuzaubern, wenn sie nicht bereits gebildet oder vorgebildet sind, und er vermag auch nicht, solche zu ersetzen.

Ein solcher Vertrag auf *Mitarbeit*, der ein inneres Einigsein und Einswerden des Eintretenden[336] mit der bereits inaugurierten Unternehmensinitiative – also einen gemeinsamen Schaffens- und Werdeprozess – verlangt,

---

335 Vgl. die obigen Ausführungen S. 173 ff.
336 Die Sprache gibt hier gute Hilfen des Verstehens, wenn sie letzteres auch nicht ersetzen kann oder soll.

unterscheidet sich nun zweifellos deutlich von einem bloßen Liefervertrag, wo der eine sich nur verpflichtet, dem anderen eine bestimmte – in sich abgeschlossene, „ent-wordene" (aus dem Werdeprozess bereits ausgeschiedene) – Leistung zu erbringen. Das geltende Recht unterscheidet demgemäss auch zwischen einem Dienst- und einem Werkvertrag (§611 und §631 BGB); der erste stellt auf „versprochene Dienste", der zweite auf einen „herbeizuführenden Erfolg" ab. Beim Liefervertrag stehen sich *zwei* unterschiedene Initiativen gegenüber, die sich rechtlich fremd bleiben wollen; beim Vertrag über eine Mitarbeit ist aber gerade das *Eins-werden* in der Initiative *gefordert*. Beim Liefervertrag handelt es sich also nicht in erster Linie um eine kulturelle Frage, beim Mitarbeitsvertrag ist gerade *dies* Tenor.

Dem rechtlichen sich Fremdbleiben-Wollen des Vorleistungsverhältnisses (Lieferung) entspricht finanziell *voll* das Kaufen, da es die angestrebte Selbständigkeit der verschiedenen Initiativen wahrt; das *Kaufen* der „Arbeitskraft" im Lohnarbeitsverhältnis ist dem *Wesen der Mitarbeit*, die ein gradweises Einswerden mit der vorgebildeten Initiative verlangt, jedoch prinzipiell *unangemessen*, da sie den Mitarbeiter als einen dem „Unternehmen rechtlich Fremden" (Lohmann) gerade *dort* behandelt, wo es auf die schöpferische Überwindung dieser gegenseitigen Fremdheit ankommt. „Die Ware Arbeitskraft", sagt Rosenstock, „war eine optische Täuschung, weil ich und meine Arbeitskraft sich nicht zerhacken lassen in ein Rechtssubjekt Ich" – den Verkäufer der Arbeitskraft – „und eine Rechtssache Mich" – die Arbeitskraft, den Sklaven auf Zeit.[337]

So ist denn das Lohnarbeitsverhältnis ein gesellschaftliches *Zwittergebilde* menschlich ungelöster Art. Dass es in ihm zu jener vielbesprochenen Erfahrung der „Fremdbestimmtheit der Arbeit" kommt, zeigt, dass der in ihr erlebte Zwiespalt zwischen innerem Einigsein-Wollen (in der Initiative) und äußerem Nicht-Einigsein-Können (durch die „Fremdgeste" des Lohnes) menschlich überwunden werden will (sonst würde es nicht als bedrückend empfunden) und überwindbar sein muss. Entsprechend fordert auch M. Lohmann: „Es gehört zu den Anliegen der Sozialreform, diese Seite des reinen Lohnarbeitsverhältnisses zu mildern und nach anderen gliedschaftlichen Formen der Einordnung der menschlichen Arbeit zu suchen. Diese müssten erlauben, den arbeitenden Menschen nicht nur nach seiner Leistungsfähigkeit als Produktionsfaktor rein sachlich zu werten, sondern ihm helfen, im Wirtschaftsprozess seine menschliche Würde zu bewahren.[338]

---

337 EUGEN ROSENSTOCK-HUESSY, a.a.O. S. 194
338 M. LOHMANN: Einführung ... a.a.O. S. 35

Vorerst scheitert dieses Behaupten-Können der menschlichen Würde des Arbeiters jedoch weitgehend an dem zu eng gezogenen Horizont des Unternehmers. Er sieht zwar *seine* Ziele und weiß, dass er sie initiativ verfolgen muss: und er weiß weiter, dass er dazu einigen Freiheitsraum des Gestaltens braucht (die „freie Wirtschaft"). Aber er sieht in der Regel nicht, dass er von sich aus Anstrengungen zu machen hat (als der mit den sozialen Gesetzen *mehr* Vertraute), seine Mitarbeiter in diesen Freiheitsraum aktiven Gestaltens *mit hineinzunehmen* und sie mit dessen wesensrichtigem Gebrauche selber vertraut zu machen. Der Unternehmer als der kulturell Verantwortlichere (weil Führende) muss den Anfang machen damit, die menschlichen Probleme des Arbeiters in seiner Arbeit zugleich als *seine eigenen* zu empfinden; dann erst kann er hoffen, auch vom Arbeiter in *seinen* Zielen verstanden zu werden. Ein noch so *hoher* Lohn, mit dem Arbeit *gekauft* werden soll, ist stets ein *Linsengericht* für den Mitarbeiter, das den mit ihm verbundenen Verlust menschlicher Würde niemals aufwiegt.

So zeigt der Zusammenarbeit begründende soziale Sachzusammenhang: Das Problem der „Überwindung des Lohnarbeitsverhältnisses" kann niemals durch äußere Reformen, Vorschriften oder gar „Machtübernahmen" gelöst werden. Seine Lösung liegt vielmehr in einer *Änderung* und *Entwicklung* der *bewusstseinsmäßigen Einstellung* zum anderen Menschen. Und diese muss darin zum Ausdruck kommen, dass nicht mehr der eine den andern für seine Ziele einzuspannen sucht (ohne ihn über seine eigentliche Intention aufzuklären), sondern dass man sich auf ein Ziel *einigt* – auch wenn einer von beiden es *nennt*. Dieses *Nennen* des aufgegebenen Zieles kann durchaus scharf und prägnant geschehen und kann auch Anforderungen stellen (wie dies ja heute durchaus üblich ist, ja vielleicht sogar schärfer). Dass in einer so begründeten Zusammenarbeit *einem* die unbedingte sachliche *Leitung* zusteht, muss ebenfalls durchaus vereinbart werden und widerspricht der Freiheit des Einzelnen nicht.

In diesem Sinne ist das Unternehmen ganz gut einem *Schiffe* vergleichbar: auf ihm ist *einer* Kapitän, und der hat die unbedingte Leitung und Verantwortung;[339] *Wer* es ist und ob mehrere nacheinander diese Aufgabe übernehmen, darüber kann man sich vereinbaren. Aber es muss *einer*

---

[339] Genau gesprochen: Die *Aufgabe* des Kapitäns ist eine, und sie verlangt, *einheitlich* wahrgenommen zu werden; wenn zwei es „wie einer" können, so widerspricht dies der einen Aufgabe nicht; nur wird man sehr selten schon heute die Fähigkeit zu solchem vereinigten Wirken finden – obwohl unsere industrielle Arbeitswelt ganz gut als Übung in diesem Sinne gewertet werden kann. Die Weltgeschichte – ihr Vorhandensein einmal vorausgesetzt – ist offenbar realistisch und nimmt sich Zeit in ihren Zielen.

sein, wenn das Schiff als Ganzes manövrierfähig sein soll. Wer die Leitung nicht hat, wird sich nicht unfrei fühlen, wenn er nicht direkt oder indirekt gezwungen wurde mitzufahren. Unfrei ist nur, wer nicht weiß, wohin die Reise geht, und wer sein Recht auf dieses Wissen hat verkaufen müssen. Wer um das Ziel der Reise weiß und es bejahen kann, der legt gerne mit Hand an, wo es notwendig ist.

Damit sind wir freilich an dem entscheidenden Punkt: Die zu nennenden Ziele müssen sich menschlich rechtfertigen lassen (und *dieser* Rechtfertigung kann man im Lohnarbeitsverhältnis heute noch ausweichen), dann kann der Mitarbeitende die Ziele innerlich bejahen und den Weg zu ihnen – die industrielle Arbeitswelt – nicht mehr als bedrückend und nur „fremdbestimmt" erleben. Es ergibt sich darum für den Unternehmer die Aufgabe, allen Mitarbeitern gegenüber die Ziele und Wege des Unternehmens so zu schildern, dass sie als menschlich gerechtfertigt für jeden Beteiligten fühlbar werden können.[340]

Sind Unternehmensziele so in der menschlichen Erlebniswelt verankert, so wird man die Erfahrung machen können, dass Menschen arbeitend tätig werden, ohne bei jedem Handschlag nach einer möglichen Gegenleistung zu schielen und ihren Tätigkeitsgrad davon abhängig zu machen. Denn die innerlich durch ihren menschlichen Sinngehalt – ehedem am einzelnen Werkstück erlebt, heute als Bewusstseinsleistung auch der stupidesten Arbeit hinzufügbar – bejahte Tätigkeit belohnt den Menschen dadurch, dass er *an ihr wächst* und sich menschlich-würdig in die menschliche Gesellschaft eingeordnet findet. Zugegeben: Man kann nicht von allen Menschen, denen man ein Arbeitsleben lang wöchentlich am Zahltag demonstriert hat, dass sie nur um des „baren Geldes" willen tätig waren und nun „nach ihrer Leistung" entlohnt werden, erwarten, dass sie sich diese innere Freiheitskraft bewahren konnten. Wenn sie nur um den Geldlohn zu arbeiten *scheinen*, so ist das die *Folge* davon, dass man ihnen seit ihrem 14. Lebensjahr nicht mehr Vertrauen schenkte. Wer jedoch in diesem Punkte das Kind nicht vom Bade unterscheiden kann, hat deswegen noch kein Recht, es auch mit dem Bade auszuschütten: Und hier hat das Unternehmertum gutzumachen, was es versäumte, indem es von sich aus Vertrauen gewährt denen, die aus Vertrauen heraus arbeiten wollen; denn das ist menschlich-würdig.

In dem Maße, in dem es gelingt, die Zusammenarbeit in der Unternehmung aus solchem Vertrauen heraus zu realisieren, stehen andere

---

340 Vgl. J. KOLBINGER: Bauplan sozialer Betriebsführung. Stuttgart 1957, S. 32 f.

Finanzierungsformen als die des Kaufens für die Einkommensbildung zur Verfügung, und diese machen zugleich die Überwindung des Lohnarbeitsverhältnisses möglich: z.B. die Form des *Beitragens*. Dies kann so gedacht werden:

Der Vertrag über die Mitarbeit eines Menschen an einer Unternehmensinitiative enthält – wie aus den gemachten Ausführungen hervorgeht – im Wesentlichen zwei Elemente: *einerseits* die Vereinbarung über Anforderungen, Art und Weise der Zusammenarbeit und *andererseits* die Vereinbarung über die notwendige Einkommensbildung. Für das *eine* müssen Gesichtspunkte des *Leistens* und *Könnens* – also Gesichtspunkte des Geisteslebens oder der Kultur – maßgebend sein, für das *andere* kann nur der durch die gemeinsame Arbeit *entstandene Ertrag* im Verhältnis zu den Anforderungen der anderen Mitarbeiter Verhandlungsbasis sein. Freilich muss in praxi *beides verbunden* sein, aber nicht in der Weise, dass man beides dauernd *vermengt* und für *ein* Problem hält – wie im Lohnarbeitsverhältnis. Es kann vielmehr auch dadurch verbunden werden, dass mit dem neu eintretenden Mitarbeiter zunächst ein Vertrag über die *Zusammenarbeit in der Unternehmensaufgabe* geschlossen wird (mit der Unternehmensleitung), der sodann durch einen weiteren Vertrag über die Einkommensbildung ergänzt wird (wobei der erste in Kraft tritt, sobald der zweite abgeschlossen wurde, und der zweite solange – im Pensionsfalle länger – gilt, wie der erste in Kraft bleibt); der zweite Vertrag kann dabei durchaus einem assoziativen Organ[341] der Unternehmung überlassen werden, das sich in der Weise eines Wirtschaftsrates oder Wirtschaftsausschusses bilden kann.

Eine solche *Aufgliederung* der rechtlichen Vereinbarungen über die Mitarbeit macht es möglich, jedem einzelnen Mitarbeiter, der dies will, deutlich zu machen, dass man seine Tätigkeit als frei gewollte und frei gegebene Leistung kulturell anerkennt und nicht der Meinung ist, man habe ihm seine Arbeitskraft abgekauft. Dies ermöglicht ihm, seine Tätigkeit frei und nicht nach dem Maße des Lohnes zu entfalten. Da man jetzt den *Sinn* der Tätigkeit des Einzelnen sieht und als *kulturell gültig* anerkennen kann, ist es auch möglich, zu der ökonomischen Einordnung dieser Tätigkeit in die sozialen Verhältnisse durch den Einkommensver-

---

341 Zur Idee der Assoziation vgl. oben S. 270 ff. – Als praktischer Versuch interessant ist hier ein englisches Beispiel; vgl. ERNEST BADER: Das Gemeinwesen der Firma Scott Bader & Co Ltd. In: Die Morphologie der einzelwirtschaftlichen Gebilde und ihre Bedeutung für die Einzelwirtschaftspolitik. Hrsg. V. G. WEISSER. Göttingen 1957, S. 147 ff.

trag *beizutragen*, d.h. die Einkommensbildung nicht als Kaufen sondern als *Beitragen* zu deuten.[342]

Man sage nicht: Dies sei eine bloß *nominelle* Veränderung der Verhältnisse und habe lediglich Wert für Menschen, die sich den einmal gegebenen Zwiespalt mit der Welt gern durch eine rosenfarbene Brille künstlich vom Leibe halten möchten. Denn wer dies sagen wollte, der übersieht, dass die Änderungen des menschlichen Bewusstseins und Verhaltens gerade das *Reale* der menschlichen Geschichte sind, die ihrerseits die institutionellen Änderungen im Gefolge haben.[343] Er übersieht weiter, dass die hier als möglich geschilderte Weise der Einkommensbildung durch Beitragen selber schon eine lange Geschichte hat: zum Beispiel in der Zahlung eines „standesgemäßen Lebensunterhaltes" an den Beamten, der dafür „seine Pflicht" tut (zu der er eben verpflichtet wurde), die jedoch im Grunde nicht als durch Geld – in der Weise des Kaufens – bedungen oder abgeltbar aufzufassen ist, oder aufgefasst wurde[344]. So sagt z.B. Weisser: „Wenn der Leiter eines öffentlichen Unternehmens sich als Vertrauensmann des Volkes bei der Pflege bestimmter öffentlicher Interessen fühlt, so wird er in diesem ‚Dienst' den Sinn seiner Tätigkeit erblicken und seine Bezüge nicht als Entgelt, sondern als die Erfüllung einer Nebenbedingung seines Wirkens, nämlich als die Sicherung des unentbehrlichen angemessenen Lebensunterhaltes empfinden – wovon beispielsweise Preußens Allgemeines Landrecht noch sehr bewusst ausging."[345]

Überflüssig zu sagen, dass diese Art der Einkommensbildung – durch Beitragen – je wichtiger wird, je mehr die in Frage stehenden Situationen an kulturellem Charakter und an kultureller Bedeutung gewinnen. Einen Hochschullehrer kann man nicht im Stundenlohn beschäftigen, um ihn „leistungsgerecht" zu entlohnen; er braucht

---

342 Das Geschilderte berührt sich an diesem Punkte wiederum stark mit Ideen Steiners, die dieser in seinem sog. „Sozialen Hauptgesetz" zum Ausdruck brachte. Dieses besagt, dass ein Sozialer Organismus menschlich umso gesünder sei, je mehr in ihm zwei Dinge getrennt werden können, nämlich: ein „Einkommen beziehen" und eine „Arbeit leisten" (RUDOLF STEINER: Geisteswissenschaft und soziale Frage. Dornach 1941, S. 26 f.).

343 Diesen Sachverhalt findet man ausführlich bei Jean Gebser geschildert und belegt. Vgl. Gebser: Ursprung und Gegenwart. Bd. I: Die Fundamente der aperspektivischen Welt. Beitrag zu einer Geschichte der Bewusstwerdung. Stuttgart 1949. Bd. II: Die Manifestationen der aperspektivischen Welt. Versuch einer Konkretion des Geistigen. Stuttgart 1953.

344 Erst in neuerer Zeit sind ja einige „Reformer" bestrebt, alle sozialen Beziehungen nach der Utopie einer „leistungsgerechten Entlohnung" auf das Niveau des Lohnarbeitsverhältnisses hinabzudrücken. Dass ein solcher „leistungsgerechter Lohn" in sich unmöglich ist, glaubt der Verfasser seinerzeit in seiner Diplomarbeit – „Die Problematik des Leistungsbegriffes im Hinblick auf den Lohn", Freiburg i.Br. 1954 – nachgewiesen zu haben.

345 WEISSER: Gegenstand ... a.a.O. S. 8 f.

vielmehr eine angemessene Lebensgrundlage, die seiner kulturellen Initiative den angemessenen sozialen Lebensraum sichert. Was hier jedoch als selbstverständlich gilt, gilt gleicherweise dem Arbeiter: Auch er hat ein Recht darauf, menschlich so ernst genommen zu werden, wie jeder Hochschullehrer ernst genommen wird. *„Arbeiter* sind wir *alle"*, hat Ferdinand Lassalle den Berliner Arbeitern zugerufen, „insofern wir nur eben den *Willen* haben, uns in irgendeiner Weise der menschlichen Gesellschaft nützlich zu machen."[346] Die „Idee des Arbeiterstandes" in *diesem* Sinne ist zugleich die „Idee der Menschheit" bei Lassalle. Es gibt keine Menschen „erster" und „zweiter" Klasse, jeder muss *als Mensch* ernst genommen werden: *Bis in die Einkommensbildung hinein* haben wir alle ein *Anrecht* darauf (und eine *Pflicht* dazu). Es hieße gegen die Geschichte zu streiten, wenn man dem Arbeiter dieses Recht auf die Dauer absprechen wollte.

Wir müssen in diesem Sinne *alle* lernen, *tätig* zu sein – aus der *Sache* heraus und um der Sache willen; und das geht nicht, solange wir unsere Tätigkeit „am Lohn" orientieren.[347] Die erforderliche Leitidee – in Worten des Evangeliums (Matth. VI,3) ausgedrückt – lautet demgegenüber: Unsere „Linke", die empfängt (Einkommensbildung), soll nicht wissen, was die „Rechte", die schaffend lebt, tut.[348] Dies ist jedoch keine Moral, sondern ein sozialer Sachverhalt, der beachtet sein will.

3 Geldprozesse mit der gesellschaftlichen Umwelt

Keine besonderen Probleme im Sinne unserer bisherigen Gedankenführung bietet der Bereich des „laufenden Geschäfts", der jetzt zur Besprechung ansteht. Es handelt sich gewissermaßen um jenen Bereich geldlicher Kooperation des Unternehmens, der die geringsten Anforderungen an die bewussten sozialen Fähigkeiten des Menschen stellt – bewegt sich hier doch alles auf der Ebene der direkten Gegenseitigkeit des Leistens – , und der deswegen gesellschaftlich als bereits beherrscht angesprochen werden kann.

---

346 FERDINAND LASSALLE: Gesammelte Reden und Schriften. Berlin 1919/1920. Bd. II, S. 186
347 Wer eine solche Orientierung – in falscher Realistik – zum wissenschaftlichen Grundsatz erhebt, der hat allerdings eine materialistische Sozialauffassung, mit der er schlecht *gegen* den Materialismus wird streiten können – für eine „freie Welt".
348 Vgl. hierzu: FRITZ KÜNKEL: Die Schöpfung geht weiter. Konstanz 1957, S. 111

Die hierher gehörigen Geldprozesse finden wir erstens und vornehmlich im Kauf von Vorleistungen fremder Unternehmen und im Verkauf der Leistungen des eigenen Unternehmens. Die in diesem Fall auftretenden Geldprozesse erhalten ihre wesentliche Struktur von der Bedeutung „Kaufen"; durch sie kann der zur Bewältigung anstehende soziale Bezug in der Regel völlig befriedigend gelöst werden.

Dasselbe gilt zweitens, wenn das einzelne Unternehmen gewisse, seinen gesunden Verlauf oder Bestand bedrohende Risiken durch Beteiligungsgeldprozesse „vergemeinschaftet" (versichert): beginnend von der Feuerversicherung über die Diebstahls- und Transportversicherung usw. bis zur Betriebsstillstands- und Erbschaftssteuerversicherung. Vom Einzelunternehmen aus bergen solche Geldprozesse keine gesellschaftliche Problematik; fragwürdig ist zuweilen nur, wie dies von der Seite des Sicherungsunternehmens aus organisatorisch aufgegriffen wird, oder finanziell gewendet: wie die Gelder verwaltet werden.

Und drittens sehen wir keine gesellschaftliche Problematik für das einzelne Unternehmen darin, wenn es zeitweise nicht genutzte Kaufkraft seiner Bank oder Sparkasse zum Bewahren übergibt, bevor es wieder über sie verfügt. Damit soll nicht gesagt sein, dass es hierbei keine gesellschaftlich relevanten Probleme gibt; diese sollen jedoch erst bei der Besprechung des Bankwesens diskutiert werden.

4 Besondere Geldprozesse in Sonderformen des Traduktionsunternehmens

a) Das Beteiligen als Finanzierungsform der Versicherungswirtschaft
Im Zusammenhang der gegliederten Daseinslagen des Sozialen Organismus kommt der Versicherungswirtschaft eine besondere Aufgabe zu. Die Eigenart der Daseinslage, die sie aufgreift, kann man sich vergegenwärtigen, wenn man auf die Notwendigkeit achtet, das gesellschaftliche Leben in seinem Bestand und in seinem geregelten Fortgang zu erhalten. Störungen dieses geregelten Fortgangs lassen sich zwar mit menschlichen Mitteln einschränken, aber niemals völlig vermeiden. Es wird eben immer Verkehrsunfälle, Brand- und Wasserkatastrophen, Invalidität usw. geben. Derartige Störungen treten nun immer an bestimmten Punkten auf: Sie dürfen sich hier jedoch nicht in ihren vollen Folgen auswirken, wenn sie den Gesamtzusammenhang nicht empfindlicher stören sollen, als dies unvermeidbar ist. Wenigstens die wirtschaftlichen Folgen solcher

208

Störungen sollten sozial abgefangen werden. Dieses Abfangen *erhält* die Eingliederung menschlicher „Lebenslagen" (Weisser) in den Gesamtzusammenhang des Sozialen Organismus. Die in dem Angeführten deutlich werdende Daseinslage sei als „Erhaltung" fordernd gekennzeichnet.[349]

Die sie aufgreifende unternehmerische Initiative können wir als Sonderform des Traduktionsunternehmens begreifen; sie sei in diesem Falle *„Sicherungsunternehmen"* genannt. Es handelt sich also um keine die gesellschaftliche Entwicklung direkt vorantreibende Initiative, sondern um eine den errungenen Bestand sichernde und abschirmende Sozialgebildeformung. – Im Sicherungsunternehmen *verschmilzt* der Bereich der Grundfinanzierung mit dem hier zu behandelnden des laufenden Geschäfts, hatten wir gesagt.[350] Wie ist dies zu verstehen?

Die Art, in der das Sicherungsunternehmen seiner Aufgabe am gemäßBesteN nachkommen kann, ist diese: Es muss die von dem jeweils in Rede stehenden Risiko bedrohten Menschen oder Menschengruppen zu solchen sozialen Teilganzheiten (Back nennt sie treffend „Gefahrengemeinschaften")[350] zusammenschließen, dass man gemeinsam den beim Einzelnen auftretenden, aber von ihm nicht tragbaren Aufwand tragen kann. Dies geschieht am sinnvollsten in der Weise, dass der Gesamtaufwand (einschließlich einer angemessenen Honorierung der Unternehmensleistung) auf das einzelne Mitglied – in dem Maße, wie es der Gefahrenmöglichkeit ausgesetzt ist[352] – *umgelegt* wird. Vom Unternehmen aus gehört das *Umlageverfahren* hierher. Für Unternehmen und einzelnes Mitglied enthält die Finanzierungsform des *Beteiligens* genau die erforderlichen Momente; denn das Beteiligen meint gerade die Einordnung ungewisser Lebenssituationen in der Weise, dass der Einzelne eine Leistung erhält, wenn ihn die entsprechende Lebenssituation trifft.[353]

Das Sicherungsunternehmen ist damit *nicht* der gesellschaftliche *Ort, Gewinne* zu machen. Denn im Sicherungsunternehmen wird nichts produziert, was das effektive Leistungsangebot, den effektiven Produktions- und Verteilungsstrom verbreitert; dies tut vornehmlich das Produktionsunternehmen. Wird darum im Sicherungsunternehmen „Gewinn" gemacht (und zwar in erheblichem Ausmaß), so bedeutet dies, dass in anderen

---

349 Vgl. hierzu J. BACK: Wirtschaftliche Freiheit oder Soziale Sicherheit. In: ZfN XVI (1956), S. 107, insbes. S. 123 ff.
350 Vgl. S. 199
351 BACK, a.a.O. S. 125
352 Für die Berechnung gibt es ja zum Teil bewährte finanzmathematische Grundsätze.
353 Vgl. oben S. 96 ff.

Unternehmen *höhere* Kosten als die den vergemeinschafteten Gefahren (als gesamtwirtschaftlicher „Kostenstelle" gleichsam) zurechenbaren in die erstellten Leistungen eingehen. Der Gewinn des Sicherungsunternehmens hat sein leistungsmäßiges Äquivalent in der Sachproduktion *anderer* Unternehmungen; das Sicherungsunternehmen, das an ihnen keinen Verdienst hat, bekommt gleichwohl die Verfügung darüber.

Nun kann man natürlich sagen: Sich an dieser „Ungerechtigkeit" zu stoßen, das ist ein moralischer Skrupel, und der interessiert ökonomisch nicht. Gut. Aber dann interessiert ökonomisch, ob in der Regel eine andere Gewinnverwendung zu erwarten ist als in anderen Unternehmungen. Und die ist in der Tat zu erwarten. Denn das Sicherungsunternehmen in seiner gegenwärtigen (von wesensfremden Tendenzen überlagerten) Gestalt arbeitet nach dem Prinzip der „Kapitaldeckung". Was volkswirtschaftlich bereits als *Ertrag* zu werten ist, erscheint in der Bilanz des Sicherungsunternehmens nicht einmal als solcher, sondern als „Deckungskapital". Und dieses wird „angelegt", ja *muss* es werden – in anderen Unternehmungen, also direkt oder indirekt (wiederum als „Beteiligungsfinanzierung" in produktiven Unternehmungen) in der Weise des Kredites. Dieses „anlagesuchende" Kapital dient auch fast regelmäßig dem Einschlagen von Produktionsumwegen. Damit arbeitet diese andere „Pumpmaschine" (Schmalenbach) unter erheblichem Druck und lässt die Frage danach, ob das Einschlagen von Produktionsumwegen denn gerade jetzt erforderlich und notwendig ist – und wie sie wenigstens später gesellschaftlich konsolidiert werden sollen –, überhaupt nicht erst aufkommen, sehr zur Freude, darf man annehmen, der „Manager", die im Begriffe stehen, in der gesellschaftlichen Entwicklung und mit ihr „vorzuprellen"; denn *ihrem* Kreditbedürfnis kommen diese Kapitalanlagewünsche nahezu „maßgerecht" entgegen.

Auf die praktische Bedeutung dieser Finanzierungswege weist M. Lohmann hin, indem er sagt: „Anstelle von nicht notierten Aktien tritt jetzt immer mehr die Hingabe von Schuldscheinen an finanzierende Versicherungsgesellschaften ... Die Zeit der Industriefinanzierung mit Hilfe von privaten Großdarlehen scheint hier eine gewisse Renaissance zu erfahren"[354]. Wir haben es also immerhin mit einem beachtenswerten Faktum innerhalb der sozialökonomischen Zusammenhänge zu tun, welches Polak schon vor dreißig Jahren dazu führte, die Versicherungsgesellschaften

---

[354] M. LOHMANN: Einführung ... 2. Aufl. a.a.O. S. 181

– „im Gegensatz zu Produktionsunternehmungen" – den „Kreditunternehmungen" zuzurechnen, obwohl „die Aufnahme von Kapital das Primäre, die Übertragung an Kreditsuchende nur eine Folge der Notwendigkeit einer Zinsvergütung" sei.[355] Sie sind also nur Kreditunternehmungen zweiten Ranges, sozusagen „Kreditanstalten passiver Legitimation". Die Versicherungsgesellschaften heutiger Gestalt verfügen somit nicht nur über eine nicht unbedeutende Ertragsquote der Volkswirtschaft, sondern sie drängen sie auch in die Richtung der fortwährenden Investition – und fallen damit derselben Kritik anheim, die wir am Beispiel der Aktie und für die Selbstfinanzierung entwickelt haben; sie eignen sich zudem *Bankfunktionen* an, ohne in der Weise offizieller Banken an das Zentralbanksystem angeschlossen und ihm *verantwortlich* zu sein.

Da die von den Versicherungsgesellschaften gefällten Kreditentscheidungen notwendig immer in der Richtung der „Investition auf jeden Fall" führen, wären sie wohl auch kaum zu gesamtwirtschaftlicher Verantwortung ihrer Entscheidungen auf die Dauer fähig: jedenfalls dann nicht, wenn man das Problem der gesellschaftlichen Konsolidation eingeschlagener Produktionsumwege mit zu solcher Verantwortlichkeit rechnet. Ihre Kreditgewährung ist – prinzipiell gesprochen – unqualifiziert, die Entscheidung fällt an der falschen Stelle. Der zur „Kapitaldeckung" verwendete Ertrag ist am falschen Orte verfügbar geworden und *täuscht*, wenn er zur Investition verwandt wird, die *entwicklungsmeinende Kooperation* des nichtgefragten Partners vor (des Verbrauchers: Denn die Versicherungsgesellschaften verbrauchen den Ertrag der mit ihrer Hilfe etablierten Produktion ja nicht selbst), die gar nicht vorhanden zu sein braucht. *Ist* sie aber vorhanden, so braucht der für die Investition verbrauchte Ertrag nicht erst den Weg über die Versicherungsgesellschaften zu nehmen, dann kann er an geeigneterer Stelle in der Geldform gebildet und für die direkte Leihe verwandt werden.

Die heutige Entfaltung der Versicherungswirtschaft schießt somit weit übers Ziel hinaus. Statt sich auf ihren Bereich – die Daseinslage „Erhaltung" streng genommen – zu beschränken und mit dem *Umlageprinzip* zu arbeiten, bedient sie sich des „*Kapitaldeckungsprinzipes*", zu dem die Miene des sorgsamen Hausvaters gut zu passen scheint. Sie weiß wahrscheinlich ganz gut, dass ihr so jene gesellschaftliche Macht zuwächst, die sie in ihrer „privaten" Kreditgewährung auszuüben gewohnt geworden

---

355 POLAK: Grundzüge ... a.a.O. S. 75

ist. Notwendig für ihre eigentliche Aufgabe als „Sicherungsunternehmen" ist jedoch nur das Umlageverfahren. – Ein Mittel gäbe es, die Versicherungsunternehmen auf ihre ihnen wesensmäßig zukommenden Aufgaben zu beschränken: Man müsste ihnen zur Pflicht machen, ihr „Deckungskapital" (soweit sie nicht darauf verzichten) zum überwiegenden Teil als eine Art „Mindestreserve" zinslos oder gering verzinst im Zentralbanksystem zu halten; dann würden zumindest ihre Bankfunktionen wieder in den Bankbereich delegiert, wohin sie gehören. Angesichts der Tatsache, dass es eine weitgehende gesetzlich geregelte Versicherungs*pflicht* für den einzelnen Menschen gibt, die den Versicherungsunternehmen ihren Geschäftsbereich ohne ihr eigenes Zutun erschließt, wird man eine solche *Gegenpflicht* nicht als unangemessen bezeichnen dürfen.

Sie würde voraussichtlich bewirken, dass das Umlageverfahren als die angemessene Finanzierungsmethode herrschend würde. Damit würde die Finanzierungsform des „*Beteiligens*" zu der alleinigen finanziellen Kooperationsweise des Sicherungsunternehmens, in der sowohl die Prämienzahlungen an das Unternehmen (gegebenenfalls mit Nachschusspflicht) erfolgen, wie auch die „Leistungen" des Unternehmens an die Versicherten im vereinbarten Falle. Eine größere Rücklage wäre nicht erforderlich; und außerhalb des Versicherungszweckes hat das Sicherungsunternehmen nur die laufenden Kosten der angemessen zu honorierenden Verwaltungsarbeit – keine Investitionen im Ausmaß des Produktionsunternehmens. Somit ist eine finanzielle Kooperation im Sinne einer Grundfinanzierung nicht notwendig, alle finanziellen Vorkommnisse können in der Weise des „laufenden Geschäfts" erledigt werden. Dies war eingangs gemeint, als gesagt wurde: Im Sicherungsunternehmen *verschmilzt* der Bereich der Grundfinanzierung mit dem des laufenden Geschäfts.

b) Der Geldprozess des Bewahrens und die Bewahrung von Kaufkraft
Auf eine weitere Sonderform des tradierenden Unternehmenstypus können wir aufmerksam werden, wenn wir darauf hinblicken, dass das gesellschaftliche Leben es immer wieder notwendig macht, einmal Gegebenes und Geordnetes in seiner Ordnung zu bewahren. Das Eigentum an einem Grundstück kann nicht ohne weiteres an den „besseren Wirt" übergehen, wenn der Eigentümer aus irgendeinem Grunde zeitweilig an der Ausübung seines Rechtes gehindert ist. Dem unmündigen Kinde muss sein Erbe bis zu seiner Mündigkeit bewahrt werden. Der Sparer er-

wartet „sein Geld" zurück, d.h. es soll Kaufkraft bewahrt werden. Solche Daseinslagen können unternehmungsweise ergriffen werden. Der hier sich konstituierende Unternehmenstyp sei *„Bewahrungsunternehmen"* genannt.

Die Sozialgebildeformung des „Bewahrungsunternehmens" finden wir in zwei wesentlich unterschiedenen Arten ausgeprägt. Die eine sehen wir darin, dass von ihm Vermögenswerte, Sachen oder Rechte bewahrt werden, die andere darin, dass es *Kaufkraft* bewahrt. Im ersten Falle liegen die Verhältnisse klar: Für die übernommene Aufgabe der Bewahrung erhält das entsprechende Unternehmen sein Entgelt (den Verwaltungskosten im Sicherungsunternehmen vergleichbar). Eine prinzipielle finanzielle Problematik scheint hierbei nicht vorzuliegen.

Anders liegt die Sache offenbar, wenn Kaufkraft bewahrt wird. Hierbei wird vom bewahrenden Unternehmen in der Regel kein Entgelt gefordert, oder es wird gar ein – wenn auch geringer – Zins vergütet. Das scheint zunächst widerspruchsvoll zu sein, da wir uns doch offenbar auf dem Gebiete direktbezogener Gegenseitigkeit befinden. Wie klärt sich dieser Widerspruch? Sehr einfach, wird man sagen, das Unternehmen, die Bank oder Sparkasse, *arbeitet* eben mit dem Gelde – und damit sind wir schon an dem Punkte der hier zu behandelnden Problematik.

Tritt hier nicht dasselbe auf, was wir beim Sicherungsunternehmen als Fehlentwicklung kennzeichneten? Es war doch die Tatsache, dass das Unternehmen die in seinem Verfügungsbereich sich „anreichernde" Kaufkraft verstärkt und außerhalb gesamtwirtschaftlicher Kooperation immer wieder in die Investition drängte. Gilt dies nicht auch in ähnlicher Weise für das Kaufkraft bewahrende Unternehmen?

Es darf an diesem Punkte auf die oben bereits ausgeführten Zusammenhänge gesamtwirtschaftlicher Art Bezug genommen[356] und erinnert werden: Es kann in einem sich entwickelnden (oder nicht entwickelnden) wirtschaftlichen Organismus nicht beliebig „gespart" werden (in Form der hier zur Diskussion stehenden Bewahrung). Es kann nicht zu einem irgend beliebigen Zeitpunkte dem Wirtschaftskreislauf Kaufkraft entzogen und zu einem anderen beliebigen Zeitpunkte wieder zugeführt werden. Sondern der Entzug der konsumtiven Nachfrage und ihr plötzliches Wiederauftauchen muss seinerseits mit dem Auf- oder Abbau der Produktionskapazitäten vorausschauend „synchronisiert"

---

356 Vgl. unten S. 151 ff.

werden,[357] wenn dieses Synchronisieren nicht eines Tages – durch Unternehmenszusammenbrüche etc. – gewaltsam und weitaus kostspieliger nachgeholt werden soll. Es hängt also einiges davon ab, ob das die Bewahrung leistende Unternehmen so in die volkswirtschaftliche Geldverwaltung des Bankwesens eingeschaltet ist, dass die Bewahrung nicht zum „Kropf" eines Wirtschaftsorganismus wird, sondern in dessen Lebens- und Werdefunktionen sachgemäß einbezogen wird.

Denn innerhalb der gesamtwirtschaftlichen Geldverwaltung – also vornehmlich im Zentralbankbereich – braucht man eine zureichende Information über die durchschnittlich bewahrte Kaufkraft (über diejenige also, die noch nicht in Leihprozessen fest engagiert ist), deren Wachsen oder Schwinden, um der genannten Aufgabe der Synchronisation von Produktionskapazitäten und Leistungsströmen mit den entsprechenden Kaufkraftströmen oder Kaufkraftreservoiren gerecht werden zu können. Und dafür ist es besser, wenn die zeitweilig nicht genutzte, nicht oder noch nicht in Leihprozessen engagierte Kaufkraft von Geldinstituten bewahrt wird, als wenn sie in diesem Falle „im Strumpf" steckt. Denn wird sie *bar* gehortet, so kann sie plötzlich bei einem Panik erregenden Anlass in vorher schwer überschaubarem Maße auf dem Markte auftauchen.[358] Sicherlich kann man auch im Falle der Bewahrung durch Geldinstitute eine plötzliche Inanspruchnahme nicht ausschließen; aber man kann ganz anders auf sie vorbereitet sein.

Schon diese „Informationsfunktion" der bewahrten Kaufkraft könnte man sich etwas kosten lassen, auch wenn man die Sache seitens des Bankwesens nicht notwendig so auffassen muss, dass man mit dem Gelde „arbeitet". Denn für die gesamtwirtschaftlich so wichtige Verwaltung der Kaufkraft sollten doch auf die Dauer andere Gesichtspunkte als die des „Zinsgewinnes" zwischen Aktiv- und Passivgeschäft zum Zuge kommen. Selbst wenn man die Bewahrensfunktion als selbständiger Unternehmensbildung anheimgegeben aus dem Bankwesen ausgliedern wollte – in Sparkassen etwa, denen man auch die Organisierung des Kleinkredites überlassen könnte –, so wäre es immerhin noch besser, man alimentierte sie für ihre Informationsleistung, als dass man sie zu unbedachter Investitionsneigung (über die Wiederausleihe ihrer Mittel)

---

357 Ähnlich stellt Worret fest: „Bei dem Sparen auf Sparkonten kann demnach am leichtesten das Gleichgewicht zwischen Sparvolumen und Investitionsvolumen gewahrt werden, so dass es die volkswirtschaftlich günstigste Form des Sparens darstellt" (FRANZ WORRET: Bankpolitik als Machtfrage. Berlin-München 1955, S. 94).
358 Dieser Alptraum lastete u.a. wohl auch auf den Machthabern der DDR und veranlasste sie mit zu dem „Geldnotenumtausch" vom 13. Okt. 1957.

drängt, weil sie sich aus der Spanne zwischen Soll- und Habenzinsen finanzieren müssen.[359]

Die mögliche Gefahr dieses „Geschäftes" besteht ja nicht so sehr in dem Verfügbarmachen von Kaufkraft für die Investition – das kann sogar zu Zeiten sehr verdienstlich sein –, sondern darin, dass über die investitive oder eventuelle andere Verwendungsrichtung außerhalb gesamtwirtschaftlicher Kooperation entschieden wird. So dass man sagen kann: Wird die unternehmerisch gehandhabte Bewahrung von Kaufkraft innerhalb der gesamten volkswirtschaftlichen Geldverwaltung des Bankwesens genügend *kooperativ* durchgeführt, so liegt *darin* das einzig mögliche *Gegengewicht* gegen die sonst stets latente Gefahr des In-die-Investition-Drängens von Kaufkraft durch die entsprechenden Geldinstitute. Dieses Gegengewicht ist naturgemäß nicht vorhanden, wenn es sich um sozusagen „private" Geldinstitute handelt, wie es sie in Werksparkassen etc. gelegentlich gegeben hat.[360] Für diese gilt darum wieder die Kritik, die wir am Beispiel des Sicherungsunternehmens prinzipiell ausführten und die hier nicht wiederholt werden soll.

Insofern das Kaufkraft bewahrende Geldinstitut zwar ein gewisses Vertrauen des Publikums, aber keine besonders aufwendigen Produktionsanlagen braucht, entfällt auch hier im Prinzip das Problem der Grundfinanzierung. Diese verschmilzt wiederum mit dem Bereich des laufenden Geschäfts, für das der Geldprozess des Bewahrens hier charakteristisch ist.[361]

---

359 Bei der Besprechung der „Aufgabe des Bankwesens" werden wir die Auffassung entwickeln und begründen, die in der so bewahrten Kaufkraft *eine* der Informationsquellen für die dem Bankwesen vornehmlich zukommenden, autonom zu denkenden Geldprozesse des Umlauf-Ordnens sieht (vgl. oben S. 242 ff.).
360 In Deutschland wurden sie durch das „Reichsgesetz über das Kreditwesen" vom 5. Dezember 1934 (§ 22) verboten, welches vorsah, dass Werksparkassen bis 31. Dezember 1940 – in Etappen – aufzulösen seien. – Vgl. Artikel „Werksparen" (VIII, 51). In: Der Betriebsberater I (1946) Heft 8, S. 14
361 Er kann bei der Rückzahlung mit der Leistung des Geldverkehrs verbunden werden, wie dies beim Postscheckkonto z.B. üblich ist.

IV Der Ertrag und die Ertragsverwendung

1 Ertrag und Geldertrag

Für die nun folgenden Probleme des Ertrags und seiner Verwendung ist es wichtig, zwei unterscheidbare Phänomene auseinanderzuhalten, die oft vermengt werden: das Phänomen des Ertrages selbst und das andere des Geldertrages. Wir haben einleitend Typen von Unternehmen unterschieden unter dem Gesichtspunkt der *Eigenart der Unternehmensleistung* im Zusammenhang des Sozialen Organismus.[362] Damit war bereits indirekt auf den Sachverhalt verwiesen, dem wir jetzt nachgehen. Denn wir sprachen von Unternehmen nur dann, wenn ihre Leistungen kooperierend anderen zur Verfügung gestellt werden (also zunächst unabhängig von einem Erlös). Was in dieser Weise konkret geleistet wird, sei zunächst als *Ertrag* verstanden. Wir gehen also nicht von einer möglichen geldlichen *Erlösform* des Ertrages aus, sondern versuchen, das Ertragsphänomen in seinen sachlichen Unterschieden beobachtend zu erfassen, um uns sodann nach adäquaten Erlösformen zu fragen.

Wird *Ertrag* also ganz allgemein als „Erreichnis" der jeweiligen unternehmerischen Initiative verstanden, so ergibt sich eine metamorphosische Reihe unterscheidbarer Ertragsphänomene. Wir beziehen dabei die Leistungen kultureller Initiativen mit in diese Reihe ein, weil sie – gleichsam als Grenzerscheinungen – das Ertragsphänomen gerade des Produktionsunternehmens in seiner speziellen Eigenart deutlicher hervortreten lassen und uns auf seine besondere Stelle im Gefüge des Sozialen Organismus aufmerksam machen. Wir kommen zu der folgenden Reihe:

Durch Forschungsinitiativen (in ihren verschiedenen existentiellen Ausgestaltungen) wird gegenüber undeutlichen, ausweglos erscheinenden, aber gerade darin sozial relevanten Daseinslagen *Klärung geleistet.* Um es am Beispiel zu sagen: Werden durch medizinische Forschung Heilmethoden und Heilmittel zutage gefördert, so ist damit einem bestimmten sozialen Bedürfnis grundsätzlich Rechnung getragen. Der Ertrag der Forschung liegt in der geleisteten Klärung vor. – Die bildenden Instanzen befassen sich mit *menschlicher Wesensbildung* im weitesten Sinne; sie schaffen Entfaltungsmöglichkeiten menschlich-personalen Daseins; deren Aktivie-

---

362 Vgl. S. 174

rung ist ihr sachlicher Ertrag. – Für die sachgegebene Erfassung der Erträge dieser kulturellen Instanzen in der Geldform versagen die Methoden des bisher ausgebildeten Rechnungswesens. Und sie dürfen versagen, so paradox das hier klingt: Warum – das wird noch dieser Abschnitt zeigen.

Das Produktionsunternehmen verwirklicht die der Sache nach geklärten und in Fähigkeiten vorgebildeten neuen *Produktionsmöglichkeiten*; sein Ertrag steht dem Sozialen Organismus zur Verfügung, wenn dies geleistet ist. – Das Traduktionsunternehmen führt die traditional *vorhandenen Leistungsweisen* fort, die nicht (oder noch nicht) durch effektivere ersetzt worden sind, im Erbringen der üblichen Leistung (der Bauernhof war unser Standardbeispiel). Hierin ist sein Ertrag zu suchen.

Dem Sicherungsunternehmen obliegt die Abschirmung und Sicherung des Bestehenden gegen die im Einzelfall nicht vorhersehbaren Schädigungen, denen jede physisch-lebende Existenz ausgesetzt ist. Sein Ertrag ist die erfolgreich durchgeführte *Sicherung*. – So fällt dem Bewahrungsunternehmen in ähnlicher Weise seine Aufgabe zu: Sein Ertrag ist nicht die Hervorbringung irgendeiner sachlichen Leistung, sondern die *gültige Bewahrung*.

Ertrag ist so zunächst ein Phänomen sachunterschiedenen Leistens *für andere*.[363] Er entsteht nie am Orte des Leistens selbst – also im Eigenbereich des leistenden Unternehmens –, sondern er ist nur im sozialen Verbund zu denken: Er ist ein *soziales Phänomen*. Von der ichhaft überbetonten Motivierungstheorie, vor deren Blick der Mensch sich stets nur mit sich selbst beschäftigt, ist diese Seite der Sache sehr vernachlässigt worden. Ihre Betonung ist indessen doch notwendig, wenn man ein wirklichkeitsgemäßes Bild sozialen *Zusammen-Lebens* erhalten will. Denn erst, wenn man Ertrag in diesem Sinne als soziales Phänomen sieht, vermag man seine *Spiegelung im Geldertrag* richtig zu verstehen. Und dieses Verständnis ist gegenwärtig erforderlich, da „das Ergebnis (Erfolg oder Verlust) heute durchaus eine *geldwirtschaftliche* Kategorie ist", wie M. Lohmann dies formuliert.[364]

Denn unzweifelhaft ist es notwendig, dass das jeweilige Leisten des Unternehmers für andere nun *seinerseits selbst* in die sozialen Beziehungen eingeordnet wird. Es geschieht ja nicht aus einem unerschöpflichen Vorrat, sondern es entstehen dabei Kosten, die mindestens ersetzt sein wollen, wenn die Unternehmung weiterleben soll. Die jeweilige Unternehmensini-

---

363 In diesem Sinne sagt wohl auch Gutenberg, es sei „zu beachten, dass auch in marktwirtschaftlichen Systemen *Bedarfsdeckung* den letzten Sinn und Zweck aller wirtschaftlichen Betätigung bildet" (ERICH GUTENBERG. Grundlagen der Betriebswirtschaftslehre, Bd. I: Die Produktion, Berlin-Göttingen-Heidelberg 1957³, S. 351; die Kursivsetzung wurde hinzugefügt)
364 M. LOHMANN: Einführung ... 2. Aufl. a.a.O. S. 194

tiative bedarf also einer sehr realen Anerkennung („Honorierung"), und *diese* findet *„im Gelde"* statt; sie erscheint im Geldertrag (Erlös). Freilich kann diese Anerkennung durch das *Geld* in den verschiedenen Weisen erfolgen, die wir kennen: in der Weise des *Kaufens* zunächst, aber ebenso gut in der Weise des *Beitragens* und *Schenkens*. Es braucht ja durchaus nicht so zu sein, dass erst das *fertige* Ergebnis einer Tätigkeit anerkannt wird, es kann bereits *im Voraus* – gewissermaßen modo futuri – anerkannt werden, wie dies im Falle bildender oder forschender kultureller Instanzen wichtig ist.

Hier gilt es eben zu bedenken, dass die Anerkennung „im Gelde" für die eigene Natur des Ertrages nicht ausschließlich entscheidend ist: Eine abgeschlossene Forschung oder eine vollzogene Bildung stellen durch sich selbst Wert und Ertrag dar, gleichgültig, ob sie nun in der Weise des Geldes honoriert werden oder nicht. Die Honorierung entscheidet aber darüber, ob einer Initiative auch in Zukunft ein Lebensraum zugemessen wird und in welchem Ausmaß dies geschieht. Ertrag ist eben nicht identischgleich Geldertrag (Erlös). Und der Spiegel des Geldertrages (für den wahren Sachertrag) kann erheblich verzerrt sein.

Nur im Produktions- und Traduktionsunternehmen beginnt beides zu koinzidieren; und mit Recht. Sind beide doch in viel stärkerem Maße als die anderen Unternehmensformen in die gesamtwirtschaftlichen Tauschkreise der Leistungen verflochten. In ihrem Bereich wird ja der hauptsächliche Anteil des Sozialprodukts erbracht, insbesonders die lebensnotwendigen Bedarfsleistungen, die sich gegenseitig tragen müssen. Hier kommt alles auf die praktische und effektive Brauchbarkeit der Leistungen an, die man im Erlös noch einmal bestätigt erhält. Für einen stetig fließenden Strom von Leistungen mögen „die Preise" in dieser Weise eine gewisse kontrollierende Informationsfunktion durchaus miterfüllen. Wir wollen damit freilich nicht den Satz unterschreiben, der in den Preisen *wesentlich* „Signale" sieht, auf deren Grunde eine optimale Abstimmung der Leistungen aufeinander – über den „Marktmechanismus" – automatisch gewährleistet ist.[365] Man sollte – wenn man schon bildhaft

---

[365] Pointierend könnte man sagen: *Wenn* es stimmt, dass die Preise „Signale" sind, *dann* sind sie es – aber in ganz anderem Sinne, als die Väter dieses Satzes es glauben. Sie sind dann Signale dafür, dass die intellektuellen und moralischen Kräfte eines Sozialen Organismus nicht mehr dafür ausreichen, die sozialen Verhältnisse in menschlich verantwortlicher Weise zu regeln. Hier muss man doch wohl Wendt recht geben, wenn er sagt: „Preise sind nicht als einzelne Zahlen von den Sachen her, denen sie beigegeben sind, verstehbar, auch nicht vom einzelnen Menschen und seinen Bedürfnissen her, sondern allein vom Willen, das menschliche Zusammenleben in einer bestimmten Weise zu ordnen" (S. WENDT: Gibt es eine Eigengesetzlichkeit des Wirtschaftslebens? Wilhelmshavener Vorträge, Heft 15, 1954 (o.O.), S. 12). Niemand wird es doch zum Prinzip erheben wollen, dass bei einem Brande die Feuerwehr immer erst dann losgeschickt wird, wenn die rechtsgültig unterzeichnete Schadensmeldung bei der Versicherung eingelaufen ist. Sollte es in diesem Falle so viel anders sein?

sprechen will – eher von „Notbremsen" reden, mit denen niemand einen normalen Verkehr z.B. würde regulieren wollen. Dennoch macht es die Eigenart gerade dieser Unternehmenstypen erforderlich, dass ihr Sachertrag sich möglichst *vollständig* auch im Geldertrag niederschlage. *Grundsätzlich* ist jedoch beides zu trennen. Denn grundsätzlich meint Erlös die Anerkennung des vollzogenen Wirkens auch für die Zukunft. Und weiterhin meint er die Zulassung eines Unternehmens bei den Entscheidungen über die Gestaltung des gemeinsamen sozialen Lebensraumes.

Eines kommt bei unserer Betrachtungsweise des Unternehmens, seiner Entstehung, seiner Ziele und seines Ertrages, gänzlich in Fortfall, da es für das Verstehen unternehmerischen Tuns ganz unbrauchbar ist: das „money making"-Theorem. Das Nötige hierzu hat Drucker bereits dargelegt: „Die Wurzel der ganzen Verwirrung", sagt er, „liegt in dem Missverständnis, die Motive des Menschen – beim Unternehmer das sog. Gewinnmotiv – könnten sein Verhalten erklären oder seien bestimmend für sein Handeln ... Dass Fritz Müller in der Wirtschaft tätig ist, um einen Gewinn zu erzielen, geht nur ihn und seinen ‚Schutzengel' etwas an. Es sagt aber nichts darüber aus, was Fritz Müller dort tut und wie er es tut. Es ist nicht das Geringste über die Arbeit des Schürfers, der in der Wüste von Nevada auf Uransuche ist, ausgesagt, wenn wir hören, dass er versucht, dort sein Glück zu machen."[366] Mag ein solches Motiv immerhin zum Seelenreichtum eines Menschen gehören: Das ist Grund für die Psychologie, uns das Zustandekommen dieses Motives – aus „Verdrängungen" oder was immer – zu erklären. Aber es ist *kein Grund* für die Nationalökonomie oder Soziologie, um darauf eine Wissenschaft sozialökonomischer Beziehungen aufzubauen. Denn statt einer Erhellung dieser Beziehungen verbreitet es hier einen allgemeinen Nebel – uns vermeinen lassend, dass eine Tätigkeit so gut und richtig sei für das menschliche Werden im sozialen Verbund wie die andere, wenn sie nur „Geld bringt"[367]. Es verschleiert damit die sozialen Beziehungen dort, wo Klarheit immer wichtiger wird: in der Verständigung über die gesellschaftliche Arbeitsteilung der verschiedenen, aber je notwendigen unternehmerischen Initiativen.[368]

---

366 P. F. DRUCKER: Die Praxis ... a.a.O. S. 50
367 In ähnlichem Zusammenhang sagt F. OTTEL: „Die individualistische Theorie kann diesen Unterschied nicht erkennen, weil sie die Profitraten mit wirtschaftlichen Leistungen gleichbedeutend hält" (F. OTTEL, Bankpolitik, a.a.O. S. 131).
368 Auf diese „Verschleierung" hat uns schon SCHUMPETER hingewiesen (Kapitalismus ... a.a.O. S. 337), wenn er darauf aufmerksam macht, dass die „wirtschaftlichen Phänomene ... in der kapitalistischen Ordnung" nicht „mit unmissverständlicher Klarheit" deutlich werden, dass vielmehr „ihr Gesicht hinter der Maske des Gewinninteresses verborgen bleibt".

Ertrag – und damit kommen wir auf unser eigentliches Thema zurück – ist also zunächst ein Sachphänomen, spielt *als solches* seine Rolle im menschlichen Leben und trägt als solches den Forderungen des konkreten sozialen Lebens Rechnung. Aber es spiegelt sich auch im *Geldertrag*: Wobei der eine Gesichtspunkt so wenig überbetont oder vernachlässigt werden darf wie der andere. Denn schaut man nur auf die *geldliche Erlösform* des Ertrages, so verschwimmt das Bild des in unterschiedenen Sachleistungen aufeinander abgestimmten gesellschaftlichen Lebens. Wir müssen in der geldweisen Bewältigung dieser sozialen Sachbeziehungen aber gerade das Bemühen um die Ordnung eben dieser Beziehungen sehen: Sonst haben wir noch nicht erfasst, was „Geld" seinem Wesen nach ist, und können infolgedessen auch nicht mit ihm umgehen – im Hinblick jedenfalls auf das Problem einer menschlichen Ordnung der sozialen Wertbeziehungen.

Wird nun die Leistung eines Unternehmens in der Weise sozial honoriert, dass ihm im Geldertrag nicht nur seine Kosten erstattet werden, sondern ein Plus darüber hinaus, so legt dies dem Unternehmer neue und zusätzliche Verantwortung über seine traditionale Existenzweise hinaus auf – für die Neugestaltung oder Umgestaltung des sozialen Lebens. Und *diesem* Problem begegnen wir, wenn der Geldertrag einen *Gewinn* enthält.

2   Die notwendige Vertiefung des Gewinnbegriffes

Was *ist* nun *Gewinn*, und was *bedeutet* er? Wir sagten zuvor, er sei ein Plus des Geldertrages über die Kosten hinaus. Das ist natürlich nur eine grobe Annäherung; dennoch gehen die verschiedenen Formulierungen des Gewinnbegriffes kaum über eine solche Annäherung hinaus – wie man sich leicht überzeugen kann. Wir sagten weiter, er *bedeute* gesteigerte Verantwortung für die Neu- und Umgestaltung des sozialen Lebens. Das ist schon weniger natürlich und bedarf der Erläuterung. Beginnen wir jedoch mit dem erstgenannten Problem.

Erich Schneider sagt: „In der Theorie der freien Verkehrswirtschaft wird gewöhnlich von der Voraussetzung ausgegangen, dass die private Unternehmung ... den *größtmöglichen Umsatzgewinn* zu erzielen sucht, also danach strebt, die Differenz zwischen Umsatz (d.h. dem Verkaufswert der geplanten Absatzmengen) und den geplanten Kosten dieser Absatzmengen so groß wie möglich zu machen."[369] Sehen wir von der Motivierungsseite dieser Aussage ab, so beschreibt sie als Gewinn genau jenes „Plus" des Geldertrages über die Kosten hinaus, von dem wir oben sprachen; in den Worten von den „geplanten Absatzmengen" bzw. den „geplanten Kosten dieser Absatzmengen" liegt auch schon der Bezug zur Zeitdimension, der nicht ausdrücklich erwähnt wird, aber jeweils hinzugedacht werden muss. Von Gewinn in diesem Sinne kann nur „pro Periode" geredet werden (mit dem Terminus „Totalgewinn" ist dann die ganze Lebensdauer gemeint). Dies gilt auch für die folgenden Autoren.

Walther fasst den Gewinnbegriff mehr im Vermögenssinne und sagt: „Gewinn ist Vermögensüberschuss, oder genauer gesagt: Gewinn ist entstanden, wenn das Vermögen der Unternehmung abzüglich Schulden, also das sog. Reinvermögen, größer geworden ist, ohne dass die Inhaber der Unternehmung Geld zugeschossen oder entzogen haben. Verlust ist das Gegenteil."[370] Das gleiche tut Schäfer, indem er formuliert: „Wir wollen festhalten, dass echter Gewinn immer nur dann vorliegt, wenn hinter der Rechengröße ein realer Substanzzuwachs, ein Zuwachs an Vermögen (Realkapital) steht."[371] Dieser Substanzzuwachs ist seinerseits freilich weder leicht noch eindeutig zu fassen, und Schäfer stellt resignierend fest: „So bleibt kein anderer Ausweg, als zu erklären: Gewinn der Unternehmung ist derjenige Teil des Ertrages, der übrig bleibt, wenn alle eindeutigen, d.h. rechtlich fixierten Ersatzansprüche Dritter abgedeckt sind. Oder: Unternehmungsgewinn ist der Anspruch auf den durch Rechte Dritter nicht beanspruchten Teil des Ertrages der Unternehmung."[372] Da dies nun auch wieder keine Erscheinung ist, die selbst in vergleichbaren Unternehmungen vergleichbar festgestellt wird bzw. feststellbar wäre, fügt Schäfer mit Recht hinzu: „Durch diese Formulierung wird zugleich deutlich, dass der Umfang des Gewinnbegriffes wesentlich davon abhängt, was unter den Kosten der Unternehmung verstanden wird."[373]

Wesentlich vorsichtiger – und abgewogener – spricht Lohmann nur noch vom „Wirtschaftsergebnis". „Die Bezeichnung Ergebnis", sagt er, „ist *neutral*. Sie umfasst sowohl das positive wie das negative Ergebnis,

---

369 E. SCHNEIDER: Einführung in die Wirtschaftstheorie. II. Teil: Wirtschaftspläne und wirtschaftliches Gleichgewicht in der Verkehrswirtschaft. Tübingen 1955³, S. 59 f
370 ALFRED WALTHER: Einführung ... II, a.a.O. S. 25
371 ERICH SCHÄFER: Die Unternehmung III, a.a.O. S. 283
372 EBENDORT S. 297; an der unglücklichen Formulierung, Gewinn sei „Anspruch", wollen wir uns hier nicht stoßen.
373 EBENDORT S. 297

d.h. *Gewinn* (Erfolg) oder Verlust. Die Bildung der Differenz Ertrag minus Aufwand kann angesichts der verschieden weiten Fassung der Begriffe Ertrag und Aufwand sowohl auf das eigentliche *Betriebs*ergebnis als auch auf das *Finanz*ergebnis, das *außerordentliche* Ergebnis und das *Zufalls*ergebnis abgestellt werden."[374] Neben dem Einfluss des variablen Kostenbegriffes (Vergangenheitsgröße) ist damit auch auf den Einfluss der jeweils variierenden Ergebnisvorstellung (Zukunfts- oder Zielgröße) gewiesen; beide Einflüsse lassen, was objektiv „unterm Strich" steht, als doch sehr subjektiv und gewillkürt erscheinen. So stellt denn auch Lohmann fest: „Jedenfalls ist der Erfolg oder Unternehmergewinn eine nur nachträglich auf Grund von mehr oder weniger subjektiven Schätzungen ermittelbare Geldgröße."[375]

Was „Gewinn" ist, scheint sich also nicht objektiv ermitteln zu lassen. Unser Gewinnbegriff wird offenbar in dem Maße unsicher, als wir sichere Auskunft von ihm wünschen. Indem wir von Gewinn sprechen, betreten wir zusehends einen Boden, der vor lauter Willkür, subjektiver Schätzung etc. kein sachlich-festes Schreiten mehr erlaubt. – Könnte die Sache nicht aber auch so liegen, dass unsere Begriffe von „Objektivität" und sachlicher Stimmigkeit („Bilanzwahrheit") ihrer Art nach noch aus einem Bereiche stammen, der mit der jetzt verhandelten Sache so wenig gemeinsam hat, dass das Schwanken der Erscheinungen uns im Grunde nur auf das Ungenügen unserer Begriffe aufmerksam machen will? – Eben dieses möchten wir behaupten.

Man hat sich öfter bemüht zu zeigen, wie die Wirtschaftswissenschaften – im Schatten der in ihrer Art bewundernswerten Naturwissenschaften aufgewachsen – ihre ersten Denkformen zunächst aus der naturwissenschaftlichen Denkweise nehmen. So wie der Geologe beispielsweise aus einer Landschaft alles entfernt (und mit Recht), was sich nicht in Formationen, Gesteinsarten, Schichten usw. fassen lässt, und sein Augenmerk nur auf dieses richtet, so haben die Wirtschaftswissenschafter das soziale Leben auf „die Wirtschaft" reduziert, die sie als einen in naturwissenschaftlicher Art autonomen Bereich dachten. Sie haben den geistig-wollenden, seelisch-lebenden und leiblich-seienden Menschen eliminieren müssen, der in diese „Wirklichkeit" nicht passte. Sie setzten an seine Stelle den „homo oeconomicus", der keine menschlichen Ziele mehr verfolgte, sondern als

---

374 M. LOHMANN: Einführung ... 2.Aufl. a.a.O. S. 193
375 EBENDORT S. 198

ein rein „allzumenschlicher Mensch" lediglich seinen „Gewinn" oder seinen „Nutzen" maximierte.[376]

Und wenn er seinen *Gewinn hat, was macht* er mit ihm? Auch der homo oeconomicus wird nicht lediglich Gewinne (in Forderungsform – sonst sind sie ja schon verwendet) „thesaurieren" wollen, sondern sie in irgendeiner Art *verwenden*, denn *dies* gibt seinem Streben doch den Antrieb. So werden wir mit Notwendigkeit auf diese Fragestellung geführt: *Gewinn – wozu?* An diesem Punkte *versagt* aber die pseudo-naturwissenschaftliche ökonomische Methode. Sie wird die Antwort der Philosophie überlassen wollen (an die sowieso niemand glaubt; und tut man dies, dann ist es ja „subjektiv" und damit unverbindlich). Wir *aber fordern von ihr selbst Antwort* über ihren *menschlichen Sinn*, weil sie Wissenschaft vom *menschlichen Dasein* sein will. – Halb unfreiwillig gesteht sie ihren Mangel ein, wenn sie vom „Nutzen" spricht; denn im Nutzenbegriff dehnt sie ihren Zielbegriff u.U. so weit aus, dass er sein eigenes Gegenteil enthalten kann.[377] Der Begriff des Nutzens erlaubt aber – und zwingt im Grunde – zu fragen: *Nutzen – wofür? – für sich selbst?* Doch wohl nicht! Und selbst wenn dies jemand antworten sollte: Es wäre ein Zirkel ersten Ranges, der stets über sich selbst hinausweisen muss. Wir sehen an dieser Stelle vielmehr: Mit dem Begriff des Nutzens ist *indirekt* die *Sinnfrage* gestellt. Und mit der Sinnfrage *transzendieren* wir den *Wirtschaftsaspekt* des sozialen Lebens.[378]

Die Nationalökonomie, die vormals den Menschen – und vorzüglich den Unternehmer – seinen Geldgewinn maximieren hieß, malte ein *sinnleeres* Bild menschlicher Gesellschaft, und sie korrumpierte zugleich die wissenschaftliche Methode der Sozialwissenschaften: Denn anstatt einen *einseitigen Aspekt* zu wählen – den wirtschaftlichen Aspekt der wertmäßigen Formung sozialer Prozesse – und sich dieser Einseitigkeit *bewusst*

---

376 Vgl. etwa bei Jöhr (Theoretische Grundlagen ... a.a.O. S. 120 f), der sich noch einmal für den homo oeconomicus erwärmt.

377 So wird man uns selbstverständlich konzedieren, dass jemand es „nützlich" finden kann (für seine inneren, höheren oder sonstigen Zwecke), auf „Gewinn" zu verzichten, und gerade in diesem *Verzicht* seinen Nutzen doch wieder zu „maximieren". An diesem Punkte gilt dann wohl Egners trefflicher Satz: „Eine Lehre, die alles relativiert, sagt im Grunde nichts mehr aus. Sie täuscht dort ein Wissen vor, wo man sich nicht mehr zu helfen weiß" (ERICH EGNER: Blüte und Verfall der Wirtschaft. Leipzig 1935, S. 16). Ähnlich sagt Lohmann, dass „der Betriebswirt die Arbeitshypothese der Gewinnmaximierung ... nicht überall verwenden" kann. Denn: „Mit einer Ausdehnung der These auch für die Fälle, in denen der Unternehmer bewusst von weiterer Gewinnerzielung absieht, um dafür mehr Freizeit für sich zu gewinnen (er schätze eben den Vorteil der Freizeit höher als weiteren Gewinn ein und maximiere also doch seinen Nutzen), kann er nichts anfangen, weil das auf die Banalität hinausläuft: jeder Mensch müsse für das, was er tue, wohl seinen Grund haben." (Lohmann, Einführung, 2. Aufl. a.a.O. S. 199).

378 Vgl. G. WEISSER: Artikel „Wirtschaft"... a.a.O. S. 974

224

zu sein und gerade *durch sie* auf das ihr *Fehlende* zu schauen – den kulturellen Aspekt menschlicher Entwicklung – verabsolutierte sie ihren Bereich zu einem *autonomen Bezirk*. Sie glaubte damit ihrer notwendigen Einseitigkeit *Leben* zu geben, machte jedoch ihren Bezirk stattdessen zu einer unmenschlichen *Schein-Welt*. Sie entwickelte damit ein „System", in dem – wie Freyer sagt – „die Person des Menschen ... nicht gebraucht wird und sogar stört. Sie fällt als Rest heraus, wenn die nützliche Funktion, mit der er von Interesse ist, durch Organisation und Training isoliert worden ist."[379] Der Aufbau dieser Scheinwelt, der man die Tendenz zu Verwirklichung auch wieder nicht absprechen kann, war eine Folge ihres naturwissenschaftlich empfundenen, sozial jedoch inadäquaten *Wirklichkeitsverlangens*: Sie wollte „objektive Tatbestände", mit denen sich „rechnen" lässt, übersah jedoch, dass dieser „Maßstab" vom Gegenstande her gesehen sehr subjektiv war, indem er gerade das sich selbst sinngebende menschliche Handeln ausschloss. – Aber das Phänomen des Gewinnes in ihr ist in seiner Eigenart weder fassbar noch verständlich, wenn man die verabsolutierte Einseitigkeit ökonomischen Denkens nicht dadurch überwindet, dass man sie *transparent* werden lässt für das, was sie ergänzen muss; und es *bleibt* unverständlich, wenn es nicht gelingt, gerade durch das ihr Fehlende hindurchzuschauen: auf den der *Sinnfrage* inhärierenden Aspekt *menschlichen Werdens in der Gesellschaft*. So führt uns das Problem des Gewinnes über den Bereich rechnungstechnischer Abgrenzungsfragen hinaus zu den Fragen seiner *menschlich-sozialen Bedeutung*, wie wir das bereits erwähnt haben.

Um es *hier* richtig fassen zu können, sei uns ein kurzer Blick auf die geschichtliche Entwicklung des Gewinnbegriffes erlaubt, auf die Schäfer aufmerksam gemacht hat.[380] Er sagt, man könne von „Gewinnvorstellungen verschiedener Ordnung" sprechen. Der Großhändler des Mittelalters sei „Gelegenheitskaufmann" gewesen und hätte seine Gewinnvorstellung an die einzelne Partie, an einzelne Transaktionen geknüpft. Erst sehr viel später sei man zur Ermittlung etwa des jährlichen Gewinnes (oder Verlustes) *der* Unternehmung (als Einheit aller einzelnen geschäftlichen Anlässe) übergegangen. Damit habe sich der Gewinnbegriff vom Zufälligen der einzelnen Transaktionen gelöst. Und diese „Loslösung vom Zufälligen, vom Spekulativen" scheint sich weiter fortzusetzen, meint Schäfer. – Wir

---

379 FREYER: Theorie ... a.a.O. S. 139
380 Vgl. SCHÄFER: Die Unternehmung III, a.a.O. S. 234

dürfen hier ergänzend fragen, ob nun heute ein weiterer Schritt in dieser Entwicklung des Gewinnbegriffes gefordert ist und wie dieser auf dem Grunde unseres Gedankenganges aussehen muss.

Dazu dürfen wir wiederum erinnernd auf die bei der Besprechung der Geldgebiete aufgezeigten gesamtwirtschaftlichen Zusammenhänge zurückgreifen. Sie zeigten uns, wie die sozialökonomischen Beziehungen zunehmend – durch gesamtwirtschaftliche Arbeitsteilung und Kooperation – sich miteinander verflechten und in dieser Verflechtung immer stärker ihre wesensrichtige organisatorische Bewältigung in der Weise des Geldes verlangen. Ein neuer Produktionsumweg kann nur dann gesamtwirtschaftlich stimmig aufgebaut und vollendet werden, wenn damit zugleich ringsherum funktionierende, gesunde Leistungstauschkreise mit aufgebaut oder übernommen werden (von eventuell ausscheidenden Unternehmen). Auch der *Geldgewinn* eines Produktionsumweges (respektive eines Produktionsunternehmens) ist *eine Größe solcher Tauschkreise* und *ihrem Schicksal verhaftet*. Gewinne sind eben keine Beträge, die man für irgendeine Sinnlosigkeit „in die Luft pulvern" kann, wenn einem das einfallen sollte. Eigentum verpflichtet, sagt das westdeutsche Grundgesetz:[381] Das gilt – sachlich gesehen – auch für alle Gewinne. Weil auch sie Kreislaufgrößen sind,[382] sollte man sich in seiner Einstellung nicht dagegen sträuben und das in ihnen liegende Moment gemeinsamen Schicksals sehen. Ein einzelnes Unternehmen ist eben *niemals* eine Welt für sich; und es bedeutet die gröbliche Verkennung eines elementaren gesellschaftlichen Sachverhaltes, wenn man der Unternehmensleitung verbieten wollte, „über ihre Zäune" zu schauen.[383] Je mehr die wirtschaftlich-sozialen Verflechtungen eines Sozialen Organismus zunehmen, desto mehr wird der Satz seine Geltung erlangen, dass ein einzelnes Unternehmen sachgemäß nur aus einer prinzipiellen Überschau über die gesamtwirtschaftlichen Zusammenhänge und aus bewusster Kooperation in ihnen geleitet werden kann.[384] Sehr treffend sagt deswegen E. Rosenstock: „Bei Xenophon war *der* ein Ökonom, der haushielt, mit Weib, Knecht und Magd. In der heutigen Ökonomie hält die ganze Welt haus. Die Menschheit hält haus. Die Menschheit vergeudet; diese beiden Sätze sind sogar heute bereits sinnvoller als die Analyse eines

---

381 Artikel 14
382 Diese Zusammenhänge sind z.B. von Carl Föhl eindringlich dargestellt worden (vgl. a.a.O., S. 32 ff., S. 54 ff.).
383 Anklänge an derartiges bedeuten in „wirtschaftsordnenden" Gesetzen, wie z.B. dem Kartellgesetz, Widersprüche mit sich selbst.
384 Vgl. G. WEISSER: Gegenstand ... a.a.O. S. 6

einzelnen Individuums, das spart oder Schulden macht. Denn wer in der Inflation Schulden macht, ist weise" – bis er erkennt, dass er *sich selber* mit übersehen hat, als er den sozialen Zusammenhang, durch den er lebt, übersah.[385]

In diesen Zusammenhängen muss auch der *Gewinn* verstanden werden. Und hier können wir den Schäferschen Gedanken von der Entwicklung des Gewinnbegriffes wieder aufnehmen und fortzuführen versuchen. Wie sich vordem die Gewinnvorstellung an die einzelne „Partie" knüpfte und wie dieses Partiedenken integriert und überhöht wurde, indem man aus den einzelnen Transaktionen die *einheitliche Unternehmung* und ihren Gewinn sah, so ist heute das Denken in einzelnen Unternehmungsgewinnen *rück-ständig* geworden (es entspricht *heute* dem Partiedenken früherer Tage) und muss nunmehr und für die Zukunft vom *Denken im gesamtwirtschaft-lichen Rahmen* überhöht werden, das die in einzelnen Unternehmungen auftretenden Gewinne zu einer – qualitative Dimensionen annehmenden – *Gesamtgröße „Gewinn"* des einheitlichen Sozialen Organismus inte-griert.[386]

Wird so über Gewinn gedacht, so enthüllt er zugleich seine soziale Funktion und Stelle: Denn er bezeichnet dann den jeweils gestaltbaren Entwicklungsraum eines Sozialen Organismus im Zusammenhang und auf der Grundlage der bereits aufgebauten Produktionsverfassung und ihrer Leistungstauschkreise. Deren Gegenwartslage muss aufgenommen, fort-geführt und – von neuen gestaltenden Kräften – metamorphosiert wer-den. So gesehen, könnte man den Gewinn auch als noch nicht verbuchte (gewidmete) Kosten für die Um- und Neugestaltung des sozialen Lebens – unter dem Aspekt menschlicher Entwicklung in ihm – auffassen, also als *Gestaltungskosten.* In diesem Sinne sei formuliert: *Gewinn* ist ein wertmä-ßig vorgebildeter *Zuwachs* an sozialem „Raume" für *menschliche Wesens-entfaltung* innerhalb des gesellschaftlichen Prozesses, und er *bedeutet Verfügung* über diesen Raum und die *Verantwortung* für ihn. Er *bildet* sich durch Kooperation und Arbeitsteilung im gesellschaftlichen Zusam-

---

385 E. ROSENSTOCK: Der unbezahlbare Mensch ... a.a.O. S. 186
386 Zu solchen Anschauungen hat vor allem Dobretsberger angeregt; er sagt zu diesem Sachverhalt: „Nur dem Unternehmer in der Verkehrswirtschaft stehen in Kosten und Preisen scheinbar eindeutige Maßstäbe zur Verfügung, den Ertrag ziffernmäßig genau zu berechnen. ... Rentabel heißt für ihn, dass das Produktionsergebnis die Ausgangskonstellation für seinen eigenen Betrieb – gleiches Kapital wie zu Beginn der Periode – wiederherstellt; ob sie auch für die anderen Betriebe gegeben ist oder ob seine Gewinne auf Kosten anderer gehen, fällt au-ßerhalb seines Kalkulationsradius" (a.a.O. S. 138 f.). Daraus, meint Dobretsberger, ergibt sich die „Frage, ob wir für einen engeren oder weitern Produktionskomplex kalkulieren sollen" (a.a.O. S. 150). Sie ergibt sich in der Tat.

menhang und *entsteht* dabei in geldlicher Verfügungsform im einzelnen Unternehmen. Von diesem wird er rechnungstechnisch als Überschuss des *Geldertrages* über die *Geldkosten* ermittelt.[387]

Dieser Gewinnbegriff setzt die zuvor genannten Gewinnbegriffe so wenig außer Funktion, wie die Feststellung eines einheitlichen Unternehmungsgewinnes uns von der Notwendigkeit einer sorgfältigen Kalkulation aller einzelnen Unternehmensleistungen befreit. Er lässt sie vielmehr gerade in ihrer Art gelten. Aber er kann uns Sicherheit geben in den Punkten, wo sie notwendig unsicher sein müssen: in der Ausrichtung auf den gesamtsozialen Sinn auch des einzelnen Unternehmungsgewinnes. Denn ob der Gewinn einer einzelnen Unternehmung auch im sozialen Zusammenhang „Gewinn" bedeutet, das vermag der am Einzelunternehmen nur orientierte Gewinnbegriff nicht zu sagen. Darauf kommt es aber letztlich doch an: jedenfalls dann, wenn es uns darum geht, das soziale Leben so zu gestalten, dass menschliche Existenz sich in der Weise ihres Sinnes entfalten kann.

3 Die stufenweise „Zurechnung" des Gewinnes „im Gelde"

In unserem arbeitsteiligen Wirtschaftsleben bedeutet es die Regel, dass eine Unternehmensleitung ihre Entstehung einem vielgliedrigen und vielstufigen Bereich von Vorleistungen verdankt. Insofern die Entgegennahme dieser Vorleistungen durch Geldprozesse direktbezogener Gegenseitigkeit – ihr Prototyp ist das Kaufen – abgewickelt wird, seien sie uns nicht weiter problematisch. Problematisch sei uns vielmehr jener Teil des Geldertrages, der als Gewinn in geldlicher Verfügungsform entsteht; Schäfer definierte ihn „residualiter" als jenen Teil des Ertrages, der durch „Rechte Dritter" nicht beansprucht wird.[388] *Nicht* beansprucht oder *anders* beansprucht? – diese Frage soll uns jetzt beschäftigen.

---

387 An dieser Stelle ergeben sich auch – hier nicht weiter zu verfolgende – Gesichtspunkte zum Kostenbegriff. Kosten im obigen und üblichen Sinne sind jene in die Unternehmensleitung eingegangenen Vorleistungen, die durch solche Geldprozesse sozial eingeordnet wurden, welche auf direktbezogener Gegenseitigkeit beruhen (die tradierenden Geldprozesse einschließlich des Leihens). Das Unternehmen hat aber weit mehr Vorleistungen aus dem kulturellen Umraum, in dem es lebt, empfangen. Die Initiativen, denen letzteres zu danken ist, müssen jedoch in solchen Weisen sozial eingeordnet werden, die über die direkte Gegenseitigkeit des Leistens hinausgehen; dies kann durch Beitragen oder Schenken geschehen. Insofern jedoch auch dies eine *Notwendigkeit* ist, kann man wiederum von Kosten sprechen – nämlich von „Gestaltungskosten" –, wie wir dies oben taten. Soll der Kostenbegriff derartiges beinhalten oder nicht?
388 Vgl. SCHÄFER: Die Unternehmung III, a.a.O. S. 297

228

Wir sahen, dass der Gewinnbegriff in seinem geschichtlichen Wandel fordert, auf jene Höhe gehoben zu werden, auf der das Einzelunternehmen im engen sozialen Verbund mit allen anderen kulturellen Aktivitäten gesehen wird, in dem es realiter steht. Er stellt dann durch sich selbst die Frage nach dem *Sinn* eines gesellschaftlichen Zusammenhangs und dessen Entwicklung – oder in unserer bisherigen Ausdrucksweise formuliert: Er stellt die Frage nach der *gesellschaftlichen Konsolidation* der je begonnenen sozialökonomischen Entwicklungsprozesse.

Diese begonnenen Entwicklungsprozesse (Produktionsumwege) kulminieren *zunächst* im Gewinn des Produktionsunternehmens; sie müssen jedoch der Sache nach weiter zurückverfolgt werden als nur auf Initiativen des Produktionsunternehmens. Denn dass die letztere in eben ihrer Art entstehen und sich bewähren konnte, das verdankt sie im Prinzip stets klärender und bildender Vorarbeit mannigfacher kultureller Initiativen – wir haben von diesem Zusammenhang schon gesprochen. Die Menschen, die diese Initiativen gelebt haben, können längst gestorben und vergessen sein (das Ergebnis ihrer Arbeit ist es nicht), so dass aus diesem Grunde keine „direkten" Ansprüche an das – den Gewinn zunächst auffangende – Produktionsunternehmen auftreten.

Soll die gesellschaftliche Entwicklung jedoch auch in die Zukunft hinein harmonisch verlaufen, so verlangt dies, dass die Aufgaben klärender und bildender Art *auch heute* – im jeweiligen Heute – von *anderen* Menschen ergriffen werden. Diese haben aber noch keine Ergebnisse vorzuweisen – und insofern keinen „Anspruch". Ihnen muss dieser Anspruch gegeben werden, indem ihr Wirken „modo futuri" anerkannt und sozial eingeordnet wird: durch die Geldprozesse des Beitragens und des Schenkens. Wie diese Menschen die Ergebnisse ihrer Arbeit, die in ihrer Wirksamkeit ihr Leben oft weit überdauern werden, *frei geben* – ja oftmals gar nicht anders können –, so muss ihnen *frei gegeben* werden. – Dies hebt auch Schäfer hervor, wenn er sagt, dass „Gewinnzuwendungen für kulturelle Zwecke (Erziehung, allgemeine wissenschaftliche Forschung ...), die im amerikanischen öffentlichen Leben eine geradezu grundlegende Bedeutung seit Jahrzehnten haben, ... freilich nur dann wirklich kulturfördernd und damit segensreich wirken, wenn sie ohne einseitige Auflagen und Bindungen gegeben werden."[389]

---

389 SCHÄFER a.a.O. S. 352

Für die *freie* Einordnung dieser klärenden und bildenden kulturellen Initiativen, die sich wiederum unternehmensweise gestalten können, steht der *Gewinn* der Produktionsunternehmen zur Verfügung – selbstverständlich im Verhältnis zu dem immer neu auftretenden und immer neu notwendigen Umweg-Bedarf der Produktionsunternehmen selbst –, *denn wofür sollte er sonst zur Verfügung stehen?* – Man kann diese These kühn finden, dann hätte man sie jedoch verkannt. Sie ist ganz einfach beschreibend gemeint. Sehr viel kühner ist es auf die Dauer, den Zusammenhang, den sie schildert, nicht zu sehen, wenn man seine Kühnheit dann freilich auch erst hinterher bemerkt. Denn man überlege: Was kann man mit einem „Gewinn" tun? Man kann ihn *konsumtiv* oder für *Investitionen* verwenden.[390] Vergegenwärtigen wir uns, was das bedeutet.

Bleiben wir bei der letzteren Möglichkeit zuerst: Es werde *investiert*; anders gesagt: Es werden Produktionsumwege eingeschlagen. Wenn diese nicht nur in sich selbst (in Form der Rentabilität dieser *einen* Investition), sondern auch im Zusammenhang der gesamten Produktionsverfassung eines Sozialen Organismus (gesamtwirtschaftliche Rentabilität)[391] durchdacht sind, so ist alles in Ordnung – das Problem ihrer gesellschaftlichen Konsolidation wird in diesem Falle zeitlich hinausgeschoben, aber nicht aufgehoben. Es folgt jedem begonnenen Produktionsumweg so sicher wie der Abend dem Morgen. – Wird jedoch investiert, *ohne* dass sich diese Investition in solcher Weise rechtfertigen lässt, so kommen wir zu Über- und Fehlinvestitionen und damit zu den geschilderten Entwicklungskrisen,[392] die unweigerlich Unternehmenszusammenbrüche zur Folge haben und sich schließlich auch auf das überinvestierende Unternehmen auswirken werden. Es wäre besser gewesen, man hätte die Gewinne konsumtiver Verwendung zugeführt, man hätte sie freiwillig und *recht-*„zeitig" in angemessener Weise dorthin gegeben, wohin sie gehören: an die kulturellen Initiativen. Denn schon daraus, dass man von einem bestimmten Punkte an (den zu sehen freilich nicht leicht ist) einfach keine produktive Verwendung für Gewinne mehr hat – und

---

390 Diese Unterscheidung findet sich ähnlich schon bei Schumpeter (Das Kapital ... a.a.O. S. 199), wenn er von dem „Unterschied" spricht „zwischen dem Weg einer Summe, die gespart (investiert) wird, und dem Weg einer Summe, die konsumtiv ausgegeben wird ... „
391 Auf dieses Problem macht wiederum Dobretsberger aufmerksam, wenn er davon spricht, dass der Unternehmer bei einer gesamtwirtschaftlich, „richtigen" Investitionsrechnung auch die „vernachlässigten Kosten" berücksichtigen müsse. Tut er dies nicht, so „hat er die Kosten der Maschine falsch berechnet. Es genügt ... nicht, dass sie ihm einen Gewinn verspricht, er hätte sie mit dem gesamten Einkommensausfall belasten müssen, den sie verursacht; die Maschine hätte sich durch Preissenkung, Lohnerhöhung oder Arbeitszeitverkürzung vor der Gesamtwirtschaft zu legitimieren, um wirklich rentabel zu sein" (Dobretsberger, a.a.o. S. 144)
392 Vgl. S. 152 ff.

der bloße Glaube an etwa noch mögliche produktive Verwendungen[393] hindert ja das zerstörerische Wirken der Überinvestitionen nicht –, kann entnommen werden, dass der Gewinnanfall im Produktionsunternehmen gesellschaftlich nur eine *Vor-Lösung* bedeutet.

Betrachten wir aber noch die andere Möglichkeit *konsumtiver* Verwendung von Gewinnen. Die Variante, dass der verfügungsberechtigte Unternehmer seinen persönlichen Konsum ausdehnt, wollen wir sogleich als gesamtwirtschaftlich unbedeutend ausscheiden. Dennoch bleiben zwei Hauptrichtungen konsumtiver Verwendung der Tendenz nach zu unterscheiden. Es kann nämlich einmal jene Konsumrichtung alimentiert werden, aus der sich weiter nichts ergibt als „bloß-Konsum" – etwa in Form einer Amerikanisierung unserer Verbrauchsgewohnheiten (das noch „größere" Auto, der noch „bessere", teurere Fernsehapparat usw.). Es kann aber auch jene Konsumrichtung alimentiert werden, die in Wahrheit noch produktiver ist als die Sachproduktion neuer Produktionsumwege – sie ist gleichsam „über-investiv" –: und das ist das kulturelle Leben in seiner Gesamtheit. Beide Richtungen gibt es.[394] Sie sollen hier aber nicht *gegeneinander* ausgespielt werden. Es kommt vielmehr darauf an, dass sie *zueinander* in ein angemessenes Verhältnis gesetzt werden. Das „Kontingent" für die direkten kulturellen Initiativen wird dabei allerdings die *wesentliche* Rolle für die Weiterentwicklung des gesellschaftlichen Lebens spielen müssen.

Es scheint somit auch ökonomisch einleuchtend, dass es an bestimmten Punkten sozialökonomischer Entwicklung für das Produktionsunternehmen – als erstem „Treuhänder des Gewinnes" – am „produktivsten" ist, auf die eigene Verwendung des Gewinnes zu *verzichten* und den im Gewinn gegebenen sozialen Entwicklungsraum an kulturelle Initiativen „längeren Atems" – also an Bildungs- und Forschungsinitiativen – frei weiterzugeben. Sie sind die *eigentlichen Adressaten des Gewinns,* ihnen muss er seinem Wesen nach „zugerechnet" werden. Zu ihnen muss er stufenweise *aufsteigen,* nachdem er im Produktionsunternehmen (hauptsächlich) angefallen ist.

Man könnte gegen diese freie Weitergabe des Gewinnes noch einwenden, dass ein tatsächlicher Mittelfluss dieser Art – und mit erheblich geringerem moralischem und intellektuellem Aufwand – heute bereits

---

393 Man könnte diesen Glauben mit einem Ibsen'schen Ausdruck (vgl. M. LOHMANN, a.a.O. S. 179) als die „Lebenslüge" des Unternehmerberufes bezeichnen.
394 Vgl. F. WILKEN, a.a.O. S. 171

über die Steuer gegeben sei: Der Fiskus kassiere doch erhebliche Mittel, um sie an die Wissenschaft und ans Erziehungswesen weiterzugeben. Man kann nur sagen: leider ja. Und zwar aus zwei Gründen. Zum ersten wird man wohl kaum glaubhaft machen können, dass die Art der stets interessengebundenen staatlichen Verwendung auch nur einen hochgradigen Effekt dieser Mittel verspricht – dies braucht nicht weiter ausgeführt zu werden.[395] Neben dieser Beeinträchtigung sollte jedoch auch weiter bedacht werden, ob nicht gerade die zu freier Schenkung notwendigen moralischen Kräfte unserem Gesellschaftsleben so unentbehrbar sind, wie das tägliche Brot es in seiner Weise ist.[396] Auf einen wichtigen Gesichtspunkt hierzu führt uns G. Husserl, indem er zeigt, dass das entscheidende Moment des Sich-Mitverantwortlich-Fühlens gerade im Schenken (und entsprechend im Beitragen) entwickelt wird; denn: Was der Beschenkte „mit dem Geschenk tut, ist *seine* Sache. Aber indem wir als Schenkender und Beschenkter verbunden sind, ist es *auch meine* Sache."[397] So erwächst das freie Geben aus der Verantwortlichkeit für das soziale Ganze und aus dem Erkennen der Notwendigkeiten des gemeinsamen Schicksals in ihm und fördert zugleich das Bewusstsein dieser Verantwortlichkeit, indem es beispielhaft wirkt. Das Unternehmen kann freilich nur frei *geben*, was ihm auch *gehört*: Darum muss es auch zunächst *eindeutig* zu dieser Vor-Lösung kommen. Die Zurechnung des Gewinnes *muss* eben eine *stufenweise* sein, wenn jener Freiheitsraum entstehen soll, in dem sich Verantwortung frei entwickeln kann. Und insofern man heute davon sprechen kann, dass dieses Verantwortlichkeitsbewusstsein selber zum *Faktor* ökonomischer Entwicklung wird,[398] insofern wird dieses Problem eben für die Wirtschaftswissenschaften relevant und unumgänglich. Der Staat als deus ex machina für unsere ungelösten menschlichen Probleme („Vater Staat") kann uns unsere Entwicklungsaufgaben auf die Dauer nicht abnehmen.

---

395 In seiner Schrift: „Bildung zwischen Plan und Freiheit" (Stuttgart 1957, S. 51) äußert sich HELLMUT BECKER (Präsident des Deutschen Volkshochschulverbandes) zu dieser Frage in der folgenden Weise: „Unsere staatliche Ausgabenwirtschaft", sagt er, „hat den Rang der bildungspolitischen Fragen noch nicht begriffen. Das beweist ein Blick auf das Verhältnis der Ausgaben für Bildung in den Ländern und im Bunde mit den übrigen Ausgaben der öffentlichen Hand. Bildung fordert Opfer, auch Opfer an Geld. Es wird die Zeit kommen, in der wir für unsere Bildung mehr Geld ausgeben müssen als für Renten oder Rüstung."
396 Wir haben sicherlich wenig Anlass, uns über das Bemühen der Scholastik um den „gerechten Preis" erhaben zu fühlen, so wenig, wie wir andererseits Anlass hätten, es in dieser alten Art zu erneuern. Die moralischen Normen müssen heute vom einzelnen Individuum entwickelt werden, da sich ihre Oktroyierung, als wirkungslos erwies. (Vgl. E. SALIN: Geschichte ... a.a.O. S. 39 ff.)
397 G. HUSSERL: Recht und Zeit. a.a.O. S. 183
398 Vgl. den diesbezüglichen, bereits oben angeführten Hinweis von PAULSEN (oben S. 165).

232

So können wir jetzt auf den doppelten Entwicklungszusammenhang im Werden der menschlichen Gesellschaft hinblicken: auf das Absteigen der folgeweise sich fundierenden Initiativen, durch die sich der Soziale Organismus geistig verjüngt, und auf das Aufsteigen der Geldprozesse, in denen das Geld altert. Die forschenden oder klärenden Initiativen entwickeln das Neue. Sie fundieren damit geistig die bildenden Initiativen. Diese erzeugen (und fundieren so) den Grund (das „technische Wissen"), auf dem die Produktionsinitiativen ökonomisch ausgreifend die Lebensgrundlage des Sozialen Organismus verbreitern, der sonst in traditioneller Lebensweise verharren würde.[399] Werden auf der Produktionsebene die erwarteten Erfolge erzielt, so entsteht Raum für deren eigenes Wachsen. Darüber hinaus drängen die begonnenen Entwicklungsprozesse jedoch ökonomisch zu ihrer gesellschaftlichen Konsolidation. Sie erreichen diese, indem der im Produktionsunternehmen zunächst anfallende *Gewinn* durch Geldprozesse des Beitragens und Schenkens zu den höheren Initiativen *aufsteigt* und diese so ökonomisch fundiert. So wie sich die Initiativen *geistig* in absteigender Richtung fundieren, so fundieren sie sich *ökonomisch* in aufsteigender Richtung. In diesem gegenläufig-gleichzeitigen Miteinander vollzieht sich menschliche Entwicklung als gesellschaftlicher Prozess.

Wir wissen selber, dass dieser Zusammenhang „ideal" geschildert wurde: Woran aber soll Wissenschaft sich orientieren, wenn nicht an Ideen? Sie sind ja keine „bloßen" Ideen, sondern „ideale Gegenstände": und insofern reden wir hier von *Sachen* so gut, wie man nur irgend von Sachen sprechen kann.[400] Dieser ideale Zusammenhang kann jedoch zeigen, dass das gesellschaftliche Leben bis in seine ökonomischen Ausformungen hinein als *harmonisch* angelegt verstanden werden kann: *Darum* lohnt es sich auch, sich mit den Dissonanzen der Wirklichkeit auseinanderzusetzen. Andererseits sind wir von den prinzipiell genannten Grundfiguren der Entwicklung wiederum nicht so weit entfernt, wie man zunächst denken möchte: vollzieht sich das tatsächliche Werden doch *innerhalb* ihres Rahmens, wenn es ihn auch noch nicht ausfüllt. Seine bessere Erfüllung kann jedoch nur von der Seite der Einsicht kommen; und an *dieser* haben wir *hier* zu arbeiten.

---

[399] Auf diesen Sachverhalt hat Dobretsberger sehr treffend aufmerksam gemacht, als er sagte: „Eine Schule liefert nicht den greifbaren Ertrag, den eine Schuhfabrik bringt, sie erhöht (aber) auf lange Sicht die Leistung der Volkswirtschaft" (a.a.O. S.138).

[400] BACK sagt: „Nur dadurch, dass ein *geordnetes* Sein *vorgegeben* ist, dessen Ordnungen enthüllt werden können, ist der Wirklichkeitswissenschaft eine sinnvolle Aufgabe gestellt. Die Welt weist Zusammenhänge, Ordnungen, Gesetzmäßigkeiten auf, die nicht als solche, sondern nur *in ihrer Wirkung* unmittelbar erlebt werden ... Diese Ordnungen der Wirklichkeit, nicht die Welt schlechthin, sind Gegenstand der Erkenntnis und mögliche Objekte für Wirklichkeits-Wissenschaften" (BACK: Die Entwicklung ... a.a.O. S. 179).

4 Die Gewinnverwendung als gesellschaftlicher Prüfstein des Unternehmens

Gesellschaftlich ist, wie wir uns klarzumachen versuchten, der im Produktionsunternehmen anfallende Gewinn eine *Vorlösung. Als solche* ist sie allerdings nicht ohne Sinn, da gerade die rechtliche „Anspruchslosigkeit" des Gewinnes[401] jenen *Freiheitsraum* erst entstehen lässt, auf den es anzukommen scheint. Ohne diese Art „stufenweiser" Gewinnzurechnung wäre es eben nicht möglich, den kulturellen Aktivitäten jenen freien Raum zur Verfügung zu stellen, den sie ganz *von sich aus* erfüllen können, an dessen Erfüllung wir aber als gebende Menschen ganz Anteil nehmen können. Denn wir selber sind es ja, die *verantwortlich* diesen Raum hergeben: Und insofern ist es „auch unsere Sache" (G.Husserl). Wir sind mit unserem Herzen, mit innerem Anteil dabei: Und erst dadurch kann Kultur *lebensvoll* wirksam werden. Die kulturellen Kräfte sind schließlich doch mehr als ein „Verein der Intellektuellen" – für einen *solchen* wäre die Finanzierung über die Steuer wahrscheinlich zureichend; denn der bloße Intellekt ist stets käuflich gewesen und wird es wohl auch bleiben. Die produktiv-kulturellen Kräfte aber verlangen *mehr*; sie sind nicht „käuflich". Sie verlangen eine angemessene Weise wirtschaftlicher Einordnung in das soziale Leben: Und die findet sich in Beitrag und Schenkung. Gesellschaftlich ist es darum ein notwendiges und sinnvolles *Verrechnungssystem*, das den Gewinn *zunächst* im Produktionsunternehmen entstehen lässt.

Die Denkgewohnheiten unseres Zeitalters – dies war nicht immer so – lassen uns dieses „Verrechnungssystem" vielleicht insofern als unvollkommen empfinden, als es nicht „automatisch" funktioniert. Wie jedes Zeitalter, so liebt das „technische" sein Wesen – oder Un-Wesen. Wir lieben es, Moral – wo es geht – durch technische Perfektion zu ersetzen. Doch eben dieses „Wesen der Technik" stellt uns wieder vor die Entwicklungsnotwendigkeiten unseres eigenen Wesens.[402] Wir entgehen uns nicht – in der Welt, wenn wir uns den Sachaufgaben ökonomischer Entwicklung (im Einschlagen von Produktionsumwegen) widmen, und diese zur *Selbstflucht* ausarten lassen, indem wir sie zum *Selbstzweck*

---

401 Er kann ja von den kulturellen Instanzen nicht – wie vom „Eigentümer" – gefordert werden.
402 Vgl. MARTIN HEIDEGGER: Der Satz der Identität. In: Die Albert-Ludwig-Universität Freiburg 1457-1957. Die Festvorträge bei der Jubiläumsfeier. Freiburg i.Br. 1957, S. 69 ff.

erheben.[403] Im *Gewinn* fragt uns die begonnene Entwicklung nach ihrem *Sinn* – anders gewendet: nach der *menschlichen Erfüllung* des eroberten Entwicklungsraumes; wir werden von ihr „gestellt". Schlagen wir der Hydra unserer eigenen, noch ziellosen Taten das „Haupt" ab, indem wir den in der Geldform auftretenden Gewinn immer wieder in die Investition drängen (z.B. in der Selbstfinanzierung), so wachsen an der Stelle des einen mehrere neue „Häupter", ökonomisch formuliert: Die Produktionsverfassung entwickelt eine wesentlich höhere Kapazität in den neuen Produktionswegen. Und in deren höheren „Gewinnen" fragt sie uns nur umso gebieterischer, *was wir denn eigentlich wollen*. Uns über *diese Frage* klar zu werden, dazu fordert uns der ökonomische Anfang der gesellschaftlichen Entwicklung auf. Die Feststellung dieses Sachverhaltes wird manchem Ökonomen freilich ungewohnt erscheinen. Der Sachzusammenhang selbst jedoch scheint unausweichlich.

Jeder Unternehmer, der verantwortlich über die Verwendung von Unternehmensgewinnen zu entscheiden hat, steht der Sache nach vor dieser Frage. Es wird ihm helfen, wenn er sich – um mit Schmalenbach zu reden – als „das mit Wirtschaften betraute Organ der Gesamtwirtschaft" zu empfinden vermag.[404] Denn fehlt ihm diese Grundeinstellung noch, so wird er sich kaum die Mühe machen, sich mit den gesellschaftlichen Grundlagen, Auswirkungen und Problemen gerade *seines* Tätigseins oder Tätigseinkönnens auseinanderzusetzen. Das aber scheint das Bild, das wir uns heute von seinen Aufgaben machen können, sehr dringlich zu fordern.

Schon die erste Fassung dieses Bildes kann deutlich machen, dass der Unternehmer des Produktionsunternehmens an einem wichtigen Punkte der jeweiligen gesellschaftlichen Entwicklung steht. Denn *bei ihm* entscheidet sich, ob das Problem der gesellschaftlichen Konsolidation der je eingeleiteten Entwicklungsprozesse in praktische Konsequenzen zeitigender Weise *überhaupt gesehen* wird. Die qualitative Ausfüllung des gegebenenfalls zur Verfügung gestellten Entwicklungsraumes obliegt in der Folge ja noch anderen Instanzen. Sie kommen jedoch gar nicht erst zum Zuge, wenn ihnen die ökonomische Fundierung ihres Tuns nicht in Freiheit gegeben wird. So dass *zunächst* alles davon abhängt, von *wel-*

---

403 Frühere Zeiten hätten eine ökonomische Entwicklung „unter ihrem eigenen Dampf" (Schumpeter), d.h. als Selbstzweck, bildhaft wohl als einen „Tanz um das goldene Kalb" bezeichnet.
404 Vgl. E. SCHMALENBACH: Grundlagen ... a.a.O. S. IV

cher gesellschaftlichen Qualität die Entscheidungen über die Verwendung der Gewinne sind. Zum Unternehmersein im vollen Sinne wird man in Zukunft – neben anderen Anforderungen – wohl auch die nötige „moralische Phantasie" – wie Steiner das treffend genannt hat[405] – in *diesen* Entscheidungen rechnen müssen. In dem hier gemeinten Sinne sind diese Entscheidungen heute noch keinesfalls „gesellschaftsfähig"[406] – wenn dies für den ungeschulten Blick auch erst mit einer gewissen Phasenverschiebung, nämlich in der nächsten ökonomisch oder politisch ausgelösten Gesellschaftskrise, sichtbar werden kann.

Damit die Entscheidungen über die im Produktionsunternehmen anfallenden Gewinne in diesem Sinne gesellschaftlich qualifiziert werden können, wie die gegebene Situation das zu fordern scheint, haben wir uns erstens bemüht, den Gesamtzusammenhang ökonomisch-gesellschaftlicher Entwicklung von seinem *Beginn* bis zu seiner *Konsolidierung* aufzuzeigen. Von seiner geldlichen Organisationsweise her zeigte sich darin die Notwendigkeit eines „Aufsteigens" des Geldpotentials, zu höheren Geldgebieten oder Geldprozessen. Um diese höheren Geldprozesse sachgemäß deutend handhaben zu können,[407] entwickelten wir zweitens die „reinen" Geldbedeutungen des *Beitragens* und *Schenkens*.[408] Sie sollten zeigen, dass Geldprozesse dieser Deutung durchaus von demselben ökonomischen Sachverstand – ja vielleicht von größerem, weil zu Ende denkendem – getragen sein können, wie er allgemein bei den als Leihen, Kaufen, Beteiligen etc. gedeuteten Geldprozessen als zugrunde liegend vermutet wird. Man braucht seinen ökonomischen Sachverstand nicht erst abzulegen und die Attitüde eines onkelhaften Mäzens anzunehmen, wenn man als Unternehmer zur ökonomisch notwendigen gesellschaftlichen Konsolidation unseres sozialen Lebens beiträgt, indem man durch Stiftungen und Schenkungen den kulturellen Kräften in freier Weise jenen Lebensraum zumisst, den nicht nur sie persönlich, sondern den der Soziale *Organismus in seiner Ganzheit* Lebens-Not-wendend dringend braucht.

Die sachgemäße *Widmung* oder Verwendung des *Gewinns* erweist sich somit als der *entscheidende gesellschaftliche Prüfstein* des Unternehmens – vor allem des Produktionsunternehmens. Nicht ob ein Unternehmen des Produktionsbereiches Schenkungen etc. macht, wird man in Zukunft fra-

---

405 Vgl. R. STEINER: Die Philosophie der Freiheit. Stuttgart 1949 (Neuauflage), S. 187 ff.
406 Es gibt aber auch positive Beispiele – wie das erwähnte der Firma Scott Bader & Co. (vgl. E. BADER: Das Gemeinwesen ... a.a.O. S. 147 ff.).
407 Vgl. oben S. 178 f.
408 Vgl. oben S. 91 ff. und S. 94 ff.

gen dürfen, sondern höchstens, *wofür* es sie macht. Denn ein Unternehmen, das nur sich selbst leben will, verliert sein inneres Lebensrecht in der Gesellschaft: Mit den in diesem Satze mitgegebenen Problemen dürfte ein wichtiges Kapitel zukünftiger Unternehmenslehre genannt sein, das vor allem in der Finanzwirtschaft der Unternehmung beachtet sein will.

V Die Aufgabe des Bankwesens in der unternehmungsweisen Wirtschaft

1 Vom Wesen der Banken, ihrer Wirkungsart und ihrer Finanzierung

Die Lehre vom *Gelde* und die Lehre vom *Unternehmen* berühren sich im Bankwesen offenbar besonders eng. Haben wir es doch mit einem Unternehmungstyp zu tun, der sozusagen *voll* auf die *geldweise* Abwicklung der sozialen Beziehungen und Prozesse gerichtet ist. Für alle anderen bisher behandelten Unternehmenstypen war das Geld ja, wie wir sahen, nur die – sehr wichtige – Weise, mit deren Hilfe sie den Vollzug ihrer jeweils eigenen *Aufgabe* in den Zusammenhang der sozialen Wertbeziehungen einordneten. Die Banken jedoch befassen sich mit dem Gelde selbst.

Was ist eine Bank? – Es hat mancherlei Versuche gegeben, die Banken aus den Hauptmerkmalen ihrer Tätigkeit zu bestimmen.[409] Stucken kommt heute zu der – wohl allgemein anerkannten – Definition: „Banken sind Wirtschaftseinheiten, die regelmäßig als Hauptgeschäft, nicht nur als Nebengeschäft, Kredit nehmen und Kredit geben."[410] Die „Richtigkeit" dieser Definition soll nun nicht bestritten werden. Sie spricht aber das Wesen der Banken nicht unmittelbar aus; sie bezeichnet vielmehr – an sich durchaus zutreffend – die *Mittel*, durch die das *Wesen* sich erscheinend offenbart. Dem letzteren nähern wir uns, wenn wir uns auf die eingangs angelegte Typisierung des Unternehmensphänomens besinnen.[411]

Denn was geschieht, wenn das Bankwesen sich des ihm zugänglichen Mittels der Kreditschöpfung (z.B.) bedient? *Es wird* über die *Verteilung sozialen Lebensraumes* an die einzelnen, diesen Lebensraum begehrenden Unternehmensinitiativen *entschieden*. Ottel nennt dies die „organisatorische Leistung" des Kredites: „Denn indem Kredite bestimmen", sagt er, „*welche* Kräfte der Volkswirtschaft in Tätigkeit gesetzt, *welche* Leistungen innerhalb des gesamten Gliederbaues der Wirtschaft erbracht werden

---

409 Vgl. FELIX SOMARY: Bankpolitik. Tübingen 1930², S. 1 ff.
410 Stucken: Geld und Kredit ... a.a.O. S. 7. – Stucken nennt daneben noch die folgenden Funktionen: „1. die Vertrauensfunktion, 2. die Ballungsfunktion, 3. die Fristigkeitsverlängerungsfunktion" (Durchbrechung der „goldenen Bankregel") (EBENDORT S. 7 ff)
411 Vgl. oben S. 175 f.

sollen, organisieren sie zugleich die Volkswirtschaft."[412] Die gemeinten Kredite werden natürlich von Banken gegeben; genauer müsste man also sagen: Die Banken bestimmen (durch den Kredit). Ganz ähnlich äußert sich auch Stucken; er sagt: „Das Verhalten der Kreditbanken, insbesondere die Art der Kredite, die sie gewähren, ... ist von großer Bedeutung für die *Gestaltung* des ganzen Wirtschaftslebens. Tatsächlich entspricht das Verhalten der Banker nicht immer dem Gewicht, das sie für die *Steuerung* des Wirtschaftsablaufs haben; und auch in der Literatur wird meist übersehen, in welchem Umfang ein besonderes Verhalten der Banken für den Gesamtablauf bedeutsam ist."[413] Die gemeinte Tatsache (des Ordnens der Initiativen im Bereich des sozialen Lebensraumes) ist als solche also bekannt und verschiedentlich angemerkt worden;[414] sie wurde nur nicht als Wesenseigentum des hier erfragten Unternehmenstypus angesprochen und zu seiner Charakterisierung herangezogen. In der gemeinten organisatorisch-ordnenden Leistung kann jedoch die Wesenseigentümlichkeit jenes „sekundären" (d.h. über den „primären" Typen stehenden) Unternehmenstypus, den wir oben bereits als *Ordnungsunternehmen* bezeichneten, gesehen werden.

Der Typus des Ordnungsunternehmens erfährt im Bankwesen jedoch nur *eine* seiner möglichen Ausprägungen: Denn Ordnung und Abstimmung sozial relevanter Initiativen können auch noch in vielen anderen Formen bestehen (oder gedacht werden), als durch den gewissermaßen „indirekten" Weg, den das Bankwesen in der Form des Ordnens der *Wertbeziehungen* einschlägt. Die Bank bestimmt ja nicht, *was* geschehen soll und *welche Art* der Initiative notwendig ist, sondern nur: *ob* und *wieweit* die sich anbietenden Initiativen Möglichkeiten des Verwirklichens durch die Zumessung von Kredit etc. erhalten – im Zusammenhang mit anderen, den Sozialen Organismus gestaltenden Kräften.[415] Das Bankwesen beschränkt sich also auf eine bestimmte Weise des ordnenden Eingreifens: auf die Ordnung der Wertbeziehungen. Es überlässt die Initiativbildung den selbständigen Kräften des Sozialen Organismus, es gibt keine „Direktiven". Es ist eben ein Ordnungsunternehmen in einer *unternehmungsweisen* Wirt-

---

412 OTTEL, a.a.O. S. 2
413 STUCKEN, a.a.O. S. 105; Kursivsetzung hinzugefügt
414 Als negatives Phänomen z.B. von Somary, wenn er den Banken gegenüber sagt, dass die „Entfesselung der in ihnen liegenden Enteignungskraft zugunsten einzelner Gruppen" – also ein „parteiisches" Ordnen – verhütet werden müsse (a.a.O. S. 319).
415 „Die Gültigkeit der Leistungszusammenhänge zu bestimmen, ist nicht Sache des Bankwesens", sagt OTTEL, „wohl aber, sie möglichst zu verwirklichen" (a.a.O. S. 172).

240

schaft, in der das *Ganze* durch die in den einzelnen Mitgliedern lebende Ordnungskraft gestaltet werden muss. Dem Bankwesen kommt dabei eine helfend-führende Rolle zu.

Das Gesagte zusammenfassend sei somit formuliert: *Unternehmen*, die sich im Aufgreifen der „Zusammen-Ordnung" erfordernden Daseinslage (im Gefüge eines sozialen Organismus) dem *Abstimmen* der unternehmungsweise auftretenden *Initiativen aufeinander* durch das *Ordnen der Wertverhältnisse* – oder der geldweisen Kooperation dieser Unternehmensinitiativen – *widmen, sind Banken*.[416] Die Banken bedienen sich in dieser Aufgabe im Wesentlichen der Mittel, die in der Geld- und Banktheorie bekannt und geläufig sind und deren Gebrauch bisher zur Charakterisierung des Bankwesens selber dienen musste (Kreditschöpfung, Unifizierung von Kaufkraft, Kreditvermittlung etc. – im Einzelnen soll dies ja noch betrachtet werden). Die vorgebrachte Definition hingegen versucht, das Bankunternehmen gewissermaßen *direkt* – aus dem Ergreifen der ihm wesensmäßig zukommenden *Aufgabe* – zu charakterisieren und es nicht *indirekt* durch die ihm dabei zur Verfügung stehenden *Mittel* zu beschreiben.[417]

Dieser ihm eigentümlichen Aufgabe kommt das Bankwesen nach, indem es sich vorzüglich jenes Geldprozesses bedient, der im Zusammenhang der „Finanzwirtschaft der Unternehmung" noch nicht besprochen wurde: des *Umlauf-Ordnens*.[418] Diese Geldart, sagten wir, steht insofern „über" den anderen Geldarten (oder realen Geldprozessen), als sie nichts Eigenes will; sie kann immer dort auftreten, wo den anderen Geldprozessen Schwierigkeiten hindernd im Wege stehen. Ihre Eigenbedeutung ist es, die Endbedeutung der anderen Geldprozesse zu antizipieren. Sie tut dies durch einen „fördernden" und einen „aufhebenden" (oder ausgleichenden) Geldakt, die in der Weise der Gleichzeitigkeit – wie beim Kaufen – oder in bestimmter zeitlicher Dimension – wie beim Leihen – verbunden sein können. Der Geldprozess des Umlauf-Ordnens erscheint damit äußerlich im Gewande anderer Geldprozesse, ohne deswegen jedoch ihr Wesen zu teilen. Drei Beispiele seien genannt:

---

416 In welchem Maße das Bankwesen diese ordnende Kraft innehat (von der es ja nicht ex definitione ausschließlich positiven Gebrauch machen muss), wird gar nicht immer so deutlich am Tag liegen. Ausgesprochen wurde es einmal von der Mutter des alten Maier Amschel Rothschild, die – bei der nationalen Verselbständigung Belgiens – Kriegsbefürchtungen mit den Worten abtat: „Es gibt keinen Krieg, mein Sohn gibt kein Geld." – Vgl. JOSEF LÖFFELHOLZ: Die Geschichte der Banken. In: LÖFFELHOLZ-THEISINGER: Die Bank. Bd. I. Wiesbaden 1952, S. 25

417 Auch diese Bestimmung nimmt daher ihren Maßstab nicht aus gegebenen Tatsachen (und ist durch solche folglich auch nicht zu „widerlegen"), sie ist vielmehr umgekehrt *Maßstab für sie* – also für die sich Banken nennenden Unternehmen.

418 Vgl. oben S. 103 ff. und S. 123 f.

a) Der *Geldverkehr* ist der einfachste Fall. Der Händler in Süddeutschland beispielsweise muss seinen norddeutschen Lieferanten bezahlen; er tut das nicht persönlich und in barer Form, sondern zahlt den Betrag auf sein Konto ein und gibt der Bank einen Überweisungsauftrag, auf Grund dessen der Betrag seinem Lieferanten (von demselben oder einem anderen Institut) gutgeschrieben oder ausbezahlt wird. Die Einschaltung der Bank vereinfacht und erleichtert den Zahlungsverkehr; ihre Ordnungsleistung ist in diesem Falle zwar gering, aber doch vorhanden.[419]

b) Stärker tritt diese Ordnungsleistung bei der *„Unifizierung* von Kaufkraft" (Dobretsberger) hervor. Das Beispiel ist der Wechselkredit, der beim echten Handelswechsel eben nur der Form nach ein Kredit ist. Denn es wird die bereits im Verkehr geschaffene Kaufkraft nur in eine andere Form umgegossen (transformiert), keine neue Verfügung über Kaufkraft geschaffen (wie dies beim Anlagenkredit deutlich der Fall wäre, natürlich sind die Grenzen in der Praxis fließend). Für den Wechseleinreicher ist die neue Art der Dokumentierung eben wesentlich handlicher, und darum lässt er sich die Sache etwas kosten. Die Bank erkennt den Wunsch des Einreichers nach der verwendungsfähigeren Dokumentationsform als berechtigt an; sie überbrückt die Dreimonatsspanne und vollzieht dann den Ausgleich.[420] Sie billigt das Grundgeschäft und hilft, seine geldweise Bewältigung zu bewerkstelligen: Dies meint Umlauf-Ordnen.

c) Das wichtigste, aber auch diffizilste Beispiel für den Geldprozess des Umlauf-Ordnens ist die *Geld-* oder *Kreditschöpfung*. Und zwar ist diese dem Bankwesen als Ganzem (wenn auch in charakteristischen Abstufungen) möglich – nicht nur den Notenbanken. „Das Kreditvolumen", sagt Palyi, „das die Banken der Volkswirtschaft zur Verfügung stellen, ist überall wesentlich größer, als es nach Maßgabe des vorhandenen bzw. in ihrem Besitz befindlichen Bargeldes möglich wäre. Die Analogie ist offenkundig: Wie die Notenbank zusätzlich Kaufkraft schafft durch Hergabe von Noten über das Quantum des vorhandenen Geldes hinaus, so vermehrt auch

---

419 Vgl. STUCKEN: Geld und Kredit. Tübingen 1949, S. 156; er erwähnt dort die „Ordnung des Zahlungsverkehrs oder die Regelung des Geldumlaufes" als Bankaufgabe.
420 Vgl. DOBRETSBERGER, a.a.O. S. 49 f.

die Kreditbank die Zahlungsmittel durch Bereitstellung von mehr Bankguthaben, die zu Zahlungszwecken benutzt werden können, als sie an Bargeld empfängt."[421] Stucken nennt die unter den je gegebenen Bedingungen praktikable Geldschöpfungsfähigkeit des Banksystems den „Geldschöpfungsspielraum" und sagt von ihm in betonter Abgrenzung gegen die allzu einfach gedachten Angebots- und Nachfragemechanismen (auf dem „Geldmarkt" mit dessen scheinbarer Hauptfigur – dem Zins): „Diesem Geldschöpfungsspielraum möchten wir zentrale Bedeutung für die Lehre von Geld und Kredit beimessen, auf ihn kommt es nach unserem Urteil an, nicht auf den Zins, diesen kleinen Bauern auf dem Schachbrett der Geldpolitik, dem in der landläufigen Theorie solch große Rolle zugeschrieben wird."[422] [423] – Die Geldschöpfung, das kann schon aus der Technik ihrer Verwirklichung entnommen werden, bedeutet stets ein (relativ) *autonomes Eingreifen* der sie realisierenden Bank (oder des Bankapparates) in die sozialen Wertbeziehungen. Sie schafft zwar keine neue Kaufkraft (insofern ist der zuweilen gebrauchte Titel „Kaufkraftschöpfung" irreführend), aber sie verteilt sie anders und gibt dadurch neuartigen Unternehmensinitiativen Raum, deren Tätigkeit sich sehr bald in einem höheren Sozialprodukt niederschlagen kann (nicht muss) – und insofern einer „Kaufkraftschöpfung" gleichzukommen scheint.[424] Die Bank vermag durch die Kreditschöpfung die wirtschaftlichen Beziehungen innerhalb des Sozialen Organismus weitgehend nach ihrem Willen zu gestalten, indem sie den Kreditraum – gewissermaßen ad hoc – schafft: Und das unterscheidet auch ihre Tätigkeit von anderen Kreditoren, die die Kaufkraft bereits in Besitz haben und sich nur noch fragen, ob sie sie hier oder dort „anlegen" sollen (bei ihnen entfällt das autonome Moment). Die Kreditgewährung der Banken ist sinnhaft *ganz anders* in die sozialen Wertbeziehun-

---

421 MELCHIOR PALYI: Notenbank und Kreditbanken, Beitrag in: Kapital und Kapitalismus, a.a.O. S. 382
422 PALYI, a.a.O. S. 74
423 Dass der Zins für die Geldschöpfung der Kreditbanken so gut wie keine Bedeutung hat – jedenfalls nicht als Kostenelement – rechnet PALYI (a.a.O. S. 391) sehr eindrucksvoll vor; er schreibt: „Bei den amerikanischen national banks (im Durchschnitt der Jahre 1918-1926) ... kann man errechnen, dass, selbst wenn der Diskontsatz der Reservebank von 2 ½ auf 94 ½ % stiege, die Steigerung des Debetsatzes der Mitgliedsbanken von 5 2/3 auf kaum mehr denn 10 ½ % bereits voll ausreichen würde, um die Kostenverteuerung auszugleichen.
424 „Die Geldschöpfung" sagt hierzu OTTEL, „ist daher ihrem Wesen nach nicht Schaffung von Tauschmitteln, sondern ein organisatorischer Akt" (a.a.O. S. 7)

gen eingeordnet[425] als eine gewöhnliche Leihe, wenn sie rechtlich auch nach denselben Formalien abgewickelt werden kann wie diese. Die Banken „leihen", was anderen „gehört": Darin liegt ja ihre „Enteignungskraft" (Somary), die positiv jedoch auch als notwendige *Gestaltungsmacht* gewertet werden kann, wenn sie in treuhänderischem Sinne verwaltet wird. In dem aufgezeigten Unterschied liegt die diesbezügliche ontische Differenz zwischen „Leihen" und „Umlaufordnen".

Wir können an dieser Stelle sogar noch einen Schritt weitergehen und sagen: Selbst wenn die Bank auf Grund der ihr zur Verfügung gestellten Depositen Kredite gewährt, liegt ein solches gestaltendes Eingreifen vor, das als Umlauf-Ordnen begriffen werden muss. Der Sache nach hatte das ja bereits Somary betont[426] und daraus die – als solche nicht überzeugende – Konsequenz gezogen, die Bank leihe nicht selbst, sondern übertrage nur eine aufgenommene Schuld, ihr Wesen bestehe mithin darin „Kredit zu nehmen".[427] Die Bank ist kein bloßer Makler – darin geben wir Somary Recht; aber sie tut auch *mehr* als nur aufgenommene Schulden zu übertragen – das ist einseitig juristisch gedacht. Indem wir jedoch darüber hinaussehen, löst sich zugleich das Unbefriedigende der angeführten Definition; und wir müssen in dem „Wiederausleihen" aufgenommener Mittel sehen, dass die Bank *auch hier* die sozialen Beziehungen autonom *gestaltet*, sie greift *aktiv* ein. Sie ist eben *Bank*, d.h. aus dem Aufgreifen der Zusammen-Ordnung erfordernden Daseinslage verständlich. Sie „fördert" in der Kreditgewährung und „gleicht aus" in der Kreditzurückziehung. Wir verstehen auch diesen Fall (dessen sachliche Problematik wiederum unten behandelt werden wird) als *Umlauf-Ordnen*.[428] Mit den angeführten Beispielen hoffen wir deutlich gemacht zu haben, in welchem Sinne

---

425 Vgl. S. 86 oder S. 103 ff.
426 Er sagt: „Die Bank realisiert ... nicht die Absichten beider Parteien wie der Sensal, sie fragt gar nicht nach dem Willen der Noteninhaber und Deponenten, sie formt das einzelne Geschäft nach ihrem Willen ... Im Bankwesen der Gegenwart kann von einem Zusammenhang zwischen der Absicht des Gläubigers der Bank und der Art des gewährten Kredites nicht die Rede sein" (a.a.O. S. 2).
427 SOMARY, a.a.O. S. 4
428 Das verantwortliche Gestaltungsmoment in der Ausleihe aufgenommener Gelder könnte eine qualitative Betrachtung dieses Vorganges dazu führen, auch hier von „Kredit-Schaffung" oder „Kredit-Schöpfung" zu sprechen. In der quantitativen Analyse wird nur die saldomäßig sich ergebende Nettokreditschöpfung erfasst; sie kann jedoch nicht die Frage beantworten, wer denn das aufgenommene und wer das zusätzlich geschaffene Geldvolumen erhalten hat. Aber auch darauf wird es ankommen.

244

der Geldprozess des Umlauf-Ordnens als spezifisch dem Bankwesen zukommend gedacht werden kann.[429]

Ist über das Problem der *Grundfinanzierung* im Bankwesen nichts zu sagen? So seltsam es klingt: in nennenswertem Umfange nichts. Eine Bank braucht *als* Bank, d.h. in ihrer Ordnungsaufgabe des Abstimmens der sozial relevanten Unternehmensinitiativen aufeinander *Vertrauen* – aber kaum eigenes *Kapital* (im Sinne der Preiser'schen Definition von „Finanzierungsmitteln für Investitionen").[430] Dies hat schon Somary gesehen. „Für den Geschäftsbetrieb selbst", sagt er, „ist frei verwendbares Eigenkapital nicht erforderlich: Die Bank von England z.B. hat ihr Aktienkapital dem englischen Staat geliehen und hierfür (einen) unverkäuflichen Schuldstock erhalten; Noten und Depositen genügen für die ihnen zukommenden Aufgaben vollständig."[431] Mehr als *wirtschaftlichen* Zwecken dienen die – zuweilen recht imposant aufgemachten – Ziffern über „Aktienkapital und Reserven" denn auch der Erzeugung dieses *notwendigen Vertrauens*. Banken, die das entsprechende Vertrauen besitzen, können zusehends auf eigenes Kapital verzichten: und zwar auf dem lautlosen Wege des Unterlassens von sonst notwendigen Kapitalerhöhungen.[432] „Infolge des Unterlassens von Kapitalerhöhungen baut sich somit auf einem gleich bleibenden Aktienkapital ein immer größeres Geschäft auf", zeigt Somary.[433] Das Problem der Grundfinanzierung hat darum im Bankwesen keine gesellschaftlich besonders wichtige Seite. Sofern hier Gründungen notwendig werden, sollte das notwendige Kapital tunlichst auf dem Wege des Beitragens z.B. (durch die an ihrer Gründung interessierten Kreise) aufgebracht werden. Wenn diese zu der Bankleitung Vertrauen haben und dieses Vertrauen durch die *Fähigkeiten* der Bankleitung gerechtfertigt ist, dann braucht man gar nicht so sehr viel Kapital: Man braucht es jedenfalls nicht als eine Art „Un-

---

[429] Der Geldprozess des Umlauf-Ordnens ist als solcher natürlich nicht an das institutionelle Bankwesen gebunden; er kann auch von beliebigen Subjekten gehandhabt werden (so etwa, wenn jemand einem anderen Geld „wechselt", d.h. zu der notwendigen Kaufkraftform verhilft – ein unbedeutendes, aber anschauliches Beispiel). Im Wesenssinne ist dazu zu sagen, dass eben auch vom Verkehr selbst Bankfunktionen niederen Grades wahrgenommen werden – was ja nur natürlich ist. Nur in den wesentlichsten Punkten bedürfen die Bankfunktionen der institutionellen Ausgestaltung als Bank.

[430] Vgl. oben S. 183

[431] SOMARY, a.a.O. S. 8

[432] „Das Aktienkapital der Bank von England, das 1722 mit 9 Mill. Pfund eine für jene Tage ungeheure Summe dargestellt hatte", sagt SOMARY, „und noch 1816 mit 14 ½ Mill. Pfund ungewöhnlich groß erschienen war, ist heute geringer als das ... mehrerer großer englischer Depositenbanken" (a.a.O. S. 9). Diese Bank nahm seit 1816 keine Kapitalerhöhung mehr vor „und der Prozentsatz des Eigenkapitals zu den Verpflichtungen ist von 48 auf 3,7% gesunken" (a.a.O. S. 10). Vergleichbare Erscheinungen lassen sich überall ähnlich finden

[433] A.a.O. S. 10

fähigkeitsrücklage". Das Eigenkapital spielt als „Deckung" im Bankwesen dieselbe Rolle wie das Gold als „Deckung" der Währung: Beides hat mit der eigentlichen Funktion der Sache nichts zu tun. Der Praktiker aber muss mit ihnen rechnen, insofern der an ihr Vorhandensein geknüpfte *Glaube* ihnen eine gewisse politische Realität verleiht.

Und wie steht es mit den Fragen des *Ertrages* und der *Ertragsverwendung* im Bankwesen? Wenn wir uns an die getroffene Unterscheidung von Sachertrag und Geldertrag (oder Erlös) erinnern und nun auf die Leistung des Bankwesens im Abstimmen der Initiativen des Sozialen Organismus hinblicken, so sehen wir deutlich: Von Ertrag im sachlichen Sinne kann hier nur gesprochen werden, wenn damit die jeweils erzielte *Harmonie aller anderen Initiativen* gemeint ist. *Der Ertrag des Bankwesens* ist das erfolgreiche Sich-Entfalten der *anderen Unternehmenstypen* im sozialen Ganzen. Eine geldliche Erlösform für diese *gemeinwirtschaftliche Leistung* spielt demgegenüber eine ganz untergeordnete Rolle. Das soll nicht heißen, dass das Bankwesen nicht sogar in großzügiger Weise für seine Leistungen honoriert werden sollte: Das ist ganz gewiss notwendig und berechtigt. Wie wäre es aber, wenn das Bankwesen seine gemeinwirtschaftliche Aufgabe aus eigener Einsicht dadurch unterstriche, dass es die für das „Geschäft" nicht erforderlichen geldlichen Erträge dem kulturellen Leben zur Verfügung stellte? Würde die Unabhängigkeit der Notenbank nicht in noch ganz anderer Weise hervorgehoben, wenn ihre Erträge nicht dem Staat sondern der deutschen Wissenschaft z.B. gewidmet würden? – Wir müssen uns hier mit diesen Fragen begnügen. Deutlich aber dürfte sein, dass im Bankwesen sowohl das Problem der Grundfinanzierung (Eigenkapital) wie das andere des Ertrages ein über alle anderen Unternehmenstypen hinausragendes Niveau beanspruchen muss. Und *das* sollte auf jeden Fall beachtet werden. Die abnehmende Bedeutung des Eigenkapitals lässt einen anderen Wesenszug der Banken denn auch umso deutlicher hervortreten: *ihre Unabhängigkeit* – und damit zugleich ihre *gemeinwirtschaftliche Verantwortung*. Dieser Wesenszug zeigt sich zunächst einmal im Zentralbankbereich. „Mit der Bedeutung des Aktienkapitals", schreibt Somary, „ist auch der Einfluss seiner Inhaber auf die Leitung der Notenbank gesunken."[434] Die Aufgabe der Bank – insbesondere der Notenbank – erheischt diese Unabhängigkeit, die überall gefordert ist, wo Entscheidungen nur aus *fundierter*

---

434 SOMARY, a.a.O. S. 11

246

Einsicht sinnvoll gefällt werden können[435]. Die Notenbank *muss selbstlos* handeln; sie soll *Organ* des Sozialen Organismus sein und der Verwirklichung der in seinem Rahmen möglichen Ziele *dienen.*[436] Sie *kann* dies aber nur, wenn sie nicht indirekter Ausdruck von Einzelinteressen (und an diese gebunden) ist, sondern wenn sie in ihren Entscheidungen *frei* ist (und auch keinem staatlichen Interesse direkt[437] unterstellt wird). „Erfolgreiche Währungspolitik in unserer heutigen Geldwirtschaft hat die *Unabhängigkeit* der Notenbank zur unabdingbaren Voraussetzung."[438]

Der Sicherung dieser Unabhängigkeit mochte zunächst auch ihre Verstaatlichung dienen. „Diese Verstaatlichung", schreibt Pfleiderer, „war insofern gerechtfertigt, als es sich um die Ablösung des bisher den Notenbanken zur Verfügung stehenden privaten Kapitals handelte. Je mehr sich die wirtschafts- und konjunkturpolitische Verantwortung der Notenbank verstärkte, umso deutlicher wurde es, dass die Notenbank *nicht* als ein Erwerbsunternehmen betrieben werden kann und dass sie deshalb keinerlei Rücksicht auf die Verzinsung des in ihr investierten Kapitals nehmen darf."[439] Freilich darf sich jetzt der Staat nicht die Herrschaft über die Notenbanken aneignen wollen, wie er das immer wieder versucht hat und wohl auch versuchen wird.[440] Dagegen gilt es sich zu sichern; und es gilt zu betonen, dass die Notenbank niemals von Erwerbsmotiven geleitet sein darf. Die Bereitschaft zur Wahrung dieser Unabhängigkeit und zur Anerkennung des Prinzips der Gemeinwirtschaftlichkeit darf man erfreulicherweise heute bei mancher Notenbankleitung als gegeben voraussetzen.[441] Im Sinne unserer Definition gehört beides konstitutiv zum „Ordnungsunternehmen" Bank.

---

435 Ganz entsprechend sagt Worrest: „So wie die Rechtspflege einzig und allein nach Gesetz und Recht zu handeln hat ..., so muss eine Zentralnotenbank frei und unabhängig die von ihr als notwendig erkannten Maßnahmen im Rahmen des Gesetzes treffen und durchführen können ... Der Leiter der Notenbank muss ebenso souverän ... wie der Richter seines Amtes walten können" (WORRET: Bankpolitik ... a.a.O. S. 103).

436 Vgl. oben S. 162 f.

437 Die Zentralbank muss von Weisungen unabhängig – aber bereit zur Kooperation mit den staatlichen Instanzen sein (vgl. Bundesbankgesetz §§ 12,13).

438 O. PFLEIDERER: Unabhängige Notenbank – stabiles Geld. „Industriekurier" vom 6. Juli 1957, S. 2

439 PFLEIDERER, a.a.O. S. 2

440 Vgl. EBENDORT

441 Das betont z.B. auch Stucken, wenn er schreibt: „Wir haben das feste Vertrauen, dass, wenn das Präsidium der Geldschöpfungsstelle in seinen Entschlüssen frei wäre, es sich in den meisten Ländern von volkswirtschaftlichen Erwägungen leiten ließe und es an Verantwortungsbewusstsein nicht fehlen lassen würde. Aber wo wir hinsehen, müssen wir feststellen, dass die Führung der Notenbank ... tatsächlich nicht frei ist und nicht ausschließlich volkswirtschaftlichen Erwägungen Raum zu geben vermag; immer sind auch politische Abhängigkeiten vorhanden, selbst dort, wo man der Notenbank formal eine autonome Stellung gegeben hat" (Stucken, a.a.O. 2. Aufl. S. 228).

So wären denn auch die „privaten" Banken nach diesen Prinzipien zu beurteilen? Man wird sich wohl auf die Dauer zu diesem Satze entschließen müssen. Im Bankbereich gibt es kein „privat": Eine Bank *als* Bank hat stets eine öffentliche Aufgabe – im Abstimmen der Initiativen aufeinander. Und dieser kann sie nicht nachkommen, wenn sie in engstirniger Weise den Weg des größten Verdienstes gehen wollte. Langfristig wird es doch gelten, dass nur der richtig im sozialen Zusammenhang (d.h. überhaupt) lebt, der sich an *seinen* Gesetzen orientiert. Und dies ist im Bankwesen in besonderem Maße notwendig. In ihm wird es zur Lebensfrage werden, dass man die Gesetze sozialen Werdens im gesellschaftlichen Verbund intimer als in anderen Unternehmen kennt, aus ihnen zu handeln versteht – und die dazu gehörige einsichtige Selbstlosigkeit aufbringt. „Die Banken", fordert Paulsen, „müssten ... stets eine Stufe weitsichtiger sein als die Geschäftswelt ... Eine sich nicht an nur privatwirtschaftlichen Erwägungen orientierende Bankpolitik wäre erforderlich ..."[442] Soweit die Banken dies bisher nicht beachten wollten, werden sie zulernen müssen. Denn grundsätzlich ist eben kein Unterschied zwischen Notenbanken und Geschäftsbanken zu machen. Sie haben beide *eine* Aufgabe, der sie nur arbeitsteilig nachkommen; sie haben beide im Grunde die gleichen Interessen. Von solcher „Gleichrichtung" der Interessen spricht auch Palyi und sagt: „Für beide gilt ..., dass die Qualität ihrer Leistung vor allem nach der Probe zu bewerten ist, die sie in Krisen- und Depressionszeiten ... zu bestehen hat", denn in solchen Zeiten machen sich die Folgen unvorsichtiger Kreditpolitik in vollem Umfange bemerkbar.[443] Diese Folgen treffen ihrerseits in der Regel das Bankwesen als *Ganzes*. Dadurch bildet sich in neuester Zeit eine offen zutage tretende Solidarität des ganzen Bankwesens heraus, die sich heute z.B. immer dann beobachten lässt, wenn ein Einzelinstitut in Zahlungsschwierigkeiten gerät und die entsprechenden Stützungsaktionen der geschäftlich „benachbarten" Banken in die Wege geleitet werden.[444] Eine irgendwo ausbrechende Vertrauenskrise würde sehr bald alle anderen Institute in Mitleidenschaft ziehen und zu einem gefürchteten „Run" ausarten. So lässt sich denn überall die Tendenz zur

---

[442] PAULSEN, a.a.O. S. 133
[443] PALYI, a.a.O. S. 385
[444] Auch hier rechnen wir mit dem Einwand, dies alles geschehe doch nur im wohlverstandenen eigenen Interesse. Gut, dies sei nicht geleugnet, soweit es vorhanden ist. Man kann aber *auch* das *kooperative Moment* sehen und es stärker bewerten, weil es zukunftsweisender ist. Wir sehen also das eine *und* das *andere*. Und unser Kritiker? Sieht er nicht nur das *eine*, auf dem sein Weltbild ruht?

Kooperation von Notenbank und Kreditbanken beobachten, die für die Bankpolitik von immer größerer Bedeutung wird. Aus dieser Kooperation lässt sich, wie Palyi sagt, regelmäßig auch die Tatsache verstehen, „dass die Banken ihre Zinssätze ... nach dem ‚offiziellen' Diskontsatz der Notenbank zu stellen pflegen."[445]

Immerhin: Eine andere Verstehensmöglichkeit, als man sie bisher der Diskontpolitik – und damit auch den anderen Mitteln der Notenbankpolitik – entgegengebracht hat: Statt Kostengesichtspunkten finden wir den Hinweis auf *Kooperation*.[446] Auf diese weist auch Stucken im gleichen Tenor hin, wenn er sagt: „Die verständnis- und vertrauensvolle Zusammenarbeit von Notenbank und Kreditbanken ist auch auf liquiditätspolitischem Gebiet von größter Bedeutung und vielleicht wichtiger als formelle Rediskontzusagen u. dgl. ..."[447] Die Probleme, die das gesellschaftliche Leben dem Bankwesen stellt, lassen sich eben – weder heute noch sonst – auf dem Wege irgendeines Währungsautomatismus lösen.[448] Sie wollen in bewusster Kooperation ergriffen und bewältigt sein: Und dies ist – wie wir deutlich gemacht zu haben hoffen – im Bankwesen besonders dringend notwendig, weil es mehr als alle anderen Wirtschaftszweige eine *Einheit* darstellt und darin eine *gemeinwirtschaftliche Verantwortung* trägt.

2 Anerkennung, Gestaltung und Lenkung der Kaufkraft durch das Bankwesen

Der soziale Lebensraum, den das einzelne Unternehmen einnimmt, kommt in den zunehmend *organisatorisch* gestalteten gesellschaftlichen Verhältnissen der Gegenwart in den *geldweise geordneten Wertbeziehungen* zum Ausdruck, in denen das Unternehmen wirtschaftlich kooperiert. Die *Banken* vollziehen dabei ihre ordnende Aufgabe des Abstimmens der Un-

---

445 PALYI, a.a.O. S. 385 f.
446 Ähnlich spricht SUCHESTOW – im Einklang mit der angloamerikanischen Literatur – von dem „symbolischen Charakter" des Zinsfußes, der eine „Zeichensprache" darstelle, „durch die das Banksystem sein Urteil über die wirtschaftlichen Bedingungen bekannt gebe" – ein zumindest indirekter Hinweis auf die verschämte zwar, aber doch immerhin vorhandene Kooperation im Bankwesen (MARCEL SUCHESTOW: Die Unvollkommenheit des Geldmarktes. Winterthur 1955, S. 63).
447 STUCKEN, a.a.O. S. 112. – Unter den Notenbankmitteln zur Beherrschung der Kreditgewährung nennt STUCKEN folgerichtig auch die „moral suasion, die Überredung (oder besser wohl: Überzeugung und Appell an die nationale Disziplin)" an *erster* Stelle und spricht erst dann von den weiteren Mitteln wie der Diskontpolitik, der Lombardpolitik, der Offen-Marktpolitik, der Mindestreservepolitik (EBENDORT S. 97 ff.).
448 Vgl. PFLEIDERER, a.a.O. S. 2

ternehmensinitiativen aufeinander, indem sie diese *geldweise Kooperation* der Unternehmen zum Gegenstand ihres Eingreifens und Gestaltens machen. Diesem Moment wollen wir jetzt in seinen einzelnen wichtigen Formen nachgehen.

Die *Kaufkraft*, das hatte die Untersuchung des Geldes selber (insbesondere an Dobretsberger anschließend) gezeigt, *entsteht nicht* durch *Dokumentation*, sondern durch *Produktion*. Es kann niemand kaufen, wenn nicht *Leistungen* erbracht und angeboten werden (viel weniger kann jemand leihen, wenn der Beliehene nicht kaufen könnte usw.). Das Geld *verspricht* ja nur den Empfang einer Sachleistung – und gliedert sich *so* „gestalthaft" in den Produktions- und Verteilungsstrom ein. Umgekehrt hängt jedoch auch von der Art der Dokumentation der Kaufkraft – und der darin liegenden organisatorischen Leistung – ab, ob gewisse Produktionsprozesse überhaupt statthaben und Leistungen zufolgedessen angeboten werden können. In diesem Wechselwirkungsprozess darf eine Seite zu Gunsten der anderen weder überbetont noch vernachlässigt werden. Wir dürfen weder annehmen, dass eine Vermehrung der Gelddokumente notwendig auch eine Vergrößerung der „wirksamen Geldmenge" (also eine Kaufkraftschöpfung) bedeuten *muss*, noch dürfen wir zur These machen, dass es nur munter zu produzieren gelte – die Produktion selber werde ja für ihren eigenen Absatz sorgen. Die sachverschiedenen *Leistungsprozesse* der Volkswirtschaft müssen vielmehr *im Gelde* organisatorisch eingeordnet werden. Und von dem Vollzug dieser *organisatorischen Leistung* sprechen wir bei der Betrachtung des Bankwesens. Die Banken sorgen – besser oder schlechter – für die notwendige *Gestaltung der Kaufkraft*, in der diese der organisatorischen Bewältigung der sozialen Prozesse dient.

In welchen Formen vollzieht sich nun dieses Wirken der Banken? – Ohne Anspruch auf Vollständigkeit seien die folgenden fünf Formen erwähnt:

a) Zum ersten sei die *Dokumentation* der verschiedenen *Geldzeichen* genannt. In einer hochorganisierten Wirtschaft ist es notwendig, die vom Verkehr benutzten baren Zahlungsmittel mit einer gewissen Einheitlichkeit auszustatten. Der Prototyp dieser Zahlungsmittel ist heute die *Banknote*, von deren Ausgabe die Notenbanken ihren Namen herleiten, obgleich die Bezeichnung selber einen erheblichen Bedeutungswandel durchgemacht hat: Die Rechte und Pflichten der Notenbank gehen ja weit über die Notenausgabe hinaus. Dennoch ist die Notendokumentation ein wichtiger Dienst des Zentralbanksystems für den wirtschaftlichen Verkehr, insofern die ausgegebenen Noten jenen sozialen Akten dienen, die wir als Geldgeschehen kennen gelernt haben. (Selbstverständlich bleiben wir auch hier bei dem Satz, dass der Verkehr in gewissem Umfange notfalls selber dokumentieren *könnte*: Eine Notlösung freilich müsste es unter den heutigen Verhältnissen bleiben.) Der Note gleichzustellen ist die in Deutschland heute noch staatlicherseits geprägte *Münze*. – Aber auch die Form des *Buch-* oder *Giralgeldes* können wir als in ihrer Weise dokumentiertes Geldzeichen verstehen. Sie kann vom gesamten Banksystem – nicht nur vom Notenbankbereich – geschaffen werden: in einem Umfange, der zunächst einmal durch liquiditätsmäßige Erfordernisse begrenzt wird (weitere Grenzen werden wir noch kennen lernen). Auch in der Schaffung des Buchgeldes durch Banken wird Kaufkraft dokumentiert. Und sie wird so dokumentiert, dass es für den Verkehr praktisch gleichwertig ist, ob er über bare Zahlungsmittel oder über Bankkonten verfügen kann. Auch diese Dokumentierung ist eine Leistung der Banken.

b) Eine zweite Form kann in der *Unifizierung von Kaufkraft* gesehen werden. Der Vorgang selbst wurde bereits behandelt.[449] Er beinhaltet lediglich die Umdokumentierung von Kaufkraft, die freilich für den Verkehr von Wichtigkeit ist, wenn er sich darauf eingestellt hat. Verweigert die Notenbank diesen „Kredit", so verhindert sie nicht unbedingt das Entstehen der vom Verkehr benötigten Kaufkraft. „Die Notenbank verhindert mit ihrer Weigerung nur, dass die Kaufkraft eine bestimmte Form, die der Banknote, erhält. Bei gutem Geschäftsgang verschmerzt dies die Wirtschaft; nur in der Krise entsteht daraus ‚Geldmangel'."[450] Das Gesagte gilt – vom Blickpunkt des Wechseleinreichers – naturgemäß auch für das Diskontgeschäft der Kreditbanken; sie erteilen dem Einreicher eine Gutschrift in ihren Büchern, die für ihn barem Gelde gleichkommt. Der Bezug zur Zentralbank ist in diesem Falle über die Refinanzierungsmöglichkeit der Geschäftsbanken gegeben. In der geschilderten Unifizierung anerkennt und gestaltet das Banksystem die im Verkehr geschaffene Kaufkraft und vermag sie – in gewissen Grenzen – auch zu lenken.

---

449 Vgl. S. 242
450 DOBRETSBERGER, a.a.O. S. 50

c) Einer dritten Form begegnen wir in dem, was hier *Finanzierungshilfe* genannt werden soll. Gemeint ist – als Beispiel – die Vorfinanzierung eines Produktionsumweges, dessen notwendiges Kapital durch eine „ordentliche" Leihe – nehmen wir an durch die Begebung einer Anleihe – aufgebracht werden soll und aufgebracht werden kann.[451] Die eingreifende Bank ermöglicht das zeitgerechte In-Gang-Kommen der nötigen Investitionen, indem sie die erforderlichen Beträge vorschießt, bis die endgültige Einordnung des neuen Produktionsweges durch die Zeichnung der Anleihe gesichert ist. – In dieser „Finanzierungshilfe" handelt es sich wiederum um eine Lenkung und Gestaltung der in der Volkswirtschaft vorhandenen Kaufkraft.

d) Die vierte – sehr wichtige – Form sei *Leistungsausgleichsfinanzierung*[452] genannt. Die sie erfordernde Sachlage ist diese: Leistungskreise müssen immer geschlossen sein,[453] niemand kann auf einem Markte verkaufen, der ihn nicht bezahlen kann, wenn es nicht von vornherein eine Schenkung sein soll. Erfolgen Leistungen an Abnehmer in anderen Währungs- und Wirtschaftsgebieten (Export), so vermag der einzelne Verkäufer nicht mehr für den gesamtwirtschaftlichen Ausgleich (im weltwirtschaftlichen Rahmen) zu sorgen. Das entsprechende gilt für den Import. In beiden Fällen muss die für die Aufrechterhaltung der Währungsstabilität verantwortliche, leitende Bank dem Verkehr diese Sorge abnehmen. Sie kann dies durch die Regelung des Zahlungsverkehrs mit dem in Frage kommenden Lande, einem möglichen internationalen Clearing usw. tun, ja sie kann auch zeitweilig den Export vorfinanzieren, indem sie den Exporteur sofort bezahlt und selber auf den Ausgleich der verbleibenden Geldpotentialspannung wartet. Sie kann und muss – das ist der entscheidende Gesichtspunkt – mit ihren Finanzierungsstützen so eingreifen, dass es letztlich zu dem beabsichtigten *Leistungsausgleich* kommt. Je gezielter die Bank diese Funktion wahrzunehmen vermag, desto besser ist es. Ein relativ global wirkendes Mittel im weltwirtschaftlichen Verkehr ist z.B. ein Währungsfonds, der als solcher ja auch nur auf dem Hintergrunde der Notwendigkeit zu verstehen ist, zu einem Ausgleich der Leistungstauschkreise zu kommen. – Aber

---

451 Vgl. oben S. 103 f.
452 Vgl. oben S. 105 f.
453 GRÜNIG: Der Wirtschaftskreislauf, a.a.O. S. 21 ff., S. 48 ff., S. 56 ff.; vgl. S. 148 ff.

auch innerhalb der Grenzen eines Wirtschaftsgebietes besteht häufig genug das Problem der „Leistungsausgleichsfinanzierung" (Grünig nennt es das außen- oder binnenwirtschaftliche „Transferproblem"): deutlich sichtbar, wenn ein ganzer Wirtschaftszweig zu stark verschuldet ist etc..[454] In diesem Zusammenhang kam es ja nur darauf an, das bezeichnete Problem als eine Aufgabe zu nennen, in der das Banksystem die Kaufkraft ausgleichend lenken sollte; denn im Banksystem vermag man sich den Überblick zu verschaffen, den man vom Einzelunternehmer – bei allem Willen zur Kooperation – schlechterdings nicht verlangen kann.

e) Die fünfte Form, in der das gestaltende Moment des Wirkens der Banken im Lenken der Kaufkraft am stärksten hervortritt, ist die *Kredit-Gewährung*. Sie kann auf dem Grunde solcher Kaufkraft erfolgen, die dem Banksystem durch Bewahrungsgeldprozesse übertragen wurde, sie kann aber auch autonom erfolgen: Wir sprechen dann von Kreditschöpfung. Diese ist dem Notenbanksystem – soweit nicht gesetzliche Beschränkungen vorliegen – technisch nahezu unbegrenzt möglich (wirtschaftlich naturgemäß nicht). Die Kreditbanken können sich dieses Mittels – technisch-liquiditätsmäßig – im Rahmen jenes „Geldschöpfungsspielraumes" bedienen, von dem oben bereits die Rede war.[455] – Schon im ersten Falle, in dem die Kreditgewährung gewissermaßen durch Bewahrungsgeldprozesse (Depositen) „gedeckt" ist, wird die lenkend-gestaltende Macht des Bankwesens deutlich; bestimmt es doch – und auf diese Bestimmung hatten die Deponenten ja verzichtet –, *wer* die zur Verfügung stehende Kaufkraft jetzt produktiv (als Regelfall) verwenden soll. Bewahrung von Kaufkraft, so hatten wir gesehen,[456] ist in einer hoch entwickelten Wirtschaft nicht durch Aufbewahrung von Geldzeichen (depositum regulare) möglich, es ist vielmehr eine zugleich vom gesamten Wirtschaftssystem im Zusammenhang mit den Banken zu leistende Aufgabe, die keineswegs jederzeit in beliebigem Umfange dargestellt werden kann. Die „goldene Bankregel", die vorschlägt, Kredite nur in den Fristigkeiten der vorhandenen

---

454 GRÜNIG bespricht dieses Problem am Beispiel der deutschen Landwirtschaft vor dreißig Jahren; vgl. a.a.O. S. 56 ff.
455 Vgl. unten S. 242
456 Vgl. unten S. 212 f. u. unten S. 214 f.

Einlagen zu gewähren, übersieht das Problem, statt es zu lösen; sie dachte nur an eine juristisch definierte Liquidität der Banken als „privater" Unternehmen. Ihr gegenüber gilt es aber nicht nur, eine „Fristigkeitsverlängerungsfunktion" zu fordern, wie Stucken dies tut (sie *kann* richtig sein, *muss* es aber nicht),[457] sondern es gilt, die in der Kreditgewährung eingeschlagenen neuen Wege der Kaufkraft mit den Anforderungen *abzustimmen*, die aus ihren Quellen (von den Deponenten) zu gegebener Zeit kommen werden. Nur den Banken gegenüber erscheinen diese Anforderungen in Terminen und abstrakten Beträgen – der Volkswirtschaft gegenüber tritt diese Kaufkraft sodann in sehr präziser Differenzierung auf (eine Differenzierung, von der die Banken wenigstens in groben Umrissen wissen sollten,[458] um ihre Kenntnisse entsprechend weiterzugeben). Diesen Zusammenhang zu sehen und seine Lehre zu befolgen, ist den Banken in der Kreditgewährung aufgegeben.

Mehr noch ist ihnen aufgegeben, wenn die Kreditgewährung über das Ausmaß der Kaufkraft hinausgeht, die dem Banksystem zur Bewahrung übergeben wurde. Wir sprechen dann von Geld- oder Kreditschöpfung und sind uns über den gemeinten Sachverhalt klar: Die Banken greifen in der autonomsten Weise ein, die ihnen möglich ist. Sie eignen sich aus eigener Machtvollkommenheit gewissermaßen Kaufkraft an, um sie im Kreditwege anderen Unternehmensinitiativen zu übertragen. Sie gliedern deren Wirken in den sozialen Lebensraum ein: unter Umständen in der Weise, dass sie den vorhandenen und schon verteilten Lebensraum gleichsam noch einmal verteilen.[459] Denn es tritt jetzt voraussichtlich Kaufkraft auf, die nicht durch Produktion gedeckt ist: Und sie *muss* es *doch* sein. Dieser reale Widerspruch löst sich – soweit er gegeben ist – über „steigende Preise", mit anderen Worten: Das Sozialprodukt wird anders verteilt als die bisherigen Kaufkrafteigner es erwartet hatten. Die „Enteignungskraft" (Somary) der Banken ist entfesselt. Zu wessen Gunsten? Die Frage bleibe hier offen. Die Möglichkeit aber, sie zu stellen, zeigt, dass wir der gesellschaftlichen Problematik der Kreditgewährung auf der Spur sind, die sich in dieser Frage ankündigt.

---

457 Vgl. Stucken, a.a.O. S. 111
458 Diese Aufgabe sollte im Zeitalter der Demoskopie doch wohl lösbar sein.
459 Sehr treffend sagt Schumpeter (Das Kapital ... a.a.O. S. 201) hierzu: „Wenn man sich diesen Vorgang praktisch klarzumachen sucht, hat man den Eindruck eines Schwindels, eines Schaffens von Kaufkraft, die nicht in der Güterwelt entspringt; und das ist ja tatsächlich zunächst einmal der Fall."

3 Zur gesellschaftlichen Problematik der Kreditgewährung durch Kreditschöpfung

Zwei Fragen sollten in der Berührung der beiden Themen „Banken" und „Geld" in dem jetzt anstehenden Abschnitt vom Gesichtspunkt der ontologischen Geldanschauung behandelt werden: die Frage einmal nach der für das Bankwesen spezifisch wichtigen Geldart (in ihren verschiedenen Erscheinungsformen) und der anderen, die sich aus dem Eingreifen des Bankwesens in die zeitliche Entwicklung der Geldgebiete ergibt. Die erste Frage haben wir behandelt, der zweiten wenden wir uns jetzt zu. Sie ergibt sich materialiter mit dem Problem der Kreditgewährung durch Geld- oder Kreditschöpfung.[460] Sie beinhaltet damit entscheidend wichtige Fragen des gesellschaftlichen Lebens überhaupt, indem sie der autonomsten Gestaltungskraft des Banksystems im Ordnen des ökonomischen Lebensraumes Platz gibt. Wohin führt diese Gestaltungsmacht des Bankwesens in der geldschöpfenden Kreditgewährung?

Wir gehen davon aus, dass die banktechnische Bewältigung der Kreditschöpfung innerhalb des „Geldschöpfungsspielraumes" bekannt ist; sie hat ja inzwischen eindeutige Darstellungen gefunden.[461] Hinsichtlich ihrer weiteren Problematik herrscht jedoch wenig Einigkeit. Man hat der Geldschöpfung gegenüber zwar die verschiedensten Kriterien entwickelt, die die Grenzen ihrer Zulässigkeit abstecken sollen,[462] doch bewegen sich diese Kriterien zumeist auf dem Boden der Frage, wie weit die Bank mit ihren Ausleihungen gehen könne, ohne ihre eigene Liquidität zu gefährden.[463] Verständlicherweise kommt man so niemals dazu zu fragen, was denn nun realiter gesamtwirtschaftlich vor sich geht oder vor sich gehen sollte. Erst wenn man *dieses* im Blick hat, kann man sinnvoll fragen, wie die Bank sich in diesem Zusammenhang in den einmal gegebenen, liquiditätsmäßigen Grenzen sachgemäß verhalten kann. Nur so kann man zu brauchbaren Leitsätzen der Kreditpolitik kommen.[464] Es gilt, die „Leistung der Geldschöpfung im Rahmen der Volkswirtschaft" (Ottel) zu sehen.

---

460 Die Ausdrücke „Geldschöpfung" und „Kreditschöpfung" werden in der Literatur praktisch synonym gebraucht, da der Anlass zur Geldschöpfung in der Regel eine Kreditgewährung ist. Da dies jedoch nicht notwendig so sein muss, kann der Ausdruck „Geldschöpfung" als der umfassendere, die „Kreditschöpfung" miteinbeziehende Terminus verstanden werden.
461 Vgl. STUCKEN, a.a.O. S. 53 ff.
462 DOBRETSBERGER führt sie im Einzelnen auf (a.a.O. S. 14).
463 Vgl. DOBRETSBERGER, a.a.O. S. 74.
464 Vgl. OTTEL, a.a.O. S.5

Um diese Leistung sehen und beurteilen zu können, vergegenwärtigen wir uns noch einmal deutlich, worin denn die Eigenart einer Geld- und Kreditwirtschaft – d.h. eines Sozialen Organismus, in dem die entwicklungsmeinenden, umgestaltenden sozialen Prozesse *geldlich* eingeordnet werden sollen – liegt: Sie muss *bewusst* leisten, was der naturalen Eigenwirtschaft durch die selbstverständliche Überschaubarkeit ihres engen Bereiches gelang. Konnte es in dieser niemals geschehen, dass etwas produziert wurde, dessen *sinnhafte* Einordnung in die menschlichen Lebensverhältnisse nicht zugleich gegeben war, so kann dies unter geldwirtschaftlichen Bedingungen sehr wohl passieren. Die gesellschaftliche *Bewusstseinsleistung*, die sich in der geldweisen Abwicklung der sozialökonomischen Beziehungen ausspricht, kann den bereits inszenierten Entwicklungsprozessen gegenüber *ungenügend* sein. Wir haben im Prinzip schon erörtert, wie dies in den Entwicklungskrisen von Inflation und Deflation zum Ausdruck kommt.[465] Hier interessiert es im Zusammenhang der Kreditgewährung der Banken für das Produktionsunternehmen, d.h. für die Kreditierung von Produktionsumwegen.

Vom einzelnen Unternehmen aus gesehen, kann man beim Einschlagen von Produktionsumwegen zwei Perioden unterscheiden, und zwar:

1. die „Periode der reinen Kostenzahlung" und
2. die „Periode der Kostenrückgewinnung".[466]

Nun reicht aber die Unterscheidung dieser beiden Perioden – so richtig sie an sich ist – für die Beschreibung eines Produktionsumweges nicht zu. Denn würde ein solcher nur seine Kosten hereinbringen („rückgewinnen"), so wäre seine Rentabilität gleich Null. Er soll ja, wie sich zeigte, einen Ertrag liefern, der über den Kosteneinsatz hinausgeht, d.h. *Gewinn* erbringen. Unzureichend ist es nur, in diesem Geldgewinn ein *letztes* Ziel zu sehen. Er stellt vielmehr gerade die *Frage* nach diesem Ziel (oder Zielen). Er ist *gestaltbarer* Entwicklungsraum des Sozialen Organismus, der sinnvollen Zielen *gewidmet* werden kann. Diese Aufgabe muss auch, so ergab es sich, vom einzelnen Unternehmen gesehen werden, und wir müssen zufolgedessen nicht nur von den Perioden der „reinen Kostenzahlung" und der „Kostenrückgewinnung", sondern auch von der *Periode der Ertragswidmung* sprechen. Sie schließt unmittelbar an die Periode der „Kostenrückgewinnung" an und dauert grundsätzlich so lange, wie aus diesem Produktionsweg Erträge anfallen und ihre geldliche Erlösform finden oder

---

465 Vgl. unten S. 151 ff.
466 KROLL: Die automatische Deflation, a.a.O. S. 514

256

finden sollen. *Vorhanden* ist sie also in *jedem* Falle: Auch wenn wir aus Scheu vor dem Beantworten der Frage, *wozu* denn die *alte* Fabrik *dienen* sollte, eine *neue* bauen und so die Frage nach dem Sinn unseres Tuns vor uns herschieben, bis sie – wie ein gestauter Strom zu mächtig geworden – krisenbringend über uns selbst hereinbricht. – Wie hängt dies mit der Kreditgewährung durch das Banksystem zusammen?

Bei normaler Kreditgewährung (wir nennen sie im Folgenden abgekürzt „Fall I"), bei der entweder von den auf Gegenwartskonsum verzichtenden Sparern dem Produktionsunternehmen direkt, oder auf Grund von Bewahrungsgeldprozessen (Sicht- und Termindepositen) von Banken geliehen wird (also immer auf Grund freiwilligen Konsumverzichts), spielt das Banksystem in seinem lenkenden Wirken vielleicht zwar schon eine wichtige, aber noch nicht die entscheidende Rolle, die ihm in der Kreditschöpfung zukommt (oder die es sich dabei aneignet). Es hat mehr eine ratende und vermittelnde Aufgabe. Denn wir sahen, dass es nach Gelingen des neuen Produktionsweges (also in der Periode der Kostenrückgewinnung) entscheidend darauf ankommt, dass die den *Gläubigern* mit der Rückzahlung des Kredites zur Verfügung gestellte Kaufkraft – *sie* müssen ja jetzt über deren Weg entscheiden, nicht die Banken[467] – kreislaufmäßig dem Markte erhalten bleibt,[468] auf dem die neuen Produkte ihren Absatz finden.[469] Die Kaufkraft darf weder – durch Hortung z.B. – vernichtet werden, noch in fortwährend neuen Produktionsumwegen solche Wege gehen, die sie dem genannten Markte entzieht. Wo die Grenze zwischen einem möglichen Geltendmachen von neuem Umweg-Bedarf und dem von der jetzt gegebenen (nicht beliebig flexiblen) Erzeugungsverfassung notwendig geforderten End-Konsum verläuft, ist Tatfrage, die vom Banksystem als Ganzem erkannt und *informativ* an die Stellen weitergegeben werden sollte, die jetzt über den Weg der Kaufkraft zu entscheiden haben (hier: den ehemaligen Kreditoren).

Ist diese Aufgabe gelöst, sind also seitens des Produktionsunternehmens alle Kosten hereingeholt und die Gläubiger befriedigt, so beginnt für den zur Rede stehenden Produktionsumweg die Periode der *Ertragswidmung*.

---

467 GRÜNIG sagt treffend hierzu, dass die „Produktivität ... an die Aufnahmewilligkeit derer, die Geldeinkommen haben, gebunden (ist); lehnen ... die Gläubiger in ihrer Gesamtheit die Mehrerzeugung, die ‚Ausgleichsgüterströme' ab, so drohen damit Störungen der Wirtschaftsbahnen. Das Transferproblem ... setzt hiermit ein" (a.a.O. S. 66).
468 Also etwa dem Konsumgütermarkt des Inlandes – auch über Leistungstauschkreise mit dem Ausland, wenn sie ausgeglichen sind.
469 Vgl. S. 155 f.

Mit ihr übernimmt das Unternehmen selbst die *kreislaufmäßige Verantwortung für die Kaufkraft*, die es so lange braucht, als es Erträge aus diesem Produktionsweg anzubieten hat. Ob es diese verantwortliche Aufgabe sieht oder ob es hinter seinen eigenen Tatenfolgen das Walten einer objektiven „Konjunkturbewegung" vermuten will, ist dabei eine Frage der Einsicht. Wenn diese Einsicht und der Wille zur Kooperation jedoch nicht im einzelnen Unternehmen wachsen, wird es niemals gelingen, die „Konjunktur" zu beherrschen.[470]

Erfolgt die *Kreditierung von Produktionsumwegen* mit außer-gewöhnlichen Mitteln, d.h. mit *geschaffenem Gelde* (in der Folge abgekürzt „Fall II" genannt), so wird die Lage sehr viel schwieriger. Schon die Unterscheidung von Fall I und II ist nur dem Banksystem als Ganzem möglich. Darauf wies bereits Palyi: „Während ... die Kotenbank bewusst das Kotenvolumen regulieren kann", sagt er, „ist die einzelne Kreditbank nur in der Lage, mehr oder weniger von den bei ihr eingelaufenen Depositen auszuleihen; die Vermehrung des Kreditvolumens tritt nicht, wie die Vermehrung des Notenumlaufs, bei der emittierenden Bank selbst, sondern im *Banksystem als Ganzem* in Erscheinung. Die Tatsache der Krediterweiterung braucht der Leitung der einzelnen Kreditbank *gar nicht zum Bewusstsein* zu kommen, weil sie sich ja im Aktivgeschäft nach dem Umfang der zur Verfügung stehenden Depositen richtet und offenbar nur das weitergibt, was sie erhalten hat."[471] Also schon das Erkennen der Tatsache, dass *überhaupt* mit geschaffenem Gelde kreditiert wird, stellt das Banksystem vor eine notwendig nur kooperativ zu leistende Aufgabe, die es lösen muss. Denn das kreditempfangende Unternehmen hat seinerseits gar keine Möglichkeit festzustellen, ob der von ihm eingeschlagene Produktionsumweg als mit zusätzlichem Gelde eingeordnet zu betrachten ist oder nicht; diese Information kann es nur von der Bank erhalten. – Aber nehmen wir für die weitere Analyse an, dass Bank und Unternehmen sich bewusst sind, dass die Kreditgewährung auf Geldschöpfung beruht.

Welcher Unterschied besteht nun zu Fall I? Von einer – dem jeweiligen Ausmaß der Kreditschöpfung und ihrem Einsatzpunkte entsprechenden – inflationären Wirkung abgesehen, ist von solchem Unterschied zu Fall I

---

470 In dieser Hinsicht vermögen wir den von ALVIN H. HANSEN entwickelten Optimismus nicht zu teilen, dass der „größere Sieg ... schon errungen" sei, da wir „allgemein gesprochen" wüssten, „was zu tun sei" (HANSEN: Der Einfluss der Keynes'schen Volkswirtschaftslehre auf die USA. In: Beiträge zur Finanzwissenschaft und Feldtheorie. Festschrift für R. STUCKEN, hrsg, von F. VOIGT. Göttingen 1953, S. 167).

258

in der Periode der reinen Kostenzahlung zunächst nicht zu reden. Anders wird die Sache mit dem Abschluss der „zweiten Periode (der Kostenrückgewinnung), wenn die Kredite, die den Produktionsumweg ermöglichten, zurückgezahlt werden. Jetzt droht eine *Geldvernichtung* (wenn das Banksystem die Mittel nicht wieder ausleiht, also die Geldschöpfung fortsetzt). Aus dieser Geldvernichtung, sagt Schumpeter, „erklärt sich die Preissenkung der Depressionsperiode" (mit der die Unternehmen sich der schwindenden Kaufkraft anzupassen suchen), „die auf alle Fälle eintreten würde, aber eine schon vorhandene Disposition zu krisenhaften Erscheinungen natürlich außerordentlich stärkt. Diesen letzten Vorgang, der in der *Rückzahlung* der Kredite besteht und im *Neuauftreten* der Produkte der neugeschaffenen Anlagen, nenne ich die *Selbstdeflation des Kredites*".[472] Wird der Zusammenhang der Finanzierung von Produktionsumwegen mit Hilfe der Kreditschöpfung und dieser „Selbstdeflation des Kredites" mithin nicht sehr sorgfältig gekannt und überschaut, so *muss* die Sache misslingen. Steht es nicht aber besser, wenn die dem Banksystem zurückerstattete Kaufkraft, die dem Wirtschaftskreislauf ersichtlicherweise erhalten bleiben muss, nun anderen Unternehmen für weitere Produktionsumwege zur Verfügung gestellt wird? Diese Meinung ist in der Tat vertreten worden. Kroll entwickelt sie in seiner schon erwähnten Abhandlung, indem er ausführt, dass unser Problem in dieser Weise lösbar sei, wenn nur die Investierungen mit geschaffenem Gelde zeitlich so aneinander anschließen, dass die zusätzliche Kaufkraft gleichsam von Produktionsumweg zu Produktionsumweg weitergegeben wird.

Das Hauptproblem besteht in dieser Situation ja darin, die Klippe der drohenden Geldvernichtung zu umschiffen. Kroll will dies dadurch erreichen,[473] dass er – ähnlich der Organisation eines Staffettenlaufes – neue Unternehmer, die Produktionswege einschlagen wollen, sozusagen fortwährend „in Reserve" hält und ihnen den „Start" – durch entsprechende Kreditgewährung – freigibt, sobald der „Vor-Läufer" (Unternehmer X) die „Durststrecke" seines neuen Produktionsweges (Periode der reinen Kostenzahlungen) überstanden hat und sich unter Rückzahlung der ihm kreditierten Kaufkraft gewissermaßen beim Banksystem „zurückmeldet". Jetzt übernimmt der nächste Unternehmer (Y) die Kaufkraft und setzt den

---

471 PALYI, a.a.O. S. 384; Kursivsetzung hinzugefügt.
472 SCHUMPETER: Das Kapital ... a.a.O. S. 200; Kursivsetzung hinzugefügt.
473 Vgl. zum Folgenden KROLL, a.a.O. S. 522

Lauf fort, d.h. er beginnt mit seinen Investitionen (kaufkraftmäßig: Kostenzahlungen). Sobald er seine neuen Leistungen verkauft hat und Kredite zurückzahlen kann (Kostenrückgewinnung), wiederholt sich das Spiel, und der Unternehmer Z übernimmt – wiederum kreditweise – die Kaufkraft, auf deren kreislaufmäßiges Erhalten es ankommt – und so fort für alle Zeiten.

Freilich setzt dieses Spiel voraus, dass man erstens gesamtwirtschaftlich genau verfolgt, wie die einzelnen Produktionsumwege fortschreiten, und dass man zweitens die Kreditgewährung vollständig auf das „Thema" dieser Kaufkrafterhaltung durch Kaufkraftweitergabe („Stafettenübergabe") abstellt. Bei entsprechender Koordination hält Kroll diesen Weg aber für immerhin gangbar – ähnliche Ansichten hat auch Stucken vorgetragen: Er spricht hier von „kompensatorischer Geldschöpfung".[474] Reißt die Kette der aneinander anschließenden Investierungen einmal ab, so bedarf es zum Erhalten der kreislaufmäßig notwendigen Kaufkraft einer „*Geldschöpfung* für unmittelbar *konsumtive Zwecke*",[475] ja diese Geldschöpfung muss sogar „endgültig sein, d.h. das zur Verfügung gestellte Geld darf unter keinen Umständen später getilgt werden."[476]

Nun liegt dieser Auffassung jedoch eine relativ globale Betrachtungsweise zu Grunde, die zwar die Größenverhältnisse der Kaufkraft berücksichtigt, aber nicht deren Weg im Einzelnen. „Jede Geldschöpfung ist jedoch", sagt Ottel demgegenüber mit Recht, „in ihrer volkswirtschaftlichen Bedeutung von jeder anderen Geldschöpfung verschieden."[477] Denn der durch sie jeweils ermöglichte Produktionsweg liefert immer einen *bestimmten*, nur in Grenzen variierbaren *Sachertrag*: Für jeden anderen Produktionsweg gilt ein gleiches. Die Summe aller dieser Wege stellt die gesamtwirtschaftliche, ebenso nur in Grenzen flexible Produktionsverfassung dar. Die Aufgabe, die jeweils legitimierte Kaufkraft kreislaufmäßig mit der je gegebenen Produktionsverfassung abzustimmen, ist also nicht gelöst, wenn man *nur* dafür sorgt, dass *rein quantitativ* keine Kaufkraft zur Unzeit vernichtet wird. Auch *qualitativ* ist diese Abstimmung gefordert. – Aber wenn selbst dies gelänge, muss die geschilderte Ansicht noch einen weiteren Einwand gegen sich gelten lassen.

Könnte man, wie gesagt, annehmen, dass die von Kroll u.a. rein

---

474 Vgl. STUCKEN, a.a.O. S. 72
475 KROLL a.a.O. S. 527
476 EBENDORT S. 528
477 OTTEL, a.a.O. S. 166 f.

quantitativ betrachtete Investitionsfolge auch *qualitativ koordiniert* erfolgen würde, dann müsste sich in *gesellschaftlicher* Hinsicht ein anderer Mangel zeigen. Diese Operation würde nämlich implicite beinhalten, dass dem *endgültigen Verbrauch* stets soviel *Leistungen* – für das Einschlagen der dem Kreislaufgleichgewicht nötigen neuen Produktionsumwege – *vorenthalten* werden, wie die sonst erfolgreich abgewickelten *alten* Produktions(um)wege zusätzlich anbieten können. Denn die das Gleichgewicht erhaltende Nachfrage, die den Mehrertrag abnimmt (zu diesem Zwecke wurde sie ja geschaffen), ist auch wieder nur kreditiert. Sie muss ihren Ertrag ja erst noch in geldlicher Erlösform hereinbringen, und das kann sie nur über den Verkauf eigener, wiederum zusätzlicher Leistungen: für die Nachfrage ebenso durch den folgenden „Investitionsstoß" erzeugt werden muss usf. Mit anderen Worten: Wir könnten die Depression nur dadurch vermeiden, dass wir auf die *realen Erfolge* des Aufschwungs *verzichteten*. Wir umgäben uns zwar mit einer vielleicht servomechanischen Maschinenwelt: Sie vermöchte unseren Lebensstandard jedoch um keinen Deut zu verbessern, wir befänden uns in der Lage des von Mephisto genarrten Faust „von einem bösen Geist im Kreis herumgeführt – und rings umher liegt schöne grüne ,Weide'."

Erst in dem Augenblick, in dem die Investitionskette abreißt *und* eine (endgültige) *Geldschöpfung* für *konsumtive* Zwecke Platz greift, würde sich – gesamtwirtschaftlich gesehen – unser Leben bessern (falls diese Geldschöpfung nicht „zufällig" für Rüstungszwecke stattfindet).[478] Die Endgültigkeit der Geldschöpfung, wie Kroll sie vorschlägt, würde zwar insoweit über das Ziel hinausschießen, als die durch sie geschaffene Kaufkraft ja nur Pendant der realisierten Produktionsumwege sein kann; denn wenn keine derartigen Aktivitäten mehr auftreten – und dies war ja sozusagen das Signal für die endgültige Geldschöpfung konsumtiver Orientierung –, so würde diese Kaufkraft von dem Punkte an wieder „zusätzlich" wirken (und damit eventuell der Reigen von neuem beginnen), wo die alten Produktionsumwege gewissermaßen „ausgelaufen" sind – eine Lage allerdings, der selten Relevanz zukommen dürfte. – Die *fortgesetzte Produktionsfinanzierung* – das darf somit als Ergebnis festgehalten werden – erweist sich prinzipiell *nicht* als das *Mittel*, das uns aus dem „Teufels-

---

478 An dieser Stelle bleibt eben das Problem offen, *wer* die Geldschöpfung veranstaltet (die Notenbank oder der Staat) und wem die Kaufkraft zugesprochen wird. In den schlichten Verkehr wird sie schwerlich gelangen: In welcher Form auch? – als „Sozialdividende"? Wird sie für Wissenschaft und Bildung erfolgen? Das wäre noch der beste Fall.

kreis" des „selbstdeflationierenden", zusätzlichen Kredites *herausführen* könnte.

Gibt es für den Fall der Produktionsfinanzierung mit geschaffenem Gelde (Fall II) also gar keinen Ausweg, ist sie schlechthin zu verurteilen? Das ist nun wieder nicht der Fall, wenn man auch von vornherein sehen sollte, dass man dieses Instrument „ohne Reue" nur benutzen kann, wenn man es erstens *gesamtwirtschaftlich* in höchstem Maße *koordiniert* einsetzt und sich dabei zweitens voll bewusst ist, dass *vom Beginn an* klar sein muss, wozu der Ertrag der so ermöglichten Produktion denn *dienen* soll, d.h., der *Sinn* der Sache oder die Art der „gesellschaftlichen Konsolidation" des nunmehr eingeleiteten Prozesses muss für alle Beteiligten deutlich sein. Sind diese Voraussetzungen gegeben, so ist ein befriedigender Gebrauch der in der Kreditschöpfung liegenden Gestaltungsmacht des Bankwesens durchaus denkbar.

Denn die allgemeine Problematik der Geld- und Kreditwirtschaft lag, wie wir sahen, darin, dass der „Geldschleier" zunächst zu verbergen droht, wofür der Ertrag des angestrebten „Wirtschaftwachstums" dienen soll. Bleibt diese Frage ungelöst, so werden gerade die Erträge zu Anstößen des Rückschlags – oder sie lassen uns in einen allgemeinen Fetischdienst der „Ertragssteigerung ohne Gebrauch" verfallen. Sie beherrschen uns, indem wir sie zu beherrschen glauben. Das Problem der *Ertragswidmung* ist darum eines der entscheidensten in einer sich entwickelnden, *unternehmungsweisen* Wirtschaft. Freilich kann diese Ertragswidmung in einer Geldwirtschaft nur in der Weise des Geldes erfolgen – in den Geldprozessen des Beitragens oder Schenkens –, und dazu bedarf es legitimierter Kaufkraft; deren zweckentsprechende Dokumentation ist Aufgabe des Bankwesens. An dieser notwendigen Legitimierung ergeben sich aber gerade bei einer Produktionsausweitung durch Kreditschöpfung die in die Depression führenden Schwierigkeiten („Selbstdeflation des Kredites"), indem der Kaufkraft gerade *dann* die dokumentierte Legitimation entzogen wird, wenn sie der Ertragswidmung dienen soll. Das Problem der Ertragswidmung übersteigt normalerweise den „realistischen" Horizont der Manager – sowohl auf der Bankenseite wie auch auf der Seite der Industrie. Sehen sie es jedoch und sind sie sich einig darüber, dass ihr Produktionsvorhaben mit geschaffenem Gelde etabliert wird, und wissen sie, *wofür* sie arbeiten wollen, so können sie den folgenden Weg beschreiten:

Sie finanzieren den Beginn ihres Produktionsvorhabens (Periode der reinen Kostenzahlung) in der gewohnten Weise. Sobald sie jedoch in die zweite Periode (der Kostenrückgewinnung) kommen, müssen sie die bisher

262

gewohnten Wege durchbrechen. Denn es *darf* jetzt *keine Kaufkraft* durch Kreditrückzahlungen *vernichtet* werden. Das Unternehmen könnte mit den Beträgen, die üblicherweise für Kreditrückzahlungen verwandt würden, sogleich die *Ertragswidmung* in Angriff nehmen, d.h. Schenkungen und Beiträge an die kulturellen Instanzen vornehmen – oder wenigstens „soziale" Zwecke alimentieren bis hinunter zur erhöhten Einkommensbildung. Auf diese Weise würde dem Kreislauf die Kaufkraft *erhalten* bleiben, die sonst den Rückschlag auslösen müsste. Die *Anfangskredite*, die dieses Produktionsvorhaben überhaupt ermöglichten, dürfen erst mit dem *Auslaufen* dieser Investition *zurückgezahlt* werden, d.h. erst in dem Momente, in welchem keine Sacherträge mehr aus diesem Produktionsweg zu erwarten sind.

Diese Lösung müsste sich auch als *elastischer* erweisen als die von Kroll vorgeschlagene *endgültige* Geldschöpfung für konsumtive Zwecke. Denn in unserem Falle würde die dokumentierte Kaufkraft *genau dann den Kreislauf wieder verlassen* (Geldvernichtung), wenn sich das von ihr ermöglichte leistungsmäßige Äquivalent erschöpft hat. *Kaufkraft und Produktionsverfassung wären also auch für den Fall des Produktionsbeginns durch Geldschöpfung in Einklang gebracht.*

Das Vorgenannte schildert damit die *Bedingungen*, unter denen das Instrument der Geld- oder Kreditschöpfung in gesellschaftlich befriedigender Weise vom Banksystem und den dazugehörigen Produktionsinitiativen benutzt werden kann. Man hat sich zuweilen über die Ungerechtigkeit erregt, die das mit der Geldschöpfung eventuell verbundene „Zwangssparen" den anderen Mitgliedern der Volkswirtschaft zumutet. Aber man übersah zumeist die viel ernsteren Folgen, die sie herbeiführte, wenn sie andere, bereits bestehende Produktionswege *nachträglich* zu Fehlinvestitionen stempelte, indem sie den Kaufkraftausfall, den die vorzeitige Geldvernichtung auslöste, nicht den neuen, sondern den alten, aber durchaus noch lebensberechtigten Unternehmen als „Schwarzen Peter" gleichsam zuschob. Die wenig zu Ende gedachte, fatalistische Idee von dem „wirtschaftsordnenden Wettbewerb" diente hierbei als notwendige, geräuschdämpfende Kulisse. Doch ist die Formel, die das zwangsweise ausscheidende Unternehmen – gewissermaßen ex post – zum längst überfälligen „Grenzproduzenten" erklärt, wohl in jedem Falle zu schlicht, um einen Erkenntniswert für sich beanspruchen zu können. Denn schon Kroll stellte fest, dass es „keinen Sinn haben" dürfte, „auf Unternehmungen, die unter den ... geschilderten Bedingungen zusammenbrechen, den Begriff der Fehlinvestition irgendwie anwenden zu wollen."[479] Wenn es sich nämlich „um eine echte Wirtschaftsausweitung handeln soll", sagt er weiter, so müssen bei ihr „sowohl alte wie neue Unternehmen als wertvolle Glieder der volkswirtschaftlichen Produktionsgemeinschaft weiterbestehen ...".[480] Indem die geübte Weise der Kreditschöpfung dies Problem jedoch unbeachtet ließ, stellte sie sich in den Dienst *einzelner* Marktteilnehmer und verhalf *ihnen* zu einer größeren, marktbeherrschenden Stellung, indem sie sie anderen – über den Kaufkraftschwund – entzog: eine Form, die *gesellschaftlich* keinesfalls befriedigen kann.

Bei allen Bedenken gegen die Geldschöpfung sind wir jedoch von einem engherzigen Urteil über sie weit entfernt. Die aufgegebene Harmonie *aller* Kräfte im sozialen Ganzen erfordert *ordnende* und *lenkende* Instanzen mit entsprechender *Gestaltungsmacht*. Das Bankwesen hat diese Gestaltungsmacht in seiner Geldschöpfungsfähigkeit in der hervorragendsten Form. Sie soll und muss ihm erhalten bleiben. Aber es sollte den rechten Gebrauch von ihr machen lernen, und das erfordert eine Weise der „*Kooperation der produktiven und finanziellen Mächte*" – um den Ausdruck Bredts zu gebrauchen[481] –, von der wir zwar noch weit entfernt sind, der wir uns aber immerhin insofern nähern, als dies Problem zunehmend gesehen wird; auch schlechte Erfahrungen werden uns schließlich auf diesem Wege gute Dienste erweisen. Alle Versuche jedoch, diese Gestaltungsmacht des Bankwesens durch äußerliche Vorschriften begrenzen zu wollen, indem man etwa an „Deckungsprozenten und Pflichtreserven" herumflickt (Dobretsberger),[482] dringen nicht zum Kern der Sache vor: zur Notwendigkeit entsprechender Kooperation. Und diese lässt sich nicht oktroyieren.[483] Denn es handelt sich ... nicht darum, bloß den Gesamtumfang der Geldschöpfung richtig festzusetzen, da es einen solchen Gesamtumfang in Wirklichkeit überhaupt nicht gibt, sondern nur leistungsmäßig verschiedene Geldschöpfungen in ihren jeweiligen Bereichen."[484] Es handelt sich vielmehr darum, die als solche notwendige Gestaltungsmacht des Banksystems durch die *in ihm selber* wachsende Einsicht über die gesellschaftlichen Werdeprozesse in produktive Bahnen zu lenken. Nur durch

---

479 Man bedenke weiterhin, welche ausgesprochen scharfen *liquiditätsmäßigen* Ansprüche unser Konkursrecht an das Unternehmen stellt: Gerade diese Ansprüche können aber als Folge einer unbedachten Geldschöpfung in ganz anderen Wirtschaftsbereichen auftreten.
480 KROLL, a.a.O. S. 526
481 OTTO BREDT: Kapitalwirtschaft, Unternehmertum und Wirtschaftswissenschaften. In: Die Wirtschaftsprüfung X (1957) S. 491
482 DOBRETSBERGER, a.a.O. S. 100
483 Hier hat STUCKEN recht, wenn er sagt: Eine „Politik der Liquiditätsziffern muss ... als recht dürftig bezeichnet werden" (a.a.O. S. 126).
484 OTTEL a.a.O. S. 116

solche Einsicht kann die freiheitliche Ordnung einer unternehmungsweisen Wirtschaft gewahrt werden und gewahrt bleiben.

Es muss an dieser Stelle genügen, gezeigt zu haben, in welch prinzipieller Hinsicht das aus der eidetisch-ontologischen Geldanschauung sich ergebende Problem der „gesellschaftlichen Konsolidation" der je begonnenen sozialen Entwicklungsvorgänge im Aufsteigen oder „Altern" der Geldprozesse für die gesellschaftliche Problematik der Kreditgewährung durch Kreditschöpfung relevant wird oder werden kann. Die grundsätzlich entwickelten Zusammenhänge können und müssen freilich bis in alle einzelnen Maßnahmen des Bankwesens – und deren Probleme – weiterverfolgt werden – eine Aufgabe, die wohl nur eine spezifisch diesem Thema gewidmete Untersuchung weiter vorantreiben kann. – Nur *eine* abschließende Anmerkung sei uns hierzu noch gestattet, da gerade an der Geldschöpfung deutlich werden muss, welche praktische Bedeutung die entwickelte Geldauffassung überhaupt hat.

An der Geldschöpfung und ihren kreislaufmäßigen Folgen zeigt sich nämlich eindeutig, wie notwendig es ist, *im Gelde* eine in spezifischen sozialen Akten sich realisierende Bewältigungsweise sozialökonomischer Beziehungen zu sehen – und nicht eine bestimmte oder unbestimmte Menge irgendwie dokumentierter Geldzeichen. Gerade die in der Geldtheorie vorliegenden Untersuchungen über die Geldschöpfung erwecken immer wieder den Eindruck, als ob es sich allein darum handele, eine bestimmte Menge solcher Zeichen in den Verkehr – oder in den Markt – „hinein" und zu gegebener Zeit wieder „heraus" zu „pumpen", die Geldmenge – als Summe der Geldzeichen gedacht – zu vergrößern oder zu verkleinern. Sehr bald muss man dann Zusatzbegriffe wie „Umlaufsgeschwindigkeit", „wirksame Geldmenge" usw. zu Hilfe nehmen, weil man im Gelde einerseits nur Dokument sehen will, andererseits aber doch bemerkt, dass man mit diesem Begriff nicht auskommt. Wir haben uns gleich zu Beginn unserer Untersuchung von derartigen unzureichenden Definitionen getrennt und immer wieder – zuletzt und am deutlichsten bei der Geldschöpfung – gesehen, dass in je spezifischen sozialen Situationen je spezifische *soziale Akte* in der Weise des Geldes gefordert sind, die *allein* – und nicht das Vorhanden- oder Nichtvorhandensein dokumentierter Zeichen – die *realen* Probleme *real* lösen können *mit Hilfe* dieser Dokumentierung, die sie jedoch notfalls selber schaffen können, wenn das Bankwesen sie nicht in zureichender Weise darbietet. So wird in der Ertragswidmung vom einzelnen Unternehmen aus – durch Geldprozesse des Beitragens oder Schenkens – z.B. eine soziale Situation in der Weise des Geldes bewältigt (indem notwendige Kaufkraft durch diese sozialen Akte erhalten wird), die eben schlechthin in keiner anderen Art befriedigend zu lösen wäre. Die *ontologische Geldanschauung* – das sollte hier noch einmal hervorgehoben werden – *überwindet die der Geldtheorie bisher inhärierende Widersprüchlichkeit von Gelddokument und seinen „Funktionen" und weist damit einen in sich einheitlichen Geldbegriff auf.* Sie ergänzt die bisher fast ausnahmslos q*uantitativen* Analysen der Theorie, indem sie die *qualitative Dimension des Geldes* aufreißt, von der hier in der Berührung mit der Unternehmenslehre zwar nur ein knappes Bild entwickelt werden konnte, das aber deutlich genug sein dürfte, um die Fruchtbarkeit des begonnenen Gedankenganges erkennen zu lassen.

4 Die Sorge für den Gesamtablauf der gesellschaftlichen Entwicklung

Eine Aufgabe, der das Bankwesen zukünftig in noch ganz anderer Weise als bisher wird nachkommen müssen, ist noch nachzutragen. Sie ergibt sich unmittelbar aus dem Zusammenhang dieser Untersuchung und wurde darum schon öfter angesprochen. Es ist die Aufgabe der *Information*. Und zwar ist damit nicht ein bloß theoretisches und unverbindliches, Zahlen, Daten usw. anhäufendes Informieren, sondern eine lebensvolle, auf individueller Kenntnis ruhende, aus wesentlicher Überschau schöpfende *informative Leistung* gemeint, die den *Geist der Kooperation* gleichsam lebendig zu beschwören und gegenwärtig wirksam zu erhalten vermag.

Das Wahrnehmen dieser Aufgabe kann aus der notwendigen *Sorge für den Gesamtablauf* der ökonomischen und zugleich gesellschaftlichen Entwicklung entstehen. Denn über diesen Gesamtablauf muss (oder sollte) das Bankwesen wachen, ihn muss es führend gestalten: Das ergab sich aus seiner wesensmäßigen Bestimmung als Ordnungsunternehmen. Als solchem kommt ihm, wie wir sahen, zu, den Lebensraum des Sozialen Organismus als Ganzen zu gestalten, ihn neu auftretenden, berechtigten Kräften zuzumessen und dabei die jeweils mögliche Harmonie aller anderen unternehmungsweise auftretenden Initiativen – von der Seite der wertmäßigen Formung der sozialen Prozesse her – zu bewirken. Es ist, insofern es sich seiner eigentlichen Aufgabe widmet, *menschlich-realer Garant der Ordnung* des ganzen

266

Sozialen Organismus,[485] es ist gewissermaßen „Verkörperung" der Idee der Ordnung.

Die Wirtschaftswissenschaften haben für den Teilbereich des sozialen Ganzen, den sie als ihre Domäne betrachteten, ja durchaus immer diesen Ordnungsgedanken vertreten. Verschieden dabei war nur die Weise, die sie für seine Verwirklichung für angemessen hielten. Erst bei diesem Problem begann der Streit der Ansichten. Die eine Richtung brachte so viel allgemeines Vertrauen mit, die Realisierung der grundsätzlich erstrebten Ordnung dem freien Spiel der Kräfte zu überlassen. Die andere Richtung – durch schlechte Erfahrung misstrauisch geworden – plädierte für menschliche Planung, die jedoch – fern von den Tatsachen womöglich ein für allemal entworfen – dem konkreten Leben autoritativ übergestülpt werden sollte. Der Idee einer *kooperativ* von den einzelnen Menschen und Unternehmensinitiativen her jeweils neu zu *entwickelnden Ordnung*, die unserem demokratischen Zeitalter an sich so wohl anstehen würde, standen beide Richtungen, trotz des gemeinsamen Zieles, fern.

Erst das Scheitern der einen wie der anderen Richtung in praktischer und menschenwürdiger Hinsicht hat dieses Bild in neuerer Zeit gewandelt. Man beginnt nach Formen und Ideen zu suchen, die es erlauben, das geordnete Gelingen sozialen und ökonomischen Werdens aus den einsichtsvollen Beiträgen aller beteiligten Mächte aufzubauen und zu gestalten. „Je mehr unsere Unternehmungen", sagt Bredt, „... in ihren Aufgaben wachsen, je mehr die Größe, Weite und Tiefe dieser Aufgaben zu ihrer Meisterung die Arbeitsteilung ... verlangen, um so mehr drängt die Entwicklung unaufhaltsam in *größere Kooperationen wirtschaftlicher Gebilde* hinein."[486] Und daraus ergibt sich für Bredt sodann die wesentliche Frage: „Wie ist es möglich und wirtschaftlich vertretbar, durch eine sinnvolle, weil auf das gemeinsame wirtschaftliche Ziel abgestellte Kooperation der produktiven und finanziellen Mächte von der aktiven Seite her ein Wirtschaftssystem der Zukunft zu entwickeln, das den an unsere Volkswirtschaft

---

485 Der eigentliche Typus des Ordnungsunternehmens „Bank" ist heute eben erst in der Entwicklung und damit in mancherlei Kinderkrankheiten, die überstanden sein wollen, begriffen; wir gehen in seiner Betrachtung dennoch von seiner wesensmäßigen Gestalt aus – der Hoffnung darin Ausdruck gebend, dass es sich zu seiner wesentlichen Form noch entwickeln wird. In dieser Weise des Vorgehens gibt uns sogar Schumpeter recht, wenn er sagt, „dass nichts Widersinniges in der Annahme liegt, dass sich die wesentlichen Züge eines Phänomens erst nach und nach in voller Schärfe entwickeln" (Theorie, a.a.O. S. 299).
486 BREDT: Kapitalwirtschaft ... a.a.O. S. 489

gestellten Aufgaben in sozial gesundem und fortschrittlichem Sinne gerecht zu werden vermag?"[487]

Auch Grünig verspricht sich von „vertraglichen Ausgleichsbindungen" der Wirtschaftsgruppen[488] mehr als vom freien Spiel der freien Kräfte – und mit gutem Grund: Hat er doch zu zeigen vermocht, wie die große Weltwirtschaftskrise wesentlich auf mangelndes Verständnis und mangelnden Willen zu kooperativem Vorgehen zurückzuführen und aus der Belebung dieses Willens heraus wieder zu beheben sei. „Die Entwicklung drängt", sagt er, „... zur Abkehr von wahlloser Fabrikation und wahllosem Einkauf der gänzlich freien Wirtschaft und macht gewisse Bindungen zwischen Produktion und Verbrauch erforderlich. Die Wirtschaftsbahnen, die geschlossenen Güterkreisläufe, müssen in das Gesichtsfeld" der führenden Persönlichkeiten „rücken. Nur so werden sie entscheiden können, welche wirtschaftlichen Maßnahmen Dauererfolg, nämlich kontinuierliche Güterkreisläufe versprechen, und welche über kurz oder lang zu Wirtschaftsstörungen führen müssen."[489] Im Zusammenhang dieser notwendig auf Ausgleich veranlagten Leistungstauschkreise ist der gute Wille zur Kooperation erforderlich – sonst lassen sich in der Geldwirtschaft die Leistungskreise nicht tatsächlich ausgleichen. „Hier setzt", sagt Grünig, „das eigentliche Finanzierungsproblem ein mit der Frage: ‚Wie schaffe ich diesen allseitigen guten Willen?'"[490] Denn ohne diesen Willen sind alle noch so geschickten Finanzierungstricks letztlich zum Scheitern verurteilt.

Am deutlichsten sichtbar ist die Notwendigkeit solch kooperativer Gestaltungen im Bereich des *Geldwesens*, in dem in seiner Art immer die Ganzheit des Sozialen Organismus – als Währungsgebiet – gegeben ist. So weist Ottel darauf hin, dass man mit einer nach „Wirtschaftszielen ausgerichteten Kapitalleitung" – weit besseren Erfolg haben wird als mit einer bloßen Beeinflussung des Geldangebotes auf dem Kapitalmarkt.[491] Die Banken sollten möglichst unmittelbar vor die Aufgabe gestellt werden, „einen möglichen zielgültigen Leistungszusammenhang zustande zu bringen." Dabei muss die Bankleitung „volkswirtschaftlich verantwortungsbewusst vorgehen und durch Zusammenarbeit mit den Wirtschaftsgruppen

---

487 EBENDORT S. 491
488 GRÜNIG: Der Wirtschaftskreislauf, a.a.O. S. 25
489 GRÜNIG: Der Wirtschaftskreislauf, S. 28
490 EBENDORT S. 100
491 Vgl. hierzu den skeptischen Kommentar von HANS ILAU, in dem er allzu globale Maßnahmen der Bundesbank bei der Beeinflussung des Geldmarktes kritisiert (ILAU: Bedenkliches im Bundesbank-Bericht. FAZ v. 20.3.58).

auch über die nötige Einsicht verfügen" – dann werden allzu bürokratisch angelegte zentrale Planungen durchaus entbehrlich.[492][493]

Sehr deutlich wird Lohmann in diesem Punkte, wenn er schreibt, es würde nahe liegen, „dass die Banken sich mit der Industrie aussprechen, auch hinsichtlich des Vorwurfs, dass ihre Entscheidungen nicht industrienahe genug seien, und *neue Formen der Kooperation* finden, die die Ablehnung jeder Verschuldung und das Streben nach Autonomie in der Finanzgebarung der Unternehmung auf das rechte Maß zurückführen, andererseits ihrer qualitativen Kreditauslese besseren volkswirtschaftlichen Erfolg sichern."[494] Auch hier also der Hinweis auf das, was zwar schon immer nahe lag, was man bisher jedoch am wenigsten versucht hat: der gesamtwirtschaftlich notwendigen Eintracht auf dem Wege der kooperativen Aussprache näher zu kommen.

Bemerkt Böhler, dass der Einsatz des Kredites „aber *nur dann* das Kreislaufgleichgewicht (gewährleistet), wenn er *koordiniert* im Interesse des Ganzen verwendet wird",[495] so fordert Polak[496] (schon vor dreißig Jahren in Holland, wo man den gestellten Aufgaben heute denn auch bedeutend näher ist), dass die Banken – durch ein „Zentralinstitut unterrichtet" – den Überinvestitionen und unnötigen Kreislaufschwankungen „Schranken setzen" sollten. Die Banken müssten, wenn die Unternehmer im Begriffe sind, mit der Entwicklung vorzuprellen (z.B. durch übermäßige Neuinvestierungen aus „akkumuliertem Gewinn", zu denen sie „die Bank noch nicht brauchen"), die „Unternehmungen zeitig genug ... warnen" – wozu sie allerdings einer gewissen Solidarität bedürfen. „Eine Zentrale von Bankdirektionen, unterrichtet durch den Konjunkturdienst kann dann feststellen, welchen Wirtschaftszweigen Kapital verschafft werden kann und in welchem Maße dies geschehen soll. Die Banken würden so einen großen Einfluss auf die Produktion ausüben können. Aber dies braucht keineswegs nachteilig zu sein. Es liegt im Interesse der Banken, der wirtschaftlichen Entwicklung freien Lauf zu lassen, solange keine Gefahren drohen."[497] Polaks – auch heute noch beherzigenswerter – Vorschlag weist also auf das deutlichste auf die zu erfüllende informatorisch-*kooperative Aufgabe* des Bankwesens hin, die er sogar zu *organhaften Ausgestaltungen* entwickelt sehen möchte.

---

492 Ottel, a.a.O. S. 132 f.
493 Vgl. auch STUCKEN, a.a.O. S. 97 u. S. 127
494 M. LOHMANN: Kapitalbildung ... a.a.O. S.185; Kursivsetzung hinzugefügt.
495 BÖHLER: Grundlehren ... a.a.O. S. 27; Kursivsetzung hinzugefügt.
496 Vgl. zum Folgenden: POLAK: Grundzüge ... a.a.O. S. 161 f.
497 EBENDORT

Von solchen organhaften Ausgestaltungen des kooperativen Gedankens hatte auch Steiner schon – in mancherlei Hinsichten – gesprochen: Er nannte sie *Assoziationen*.[498] Unser Gedankengang verlangt an dieser Stelle, diese Anregung aufzugreifen. Was war gemeint? – Alles soziale Handeln, so sahen wir, greift notwendigerweise in die Lebensgrundlage des Sozialen Organismus – wir denken sie als Produktions- und Verteilungsstrom – ein, erfordert seine wertmäßige Formung. Indem es diese Formung erfährt, wird eben dieses soziale Handeln zu einer Größe des wirtschaftlichen Kreislaufs, der Leistungstauschkreise: ganz gleich, ob es sich um die Produktion von Sachgütern (oder Dienstleistungen) oder um wissenschaftliche Arbeit oder was immer handelt. Es beansprucht seinen Anteil am sozialen Lebensraum und ist deswegen dem Geschicke des Ganzen – wenn auch je anders bedeutungshaft einbezogen – kreislaufmäßig verhaftet. Die Ordnung und Gestalt des Ganzen verlangt vom einzelnen Gliede, diesen Zusammenhang zugleich als *sein* Schicksal zu sehen. Soll das Handeln des Einzelnen nicht *störend* in das Gesamtgeschehen, das ja auch ihn trägt, eingreifen, so muss er sich am Ganzen orientieren – und dazu muss er es *kennen*: Er muss kennen, wie die anderen (und er selbst) in diesem Zusammenhang darinnen stehen.

Um zu dieser Kenntnis zu gelangen, gibt es ein einfaches und bewährtes Mittel: die *Frage* und die *Aussprache* (das Handeln bleibt deswegen doch dem Einzelnen überlassen oder den Teilgemeinschaften einzelner Unternehmen). Freilich kann man nicht jeden einzelnen fragen: Das ist aber auch keineswegs nötig, es genügt in vielen Fällen durchaus die repräsentative Frage. Es bedarf nur des wirklichen Willens, *die* Stellen zu fragen, die von den Auswirkungen der in Frage kommenden Handlungen getroffen werden. „Wer dies im einzelnen Falle jeweils ist, darüber vermag uns vielleicht ein Institut mit der entsprechenden gesamtwirtschaftlichen Überschau – eine Bank zum Beispiel – zu belehren, aber es vermag kaum die Frage und die Aussprache zu *ersetzen*. Der einzelne – und das einzelne Unternehmen – braucht ein *konkretes* Bild der sozialen Sachgegebenheiten, und er (es) bedarf einer *wirklichen* Aussprache über deren Gestaltungsmöglichkeiten. Es wird eine der Aufgaben des Bankwesens werden müssen, zu solch *kooperativer Aussprache* und zu der entsprechenden *sozi-*

---

498 Vgl. R. STEINER: Nationalökonomischer Kurs ... a.a.O., S. 77 f., S. 90 f., S. 101 f., S. 107, S. 126 ff. In der damals (1922) vorgetragenen Form war das Gesagte freilich als praktische Anregung zu weiterer wissenschaftlicher Arbeit gedacht. Es findet sich denn auch keine ausgesprochene Definition des Gedankens, so dass wir dies nachzutragen versuchen müssen.

alen Organbildung aufzufordern und anzuregen. Innerhalb so gebildeter Organe wird man sich vor allem darüber zu unterhalten haben, wie sich die Handlungen aller einzelnen Initiativen in ihrem wertmäßigen Ausdruck kreislaufmäßig zu einem geordneten Ganzen schließen lassen. Nicht das *Warum* des Handelns steht *hier* zur Diskussion, sondern die Information über das *Wenn* und *Wie* und *dessen* Folgen. Die assoziative Organbildung ist also gewissermaßen der Versuch, die *gesamtwirtschaftlich notwendige Ordnung* auf dem Wege sachlicher Einsichtsbildung *vom Einzelnen her* zu fördern.

Damit haben wir zugleich die Idee der Assoziation (auf das Wort kommt es nicht an) umschrieben, die wir jetzt wie folgt definieren können: Als *Assoziation* verstehen wir jedes *bewusstseinsbildende soziale Organ*, das es den beteiligten Menschen möglich macht, die *wirtschaftlichen Grundlagen* einer gegebenen sozialen Situation erkenntnismäßig so zu *überschauen*, dass *Sachgegebenheiten* und *Gestaltungsmöglichkeiten* dieser Situation ihnen zu *freiem Entschlussfassen* deutlich werden.[499]

Die Bildung von Assoziationen meint also nicht so sehr die Gründung neuer Organisationen, Verbände etc. (sie schließt sie natürlich nicht aus), sondern sie meint ein bestimmt geformtes soziales *Tun*: nämlich den aus jeweils gegebenen Situationen jeweils ad hoc zu bildenden Zusammenschluss zum Zwecke der notwendigen gesamtwirtschaftlichen Überschau. Sie schafft damit die bewusstseins- und erkenntnismäßigen Grundlagen, die einer angestrebten Kooperation erst und einzig zum Erfolge und zur Fruchtbarkeit zu verhelfen vermögen. Assoziationen sind insofern also keine neue *Erfindung*, sondern steter *Brauch*. Nur ist *dieser* Brauch hinter der stark wachsenden technischökonomischen Entwicklung *zurückgeblieben* und nicht entsprechend mitgewachsen. Daher kommt es, dass der „Geschäftsmann", wie Schumpeter sagt, wenn er „von Konjunktur spricht" – also von gesamtwirtschaftlichen Zusammenhängen, in denen er lebt –, „in einer ähnlichen Lage (ist) wie der Nichtmediziner, wenn er von seinem Befinden spricht. Man befindet sich gut oder schlecht." Man sieht jedoch nicht, wie dies mit dem Ganzen zusammenhängt. „Für den Arzt aber ist es natürlich nicht gleichgültig, warum wir uns gut oder schlecht befinden."[500] So auch für den Volkswirt – und jeden Unternehmer, „den es angeht". Auch ihnen darf das Warum nicht gleichgültig bleiben. Sie

---

499 Im Anschluss an STEINER spricht WILKEN ausführlich von solchen Assoziationen. Vgl. sein erwähntes Buch: Selbstgestaltung der Wirtschaft.
500 SCHUMPETER: Das Kapital ... a.a.O. S. 196

müssen jedoch *gemeinsam* (weil sie anders den „Patienten" nicht zu Gesicht bekommen) beraten, diagnostizieren und die Therapie entwickeln: Die Medizin muss schließlich jeder selber nehmen – auch wenn sie bitter ist. Die Anstrengungen unseres Zeitalters auf produktionstechnischem Gebiet sind eben erst die Hälfte der Sache; sie bedürfen der Ergänzung durch ihre menschlich befriedigende Bewältigung. Es soll mit dem Gesagten also keineswegs behauptet werden, dass es assoziative Erkenntnisbildung nicht in mancherlei Formen bereits gäbe; doch vollzieht sich diese Erkenntnisbildung gewissermaßen „nebenbei". Ihre Entwicklung muss heute ebenso in die Hand genommen werden wie die Entwicklung anderer technischer und wirtschaftlicher Methoden, wenn wir mit der kooperativen Bewältigung unserer gesellschaftlichen Nöte Erfolg haben wollen. Denn *ohne assoziativ erworbene Überschau* über die wirtschaftlichen Grundlagen des Sozialen Organismus hängt der *Wille zur Kooperation in der Luft*.

Auf diesen wachsenden Willen zu sozialer und ökonomischer Kooperation müssen wir jedoch unsere Hoffnungen für eine von freiheitlichem Geiste getragene *unternehmensweise Sozialordnung* setzen. Soweit dieser Wille bisher vorhanden war – und er war es – , fehlte es ihm weitgehend an einer Voraussetzung: der notwendigen, nur assoziativ zu gewinnenden *Information*. Bei ihrer Gewinnung kommt dem Bankwesen, das ja die Einheit des Sozialen Organismus von der Währungsseite her verantworten muss, eine Hauptrolle zu. – Wir haben die Punkte im Prozesse der gesellschaftlich-wirtschaftlichen Entwicklung, die solch praktisch-konkretes Informieren vor allem von Seiten des Bankwesens erfordern, im Prinzip schon gesehen; denn dies war der wesentliche Inhalt dieses, mit der Bedeutung der ontologischen Geldanschauung für die „Finanzwirtschaft der Unternehmung" sich befassenden Teiles der jetzt am Ende ihres Gedankenganges stehenden Untersuchung. So mag es hier genügen, wenn wir diese Punkte noch einmal zusammenfassend nennen.

Bei der Herausarbeitung dieser Punkte ließen wir uns von dem Lebensprozess der Unternehmung selber leiten und sprachen von den drei Problemkreisen der Grundfinanzierung, des laufenden Geschäfts und der Ertragsverwendung – wobei wir uns vor Augen hielten, dass der erste und letzte dieser Fragenkreise in der sich entwickelnden Wirtschaft seine je besondere Relevanz erst gewinnt. Sie entwickeln sich beide aus dem zuerst in der Weise des Geldes bewältigten Bereich des „laufenden Geschäfts" heraus, indem sie dessen beschränkten Entwicklungsmöglichkeiten – es ist ja der Bereich der „tradierenden" Geldprozesse – durchbrechen.

Die *Grundfinanzierung* erfordert die assoziative Informationsleistung des Bankwesens einmal in qualitativer Hinsicht, insofern es immer wieder darauf ankommt zu zeigen, dass ökonomisch-gesellschaftliche Entwicklungsprozesse nur durch umgestaltende Geldarten – vor allem durch die Leihe – adäquat in den Entwicklungszusammenhang des Sozialen Organismus eingegliedert werden können; Beteiligungs- und Selbstfinanzierung sind *hier* gesellschaftlich unzureichend. Zum anderen muss bei jeder Grundfinanzierung beachtet werden, dass für sie stets *Erträge* sowohl in sachlicher wie in geldweiser Form vorliegen müssen. Als solche müssen sie irgendwo herkommen: aus Sparprozessen („zwangsweise" bei Geldschöpfung) oder aus Gewinnen (Zusatzerträgen) von Produktionsumwegen. Sie bringen also stets ihr *Kreislaufschicksal* mit, über das Klarheit bestehen sollte. Diese kann nur auf dem Wege assoziativer Information entstehen.

Im Problemkreis des *laufenden Geschäfts* wird der assoziative Gedanke einmal innerhalb der Unternehmung wichtig, wenn es um die Einkommensbildung geht. Sollen die im Lohnarbeitsverhältnis gefesselten produktiven Kräfte des an dem Unternehmensziele mitarbeitenden Menschen befreit werden, so muss die Einkommensbildung in anderer Weise als in der des „Kaufens" erfolgen. Es bietet sich die Form des „Beitragens" an, wobei die Höhe der Einkommensquote an dem Rohertrag des Unternehmens (im Verhältnis zu investitiven und anderen Verwendungen) wiederum assoziativ bestimmt werden kann. – Im normalen Verkehr des Unternehmens mit anderen Unternehmen und dem Markt (im Ein- und Verkauf hauptsächlich) bedarf es der fortwährenden Klärung und Neuabstimmung der Leistungstauschkreise: insbesondere für die Marktleistungen erbringenden Unternehmenstypen des Produktions- und Traduktionsunternehmens. – Für den Bereich des Sicherungsunternehmens muss es die Sorge des Banksystems sein, dass dieser Unternehmenstyp auf seine eigentliche Aufgabe – die Sicherung des Bestehenden gegen unvorhergesehene Risiken – begrenzt wird und sich nicht unter der Hand Bankfunktionen (ohne deren Verantwortung) aneignet. – Eminent wichtig ist es weiter, dass das Bankwesen dem Kaufkraft bewahrenden Unternehmen (soweit es diese Funktion nicht selbst übernimmt, was aber nicht unbedingt erforderlich ist) die gültige Erreichung seiner Aufgabe durch die assoziativ zu bewältigende Eingliederung der Kreislaufwirkungen der so bewahrten Kaufkraft ermöglicht.

Im Bereiche des *Ertrags* und der *Ertragsverwendung* kommt die informatorische Leistung des Bankwesens – insbesondere für das Produktionsunternehmen, in dem Erträge als Geldgewinne anfallen – an einen entscheidenden Punkt: Muss es hier doch aufzeigen, dass der im Gewinn gegebene gestaltbare Entwicklungsraum grundsätzlich der ihm Sinn gebenden *Widmung* bedarf, und dass es nicht nur unangemessen ist, das Problem der Ertragswidmung durch immer neue Investitionen zu lösen (solche unqualifizierten Widmungen werden kreislaufmäßig störend zurückwirken), sondern es muss auch in concreto gezeigt werden, welche *positiven Widmungsmöglichkeiten* das gesellschaftliche Leben gerade jetzt hergibt oder sogar dringend fordert. An solchen Widmungsmöglichkeiten wird es wohl kaum jemals einen ernsthaften Mangel geben. Werden sie ergriffen, so wird sich ihre „überinvestitive" Produktivität alsbald offenbaren; werden sie vernachlässigt, so fallen nicht nur ihre fördernden und belebenden Wirkungen fort, sondern es entsteht auch zusätzlicher Schaden durch den sinnlosen Kampf um die schwindende Kaufkraft auf dem Markt, dem man sie – durch diesen Kampf – zuerst selbst entzieht: Es ist eine gleichsam umgekehrte Münchhauseniade, bei der wir uns statt in die Höhe am eigenen Schopfe in die Tiefe ziehen. Die hier geforderte Aufklärung kann nur assoziativ-kooperierend geleistet werden.

Schließlich wurde uns an der Betrachtung der *Aufgabe des Bankwesens* selbst deutlich, dass es dieser nur verantwortlich nachkommen kann, wenn es sich zu weitgehender Kooperation zwischen den einzelnen Instituten sowohl wie auch zwischen diesen Instituten und der leitenden Zentralbank entschließt. Es genügt, sich zu vergegenwärtigen, wie das so entscheidend wichtige Problem der Beherrschung der Geld- oder Kreditschöpfung nur im Bereich des Banksystems als Ganzem zu sehen und zu lösen ist. Nur durch eine ausgesprochene assoziative Zusammenarbeit vermag das Banksystem hier überhaupt zu sehen, was es selber tut – ganz zu schweigen von der notwendigen Lenkung der Kaufkraft in quantitativer und qualitativer Hinsicht durch die Banken und von der zu fordernden fruchtbaren Benutzung der ihnen mit der Geld- und Kreditschöpfungsfähigkeit überantworteten gesamtgesellschaftlichen Gestaltungsmacht.

Die Aufgabe des Bankwesens ist darum gesellschaftlich verantwortlich nur zu erfüllen, wenn sie aus der lebendigen Sorge *für den Gesamtablauf der gesellschaftlichen Entwicklung* erfolgt. Den Banken kommt heute und in der Zukunft ein *entscheidender Platz* in der Gestaltung unserer *sozialen Ordnung* zu. So muss denn das alte Wort, von dem Somary sagt, es habe „seine Wahrheit längst eingebüßt",[501] Wahrheit und Bedeutung zurückerlangen, das Wort: *„Banking is a profession – not a trade!"*

---

501 SOMARY: Bankpolitik ... a.a.O. S. 305

VI Zusammenfassung

Blicken wir noch einmal auf das zurück, was der Gedankengang dieser Untersuchung in ihrem dritten Teil erbracht hat, so lässt sich dessen wesentlicher Inhalt in der folgenden Weise zusammenfassen:

Wir gingen von der Aufgabenstellung aus, die *Relevanz* der entwickelten eidetisch-ontologischen Geldanschauung an einem speziellen Untersuchungsgebiet – dem der Finanzwirtschaft der Unternehmung – aufzuzeigen. Wir erfassten das Unternehmen als ein in sich autonomes Sozialgebilde, welches sozial fordernd hervortretende Daseinslagen aufgreift und in diesem Aufgreifen in den Produktions- und Verteilungsbeziehungen kooperiert. An den verschiedenen Daseinslagen wurden einzelne Unternehmenstypen deutlich. Die Kooperation des Unternehmens „im Gelde" ergab den Bezugspunkt zur ontologischen Geldlehre selber. Deren vorliegende „Anwendung" auf die finanziellen Probleme des Unternehmens kann in folgenden Thesen abschließend formuliert werden:

1. Die *Beteiligung* als Form der Grundfinanzierung genügt den Ansprüchen einer sich entwickelnden Wirtschaft grundsätzlich nicht.

2. Für die Finanzierung von Produktionsumwegen ist vielmehr die *Leihe* angemessen. Gläubiger und schuldendes Unternehmen sollten sich auf ihrem Grunde zu gesellschaftsähnlichen Kooperationsformen verbinden.

3. Die *Selbstfinanzierung* bedeutet in jedem Falle einen Rückschritt in der gesellschaftlich notwendigen finanziellen Kooperation.

4. Es kann der Überwindung der menschlich unbefriedigenden Formen des Lohnarbeitsverhältnisses dienen, wenn die *Einkommensbildung* in der Weise des *Beitragens* (statt in der des Kaufens) gehandhabt werden kann.

5. Der Versicherungswirtschaft ist die Finanzierungsform des *Beteiligens* angemessen.

6. Die Aufgabe der *Kaufkraftbewahrung* kann nur im Zusammenhang der volkswirtschaftlichen Geldverwaltung gelöst werden.

7. Bei der Untersuchung der Unternehmensleistungen muss zwischen *Ertrag* und *Geldertrag* unterschieden werden.

8. *Unternehmungsgewinne* sollten als gestaltbarer Entwicklungsraum eines sich entwickelnden Sozialen Organismus verstanden werden. Sie haben Kreislaufcharakter.

9. Es ist eine Vorlösung im System der gesellschaftlichen *„Ertragszurechnung"*, wenn Gewinne in geldweiser Form in einem bestimmten Unternehmenstyp anfallen. Der Entwicklungssinn des ganzen Sozialen Organismus fordert deren *freie* Weitergabe (Widmung) an die kulturell weiterführenden Instanzen in Form von Beitrag und Schenkung.

10. Die sachgemäße *Gewinnverwendung* kann als gesellschaftlicher Prüfstein des Unternehmens betrachtet werden.

11. Aufgabe des *Bankwesens* ist es, umgestaltende und tradierende Unternehmensinitiativen durch die Ordnung der Wertbeziehungen harmonisierend aufeinander abzustimmen.

12. Dieser Aufgabe kommen die Banken durch die Lenkung und Gestaltung der Kaufkraft in den Geldprozessen nach. Ihnen stehen *autonome* Gestaltungsmöglichkeiten in den Geldprozessen des *Umlauf-Ordnens* zur Verfügung.

13. Die gesellschaftliche Problematik der Geld- oder Kreditschöpfung lässt sich nur lösen, wenn die Aufgabe der *Ertragswidmung* deutlich genug gesehen wird.

14. Für eine gesellschaftlich fruchtbare Kooperation der einzelnen Unternehmen in einer unternehmungsweisen Wirtschaft muss die notwendige gesellschaftliche Orientierung (Information) auf dem Wege *assoziativer Einsichtsbildung* gefunden werden.

Damit ist der Gedankengang dieser Untersuchung an seinem Ende. Er wollte einmal in *wissenschaftlicher Hinsicht* praktisch zeigen, dass es möglich ist und möglich sein muss, in den Sozialwissenschaften *exakt* – durch das Einlassen auf die Wesenswelt – und dennoch *nach dem Maße des Menschen* zu arbeiten; ein diametraler Standpunkt zu dem Gedanken einer „wertfreien" Soziologie und Nationalökonomie sei hierin immerhin betont. Und er wollte zum anderen in *praktischer Hinsicht* deutlich machen, dass auf dem Grunde der damit gewonnenen Anschauungen zu unserer so perfektioniert erscheinenden gesellschaftlichen Umwelt durchaus Verbindliches anzumerken ist. Es war in diesem Punkte unser Anliegen zu betonen, dass wir – in einer naiven Fortschrittsfreude gleichsam – mit manchen gesellschaftlichen Veranstaltungen soweit vorausgeeilt sind, dass es gegenwärtig ungleich fortschrittlicher erscheinen muss, wenn wir das grob umdeichte Neuland in eine „menschlich erträgliche Ordnung" (Lohmann) bringen lernen, als wenn wir immer nur neues Land gewinnen. Denn nicht zuletzt von unseren sozialen „Errungenschaften" wird der Satz gelten, dass wir im Sinne einer menschlichen Beherrschung erst noch erwerben müssen, was wir schon besitzen. Doch lehrt gerade der Hinblick auf die Wesenswelt, dass das äußerlich vielleicht chaotisch Erscheinende einer inneren Ordnung nicht entbehrt – einer Ordnung freilich, die zu ihrer Verwirklichung unseres einsichtsvollen Willens bedarf.

D Anhang: Ergänzungen zum Hauptteil C

I Zur Ontologie des Unternehmens

1 Einleitung und allgemeine Bestimmung

Wir haben uns im bisherigen Teil dieser Untersuchung bemüht, den Seinsgestaltungen jenes sozialen Geschehens, das wir *Geld* und Geldgebrauch zu nennen gewohnt sind, *in seinem Wesen* nachzugehen. Es ergab sich aus der Sache selbst, im Gelde eine Bewältigungsweise sozialen Geschehens zu sehen, die das gesellschaftliche Leben in seiner Entwicklung auf eine höhere Stufe der bewusst-ergriffenen Handhabung zu führen berufen ist. Wir nannten dies ein *organisatorisches* Ergreifen sozialer Prozesse im Gegensatz zu einer naiveren Vorform sozialen Geschehens, die wir allgemein als *organische* Stufe kennzeichneten. Es konnte im Zusammenhang damit deutlich werden, dass die zunehmend geldweise Abwicklung des gesellschaftlichen Lebensprozesses zugleich Anforderungen an das Selbst-Verständnis der Gesellschaft als Ganzes stellt, die insbesondere in der Konjunkturentwicklung – vom Gelde her gesprochen: in der zeitlichen Entwicklung der Geldgebiete, ihrem „Altern" – aufzeigbar sind. So ist schließlich auch „im Gelde" der Mensch vor die Entwicklungsnotwendigkeiten und Entwicklungsmöglichkeiten seines eigenen Wesens gestellt; und wir schildern in der Ontologie des Geldes vielleicht nur einen kleinen Ausschnitt aus jener großen geschichtlichen Entwicklungslinie, der E. Husserl in seiner Abhandlung über „Die Krisis des europäischen Menschentums und die Philosophie" Ausdruck verleiht,[502] indem er zeigt, wie die Philosophie – insbesondere eben die phänomenologische Philosophie – im ureigensten Sinne menschlich-gesellschaftliche Entwicklung zu leiten und durch Krisen zu führen berufen ist. Überall handelt es sich schließlich um den Menschen und *seine* Wesensverwirklichung: ein Gesichtspunkt, der

---

502 Abgedruckt in: E. HUSSERL: Die Krisis der europäischen Wissenschaften und die transzendentale Phänomenologie. Den Haag 1954, S. 314-348

279

neuerdings in der Betriebswirtschaftslehre zunehmend Beachtung gewinnt.[503]

Wir sind vom Gelde ausgegangen, sein Wesen zu erhellen. Wir haben uns vorgenommen, auf dem Gebiete der Unternehmenslehre zu zeigen, dass unser Ansatz nicht bloß müßig oder von zweifelhaftem philosophischem Wert ist. Es soll vielmehr gezeigt werden, *dass* und *welche* Bedeutung die eidetische Ontologie des Geldes für die *Unternehmenslehre* haben kann. Mit vollem Bedacht sagen wir „Unternehmenslehre", nicht: „Betriebswirtschaftslehre", um nicht durch ein so vielfältig und vielsinnig gebrauchtes Wort unseren Gegenstand allzu sehr zu dehnen. Denn wir wollen die Grenzen des Gebietes, auf dem die Relevanz unserer Geldanschauung in der Hinwendung zu einzelnen Lebenstatsachen aufgezeigt werden soll, durchaus selbst – so wie es die Sache ergibt – abstecken.[504]

Wir können es umso beruhigteren Gewissens tun als uns auf diesem Gebiete – dem der Unternehmenslehre – bereits von phänomenologisch-ontologischer Seite aus vorgearbeitet worden ist. In allgemeiner, grundsätzlicher Weise hat Otaka dies in seiner „Grundlegung der Lehre vom sozialen Verband"[505] getan; Spezifisches im Hinblick auf das Unternehmen selbst finden wir in der erwähnten Arbeit von K.P. Veil.[506] Greifen wir zunächst den Gedanken Otakas erinnernd wieder auf.

Die eidetisch-ontologischen Untersuchungen Otakas richteten sich ganz allgemein auf soziale Gebilde als zwischenmenschliche Ganzheiten; es wurde gezeigt, dass die Soziologie ihnen gegenüber zunächst in die

---

503 So fordert ABRAHAM für den Betrieb, den „geschichtlich bedingten Vordergrund zu durchschauen und dahinter Grundfragen der menschlichen Lebensordnung zu erkennen" (Karl ABRAHAM: Der Betrieb als Erziehungsfaktor. Die funktionale Erziehung durch den modernen wirtschaftlichen Betrieb. Köln-Braunsfeld 1954, S. 14); ja, er ist „davon überzeugt, dass die Kulturkrise der Gegenwart nur dann überwunden werden kann, wenn die Fragen der Wirtschaft und insbesondere des Betriebes als Kernfragen der geistigen Entscheidung erkannt und daher sehr ernst genommen werden" (a.a.O., S. X). – Oder Marx weist darauf hin, „dass eben die Wirtschaft weniger Ablauf als vielmehr Gestaltung, viel weniger Datum als vielmehr menschlich gestalteter Vollzug ist" (AUGUST MARX: Die Wirtschaft als Kulturfunktion. ZfB XXIV (1954), S. 595). Oder – besonders deutlich – : „Die Wirtschaft muss ferner als gesellschaftlicher Lebensprozess angesprochen werden, der sich seinsnotwendig aus dem sozialen Charakter des Menschen und der Verpflichtung, zur vollen Entfaltung seiner Persönlichkeit zu streben, ergibt" (A. MARX: Ethische Probleme in der Betriebswirtschaftslehre. Beitrag in: Gegenwartsprobleme der Betriebswirtschaftslehre. Hrsg. von P. HENZEL Baden-Baden/Frankfurt a.M. 1955, S. 47).
504 In diesem Bestreben scheint uns LISOWSKY recht zu geben, wenn er schreibt: „Aber wie immer auch die Abgrenzung des Gegenstandes der Betriebswirtschaftslehre vorgenommen werden mag, an der Tatsache ist nichts zu ändern, dass sie es selbst tun muss und die Zuteilung ihres Raumes nicht einer anderen Disziplin überlassen kann und darf" (ARTHUR LISOWSKY: Grundprobleme der Betriebswirtschaftslehre. Zürich 1954, S. 5).
505 a.a.O.
506 K.F. VEIL, Das Wesen von Unternehmung und Unternehmer, a.a.O.

Gefahr geriet, ihr eigenes Objekt aus dem Auge zu verlieren, dass diese Sackgasse jedoch vermieden werden kann, wenn der zu erforschende Bereich sozialer Gegenstände nicht in pseudo-naturwissenschaftlicher Voreingenommenheit auf die bloße Welt tatsächlicher, individueller Beziehungen und Vorgänge beschränkt wird. Diese willkürlich gesetzte Grenze überschreitend zeigte sich der „soziale Verband" als das allgemeinste Sozialgebilde, das in seinem identischen Sein in der Wesenswelt erfahren werden kann, das jedoch in der Welt faktischer sozialer Handlungen lebt, insofern diese ihm in der Weise der „Vergemeinschaftung" den adäquaten „Wirklichkeitsboden" zu geben vermögen. Gegenstand sozial-ontologischer Betrachtungen sind jedoch vornehmlich die reinen Sozialgebilde als solche – erst von ihnen aus werden die faktischen sozialen Handlungen ihrem „subjektiv gemeinten Sinne" nach interessant. Denn durch die Übereinstimmung des subjektiv gemeinten Sinnes mit dem geistigen Gehalt der sachhaltigen Sozialgebilde wird der adäquate Wirklichkeitsboden hergestellt, auf dessen Grunde der soziale Verband wirklich in der Welt *da sein* kann.

Die konkrete Erscheinungsform des sozialen Verbandes ergibt sich dabei durch das verschieden erfüllbare Moment der „Sachhaltigkeit". Besteht dieses in den natürlichen menschlichen Leben schlechthin, so kommt es etwa zum „gemeinschaftlichen" Sozialgebilde der Familie. Ergibt sich dieses Moment jedoch daraus, dass eine bestimmte menschliche Daseinslage *zielvoll* ergriffen wird – indem etwa eine notwendige neue Produktion durch gemeinsame Arbeit mehrerer Menschen aufgebaut wird –, so werden wir auf „gesellschaftliche" oder „körperschaftliche" Sozialgebildeformen treffen, die wir als Unternehmen – oder Wirtschaftsunternehmen – anzusprechen gewohnt sind. *Dem Wesen nach* haben wir es auch im *Unternehmen* mit *Sonderformen* des allgemeinen Sozialgebildes „*sozialer Verband*" zu tun – soviel wird deutlich sein. Wir müssen jedoch weiterfragen, *ob* und *wie* es sich nun des Näheren fassen lässt, was seine spezifische *Eigenart* ausmacht, die es von anderen Sozialgebildeformen unterscheidet und ob in seinem eigenen Bereich bestimmte *Typen* seines Wesens aufzeigbar sind, die uns seine offenbare Vielfalt besser verstehbar machen. Mit dieser Fragestellung wollen wir an die wichtigsten Ergebnisse unternehmungswissenschaftlicher Darstellungen herantreten.

Die Diskussion über Bild, Begriff und Wesen des Unternehmers und der Unternehmung hat eine lange Geschichte, die sich zunächst mehr der Persönlichkeit des Unternehmers zuwendet, um erst in neuerer Zeit eine bewusste Wendung auf die Unternehmung als eigengesetzlichem Sozialgebilde hin zu machen;[507] diese Geschichte interessiert an dieser Stelle in ihrem Ergebnis, nicht in ihren Einzelheiten. So hat man das Wesen des Unternehmers durch eine Reihe von Merkmalen zu erfassen gesucht; G. Turin gibt dazu eine gute Übersicht, indem er aufzählt: den Risikoträger, den Kapitalanwender, den Kombinator der Produktionsfaktoren, den Unternehmergewinnempfänger, den Durchsetzer neuer Kombinationen, den grundlegenden Disponenten usw.;[508] er selbst kommt so zu dem Ergebnis, „jedes Wirtschaftsobjekt als Unternehmer (zu) bezeichnen, das die wirtschaftliche Verwendungsbestimmung, die grundlegende Disposition über Produktionselemente (eines oder mehrere) zwecks Gewinnerzielung mittels Produktion für den Markt trifft."[509]

Nun mussten wir uns jedoch bereits eingangs dieser Untersuchung die Erkenntnis zu eigen machen, dass eine noch so umfangreiche Erforschung der an die Tatsachenwelt gebundenen Merkmalhaftigkeit einer Sache niemals die Erforschung ihres Wesens ersetzen kann, denn aus Tatsachen ergeben sich immer nur Tatsachen, hatte Husserl gesagt.[510] Insofern müssen uns die Ergebnisse einer natürlich-theoretischen wissenschaftlichen Einstellung immer fragwürdig bleiben.[511]

Im Anschluss an allgemeinere Ausführungen Backs[512] arbeitet Veil in seiner erwähnten Arbeit heraus, dass das Wesen der Unternehmung deutlich werden kann, wenn zwischen ihren *Seinsbestimmungen* und *Seinsbedingungen* geschieden wird. In den Seinsbestimmungen liegen jene Momente der Faktizität, mit deren Entfallen die Sache selbst entfällt, in den Seinsbedingungen jene, die zu der Sache hinzukommen, um dem Anschein nach in der Tatsachenwelt mit ihr zu verschmelzen. So könnte beispielsweise das positive Recht eines Tages dekretieren: Eine Unternehmung besteht nur, wenn sie ins Handelsregister eingetragen ist (konstitutiver Eintrag), – diese Festsetzung würde nur indirekt bestätigen, dass der Eintrag nicht zum Wesen der Unternehmung gehört, so notwendig seine

---

507 VARGA z.B. führt die These aus „dass die wirtschaftsorganisatorische Einheit, die man Unternehmen nennt, heute wichtiger ist als die Person des Unternehmers" (STEFAN VARGA: Der Unternehmungsgewinn. Berlin 1957, S. 29). – Eine entsprechende Wendung findet sich auch bei ALFRED WALTHER: Einführung in die Wirtschaftslehre der Unternehmung. 2. Bd. Die Unternehmung, Zürich 1953, S. 1 ff.
508 Vgl. GUIDO TURIN: Der Begriff des Unternehmers. Zürich 1947, S. IX-XVI. – Des weiteren: THEODOR PÜTZ: Das Bild des Unternehmers in der Nationalökonomie. Leipzig 1935
509 Turin, a.a.O., S. 222
510 Vgl. E. HUSSERL: Ideen zu ... a.a.O., S. 23
511 Vgl. die eingangs gemachten Ausführungen über unseren wissenschaftlichen Ansatz (S. 19 ff.)
512 Vgl. JOSEF BACK: Die Entwicklung der reinen Ökonomie zur nationalökonomischen Wesenswissenschaft. Jena 1929

praktische Durchführung auch sein mag: Denn etwas Wesensnotwendiges braucht man nicht erst festzulegen. So wird man z.B. niemals bestimmen, dass ein Versprechen Anspruch und Verbindlichkeit erzeugen solle, oder dass Eigentum immer „jemand" gehören müsse: Denn dies liegt unmittelbar im Wesen des Eigentums, des Versprechens.[513] In den Seinsbestimmungen zeigt sich das *Wesen*, in den Seinsbedingungen zeigen sich jene umwelthaften Momente, die das Wesen zwar *erscheinen* lassen, es aber nicht ausmachen.[514]

So gehört – nach Veil – das Dasein des Menschen in seiner Eigenart als „Dasein-in-der-Welt" (der Bewältigung der Lebensnotdurft sich widmend), wie auch das substantielle Vorhandensein „aus-sich-seiender" Naturgegebenheiten zu den *Seinsbedingungen*, in denen das Wesen Unternehmung nur erscheint.[515] – Zur *Seinsbestimmung* der Unternehmung gehört der bestimmte sachhaltige *Zweck* (nicht die subjektive Motivation – etwa der Gewinnerzielung o.ä.), der menschliches Wirken zur dauerhaften Ordnung der Unternehmung fügt.[516] „Durch den Zweck wird die Wirksamkeit des Handelns geregelt, das die Gestaltwerdung der Unternehmung einleitet. Damit aber die Unternehmung *dauerhaft* Gestalt erhält, muss dieses gestaltende Handeln weiterhin ergänzend durch ein bestimmtes *Aufbau-* bzw. *Strukturprinzip* des Gebildes bestimmt werden."[517] „Die Zwecksetzung des wirtschaftlichen Gebildes Unternehmung zielt darauf ab, die als wirtschaftlichst erkannte Ausgestaltung der Daseinslage Arbeit, die Arbeitsteilung, dauerhaft wirksam zu machen. Das Strukturprinzip der Unternehmung, durch das das Wirken zur dauerhaften Erfüllung des Zwecks bestimmt wird, ist daher: *Arbeitsteilung* und *Kooperation*".[518] Und zwar wirkt dies Strukturprinzip der Unternehmung sowohl nach außen wie nach innen. „Durch Arbeitsteilung im sozialen Zusammenhang wird die Unternehmung als Zweckgebilde-Einheit erst konstituiert; Kooperation ist nötig, um sie als diese Einheit dauerhaft im gesellschaftswirtschaftlichen Zusammenhang zu erhalten. Die Wirkung des wesensbestimmenden Strukturprinzips richtet sich aber auch auf die innere Gestaltung der Unternehmung".[519]

---

513 Vgl. REINACH: Zur Phänomenologie des Rechts
a.a.O. S. 21 ff
514 VEIL, a.a.O. S. 78 ff
515 VEIL, a.a.O. S. 80 ff
516 VEIL, a.a.O. S. 86 ff
517 VEIL, a.a.O. S. 89
518 VEIL, a.a.O. S. 90
519 VEIL, a.a.O. S. 91

Veil weist also einen objektiv-sachlichen, durch den Unternehmens-*zweck* geordneten Wirkungszusammenhang, der sich *kooperativ* in den gesellschafts-wirtschaftlichen Zusammenhang einfügt, als *Wesen der Unternehmung* auf.[520] *Als solches* ist es vom Unternehmer unabhängig, d.h. nicht auf diesen oder jenen Unternehmer angewiesen, es muss nicht mit ihm entstehen, es muss nicht mit ihm vergehen; es kann bleiben was es ist, während – in seiner Geschichte – Unternehmerpersönlichkeiten kommen und gehen können. – Das Wesen des Unternehmers selbst bestimmt sich seinerseits im Ergreifen *ihres* sachhaltigen Wesens. *„Die Bestimmung des Unternehmer-Seins* liegt aber einzig und allein in der Ergreifung und Realisierung des Wesens der Unternehmung als eines spezifischen objektiv-sachlichen Wirkungszusammenhanges."[521] Soweit der Veil'sche Gedankenzug.

Der Gang unserer eigenen Untersuchung, der schon des Öfteren über eine zu enge Abgrenzung des „wirtschaftlichen" Bereiches hinausgehen musste, legt es uns nahe zu fragen, ob die vorliegende Bestimmung des Wesens der Unternehmung so allgemein gefasst wurde, wie die Sache dies notwendig macht. Die Veil'sche Untersuchung hat uns zweifellos einen großen Dienst erwiesen, indem sie einen sachhaltigen Wirkungszusammenhang – frei von allen allzu-Alltäglichkeiten: wie dem Motiv der Gewinnerzielung oder dem „Merkmal" der Kapitalanwendung u.ä. – aufzeigte. Aber sie lässt die Meinung zu, als ob sich „Unternehmung allgemein" auf den fragwürdigen „wirtschaftlichen" Bereich beschränke,[522] auf dem sie sicher ihre Hauptbedeutung hat. Am Beispiel formuliert: Lässt sich prinzipiell die karitative Fürsorge oder die kulturelle Aufgabenstellung eines Theaters in der Weise der Unternehmung und des Unternehmerseins begreifen?

Blicken wir zurück auf unsere Gelduntersuchung: Wir haben dort soziale Vorgänge – eben die Geldakte – daraufhin betrachtet, wie sie *Einordnung* in die sozialen Verhältnisse insbesondere in die Wertbeziehungen des Produktions- und Verteilungsstromes, gewährten; ihre charakteristische Verschiedenartigkeit ergab die Reihe der Geldbedeutungen. Wir sahen dabei bewusst von der Tatsache ab, dass zu der jeweiligen Einordnungsweise eine

---

520 Ähnlich spricht KOLBINGER vom Betrieb als „Handlungsorganismus einheitlicher Zielsetzung" (J. KOLBINGER: Bauplan sozialer Betriebsführung. Stuttgart 1957 S. 11) und ergänzt später verdeutlichend: „Alle Handlungen sind dem Grunde nach Idee" (S. 49).
521 VEIL, a.a.O. S. 95
522 „Es ist ein Gebilde zu schaffen, das es erlaubt, die in praktischer Erfahrung erkannten Wege wirtschaftlichster Verbesserung der Lebensnotdurft, die wirtschaftlichste Arbeitsweise personalen Daseins, wirksam zu machen und dauerhaft zu garantieren". (VEIL, a.a.O. S. 88)

Initiative gehört, die konkretem sozialen Geschehen erst Realität verleiht; wir untersuchten lediglich die Mannigfaltigkeit der Einordnungsweisen, die dem sich vollziehenden gesellschaftlichen Lebensprozess in seiner Gesamtheit gerecht werden. Den Gesichtspunkt der *Einordnung* – im Gegenüber zur initiativen Gestaltung – sahen wir als den eigentlich *wirtschaftlichen* an.[523] Bei der Untersuchung der Unternehmung kann eben *dieser* Gesichtspunkt seinerseits nur den *Gegenpol* bilden. Schon das Ergebnis der Veil'schen Arbeit machte deutlich, dass wir im *Zweck* der Unternehmung auf das *gestaltende* Moment des sozialen Lebens zu schauen haben.[524] Wir müssen auf die zweckvolle Initiative schauen und untersuchen, wie sie sich an der Bewältigung der Daseinsnotdurft der Daseinslage entwickelt und sich in ihrer Eigenart gestaltet. Den Gesichtspunkt der *gestaltenden Initiative* im sozialen Geschehen wollen wir als den Aspekt des *Geisteslebens* oder der *Kultur* auffassen.[525] Dieses Moment müssen wir ausgesprochenermaßen in der Lehre von der Unternehmung berücksichtigen.[526]

Unausgesprochen lag es bereits in der Veil'schen Feststellung vom *Zweck*. Ein Zweck kann nur intentional, d.h. durch auf ihn gerichtete seelische Tätigkeit erfasst werden. Initiative ist lebendiger, gelebter Zweck. Sie beschränkt sich nicht notwendig auf den einzelnen Menschen; mehrere Menschen können *eine* Initiative leben und sich *in ihr* einig sein. Die *eine* gemeinsam gelebte *Initiative* ist die Weise, in der die geistigen, in

---

[523] Im Anschluss an die erwähnten Aussprüche von MARX oder ABRAHAM (S. 280 Amn. 503) lässt sich hier wohl auch einmal ausdrücklich formulieren, dass unter *Wirtschaft* – oder wirtschaftlichem Aspekt – *die wertmäßige Formung sozialer Prozesse* verstanden werden kann und, wie uns scheint, verstanden werden sollte. „Wirtschaft" ist dann kein „Allerweltswort" mehr – wie LOHMANN, sehr zu Recht, gegen den gängigen Gebrauch dieses Wortes eingewandt hat (vgl. M. LOHMANN: Buchbesprechung 'Leistungswirtschaft' In: ZfhwF XXXVII 1943 S. 71 f). – Einen dem unseren genau entsprechenden Standpunkt entwickelt auch KOLBINGER, wenn er Wirtschaft als „Bereich der Mittelbeschaffung" auffasst (a.a.O. S. 25) und sagt: „Die Wirtschaft hat immer nur dienenden Charakter. Sie dient der endgültigen Zielerreichung im Gebäude der menschlichen Selbstzwecke" (= dem Bereich des sich selbst sinngebenden menschlichen Handelns). „Alle ihr zugeordneten menschlichen und natürlichen Kräftegrundlagen unterliegen nun einem bestimmten Widmungsprinzip, ohne je wirtschaftliches Mittel an sich sein zu können. Es gibt also nur widmungsmäßig wirtschaftliche Mittel, niemals solche, die ihrer eigentlichen Natur nach 'an sich' wirtschaftliches Mittel wären" (a.a.O. S. 31).
[524] Vgl. dazu den oben erwähnten Gesichtspunkt von MARX (S. 280 Amn. 503) „Wirtschaft": sei „weniger Ablauf als vielmehr Gestaltung" und „menschlich gestalteter Vollzug".
[525] Auch hier sei einmal deutlich formuliert, was wir unter „Geistesleben" verstehen: Es ist das *initiative Gestalten* sozialer Prozesse, durch die sich die menschliche Entwicklung – in der Gesellschaft – vollzieht. – Abzugrenzen ist diese Auffassung von jener anderen, die im „Geistesleben" lediglich die Beschäftigung mit „schöngeistigen" Inhalten und die Bewahrung und Tradierung solcher Inhalte – also in jedem Falle etwas „Unpraktisches" sieht; sie möchte das Unschöne unserer Welt hinter „geistvollen" Etiketten verbergen. Wir meinen: Geistesleben ist das, was sich gerade in der Auseinandersetzung mit diesen unschönen Schwierigkeiten bewährt.
[526] So gesehen, würde sich die Unternehmenslehre in eine allgemeine Kulturlehre einfügen.

sich *einheitlichen Sozialgebilde* im menschlich-sozialen Dasein als zielgerichtete *Unternehmen existent* werden. – Das innere Einigsein mehrerer Menschen macht zugleich ihre äußere Arbeitsteilung auf *ein Ziel hin* möglich. Insofern ist die Arbeitsteilung *innerhalb* einer Unternehmensinitiative von der Kooperation mit anderen, auf *andere Ziele* gerichteten Initiativen zu scheiden; in letzterem Falle ist das Zusammengehen mit anderen in der Regel dem von diesen anderen Initiativen Intendiertem äußerlich.

Noch eine weitere Wesenseigenheit der Unternehmung, die bei Veil veranlagt zwar, aber nur indirekt ausgesprochen ist, muss hervorgehoben werden: ihre – in der Tatsachenwelt zwar immer relativiert erscheinende – *Autonomie* oder Selbstverantwortlichkeit.[527] Ist diese aber der Unternehmung selbst zuzurechnen? Wir haben Initiative als einen von mehreren Menschen zu lebenden zweckvollen Willensinhalt gekennzeichnet, der insofern den Einzelnen übergreift; so auch die Autonomie der Unternehmung: Sie braucht nicht mit der Autonomie und Verantwortlichkeit eines Menschen – *des* Unternehmers – identisch zu sein (das ist nur ein Grenzfall); für bestimmte Entscheidungen mag z.B. ein Verwaltungsoder Aufsichtsrat zuständig sein. Dennoch ist das Sozialgebilde „Unternehmung" *als solches* autonom. Die Autonomie ist also sehr wohl der Unternehmung zuzurechnen.

Damit haben wir die Elemente beisammen, die es uns ermöglichen, den Gegenstand „Unternehmen" – die Ergebnisse der Veil'schen Untersuchung leicht verdeutlichend – als Sonderform des sozialen Verbandes zu bestimmen; damit bestimmt sich auch der Gegenstand der Unternehmenslehre, insofern wir auf sie Bezug nehmen. Somit sei formuliert:

Als *Unternehmen* kann jede sozialgebildehaft ausgestaltete, aus menschlichem Wollen getragene zweckvolle *Initiative* verstanden werden,

(1) die *selbstverantwortlich* (autonom) ist,

(2) die Bewältigung sozial auftretender menschlicher *Daseinslagen* zum Ziele hat,

---

527 VEIL weist insofern darauf hin, als er schreibt: „Wirtschaftliches Handeln als spezielle Form menschlichen Wirkens ... bringt sich in freier Weise selbst in eine selbstgewollte Ordnung" (a.a.O. S. 85).

(3) und die sich darum *kooperierend* in die Wertbeziehungen (Produktions- und Verteilungsstrom) eines Sozialen Organismus eingliedert.[528]

In der Begründung und im *verantwortlichen Ergreifen* solcher unternehmenbildender Initiativen liegt das Wesen des Unternehmerseins. So sagt auch Veil: „Die *Bestimmung* des Unternehmer-Seins liegt aber einzig und allein in der Ergreifung und Realisierung des *Wesens der Unternehmung* als eines spezifischen objektiv-sachlichen Wirkungszusammenhanges".[529] Wir stellten fest: Eine Initiative kann in mehreren Menschen leben, sie kann mehrere Träger haben; damit sagten wir zugleich, dass sie *arbeitsteilig* gelebt werden kann in der Bewältigung der Daseinsnotdurft der Daseinslagen. Die Formen der Zusammenarbeit müssen sich dabei nach dem Auffassungsvermögen *und* dem Realisierungswillen richten, die der einzelne Mitarbeiter der *unternehmensbegründenden Initiative* gegenüber aufbringen kann und will.[530] Wird die Initiative *ganz* und *verantwortlich* ergriffen, so ist Unternehmersein – auch im Kollegium, im team – möglich (und schließlich auch Mit-Unternehmersein), wird sie nur *teilweise* und *teilverantwortlich* ergriffen, so ergibt sich die ganze Vielfalt der Möglichkeiten des Mit-Arbeitens.[531]

---

528 Abgrenzend sei noch folgendes bemerkt: Unsere Formulierung spricht von einer „gebildehaft ausgestalteten Initiative". Kann ein *einzelner* Mensch nun kein „Unternehmen" darstellen? Und wenn ja: Ist es dann noch ein Sozialgebilde? Hier scheint ein Widerspruch zu sein. – Er ist nur scheinbar vorhanden. Denn man bedenke: Das Sozialgebilde Unternehmen erscheint *als Ganzheit* niemals voll in der Tatsachenwelt – so wenig wie ein konkretes Stadium einer Rosenpflanze „die Rose" *ganz* darstellt; (dies ist seiner Ganzheitsnatur keinesfalls abträglich); das Sozialgebilde strukturiert aber alle „zu ihm gehörigen" einzelnen und faktischen menschlichen Handlungen: So bestimmt es im Grenzfall auch die es in die Existenz bringende Handlung des einzelnen Menschen; seine „Sozialgebildehaftigkeit" zeigt sich dann alsbald an der wirklichen oder möglichen Tatsache, dass andere Menschen in die auftretende Initiative „einsteigen" können. – Auch an diesem Beispiel ist zu lernen, dass Tatsachen uns niemals über das Wesen aufzuklären vermögen.
529 VEIL, a.a.O. S. 95
530 In genau diesem Sinne sagt KOLBINGER: „Die Handlungsfähigkeit und die Handlungsbefugnis des Menschen richtet sich nach dessen Erkenntnisfähigkeit für objektive Sachzusammenhänge. Die Erkenntnisfähigkeit für das objektiv Notwendige ist nicht allen Individuen gleichermaßen eigen. ... Dem Grade der Einsicht und Versenkung der Individuen in die Zusammenhänge *folgt* der *Grad* der *Gestaltungsbefugnis*. Betrieblich gesehen bedeutet dies: Es gibt keine Möglichkeit willkürlicher Mitbestimmung, sondern die Mitbestimmung folgt dem Grade der Einsicht in die Gesamtzusammenhänge" (a.a.O. S. 22 f). Wir erweitern dies zugleich, indem wir nicht nur Einsicht, sondern auch den entsprechenden Realisierungs- und Verantwortungswillen fordern.
531 Von hier aus klärt sich auch, dass es vom Wesen der Sache her keinen Sinn hat, den Aktionär z.B. – aus seiner Eigentümer-Funktion heraus – als Unternehmer anzusprechen; der Aktionär als „Eigentümer-Mitunternehmer" (LOHMANN) ist eine juristische Konstruktion, keine sozial-erlebbare Wirklichkeit. – Die sozial erlebbare Wirklichkeit der Unternehmung (des Betriebes) ist sehr viel zutreffender von E. ROSENSTOCK gekennzeichnet worden, wenn er sagt: „Der Betrieb besteht aus denen, die ihn bei der Zerstörung wieder in Gang setzen können" (E. ROSENSTOCK-HUESSY: Der unbezahlbare Mensch ... a.a.O. S. 192). „Ihnen stehen die Arbeiter und Angestellten gegenüber. Die Mitarbeiter sind durchaus nicht dasselbe, wie die Gruppe der leitenden Angestellten. Ein Vorarbeiter kann Mitarbeiter sein, ein Vizepräsident aber ein Parasit ... Ein Mitarbeiter ist ein Betriebsangehöriger, der beim Untergang des Betriebes ihn neu aufbauen kann" (a.a.O. S. 171 f). Und *dies* kann nur der, der in der Unternehmensinitiative menschlich darinnen steht – was mit einem Besitztitel nicht das Geringste zu tun hat.

Aus den geschilderten Zusammenhängen kann deutlich werden, welche Bedeutung der *Klärung* und *Darstellung* des Inhaltes der unternehmensbegründenden Initiative für die Mitarbeit und Zusammenarbeit in der Unternehmung zukommt. Denn dem Menschen, der weiß, worum es geht, werden in Arbeit und Mitarbeit Entfaltungsmöglichkeiten seiner Persönlichkeit zuwachsen, die andere entbehren. Dies sei hier nur angedeutet; wir werden dieser Sachlage noch am Beispiel des Lohnproblems begegnen. Denn an dieser Stelle berührt sich unsere Fragestellung mit jenem wichtigen Problem der „Überwindung des Lohnarbeitsverhältnisses", auf das M. Lohmann oft und eindringlich hingewiesen hat.[532] Es handelt sich aber um mehr als lediglich um Probleme der Wirtschafts- oder Betriebspädagogik.[533]

Auf die Probleme, die sich aus der Institutionalisierung des Unternehmens ergeben, soll hier nur kurz hingewiesen werden. Es ist deutlich, dass eine Initiative stets ihren Niederschlag finden wird in einer – auch rechtlich begründeten – *Institution*. So erst wird sie zum Gebilde von „gestalthaft verbürgter Dauer" (Back), zur Institution, zur „Firma". Die juristische Konstruktion – oder die Konstruktionen – , die Rechtsform der Unternehmung, muss nun bekanntlich nicht mit dem Umfang der Unternehmensinitiative identisch sein. *Eine* Initiative kann zwei Rechtsformen übergreifen (Mutter- und Tochtergesellschaft). Eine Rechtsform kann eventuell zwei Initiativen Raum geben: Das sind Varianten, die wir in diesem Rahmen unberücksichtigt lassen können.

Mit Vorstehendem glauben wir, unsere allgemeine Bestimmung des Unternehmens umrissen zu haben. Wir erkannten im Unternehmen eine „organisatorische" Form sozialer Gebilde, welche sich der Bewältigung bestimmter Daseinslagen widmet. Wir beschränkten das Unternehmen in seiner allgemeinen Form nicht mehr auf jenen Daseins-Bereich, den man herkömmlich als den „wirtschaftlichen" bezeichnet; wir sprachen allgemein von „Daseinslagen"; wir werden uns infolgedessen nun noch zu fragen haben, wie denn „Daseinslage" oder „Daseinslagen" im Einzelnen zu fassen sind, ob sich dabei Charakteristisches ergibt, das eine Typologie der Unternehmensinitiativen auf Grund der Daseinslagen rechtfertigt. Dies fragt das nächste Kapitel. – In dem darauf folgenden

---

532 Vgl. M. LOHMANN: Die Überwindung des Lohnarbeitsverhältnisses. In: Soziale Welt I (1949/50), S. 40 ff. Derselbe: Einführung in die Betriebswirtschaftslehre. 2. Aufl., a.a.O. S. 34 f; und – deutlicher noch – in der ersten Auflage Tübingen 1949, S. 35 f.

533 Vgl. die erwähnte Arbeit von ABRAHAM: Der Betrieb als Erziehungsfaktor, a.a.O.

Kapitel wird sich dann der Zusammenhang mit dem „Geld" – so wie wir es auffassen – grundsätzlich zeigen. Die Geldprozesse erweisen sich als eine – vielleicht die wichtigste – Weise, in der die Unternehmung im gesellschaftswirtschaftlichen Zusammenhang kooperiert. Dies jedoch zu seiner Zeit.

2 Daseinslagen und Wesenstypen des Unternehmens

Wir haben vom Unternehmen als einer gebildehaft gestalteten zweckvollen Initiative zur Bewältigung von Daseinslagen gesprochen. Wir schlossen damit an das Ergebnis der Untersuchungen Otakas und an das Veil'sche Ergebnis an, das in der Unternehmung ein Gebilde zur Überwindung der Daseinsnotdurft sah; wir schließen damit aber auch an den positiven Inhalt der ganzen ökonomischen Theorie an, die in ihrer Formel von der „relativen Knappheit" der Güter und Dienste, die unternehmungsweise behoben werden muss, im Grunde von demselben Sachverhalt sprach. Wir suchten eine *allgemeine Bestimmung* des Unternehmens zu gewinnen, die ihre farbige Gestalt erst noch finden soll.

Unsere weitere Fragestellung ist jetzt diese: Lässt sich das Gebiet, das bisher eben nur allgemein als Daseinsnotdurft, Daseinslage gefasst wurde, in charakteristischen Unterschieden so greifen, dass wir von je *typischen* Daseinslagen sprechen können? Denn können wir dies, so muss das auch Konsequenzen für die Eigenart der sie je bewältigenden Unternehmensinitiativen haben. Wir deuteten die Fragestellung – im Nebenhinein – bereits an, indem wir fragten: Kann die karitative Fürsorge z.B. oder die Leitung eines Theaters als Daseinslage für unternehmerische Initiativbildung verstanden werden?

Hier scheint sich u.E. ein Gebiet soziologischer Forschung abzuzeichnen, das einer eigenen, diesbezüglichen Untersuchung reichlich Raum gäbe; dies kann hier nicht geleistet werden, so dass wir uns in diesem Zusammenhang mit einer vorläufigen Skizzierung begnügen müssen. Sie erscheint uns jedoch auch in dieser vorläufigen Form evident genug, um sie einmal gedrängt darzustellen. Es mag insbesondere auch deshalb vertretbar sein, weil die aufzuzeigenden „Daseinslagen" eine ähnliche Struktur aufweisen, wie wir sie bereits bei den Geldbedeutungen sahen.

Wenn wir von „sozial auftretenden menschlichen Daseinslagen" sprechen, die durch Initiativen unternehmerischer Art aufgegriffen und bewältigt werden können, so ist damit zugleich gesagt, dass es sich um

Daseinslagen handelt, die eben der Einzelne nicht mehr allein bewältigen kann. Solche vom Einzelnen nur für sich selbst aufgreifbaren und lösbaren Daseinslagen sind ja auch möglich und immerfort gegeben: Von der primitiven Form eigenwirtschaftlicher Selbstversorgung bis zur eigenen Beantwortung selbstgestellter Erkenntnisfragen ist dieser Bereich denkbar. Aber je höher organisiert das gesellschaftliche Leben ist, je mehr der Einzelne von dem Funktionieren des Ganzen abhängig ist, desto mehr treten gewisse Daseinslagen *sozial fordernd* hervor in der Weise, dass sie Tätigkeit des einen *für* den anderen (in der engeren Sprache der Ökonomie würde man sagen: „Produktion für den Markt") verlangen. Die Daseinslage ist also immer ein *„Negativ-Phänomen"* des sozialen Lebens; sie macht sich als *Mangel* bemerkbar; *als solcher* aber wiederum *höchst real* und dies in charakteristisch *verschiedener* Weise. Nach Eigenart und Struktur solcher „sozial auftretender" Daseinslagen ist hier gefragt.

Eine erste charakteristische Daseinslage scheint in Folgendem gegeben zu sein: Es kann sich das gesellschaftliche Leben plötzlich vor Situationen gestellt sehen, die es relativ hilflos antreffen; es gerät immer wieder in den Zustand relativer „Ausweglosigkeit".[534] Es kann z.B. eine neue Krankheit unerwartet schnell und in epidemischer Form um sich greifen, ohne dass es der Medizin zunächst gelungen wäre, den „Grund dafür" aufzuklären. Man ist in dieser Situation zum Nichts- oder Wenigtun verurteilt, wenn man zu den herkömmlichen Heilmethoden, greifen muss. Sie leisten eben das Geforderte nicht. Was vielmehr entscheidend gefordert ist, das ist die grundsätzliche Klärung der Krankheit selbst und zugleich die Klärung ihrer Heilung resp. ihre Verhütung. – Andere Situationen mögen unscheinbarer auftreten, von scheinbar geringerer Dringlichkeit sein und überhaupt nur von wenigen gesehen werden (vielleicht sind es sogar die wichtigeren, die nur von wenigen gesehen werden); um ein Beispiel zu nennen: Die politische wie auch die soziale Entwicklung Westeuropas scheint es notwendig zu machen, dass die einzelnen Länder zu volkswirtschaftlichen Gesamtrechnungen kommen (die die fortgeschritteneren von ihnen ja wenigstens anfänglich schon haben). Was hier vorausgehen muss, ist auch: die Notwendigkeit der Klärung des „Was" und des „Wie".

---

534 ROSENSTOCK formuliert diesen Sachverhalt sehr treffend, wenn er sagt: „Das Fehlen von Zweifeln und ungetrübte Glückseligkeit sind selten Bundesgenossen wissenschaftlichen Fortschritts. Immer geht dem Fortschritt der Wissenschaft vorauf, dass wir uns nicht mehr wohlfühlen bei einem herkömmlichen Dogma" (ROSENSTOCK, a.a.O.)

Um ein Wort für derartige Daseinslagen – die Beispiele ließen sich vermehren – zu haben, sei dies als *„Klärung" fordernde Daseinslage* bezeichnet.[535]

Eine zweite, von der soeben angeführten charakteristisch unterscheidbare Daseinslage, die ihrem Wesen nach an die vorige anschließt, liegt in Folgendem vor: Ist die Eigenart fordernd hervortretender Lebenssituationen geklärt, so muss u.U. Sinn und Inhalt dieser Klärung dem allgemeinen Bewusstsein eines Sozialen Organismus übermittelt, seiner Kulturfähigkeit einverleibt werden. In der Sprache der Ökonomie ist dies als Verbesserung des „technischen Wissens" bekannt, es ist jedoch nur ein geringer Teilausschnitt. – So kann es notwendig werden – um unser obiges Beispiel fortzusetzen – , dass man das Wissen um Wesen und Eigenart einer volkswirtschaftlichen Gesamtrechnung (wenn diese selbst genügend geklärt ist) dem Allgemeinbewusstsein vermitteln muss; denn nur auf diesem Wege ist die Bereitschaft zur Mitarbeit aller in Frage Kommenden zu erzeugen. – Oder ein anderes Beispiel: Man weiß, wie entscheidend für das kulturelle, menschlich befriedigende „Klima" eines Ortes – ja schließlich einer Gesellschaft – das Vorhandensein eines regen mu sikalischen, schauspielerischen Lebens oder das Vorhandensein einer brauchbaren Volkshochschule z.B. – eben eines *tätig bildenden* Geisteslebens – sein kann; deren Nichtvorhandensein kann als fordernde Daseinslage empfunden werden. Eine solche sozial auftretende Daseinslage, die sich von der geschilderten der „Klärung" unterscheidet, indem sie doch an sie anschließt, sei im Folgenden mit dem Worte *„Bereitung"* erfordernd genannt.

Eine dritte Daseinslage – wiederum unterscheidbar und dennoch (ihrem Wesen nach) anschließend – können wir in Folgendem sehen: Ist eine gesellschaftliche Daseinsnotwendigkeit geklärt und vorbereitet (in obigem Sinne), dann tritt die Notwendigkeit oder Möglichkeit auf, Entsprechendes zu *verwirklichen*. Ist also nicht nur die *Sache* geklärt, sondern ist auch das technische Wissen „reif" und die Einsicht oder Bereitschaft der Bevölkerung, das der *neuen* Situation *neu* Entsprechende aufzunehmen, vorhanden, so können „neue Kombinationen" durchgesetzt werden.[536] Jetzt erst sind Produktions-

---

535 Es muss hier um Verständnis für eine sprachliche Darstellungsschwierigkeit gebeten werden: Die Daseinslagen sind, wie gesagt, immer „Negativ-Phänomen"; wir drücken dies dadurch aus, dass wir sie die „Klärung" usw. *fordernde* Daseinslage nennen. Um nicht allzu pedantisch stilisieren zu müssen, werden wir diesen – aus Gründen der Exaktheit an sich erforderlichen – Zusatz jedoch nicht immer hinzufügen; wir bitten, dies zu entschuldigen – und zu verstehen.
536 Wie notwendig die Bewältigung der Daseinslage „Bereitung" vor dieser nächsten ist, wird praktisch jedes Mal anschaulich, wenn etwa bei einem großen Exportauftrag in ein Land, das der gegenwärtigen Sprachregelung gemäß „unterentwickelt" ist, die Fachkräfte mitgefordert werden; hier hat eben die für *diese* Sache notwendige bildende Vorbereitung nicht stattgefunden.

umwege *rechenbar*; das heißt, es können in kalkulierbarer Weise Menschen und Sachmittel herangezogen werden.[537] Waren die bisher angezogenen Daseinslagen verstehend nur den Menschen zugänglich, die Zugang zu *Sinn*problemen haben, so kann dieser neuen Daseinslage gegenüber schließlich auch derjenige noch tätig werden, der *Sinn* nur im *Gewinn* zu empfinden vermag. (Ob ihm – in dieser Einstellung – dauernder Erfolg beschieden sein wird, sei hier offen gelassen). Wir sind auf dem Gebiete, das man traditionellerweise als für den „Unternehmer" – in der Attitüde des „Managers" tunlichst – bestimmt ansieht. Diese Daseinslage sei als *„Verwirklichung"* fordernd bezeichnet.

In „Klärung", „Bereitung" und „Verwirklichung" haben wir damit jene Daseinslagen gegeben, die Dynamik gesellschaftlichen Lebens in *umgestaltend-neugestaltenden Initiativen* fordern, wie wir dies in Anlehnung an die bei den Geldbedeutungen gebrauchten Formulierungen nennen wollen. Es wird daher nicht überraschen, wenn wir auch noch jene Daseinslagen schildernd hervorheben, die die Erhaltung und Tradierung des gesellschaftlichen Lebens meinen.

Deren erste zeigt sich ganz einfach darin, dass es im gesellschaftlichen Leben immer weithin notwendig ist, Angefangenes noch Wertvolles (an Institutionen z.B.) weiterzuführen. Ein Bauernhof, ein Handwerksbetrieb, eine Handlung auf dem Dorfe muss übernommen und fortgeführt werden: In solchen Situationen stoßen wir auf die hier gemeinte Daseinslage. Charakteristisch ist für sie – die man herkömmlich zur „Ökonomie" rechnen wird (wie die zuvor genannte Daseinslage) –, dass *keine* Produktionsumwege eingeschlagen werden, dass vielmehr das „Handwerk" nach „altem Brauch" zur Geltung kommt. So sehr auch der industrielle Sektor einer hoch entwickelten Volkswirtschaft im Vordringen sein mag: Ganz kann der Bereich dieser traditionelles Handeln erfordernden Daseinslage nicht verschwinden.[538] Sie sei hier mit dem Worte *„Fortführung"* erfordernd gekennzeichnet.

---

537 Der zusammenhängenden organischen Bewältigung der Folge dieser Daseinslagen „Bereitung" und „Verwirklichung" können wir z.B. in dem Leben und Wirken eines Ferdinand von Steinbeis ansichtig werden. Seiner vorbereitenden Initiative ist *wesentlich* der Aufbau der schwäbischen Industrie zu danken. Vgl. PAUL SIEBERTS: FERD. VON STEINBEIS. Ein Wegbereiter der Wirtschaft. Stuttgart 1952
538 Er wird sogar in absolutem Sinne wachsen, wenn sein relativer Anteil und seine Bedeutung auch sinken mag; wachsen wird dieser Bereich, weil es oft genug vorkommen wird, dass Unternehmen zwar im Beschreiten von Produktionsumwegen begründet werden, später jedoch auf ihren „Lorbeeren" einschlafen und als bloße „Üblichkeiten" eines Tages weitergeführt werden müssen.

Die nächste Daseinslage kann in der Notwendigkeit gesehen werden, das gesellschaftliche Leben in seinem Bestand und in seinem geregelten Fortgange zu erhalten, indem es gegen Risiken weitgehend gesichert wird. Störungen dieses geregelten Fortganges lassen sich zwar mit menschlichen Mitteln einschränken, aber niemals ganz vermeiden. Es wird eben immer Verkehrsunfälle, Brand- und Wasserkatastrophen, Bergunglücke und Schiffshavarien, Invalidität usw. geben: so sehr auch vorgesorgt werden mag. Derartige Unvorhergesehenheiten treten nun immer an bestimmten Punkten auf: Wirken sie sich jedoch hier in ihren vollen Folgen aus, so schädigen sie damit noch indirekt den gesamten sozialen Zusammenhang mehr, als wenn ihre Folgen sozial abgefangen werden. Dieses Abfangen ist „Vernunftgebot",[539] es *erhält* die Einordnung menschlicher Daseinsweise im Gesamtzusammenhang, soweit menschliche Vorsorge dies zu leisten vermag; es *geschieht* weitgehend durch das Versicherungswesen, es wird *gesehen* in jener Gesetzgebung, die solche Sicherung vorschreibt.[540] In all dem beispielhaft Erwähnten macht sich jene Daseinslage deutlich, die hier gemeint ist, und die mit dem Worte *„Erhaltung"* fordernd bezeichnet werden soll.

Die letzte Daseinslage dieser Art können wir in Folgendem erblicken; dort, wo das Problem der „Erhaltung" als gelöst angesehen werden kann, mag ein weiteres Problem dennoch auftreten: Es muss Gegebenes, einmal so Geordnetes in seiner Ordnung bewahrt werden. Das Eigentum an einem Grundstück kann nicht einfach an den „besseren Wirt" übergehen, wenn der Eigentümer zur Zeit verschollen oder aus irgend einem Grunde an der Ausübung seines Rechtes verhindert ist; dem unmündigen Kinde muss sein Erbe bis zu seiner Mündigkeit bewahrt werden; der Sparer möchte „sein Geld" zurück, d.h. es soll Kaufkraft bewahrt werden. Alle diese Dinge – für die hier nur wenige Beispiele angeführt werden können – müssen zwar so gehandhabt werden, wie dies der Anschauung des Zeitalters, der gegebenen Struktur der Gesellschaftsverfassung entspricht. Das *Wie* aber selbst – und seine mögliche Hypertrophie in der Forterbung von „Gesetz und Rechten" als einer „ewigen Krankheit" – steht hier nicht in Frage; nur auf die in den Beispielen jeweils gegebene Daseinslage sollte gewiesen werden: Die vorliegende sei *„Bewahrung"* erfordernd genannt.

---

539 VEIL, a.a.O. S. 83
540 In schöner Weise wird das hier Gemeinte auch von Back hervorgehoben (vgl. J. BACK: Wirtschaftliche Freiheit oder soziale Sicherheit. In: ZfN XVI (1956), S. 107-133, insbesondere S. 123 ff)

So haben wir – den Geldbedeutungen verwandt– auch hier sechs Daseinslagen, die sich zu der Gruppe der Umgestaltung bzw. Tradierung fordernden ordnen. Das folgende Schema gibt eine Übersicht:

Daseinslagen

die **Umgestaltung** fordern:	die **Tradierung** fordern:
Klärung	Bewahrung
Bereitung	Erhaltung
Verwirklichung	Fortführung

Werden diese Daseinslagen von den ihnen entsprechenden Initiativen ergriffen, so mag eine letzte übergeordnete Daseinslage entstehen, wie wir dies auch beim Gelde und seinen Bedeutungen sahen: Die Initiativen müssen aufeinander abgestimmt, geordnet werden; Tradierung und Umgestaltung machen Momente des *einen* gesellschaftlichen Daseins aus; sie müssen miteinander harmonieren, *obwohl* sie gegensätzlicher Natur sind; sie können dies, *weil* sie gegensätzlicher Natur sind, d.h. weil sie sich gerade in dieser Gegensätzlichkeit *ergänzen*. So können plötzlich größere zwangsweise Bevölkerungswanderungen (Flüchtlingsproblem) es notwendig machen, diese neuen Kräfte in die bestehende Sozialordnung einzugliedern; man kann aber auch Siedler oder Fachkräfte ins Land rufen, die eine Entwicklung fördern sollen. Derartige Situationen können weiter durch die Entdeckung neuer Energiequellen (Atomenergie z.B.) herbeigeführt werden, die mindestens technisch-industrielle Revolutionen zur Folge haben, welche es in die bestehenden gesellschaftlichen Verhältnisse einzugliedern gilt, weil sie in ihren Folgen viel umfassenderer Natur sind als eine neue Erfindung, die ein einzelner Betrieb vielleicht zu nutzen vermag. In solchen Situationen tritt eben zu „Klärung", „Bereitung" etc. noch das Neue des Abstimmens der Initiativen aufeinander (was ja nicht notwendig gleich „Planwirtschaft" bedeuten muss) deutlich hinzu.[541] Diese erst sekundär entstehende Daseinslage, die sich durch die Art und Weise ergibt, in der die anderen Daseinslagen ergriffen bzw. nicht ergriffen

---

541 Es ist aber auch sonst – mehr latent – gegeben.

werden, sei mit dem Worte *„Zusammenordnung"* (Sozial-Ordnung) genannt.[542]

Kommen wir auf den Zusammenhang unserer Untersuchung zurück:
Wir waren von einer allgemeinen Bestimmung des Unternehmens ausgegangen; wir sahen in ihm sozialgebildehafte Initiativbildung auf Daseinslagen hin; wir haben jetzt das Gebiet der letzteren gegliedert. Solche
Daseinslagen in ihrer charakteristischen Verschiedenartigkeit können von
ihnen je angemessenen unternehmerischen Initiativen aufgegriffen werden: So entstehen die im *Wesen* verschiedenen Unternehmens*typen*, die
wir jetzt nur noch zu nennen brauchen. Für sie ist charakteristisch, dass
sie das von den verschiedenen Daseinslagen Geforderte in *selbstverant-
wortlicher* Weise die *Sache* von *innen greifend* leisten; in diesem Gesichtspunkt erfassen wir *Unternehmerisches Tun* als *kulturelle Leistung*.
Das Bewusstsein dieser Kulturbedeutung unternehmerischen Daseins
mag schon immer in dem Worte vom „königlichen Kaufmann" ange-
klungen haben. – Doch wenden wir uns nunmehr den einzelnen Unternehmenstypen zu.

Wird die Daseinslage, die wir „Klärung" erfordernd nannten, von
unternehmerischer Initiative ergriffen, so nennen wir deren sachhaltige Eigenart *„Forschungsunternehmen"*. Sie wird sich überall da in
der Welt sozialer Tatsachen in mehr oder minder dem Wesen gemäßer
Weise konstituieren, wo forscherische, beratende, gutachtliche Tätigkeit notwendig ist: im selbständigen freien Forschungsinstitut – stärker
vielleicht im Rahmen einer Freien Universität, die wenig oder gar nicht
vom Staate abhängt (aber schließlich auch in dieser) –, in freien wissenschaftlichen Forschungs- und Arbeitsgemeinschaften, in der durch
Schenkungen finanzierten Arbeit eines Privatgelehrten, in einem Bera-
tungsunternehmen, dem es nicht so sehr um den bloßen Verkauf von
Beratungsleistungen, sondern um echte Beratung zu tun ist (der wissenschaftliche Mantel kann natürlich nie den wissenschaftlichen Kern
ersetzen); zweifellos: Die Denk- und Empfindungsgewohnheiten unserer
Zeit machen die tatsächliche Konstituierung derartiger Initiativen nicht

---

542 Auf diese Daseinslagen macht z.B. auch Lattke aufmerksam, wenn er – unter Bezug auf
WILSON-RYLAND (Social Group Work Practise. The Creative Use of Social Process. Boston 1949,
S. 16 ff) – sagt: „Der Bestand der Gesellschaft hängt ab ... davon, ob die *bewahrenden* (kon-
servativen) *Kräfte* und die vorwärts *zu Neuem drängenden* (fortschrittlichen) miteinander zu
einem *Gleichgewicht* (Ausgleich) kommen. Immer sind es *Gruppen*, die hier gegeneinander
und miteinander arbeiten, die Normen *erhalten* und *neu schaffen* und die Kultur von Generation zu Generation weitergeben". (Kursivsetzung hinzugefügt). H. LATTKE: Soziale Arbeit und
Erziehung. Freiburg/Br. 1955, S. 310.

gerade leicht; das unvollkommene Erscheinen derartiger Forschungsinitiativen betrifft aber ihr Möglichsein und damit ihre mögliche Bedeutung nicht.[543]

Leichter ist es, von der nächsten Initiative zu reden, die der Daseinslage „Bereitung" gegenüber aktuell wird: dem *„Bildungsunternehmen"*, wie wir es nennen wollen. Seine tatsächlichen Ausgestaltungen können wir überall dort finden, wo Bildung, Schulung und Erziehung Thema ist: in der nicht forschend, sondern lehrend tätig werdenden Hochschule (oder Volkshochschule), in der freien Schule,[544] im selbständigen Theater oder Philharmonischen Orchester, ja schließlich auch in der sozialen Gestaltung einer religiösen Gemeinschaft (von der Kirche bis zur Evangelisations-AG eines Billy Graham). Die wenigen Beispiele mögen genügen, mögliche Ausgestaltungen des „Bildungsunternehmens" zu verdeutlichen; sein Wesen liegt im Ergreifen der Daseinslage „Bereitung".

Mit der Initiative, die die Daseinslage „Verwirklichung" ergreift, betreten wir bekanntes Land: Hier treffen wir den Unternehmer Schumpeters, der „neue Kombinationen" durchsetzt, den „dynamischen Wirt"; die ihn fundierende Unternehmensinitiative nennen wir das *„Produktionsunternehmen"*, wobei der Akzent auf dem pro-ducere, dem Hervor-führen des Neuen aus der vorbereiteten Idee in die Verwirklichung, liegen soll; charakteristisch ist also das Einschlagen von Produktionsumwegen. Seine wichtigste Ausprägung erfährt dieser Unternehmenstyp in der Industrie-Unternehmung; sie ist der Unternehmenstyp, zu dem das Gewinne-machen (nicht als Motiv!) wesensmäßig gehört; sie ist insofern kein „Wohlfahrtsunternehmen" – wie man dies von Unternehmern in richtiger Empfindung doch mit ungutem Zungenschlag oft hören kann.[545] Das Auf-Gewinn-Arbeiten ist zwar keine „conditio sine qua non" des Unternehmens das ist uns bereits klar – , aber es hat eben auch seine Stelle im sozialen Zusammenhang. Dies Problem wird uns noch beschäftigen, hier seien diese Andeutungen genug.

---

343 In ähnlicher Darstellungsschwierigkeit sagt Schütz treffend: „Unsere Ausführungen betreffen also, um ein Wort Husserl's zu gebrauchen, intentionale Wesenstatsachen der Empirie, aber nicht empirische Tatsachen". (SCHÜTZ, ALFRED: Der sinnhafte Aufbau der sozialen Welt. Wien 1932, S. 85).

543 Die Abhängigkeit vom Staate mag mit dem Entfallen der Eigenverantwortlichkeit für Lehrplan und wirtschaftliche Selbständigkeit oft wichtige Elemente unserer UnternehmensDefinition bis in den status nascendi (mindestens) zurückdrängen; in der Hochschule (Universität) ist dies insoweit nicht der Fall, als der Satz: „Die Forschung und die Lehre sind frei" nicht nur auf stets geduldigem Papiere steht, sondern in der Praxis *lebt*.

545 Richtig ist es allerdings nur, wenn das Unternehmen auch die soziale Verantwortung für die Gewinne tragen kann und will, die es unter Ausklammerung bestimmter sozialer Probleme macht; wir kommen darauf noch zu sprechen.

In den Unternehmenstypen: Forschungs-, Bildungs- und Produktionsunternehmen haben wir diejenigen Wesenstypen des Unternehmens besprochen, die der *Entwicklung* menschlichen Werdens im Zusammenhang des sozialen Organismus dienen; wir haben darum jetzt auch auf diejenigen einzugehen, die seiner *Erhaltung* (Tradition) dienen. Naturgemäß tritt bei den letzteren der Charakter der Initiative zurück, wie er bei den ersteren hervorstach. Dennoch: Der Soziale Organismus als Ganzer hat beide Arten der Initiativbildung nötig. Der „Fortführung" des bereits Angefangenen dient jene Initiative, die eben dieses aufgreift, um es in der hergebrachten Weise weiterzuführen; für die Bezeichnung dieses Unternehmenstyps mussten wir ein Wort bilden: Im Gegensatz zu dem Produktions*umwege* einschlagenden Produktionsunternehmen nennen wir dieses das *„Traduktionsunternehmen"*. Es ist eine Initiative, die Gegebenes in die Zukunft, in der dieses noch ein Lebensrecht hat, hinüberführt (trans-ducere). Es findet seinen Ausdruck in einem Einzelhandelsgeschäft, bei dem man nicht von Produktionsumwegen sprechen kann, im Handwerksbetrieb, im Bauernhof u.ä., In allem eben, das Vorhandenes – nicht nur schon institutionell Ausgebildetes und unternehmerisch Ergriffenes weiterführt.

Unterschieden davon hatten wir die Sicherung des Gegebenen, die in der Daseinslage „Erhaltung" greifbar wird; die auf sie gerichtete Initiative *erhält* gewissermaßen die lebendige Einordnung menschlichen Daseins in den Sozialen Organismus gegenüber jenen Kräften, die es in unvorhergesehener Weise schädigen. Der Deichbau ist nahezu ein Symbol dafür: Wir können Sturmfluten nicht verhindern, aber wir können ihrer Gefahr Herr zu werden versuchen, indem wir Deiche bauen und die Last ihrer Erhaltung gemeinsam tragen. (Der alte Satz: „Wer nicht will deichen, muss weichen", gilt in übertragenem Sinne für diesen ganzen sozialen Bereich.) Die hierher gehörige Initiative nennen wir *„Sicherungsunternehmen"*. In einer Deichgenossenschaft, die die Last der Erhaltung des Deiches durch Umlage auf die einzelnen Deichgenossen gemeinsam trägt, und in anderen genossenschaftlichen Sozialgebilden, der Versicherungsgemeinschaft auf Gegenseitigkeit z.B.,[546]

---

546 BACK nennt sie z.B. „Gefahrengemeinschaft (Assoziation)" und schreibt – sich mit unseren Ansichten berührend – : „Der assoziative Weg der Vorsorge in Form der Versicherung ist geboten, wo immer es nicht mehr um individuell berechenbare oder determinierte Bedarfe, sondern um Bedarfe geht, die in ihrer Höhe nur für eine Vielzahl von Subjekten insgesamt errechnet oder geschätzt werden können, den einzelnen jedoch zufällig treffen. Das Mittel der Versicherung ist die Organisation der Gegenseitigkeit, d.h. die Zusammenfassung ... einer genügend großen Zahl von Risikoträgern, die sich verpflichten, entsprechend dem errechneten Gesamtbedarf und im Verhältnis zu ihrem Risiko die notwendigen Mittel aufzubringen, wobei die Leistungen eines jeden im Bedarffall jedem Mitversicherten zugute kommen" (BACK: Wirtschaftliche Freiheit ... a.a.O. S. 125 f). – Back hebt damit die Aufgabe deutlich heraus, die der Initiativbildung des Sicherungsunternehmens anheimgestellt ist.

einem karitativen Fürsorgeverband usw. findet es seinen institutionellen Ausdruck. Zu beachten ist an dieser Stelle, dass es sich hier nie um Leistungen für den Markt, sondern stets um eine *Umverteilung* des Sozialprodukts im Hinblick auf jene Daseinslage „Erhaltung" handelt. (Das Sozialprodukt wird nicht vergrößert, wenn Schäden abgewendet oder verringert werden.) Da keine eigentliche Produktion stattfindet, ist dies – sozial gesehen – auch nicht der Bereich, in dem Unternehmensformen am Platze sind, die Gewinn machen wollen; natürlich muss Verwaltungsarbeit honoriert werden: Aber man empfindet es naturgemäß als ungerecht, wenn aus einer – wirtschaftlich gesehen – Umverteilung Gewinne abgezweigt werden.[547] Doch kommen wir auf diesen Punkt noch zurück.[548]

Der letzten Daseinslage, der „Bewahrung", entsprechend, nennen wir die das einmal Geordnete bewahrende Initiative *„Bewahrungsunternehmen"*. Der Immobilien- oder Vermögensverwalter mag dies in der Unternehmensform zum Ausdruck bringen, aber auch in jenen Institutionen tritt es in Erscheinung, die Kaufkraft bewahren: den Sparkassen; (insofern solche Geldinstitute allerdings auch andere Geschäfte betreiben – z.B. das Kreditgeschäft –, müssen wir noch auf sie eingehen). Die Daseinslage „Bewahrung" ist ihrem Wesen nach einer Initiativbildung am wenigsten adäquat: So finden wir den hier möglichen Unternehmenstyp im Tatsachenbereich nur selten rein ausgestaltet. Aber möglich ist er: und eine Wesenstypologie des Unternehmens kann eben nur vollständig sein, wenn sie auch ihn erwähnt (diesen Gesichtspunkt haben wir uns des Öfteren vergegenwärtigt).

Zusammenfassend seien die gefundenen Wesenstypen des Unternehmens noch einmal im Schema wiedergegeben:

Unternehmenstypen

umgestaltender Initiative:	tradierender Initiative:
Forschungsunternehmen	Bewahrungsunternehmen
Bildungsunternehmen	Sicherungsunternehmen
Produktionsunternehmen	Traduktionsunternehmen

---

547 Das „Kapitaldeckungsprinzip" ist im Versicherungswesen grundsätzlich, d.h. wesensmäßig, fehl am Platz; es gehört das Umlageprinzip hierher, das sich ja auch zunehmend durchsetzt (vgl. oben S. 96). – Neben diesen sich aus der Produktionsverfassung ergebenden Bedenken kritisiert Back auch die Wirkung auf die Beteiligten. So sagt er: „Sparen wird mit Versicherung verknüpft, Versicherung (in Form der Zwangsversicherung) wird mit Vorsorge gekoppelt ..." usw. „Die Vermengung und Vermischung der verschiedenen Arten der Vorsorge ... führt ... notwendig zu einer Desorganisation auf dem Gebiete der Sicherheit". (BACK, a.a.O. S. 126).
548 Vgl. unten S. 207 f

Auch der „sekundären" Daseinslage „Zusammen-Ordnung" gegenüber führt Initiative zu Sozialgebilden unternehmerischer Formung; wir
nennen diesen übergeordneten Wesenstyp das *„Ordnungsunternehmen"*.
Seine Ausprägung findet es in staatlichen Organen (Regierung, Parlamente
etc.) und – für uns interessanter – im *Bankwesen*, insbesondere im Zentralbankbereich; denn hier wird über den Lebensraum – wenigstens im
Großen – entschieden, der den zu Neuem drängenden Kräften auf dem
Kreditwege z.B. im Verhältnis zu den traditionalen Kräften gegeben werden soll oder kann, d.h. es wird in entscheidendem Sinne auf die Ge-
samtordnung eines Sozialen Organismus eingewirkt. Auch das gesamte
Bankwesen nimmt schließlich an dieser Sachaufgabe teil, wenn auch nicht
gesagt werden kann, dass immer nur Förderliches geleistet wird. Ob die
Wirkungen aber positiv oder negativ sind: Sie beziehen sich wesentlich
auf jene Daseinslage, die wir als „Zusammen-Ordnung", Sozial-Gestaltung
erfordernd kennzeichneten. Schließlich kann dieser Unternehmenstyp in
dem Verbande eines Industriezweiges z.B. seine begrenztere Ausprägung
erfahren (insofern er der sinnvollen Abstimmung einzelner Unternehmensinitiativen aufeinander dient).

Mit dieser letzten Unternehmensform können wir unsere Skizze
einer „Wesenstypologie des Sozialgebildes Unternehmen" zunächst
beschließen.[549] Sie brachte uns eine offenbare Ausweitung jenes Gel-
tungsbereiches, in dem man bisher das Sozialgebilde „Unternehmen"
zu suchen gewohnt war. Man wird fragen: Ist eine solche Ausweitung

---

549 Einen ganz ähnlichen – jedoch engeren – typologischen Versuch macht JOSEF KOLBINGER
in seinem soeben erschienenen Werk „Bauplan sozialer Betriebsführung", in dem er von
Überlegungen der Gesellschaftslehre Spanns ausgeht. Er setzt zwar nicht bei den Daseins-
lagen an, sondern schaut sogleich auf die sich formenden initiativen Sozialgebilde und sagt:
„Sowohl geistige wie vermittelnde und organisierende sowie mittelbeschaffende Inhalte der
Gesellschaft treten konkret in Leistungsgebilden unterschiedlich inhaltlicher Ausprägung in
Erscheinung ... Wir unterscheiden:
    a) Gebilde mit primär geistigen Inhalten (Religionsstätten, Kunstbetriebe, Wissenschafts
       betriebe, Gebilde der Vitalitäts- und Rechtsgestaltung).
    b) Gebilde mit primär mitteilungsmäßigen Inhalten (Presse usw.).
    c) Gebilde mit primär organisierendem Inhalte (Staat, Verbände).
    d) Gebilde mit primär wirtschaftlichem, mittelbeschaffendem Inhalte (Wirtschaftsbetriebe)."
       a.a.O. S. 33 f.
Unter a) begreift KOLBINGER damit jene Unternehmensformen, die wir als Forschungs- und
Bildungsunternehmen schilderten; unter b) solche, die wir z.T. als Bildungs-, z.T. als Traduk-
tionsunternehmen bezeichnen würden; unter c) das Ordnungsunternehmen und unter d) das
Produktionsunternehmen und die übrigen tradierten Unternehmenstypen.
    Was er jedoch für seine Gliederung geltend macht, gilt auch für die hier versuchte Wesens-
typologie: „Mit dieser Unterscheidung haben wir aber noch nicht das Gesamtphänomen der
Gebilde ausgeschöpft, da jedes Gebilde zwar der Hauptsache nach eine Funktion erbringen
kann, im übrigen aber alle sonstigen Gesellschaftsfunktionen in beigeordneter Weise zu erfüllen vermag ..." a.a.O. S. 34

denn gefordert? Wir werden antworten: in der Tat. Sie ist deswegen gefordert, weil die *Wesenselemente* dessen, was auch eine herkömmliche Industrieunternehmung zu dem macht, was sie ist (zweckvolle, eigenverantwortliche Initiativbildung im Ergreifen sozial auftretender Daseinslagen und in ihrer Ergreifung kooperierend), in allen anderen Unternehmenstypen *in eben demselben Sinne* aufzeigbar sind. Was sich aber *im Wesen gleicht*, das *darf* nicht nur gleich genannt werden, sondern *muss* es sogar, wenn wir uns nicht wissenschaftliche Inkonsequenz zuschulden kommen lassen wollen. Dass *im Wesen gleiche* Sozialgebilde *in der Tatsachenwelt verschieden* ausfallen, das darf eine wissenschaftliche Betrachtung nicht beirren.

Andererseits wird man gerade unserer Untersuchung keine Gleichmacherei und Nivellierungstendenz vorwerfen können; haben wir doch gerade versucht aufzuzeigen, *warum* das im Wesen gleiche Sozialgebilde Unternehmen in der Tatsachenwelt so verschieden ausfallen muss: weil es unterschiedliche *Daseinslagen* gibt, die ergriffen werden. Indem wir *deren* Konturen aufzeigten, haben wir den Nachteil einer scheinbaren Verwässerung und Ausweitung des Unternehmensbegriffes durch die *Wesenstypologie* der sich ergebenden Unternehmensformen wieder wettgemacht. Es hat sich damit eine Abgrenzung des Gebietes der Unternehmenslehre ergeben (wie wir sie zu leisten uns vornahmen), die mit dieser Abgrenzung zugleich eine *Erschließung neuen Gebietes* eben für diese Unternehmenslehre bedeutet. Es soll im Folgenden nur auf seine finanzielle Problematik hin untersucht werden, wie dies unser Thema verlangt.[550]

Nach einer Seite hin sei das Entwickelte noch sachlich abgegrenzt. Man könnte sagen: Jede Unternehmung wird sich allen Daseinslagen gegenübergestellt finden. Sie wird ihre Aufgabenstellung klären und vorbereiten (planen) müssen, sie wird sie dann verwirklichen, sie wird das Verwirklichte fortführen, sichern und bewahren (kontrollieren); und das Zusammenordnen alles diesen liegt in ihrem Wesen als einheitlicher Initiative. Demgegenüber ist nichts einzuwenden; im Gegenteil: Dies wird Gegenstand einer Organisations- und Verwaltungslehre der Unternehmung

---

[550] Dem verständnisvollen Leser wird deutlich sein, dass das so abgegrenzt-erschlossene Gebiet der Unternehmenslehre in einer Untersuchung etwa der Unternehmensverfassungen, der für jeden Unternehmenstyp andersartig möglichen Formen der Zusammen- und Mitarbeit (Organisationslehre), der je eigenen Formen der Kooperation (Beziehungslehre der Unternehmungen) etc. eine Fortsetzung und Vervollständigung verlangt. – Vgl. auch KOLBINGER (a.a.O. S. 49 ff), der sich zur Betriebsverfassung äußert.

300

sein. Denn ganz sicher „wiederholt" sich die Ganzheit der Daseinslagen auch *in* der Unternehmung, ganz gleich, welcher Daseinslage sie sich als Ganzes widmet;[551] und nur in dem Fall, wo sich eine Initiative einer Daseinslage besonders widmet, ja sich an *ihr* konstituiert, sprachen wir von einem Unternehmenstyp. Natürlich muss auch die Forschungsinitiative vom Klären ausgehend vorbereitet, verwirklicht usw. werden: Deswegen lässt sich auch ein Forschungsinstitut von einer Sparkasse unterscheiden (die jede in ihrer Weise eine Ganzheit darstellen).[552][553]

Nachdem nun das Wesen des Unternehmens in seiner charakteristischen Vielfalt bestimmt ist, können wir uns den Zusammenhängen zuwenden, die zwischen dem Gelde und der Unternehmung bestehen. Dem gilt der weitere Gedankengang.

3 Die Kooperation des Unternehmens „im Gelde"

(Der Text ist unverändert auf den Seiten 176 – 179 abgedruckt)

---

551 Vgl. den bereits angeführten Gesichtspunkt KOLBINGERS S. 299 Anm. 549
552 Übrigens findet man bei Schäfer den Ansatz zu einer Verwaltungs- oder Funktionslehre im hier gemeinten Sinne, wenn er z.B. die „Funktionsfächer" bildet:
    A. der „geistig-ökonomischen Fundierung" (Klärung),
    B. der „Vorbereitung der Fertigung" (Bereitung),
    C. der „Fertigung" im weiteren Sinne (Verwirklichung)
    usw. (vgl. ERICH SCHÄFER: Die Funktionalbetrachtung in der Betriebswirtschaftslehre. Beitrag in: Gegenwartsprobleme der Betriebswirtschaft. Hrsg. von F. HENZEL, Baden-Baden/Frankfurt a.M. 1955, S. 20).
553 In seiner Weise macht wiederum Kolbinger auf diese drei Funktionen aufmerksam, wenn er schreibt: „Alle Handlungen sind dem Grunde nach Idee. Die Idee verlangt nach Verwirklichung (Objektivation im Gegenständlichen). Diese Verwirklichung erfolgt logisch und entwicklungsmäßig in Stufen. Die Idee verlangt daher (1) nach einer Ersterfassung, (2) nach leitender Entfaltung und schließlich (3) nach endgültig konkretem Handeln als Auswirkung von Ersterfassung und leitender Entfaltung" (a.a.O. S. 49).

II Die realen Geldprozesse und ihre Deutung[554]

1 Das Problem: Die Diskrepanzen in den Deutungen realer Geldprozesse

In der Behandlung des jetzt angeschlagenen Themas sei von einem möglichen Einwand insbesondere gegen die Geldbedeutungen ausgegangen. Denn man könnte sagen: Ihre Schwäche liegt darin, dass sie eben nur *mögliche* Geldbeziehungen, nicht *reale*, hier und dort vorfindliche, meinen. In ihrem Bereich – nämlich im Wesensbereich – weisen sie zwar eine gewisse Geschlossenheit und Einsehbarkeit auf; aber sie „ziehen" sozusagen nicht, wenn sie uns nun über die Tatsachenwelt (und nicht über die Wesenswelt) aufklären sollen. Insofern ist wenigstens ihr praktischer Wert sehr zweifelhaft. Wenn sich in der Tatsachenwelt Bedeutungen „überlagern" und „vermischen" können, so müssen wir schließlich mehrere Bedeutungen heranziehen, um nur *einen* Fall aufzuklären. Wohin kommen wir damit? Beginnt nicht alles zu verschwimmen?

Diese Kontroverse ist insofern wichtig, als ihr verschiedene Grundauffassungen von dem, was Wissenschaft auf dem Gebiete der Sozialwissenschaften leisten kann und leisten soll, zu Grunde liegen. Soll sie uns das Bestehende, Gewordene verständlich machen oder uns zu gestaltendem Tun leiten? Geht sie auf das *Sein* oder das *Sein-Sollen*?[555] Verlangt Wissenschaft zu *einer* Tatsache *einen* Begriff, der diese Tatsache klärt, und sie für den Eintrag in das große Kompendium von der sozialen Welt reif macht? Wir treiben Sozialwissenschaft qua Naturwissenschaft, wenn wir so fragen.[556]

---

554 Der Ausdruck „reale Geldprozesse" meint an dieser Stelle und im Folgenden individuelles soziales Geschehen in der Weise des Geldes, also nicht nur jenen allgemeinen Gegenstand „Geldprozess", den wir oben beschrieben haben als den zeitlichen Aspekt des Geldes (vgl. S. 117 ff), sondern konkrete Verläufe, die insofern alle wesensnotwendigen eidetischen Elemente entfalten. Wir müssen bitten, diese terminologische Schwierigkeit in Kauf zu nehmen, und hoffen indessen, dass der Zusammenhang es immer deutlich macht, wie der Terminus „Geldprozess" gebraucht wird.

555 EGNER sagt zu dieser Lehre von „Sein und Seinsollen", dass sie „lange Zeit eine Weiterentwicklung des national-ökonomischen Denkens geradezu aufgehalten hat" (EGNER: Blüte und Verfall ... a.a.O. S. 17).

556 Leider ist diese quasi-naturwissenschaftliche Fragestellung in den Wirtschafts- und Sozialwissenschaften auch heute noch nicht überwunden: Sie ist es, die in der „Wirtschaft" einen objektiven, autonomen Bereich sucht, um nach dessen „innerer Ordnung" zu fragen. Diese Frage nach dem „inneren Gesetz, der inneren Ordnung der Wirtschaft", sagt Salin hierzu, ist „die eigentümliche Frage der modernen Volkswirtschaftslehre, ihrer Meinung nach voraussetzungslos, in Wahrheit auf den Glauben der Objektivität und Autonomie gegründet ..." (EDGAR SALIN: Geschichte der Volkswirtschaftslehre. Bern 1944, 3. Aufl. S. 42).

Erinnern wir uns: Wir haben von Anfang an einen Standpunkt eingenommen, der die alte Kontroverse von *Sein* und *Sein-Sollen* überhöht. Wir gingen auf die *Wesensordnung* dessen, was wir in der Tatsachenwelt erfahren. Was wir so aufdecken konnten, ist ein *Sein*, aber in der Wesensform; und in dieser Form ist es zugleich ein *Sein-Sollen*, ohne natürlichen oder moralischen Zwang auf den Menschen auszuüben; es zeigt freie Entwicklungs*möglichkeiten*. Es gestattet zu sehen, *wohin* die Entwicklung prinzipiell geht: auf die Selbst-Verwirklichung des Menschen im Ergreifen des Seins in der Wesensform. Wir erfassen also Dinge – allgemeine Gegenstände –, die erst *werden sollen, was sie sind*, indem sie in der Tatsachenwelt erst anfänglich, dann aber in zunehmendem Maße verwirklicht werden. Wenn das Wort gewagt werden darf: Eine solche Sozialwissenschaft ist *vom Wesen her „politisch"*, denn sie redet nicht nur *über* Politisches, sondern kann *selber* zur *politischen Macht* werden (in der reinsten und selbstlosesten Bedeutung dieses Wortes). Sie zwingt dem Menschen nichts auf, sondern hilft ihm führend auf seinem eigenen Wege.[557] So darf es uns nicht wundern, dass wir unsere Geldbedeutungen nicht *rein* verwirklicht finden. Ihr Nichtvorhandensein in der Tatsachenwelt ist vielmehr Aufgabe und möglicher Entwicklungs-Raum; es ist gewissermaßen der „Soll-Saldo" gesellschaftlicher Entwicklung, in dessen Abtragen wir uns des „Kredites" des Seins, vor das – und durch das – der Mensch im Sinne Heideggers *„gestellt"* ist, würdig erweisen.[558] In der Tatsachenwelt können wir eben stets nur mit der *relativen* Verwirklichung der „sozialen Gesetze" rechnen. Die Exaktheit der Sozialwissenschaft kann sich nur auf die Aufdeckung der *Wesensgesetzmäßigkeiten* des sozialen Lebens beziehen. Von deren *stufenweiser* Verwirklichung redet sie, insofern sie Tatsachenwissenschaft ist. Hierin liegt das „Wohl-zu-Merken" jeder Sozialwissenschaft.[559]

---

557 Vgl. die verwandten Ausführungen Georg Weipperts über das Wesen des Politischen in seinem Buche: Daseinsgestaltung. Leipzig 1938, S. III f; und S. 70 ff.

558 Vgl. MARTIN HEIDEGGER: Der Satz der Identität. In: Die Albert-Ludwig-Universität Freiburg 1457-1957. Die Festvorträge bei der Jubiläumsfeier. Freiburg/Br. 1957, S. 69 ff

559 Mit dem Titel „Wohl zu merken" überschreibt Goethe das Schlussgedicht seiner Wolkengedichte; er sagt:

    „Und wenn wir unterschieden haben,
    so müssen wir lebendige Gaben
    dem Abgesonderten wieder verleihen,
    und uns des Folge-Lebens erfreuen ..."

    Das gilt – übertragen – auch für die Sozialwissenschaften; in der Beurteilung tatsächlicher Vorgänge kommt man ohne künstlerische Begabung nicht aus. Wem dies der Unsicherheit Tür und Tor zu öffnen scheint, der kennt eben die Sphäre nicht, aus der Wissenschaft sich entwickelt und in der sie allein gründen kann: die Wesenswelt, die ihrerseits die Tatsachenwelt fundiert.

Die Fragestellung auf unser Problem gewendet: Wenn es sich im Wesen mit den Geldbedeutungen so verhält, wie es entwickelt wurde, dann müssen wir eben nach den Konsequenzen dessen fragen, was wir erkennen konnten; dann darf uns kein noch so verständlicher Wunsch nach wissenschaftlicher Schlichtheit vor scheinbarer Unstimmigkeit und Kompliziertheit der Tatsachenwelt zurückweichen lassen; denn der Gegenstand unserer wissenschaftlichen Untersuchung liegt niemals in der stets zufälligen Form des Auftretens von Tatsachen, sondern in den sachhaltigen Wesen selbst. – Doch versuchen wir, der gemeinten sachlichen Schwierigkeiten an einem Beispiel inne zu werden, das nicht die „Idealität" der Schulbeispiele obiger Analyse aufweist, an dem die Diskrepanzen also sichtbar werden müssen, bei denen der eingangs erwähnte Einwand einsetzt.

Versetzen wir uns in die Lage eines Menschen, der aus einer unselbständigen Arbeit heraus gespart hat, und der das Ersparte nun für späteren Bedarf (Altersversorgung, Anschaffungen etc.) „zurücklegen" will. Er bringt sein Geld vielleicht auf die Sparkasse, um noch jene Zinsen hinzuzubekommen, von deren wundertätigem Auftreten ihm ein Bankbeamter berichtet hat; er glaubt diesem Bericht und seiner Richtigkeit. Es ist der „Bauer mit dem Bankkonto", wie Dobretsberger ihn apostrophiert,[560] der am Monatsersten an den Bankschalter kommt, um zu sehen, ob „sein Geld" noch da ist. Er ist ganz traditionaler Einstellung und erwartet im Wesentlichen, dass ihm sein Einordnungsbereich in die sozialen Verhältnisse im Gelde bewahrt wird; dessen sichere Bewahrung – nicht der einzuheimsende Zins (den er natürlich nicht ausschlagen wird) – ist sein Hauptanliegen. Vielleicht kauft er gar – auf Anraten des Bankbeamten – irgendwelche Wertpapiere, sagen wir: neu ausgegebene Obligationen eines Industrieunternehmens, die sich für sein Bewusstsein lediglich formaliter von dem Eintrag in sein Sparbuch unterscheiden.

Die Illusion, die unserem Manne das Geld vermittelt, und die vorerst sein Selbstbewusstsein stärkt, ist seine *Selbständigkeit* im sozialen Zusammenhang. Er kann es sich offenbar leisten, diesen Verbund zu übersehen: Er wird an einem Tage seiner Wahl an den Bankschalter treten und „sein Geld" zurückverlangen, um es nach seinem Gutdünken zu verwenden. Er übersieht, dass die Kaufkraft, die er zur Verfügung stellte, inzwischen ihr Schicksal gehabt hat; und niemand lehrt ihn zu bedenken,

---

560 DOBRETSBERGER, Das Geld im Wandel ... a.a.O. S. 97

dass *er* für andere tätig war, während er sparte, dass andere *für ihn* tätig sein werden, wenn er kaufen wird, und dass Vorbereitendes geschehen musste, damit er so kaufen kann, wie er kauft oder kaufen will.[561]

Soziales Geschehen hat aber immer noch eine andere Seite; die Seite dessen, „den es angeht". Versetzen wir uns nun in die Lage dessen, der die Kaufkraft bekommt. – Wir nahmen an, dies sei ein Industrieunternehmen – in seiner Initiative von dem Leiter (gleichgültig, welcher juristischen Legitimation) vertreten: dem Unternehmer. Er möge die Kaufkraft der aufgelegten Anleihe zur Erweiterung einer Produktion verwenden, und Zinsendienst und Amortisation aus dem Ertrag eben dieser Produktion befriedigen wollen. In der Rückzahlungsverpflichtung und im Zinsendienst wird unser Unternehmer sein Verhältnis zu dem Anleihezeichner erschöpft finden. Über Marktchancen und rationelle Produktion wird er nachsinnen: gegenwärtig aber, wohl selten über seine soziale Kooperation mit dem Anleihezeichner, soweit sie über den Eingang des Geldes und dessen Rückzahlung hinausgeht.

Dennoch besteht diese Kooperation; das konnte uns die an Grünig anschließende Idee der Tauschkreise der Leistungen zeigen.[562] Denn die gesellschaftswirtschaftliche Entwicklung kann insgesamt nur gesund verlaufen, wenn zusätzliche Produktion auch abgenommen wird – nicht durch Verdrängung anderer aus dem Markt, d.h. durch Kapazitätsvernichtung als Ausgleich zusätzlicher Kapazität. Die Unternehmerschaft insgesamt – insofern sie Leistungen *verkauft*: also im wesentlichen die Produktions- und Traduktionsinitiativen – ist auf die Mitarbeit (Kooperation) ihrer Gläubiger angewiesen; sie bliebe auf ihren Leistungen sitzen, wenn die Käuferschaft (zu der sie – jedoch begrenzt – selbst gehören kann) nicht in dem Maße kauft, in dem ihr Ertragsanweisungen (Rückzahlungen, Zinsen) zugehen. Wir brauchen diesen Zusammenhang hier nur zu erinnern.

---

561 Vgl. das Kapitel über die „Zeitliche Entwicklung der Geldgebiete", oben S. 143 ff. – Auf den hier abgehobenen reinen Sachverhalt hat schon Polak vor gut dreißig Jahren hingewiesen; er erwähnt das „unsichere Element", das die „dynamische (für Produktionsumwege verwertbare) Ersparnis" enthält, „nämlich die Zeit, während der der Sparer sich des Verzehrs enthalten wird, also auch den Zeitraum, der für das Einschlagen des Produktionsumweges in Anspruch genommen werden kann. Wir haben bereits angeführt, dass gewöhnlich der Sparer oder seine Nachkommen zu irgendeiner Zeit zum Verbrauch übergehen werden. ... Ist der Zeitpunkt gekommen, ... so müssen die Verbrauchsgüter dazu vorhanden sein. Die Umwegproduktion muss dann ihr Ende erreicht haben. Das Beschreiten des Umweges muss ebenso lange dauern, wie der Aufschub der Bedürfnisbefriedigung" (N. J. POLAK: Grundzüge der Finanzierung mit Rücksicht auf die Kreditdauer. Berlin/Wien 1926, S. 25)
562 Vgl. GRÜNIG, a.a.O. S. 18, oben S. 143

Aber ist denn dieser Zusammenhang für die Frage der Deutung realer Geldprozesse wichtig? Wir werden sogleich sehen, warum er es ist. – Zunächst sehen wir einen offenbaren Dissens: Unser Geldgeber deutet diesen Geldprozess aus seiner Mentalität und begrenzten Kenntnis verständlich – im Wesentlichen als „Bewahren", unser Unternehmer deutet es als „Leihen". Die Deutungen differieren ersichtlich.

Es ist ohne Weiteres einsichtig, dass jedes derartige Differieren der Deutungen sozial schädliche Folgen haben muss. Wenn A „Schenken" sagt, aber nicht fähig ist, dessen ganze Bedeutung zu ermessen, und praktisch „Beitragen" (mit Verpflichtung auf einen bestimmten Sinn) meint, so wird es Unstimmigkeiten, Auseinandersetzungen geben, wenn B, der das Geld bekommen hat, im Sinne von „Schenken" damit umgeht, d.h. in einer Weise tätig wird, die der A weder versteht noch will. – Wenn C „Beitragen" sagt, aber „Beteiligen" meint, so wird er sich eines Tages vielleicht wundern, dass ihm nicht „wiedergeschenkt" wird, wo er doch soviel „getan" hat. – Wenn D dem E Kaufkraft zur Verfügung stellt und nur „Bewahren" meinen kann, E sie nimmt und „Leihen" juristisch „vereinbart" (ohne dass D dies ganz versteht), so wird D sich eben eines Tages wundern, wenn er „sein Geld" nicht zu dem Zeitpunkt bekommen kann, an dem er es will; und E als Unternehmer, der „technisch vorgeprellt" ist,[563] könnte sich eventuell wundern, dass seine Leistungen nicht abgenommen werden (obwohl dieser Fall unwahrscheinlich ist; an seiner Stelle wird es aber einen anderen Unternehmer treffen; dies weist wiederum auf die sachgegebene Solidarität der Unternehmerschaft als Ganzes hin). – Sicherlich mag es Fälle geben, in denen die „invisible hand"[564] alles noch einmal zum Besten lenkt; aber die Tendenz der Schädigung des sozialen Verkehrs bei differierender Deutung von realen Geldprozessen wird nicht wegzuleugnen sein.[565]

Jetzt sehen wir auch, warum wir prinzipiell Kenntnis des *ganzen* sozialwirtschaftlichen Zusammenhanges brauchen, um die Frage der „Deutung realer Geldprozesse" zu klären. Es lässt sich eben nicht zu jeder beliebigen Zeit jeder beliebige Geldprozess in beliebiger Weise realisieren,

---

563 Vgl. S. 141

564 Vielleicht vertreten durch die „öffentliche Hand", in der sie gegenwärtig offenbar zunehmend sichtbar wird.

565 Diese Tendenz tritt natürlich auch dann auf, wenn ein Geldprozess zwar von beiden Partnern als „Leihe" gedeutet wird, diese Deutung jedoch bezüglich der Fristigkeit differiert; so wird im Jahre 1954 von maßgeblicher Seite festgestellt, dass rd. 30 % der kurzfristigen Bankdebitoren *konsolidierungsbedürftig* seien (vgl. CARL RUBERG: Parallelen und Gegensätze bei der Unternehmensfinanzierung nach den Vermögensvernichtungen in unserem Jahrhundert. Beitrag in: Gegenwartsprobleme der Betriebswirtschaft, a.a.O. S. 226).

sondern jede bestimmte Situation stellt gewisse objektive Bedingungen an menschliches Handeln; wir sind von ihr „ge-stellt" (Heidegger). So kann der Sparer, mit dessen Kaufkraft Produktionsumwege eingeschlagen wurden, leistungsmäßige Befriedigung eben nur dann erhalten, wenn dies mit dem Fortgeschrittensein der Produktionsumwege in Einklang steht: auch wenn er sein Sparen als „Bewahren" verhaltensmäßig gedeutet hat. In begrenztem Maße mag die „Stell-Vertretung" der Sparer untereinander möglich sein, aber um eine solche muss es sich dann auch handeln.[566] Wir werden jedoch zunehmend die sachgegebenen Zusammenhänge sozialer Ordnung *als solche* bei der Deutung realer Geldprozesse berücksichtigen müssen, wenn wir zu sozial befriedigenden Lösungen kommen wollen, und die soziale Ordnung nicht fortschreitender „Entropie" unterliegen soll.[567] *Deutung* meint darum hier nicht das Hinblicken auf mögliche oder wirkliche *Motive* der Beteiligten, sondern Deutung meint die ganze Art realer, *verhaltensmäßiger Einstellung* auf soziale Prozesse *hin* und *in* ihnen. So kann man sich z.B. – ungeachtet des Motivs: durch sein Handeln erwerben zu wollen – in realer Kooperation als Geldgeber so verhalten, dass *Leihe* realisiert wird. Wenn *beide* Partner realer Geldprozesse in ihrem Handeln *eine* Deutung zum Ausdruck bringen – Kaufen *oder* Leihen *oder* Bewahren etc. –, und dies den objektiven sozialen Bedingungen gerecht wird, so sind kooperative Möglichkeiten gesellschaftlichen Daseins in *sozial gesunder Weise* genutzt. Reißen zwischen den verhaltensmäßig realisierten Deutungen der sozialen Partner *Diskrepanzen* auf (in Worten Norbert Wieners bedeutet dies: Entropie des Systems), so *widerstreiten* sie den Anforderungen des auf Kooperation angelegten gesellschaftlichen Daseins und müssen die schädigenden Folgen in Kauf nehmen und – wo möglich – durch ausgleichendes Handeln heilen.

Weit entfernt also, dass solche in der Tatsachenwelt vorfindlichen Diskrepanzen Einwendungen *gegen* unsere Geldbedeutungen darstellen: Die letzteren erweisen sich vielmehr umgekehrt als *Richtmaß* bei Gestaltung und Beurteilung des gesellschaftlichen Daseins.

---

566 Vgl. hierzu POLAK: „Wenn aber in dem Augenblick, in dem der ursprüngliche Sparer zum Verzehr seines Kapitals übergehen muss, kein anderer Sparer seinen Platz einnimmt, so findet er keine Verbrauchsartikel, sondern Güter, die sich noch auf dem Produktionsumweg befinden, zu seiner Verfügung vor. Dann ist also das Gleichgewicht gestört" (a.a.O. S. 26)
567 Vgl. hierzu NORBERT WIENER: Mensch und Menschmaschine (Originaltitel: The Human Use of human Beings. Cyber-netics and Society) Berlin/Frankfurt a.M. 1952, S. 31 ff

2 Das Prinzip der „angemessenen Deutung"

Aus dem Gesagten konnte deutlich werden, welcher Wechselbezug der Daseinsgestaltung zwischen dem strebenden Menschen und dem sozialen Zusammenhang, in dem sein Streben lebt, auf der einen Seite und zwischen dem Werden sozialer Ganzheiten und der von ihnen *geforderten* menschlichen Aktivität, auf der anderen Seite besteht. Wir werden tätig und müssen die Bedingungen – äußerer und innerer Art – kennen lernen, die wir im Tätigsein zu berücksichtigen haben; wir waren tätig und müssen beachten, welche Folge-Tätigkeiten, welche Folge-Verhaltensweisen der soziale Organismus von uns verlangt, unser Tätig-Gewesensein gesellschaftlich zu konsolidieren, damit unsere erste Tätigkeit nicht als „technisches Vorprellen" lediglich Krisen verursacht und unsere zu konservative Einstellung diese nicht noch vergrößert.

Mit der Zunahme des Entwicklungsmomentes im gesellschaftlichen Dasein gilt es, *zu bewusster Deutung* der realen Geldprozesse vorzudringen, zumindest in dem sozialen Bereich, der es vornehmlich mit dieser Entwicklung zu tun hat. Damit diese bewusste Deutung geleistet werden kann, mussten die Wesensgesetzmäßigkeiten des Geldes insbesondere in „Geldbedeutung und Geldprozess" (im Wesenssinne) freigelegt werden; und es musste gezeigt werden, dass uns mit dieser Freilegung für das praktische soziale Leben etwas aufgegeben ist: nämlich die angemessene Deutung realer Geldprozesse im Sinne *ihres* Wesens. Diese Aufgabe wollen wir für das Folgende, das der Anwendung des Aufgezeigten dienen soll, das *Prinzip der angemessenen Deutung* nennen.

„Prinzip der angemessenen Deutung" das meint: Wir müssen lernen zu wissen, was wir wollen bzw. wollen können, wenn wir sozial tätig werden; wir müssen die Verantwortung, die wir bisher oftmals der „invisible hand" zuschoben, selber tragen lernen. Dabei soll keineswegs übersehen werden, dass dies Schritt für Schritt – von Rückschlägen zu besserem Ergreifen aufgefordert – vor sich gehen muss. Aber: *Selbstverständlich* ist im sozialen Leben nur, dass die Deutungen sozialer Geldprozesse durcheinander gehen. Das zunehmende Auftreten umgestaltender sozialer Geldprozesse erhöht diese Verwirrung noch bzw. führt sie z.T. erst herbei, weil Fähigkeiten verlangt werden, die nicht entwickelt wurden. So kommt es dazu, dass der eine „Leihen" und der andere „Bewahren", der eine „Schenken" und der andere „Kaufen" meint; ja nicht einmal *eine* Deutung wird der Einzelne in seinem Verhalten zum Ausdruck bringen:

Der A empfindet die Misere des B, in die dieser unverschuldet geraten ist, er „beteiligt" sich an dessen Schaden, indem er ihm „günstig" *leiht* und keine Sicherheiten verlangt, so dass u.U. ex post ein „Schenken" daraus wird (aber wiederum kein richtiges); man „kauft" bei jemandem, nicht weil man seine Leistung will, sondern weil man einen „Beitrag" leisten will zu der kulturellen Initiative, die der andere mit dem Erlös verwirklichen will; kurzum: Das normale gesellschaftliche Leben kann weithin nicht als „gestalteter Vollzug" angesehen werden, das es doch werden soll. Dennoch stehen wir wohl an einem Punkte gesellschaftlicher Entwicklung, die eine *klare Besinnung* und einen *klar gewollten Vollzug* verlangt.

Freilich dürfen wir nicht erwarten, die soziale Praxis von heute auf morgen zu verändern, geschweige denn zu revolutionieren; deswegen sprechen wir nicht von gewissermaßen „chemisch reinen" Deutungen (das sind sie im Wesen), sondern – bescheidener – von *angemessenen* Deutungen. Die Anforderungen der Angemessenheit können dabei im Sinne zunehmender Bestimmtheit steigend gedacht werden: Was als angemessen gelten kann, wird die je konkrete Situation ergeben müssen. In diesem Sinne stellen wir das Prinzip der *angemessenen Deutung* realer Geldprozesse auf. Es weist uns einerseits auf die sozial-objektiven Bedingungen hin, die mit dem Problem der zeitlichen Entwicklung der Geldgebiete zuerst ansichtig wurden, und verlangt deren Berücksichtigung; es führt uns andererseits auch zu den inneren oder moralischen Anforderungen, die mit den je „höheren" Geldarten zunehmend relevant werden. Diese seien hier nur erwähnt, aber nicht im Einzelnen besprochen.[568]

---

[568] Auf das Problem solcher Anforderungen hat schon FRITZ KÜNKEL in der großen Wirtschaftskrise der Dreißiger Jahre – wenn auch in anderem Zusammenhang – hingewiesen; er sagt: „Man kann jemandem eine Mark geben und ihn dadurch entmündigen, aber man kann ihm dieselbe Mark auch so geben, dass er dadurch selbständig wird. Dieser Unterschied lässt sich nicht vor dem Spiegel erlernen, er wächst unmittelbar aus der Gesinnung heraus. Im ersteren Falle ist die Gesinnung so, dass der Geber den Empfänger verpflichtet, mit dieser Mark in bestimmter Weise zu verfahren. Das Geldstück behält gewissermaßen den Stempel seiner Herkunft, als ob es sagen wollte: 'Du musst mich anständig verwenden, oder du bist meiner und meines Gebers nicht wert'. Die Mark bevormundet ihn dadurch, sie so rasch und so verkehrt wie möglich auszugeben, um nur die Bevormundung loszuwerden. Das Geldausgeben ist dann nichts anderes als Meuterei. – Im anderen Falle aber sagt die Mark: 'Ich gehöre jetzt dir, es ist ganz gleich, wem ich früher gehörte. Wenn du mich sparst, hast du mich, und wenn du mich ausgibst, hast du die Ware, die ich wert bin. Du selbst musst entscheiden, du selbst trägst die Folgen: du bist mündig.' Wer ein Geldstück so geben könnte, wäre imstande, durch Geldgeben selbständig zu machen. Aber soviel Achtung vor den Mitmenschen, soviel Vertrauen zur Weltordnung, kurz, soviel Liebe bringen heute nur wenige auf." FRITZ KÜNKEL: Krisenbriefe. Die Beziehungen zwischen Wirtschaftskrise und Charakterkrise. Schwerin 1933, 4. Aufl., S. 122

Wir wollen im weiteren Verlaufe sehen, in welcher Art diese Geldprozesse im Unternehmen auftreten, und welche Bedeutung sie damit für das letztere gewinnen.

3 Die Er-Gänzung sozialer Verhaltensweisen im einheitlich gedeuteten Prozess

Auf ein spezielles soziologisches Problem, auf das sich an dieser Stelle gerade die Aussicht ergibt, sei hier kurz eingegangen. Es beleuchtet zugleich das Wesen der Kooperation von einer – vergleichsweise – mehr inneren Seite als es die objektiven sozial-sachlichen Bedingungen beleuchten, die wir bisher vor allem herausstellten.

Es liegt in diesem: Zur Tatsache des „Sozialen" gehören immer mehrere Menschen, die intentional aufeinander Bezug nehmen. Die Geldprozesse gehören dabei in jenen Bereich sozialer Bezüge, deren Eigenart dadurch gekennzeichnet werden kann, dass immer *zwei* Partner miteinander zu tun haben.[569] Und zwar müssen sie in dem sozialen Geschehen, das sie verbindet, jeweils *polare* Verhaltensweisen einnehmen und vollziehen, um diesem Geschehen gerade *seine* Einheitlichkeit, sein *einheitliches Wesen* zu sichern. *Kaufen* und *Leisten* (Verkaufen) sind als Verhaltensweisen so polar, wie das Raum-Geben für die aus ihrem Eigen-Sinn erwachsende schöpferische Tätigkeit (Schenken) und das produktive Erfüllen dieses sozialen Raumes (durch den Beschenkten), wie das Bewahrt-Haben-Wollen und das Bewahren-Können etc.) Aber gerade ihre Polarität ist Grundlage der in sich gefügten Einheitlichkeit des sozialen Prozesses.

Es klingt selbstverständlich und wenig erstaunlich; aber hinter dieser scheinbaren Selbstverständlichkeit eröffnet sich ein noch wenig durchforschtes Gebiet. Es gilt zu erforschen, was es mit den einzelnen Verhaltensweisen und ihrer Charakteristik auf sich hat, was einer jeden Verhaltensweise wesentlich ist, was sie fördert, hemmt oder unversehens in eine andere umschlagen lässt. Es gilt noch zu enthüllen, was eine bestimmte Verhaltensweise in der *ihr* charakteristischen Ganzheit *Teil* werden lässt jener neuen Ganzheit, der wir in der Einheitlichkeit des wesensrichtigen realen Geldprozesses z.B. begegnen. Wie kommt es, dass sich die polaren sozialen Verhaltensweisen *ergänzen* zum einheitlichen Vollzug?

---

569 Im juristischen Prozess haben wir z.B. ein Gebiet, wo es charakteristisch ist, dass es sich um wenigstens drei Personen handelt: den Kläger, den Verklagten und den Richtenden. Vgl. hierzu GERHART HUSSERL: Recht und Zeit. Fünf rechtsphilosophische Essays. Frankfurt/M. 1955, S. 145 ff

Wir können auf unserem Wege dem Angedeuteten nicht im Einzelnen nachgehen, sondern nur die Eigenart der Tatsache vermerken: Zu jedem wesensrichtig sich verwirklichenden Geldprozess einheitlicher Bedeutung gehören zwei – in ihrem Rahmen freilich variierbare – Verhaltensweisen, die sich in ihm ergänzen. Verhält sich ein Partner nicht in der Weise der geforderten Polarität, so nimmt der ganze Prozess Schaden und es kommt zu schädlich sich überlagernden Deutungen, auf deren Problematik hinge-wiesen wurde und hinzuweisen sein wird.

... (Zwischenkapitel ausgelassen)[570]

4 Die Geldarten als Formen angemessener Finanzierung

a) im Produktionsunternehmen

(Der Text entspricht dem Kapitel: „Die angemessene Finanzierung des Pro-duktionsunternehmens", siehe S. 192 ff).

b) im Bildungs- und Forschungsunternehmen

In den beiden Unternehmenstypen, deren Grundfinanzierung jetzt Thema ist, haben wir es in einem gewissen Sinne mit Zukunftsformen des gesell-schaftlichen Lebens zu tun, die heute erst anfänglich in Erscheinung treten, von denen man aber annehmen darf, dass sie in der Zukunft gleichsinnig ihre Entwicklung erfahren werden, wie es das Produktionsunternehmen in letzter Vergangenheit und in der Gegenwart erfahren hat und erfährt. Dies lässt sich in folgender Weise denken: Die Komplizierung des moder-nen sozialen Lebens einerseits und seine darin entwickelte Produktivkraft andererseits verlangen nach gesellschaftlichen *Ordnungsfaktoren*, welche die zunächst ohne vollständigen Reiseplan begonnene sozialökonomische Entwicklung lenken und menschlich befriedigend gestalten helfen. Aus diesem Verlangen scheint verständlich, dass der autoritären politischen Diktatur ein solches Wirkungsfeld erwächst, wie die Gegenwart es ihr bietet: Ihre Scheinlösungen dringender Probleme sind dem ungeschulten Blick nicht immer als solche erkennbar. Soll die Entwicklung jedoch in eini-

---

570 Siehe Erläuterungen im Vorwort

ger Freiheit menschlicher Existenz ihren inneren Sinn entfalten können, so muss den verschiedensten kulturellen Aktivitäten der ihnen angemessene Entwicklungsraum zu ihrer eigenen Selbstgestaltung ermöglicht werden.

Geistige Unabhängigkeit ist aber seit je und für je an wirtschaftliche Unabhängigkeit gebunden; erstere muss die Kraft zur Gestaltung der letzteren aufbringen, will sie ihre soziale Existenz behaupten; oder in der hier angewandten Terminologie formuliert: Sie muss sich *unternehmensweise* gestalten. Den möglichen Unternehmensformen der die gesellschaftliche Entwicklung in Freiheit konsolidierenden kulturellen Aktivitäten begegnen wir im Bildungs- und im Forschungsunternehmen. Ihre im Prinzip den anderen Unternehmenstypen gleichsinnige Sozialgebildeform – auch sie sind initiativ auf Daseinslagen gerichtet, in sich autonom und im Wertestrom kooperierend – zwingt und erlaubt uns, sie im Bereich der Unternehmenslehre zu behandeln. Sollte die Schumpetersche Prognose richtig sein – sie sei hier nicht bezweifelt –, die von der sinkenden Bedeutung der Unternehmeraufgabe spricht,[571] so trifft sie doch nur auf den Bereich des Produktionsunternehmens zu (den Schumpeter auch meint); im Bereich des Bildungs- und Forschungsunternehmens aber eröffnen sich *neue* Möglichkeiten *neu* verstandenen Unternehmertums.

Wie steht es um ihre Finanzierung? – Betrachten wir zunächst das *Bildungsunternehmen*. Sein Charakter zeigte sich uns im Ergreifen jener Daseinslage „Bereitung", in allem also, was sich in der Sozialgebildeform „Unternehmen" mit menschlicher Wesensbildung beschäftigt: sei es in der Schule, Hochschule, in der „moralischen Anstalt" des Theaters. Die Zielsetzung des Bildungsunternehmens findet ihren Sinn stärker in der Tätigkeit selbst, mit der es zwar einen „produktiven Umweg" menschlich-bildender Art einschlägt, der aber kein „Produktionsumweg" im wirtschaftlichen Sinne ist: Denn es ist nicht darauf angewiesen – und kann es nicht sein – , seinen Erfolg auch im wirtschaftlichen Erfolg, im Anfallen geldlicher (oder anderer vermögenswerter) Erträge zu erblicken, wie wir dies für das Produktionsunternehmen als notwendig und richtig anerkennen konnten. Im Bildungsunternehmen *transformiert* sich der *Gewinn* in eine menschliche, nur kulturell zu wertende Größe; und nur aus dieser

---

571 SCHUMPETER sagt: „Je genauer wir die natürliche und soziale Welt kennen lernen, je vollkommener unsere Herrschaft über die Tatsachenwelt, je größer mit der Zeit und mit fortschreitender Rationalisierung der Bereich wird, innerhalb dessen die Dinge einfach ausgerechnet, und zwar schnell und verlässlich ausgerechnet werden können, desto mehr tritt die Bedeutung gerade dieser Aufgabe zurück und muss deshalb die Bedeutung des Typus ‚Unternehmer' ... sinken ..." Theorie a.a.O. S. 124

313

letzteren Bedeutung – entsprechend sinngemäß metamorphisiert – wird er im Bereich des Produktionsunternehmens (und der darunter liegenden Unternehmensinitiativen) wiederum verständlich.[572] Die Initiative, die das Bildungsunternehmen zu sozialer Existenz weckt, weiß um ihren Sinn und um ihren Erfolg: auch wenn er nicht ziffernmäßig im Jahresabschluss steht. Sie gewährt, wenn sie sich richtig versteht, was sie zu bieten hat, *frei* und *von sich aus*. Niemand kann eine ersprießliche wissenschaftliche Zusammenarbeit z.B. zwischen Lehrer und Schüler als durch Kaufkraft- übertragung abgeltbar begreifen; dennoch muss eine solche in irgendeiner Weise stattfinden, um der initiativen Seite den ihr zukommenden sozialen Lebensraum zu sichern. Aber die kulturelle Vereinbarung über Art und Weise der Zusammenarbeit muss tunlichst von der wertmäßigen Ordnung dieses sozialen Verhältnisses getrennt werden und kann nicht in der Weise des „Kaufens" erfolgen. Angemessen ist hier – das kann im Rückgriff auf das sachlich Geschilderte gesehen werden – die Form des „Beitragens".[573][574]

Jedenfalls muss dies insbesondere für die Grundfinanzierung des Bildungsunternehmens gelten, die auch aus zeitlichen Gründen keinen Rückbezug zu den ihr eventuell zurechenbaren Erfolgen zulässt (wie beim Produktionsunternehmen); denn seine Erfolge werden erst in sehr später Zukunft auftreten. Das Bildungsunternehmen braucht gewissermaßen einen „Vorschuss", der an keine andere Bedingung als an die der sinn- gemäßen Verwendung gebunden sein kann; aber diesem Verlangen steht ja gesamtwirtschaftlich der Ertrag der Produktionsumwege gegenüber, der wiederum nicht nur der Produktionsinitiative, sondern der gesamten kulturellen Tradition zu verdanken ist. So muss und kann im *Beitragen* zu den bildenden Initiativen das Gesetz der Gegenseitigkeit des Leistens im

---

572 Übrigens ergibt sich aus dem Verfolgen dieses Gedankens auch eine qualitative Dimensi- on des viel gebrauchten Begriffes „Sozialprodukt". Denn pointierend könnte man immerhin fragen: Wenn von zwei Volkswirtschaften – bei gleicher Bevölkerung, gleicher Produktions- kapazität und gleichem technischem Wissen – die eine anstelle einer neuen Automobilfabrik (das die andere mit den anfallenden Erträgen errichtet) eine neue Hochschule gründet: Wel- ches Sozialprodukt von beiden ist dann größer? – Wenn wir den Frageansatz richtig im Blick haben, wird uns die Antwort nicht gerade leicht fallen.

573 Man bedenke auch, dass sich Bildung ja ihrem Wesen nach auf künftiges Einordnen, auf künftiges Ergreifen sozialer Prozesse seitens der zu Bildenden bezieht; sie sind also selbst in der Regel noch nicht sozial eingeordnet (Kinder, Jugendliche, Studenten z.B.), so dass für das Zurverfügungstellen von Kaufkraft im Allgemeinen andere Instanzen in Anspruch genommen werden müssen, wie Eltern, Gemeinden, Staat etc. Sie geben, weil sie den Sinn der Sache selbst sehen, ob sie nun direkt dem Bildungsunternehmen zahlen oder ob die Kaufkraft ihren Weg über den direkt Teilnehmenden nimmt, spielt dabei keine so große Rolle; der Sache nach ist es immer Beitragen.

574 Vgl. auch die Ausführungen über das Problem der Einkommensbildung (S. 259 ff, insbs. S. 266).

individuellen Fall des sozialen Bezuges durchbrochen werden: Es schließt sich wiederum auf höherer Stufe in der Gesamtheit eines sich lebendig entwickelnden Sozialen Organismus, indem eine Generation von der vorigen empfängt und an die nächste gibt.

Praktisch finden wir in Vergangenheit und Gegenwart diese Finanzierungsform oft in Stiftungen, die ein Industrieller während oder am Ende seines Lebens macht; es ist eine durchaus gesunde Weise, das Geld aus dem Bereich des Leihgeldgebietes (wo es „werbend" arbeitet) in die höheren Geldgebiete aufsteigen zu lassen, wenn der Anlass zu solchem Tun auch noch allzu persönlich ist. Diese Untersuchung versuchte zudem deutlich zu machen, dass es vor allem sachliche, sozialökonomische Anlässe gibt, die das Aufsteigen der Geldprozesse in den Bereich des Beitragens und Schenkens notwendig machen; diese sind prinzipiell der gleichen ökonomischen Logik zugänglich wie sie zur Erörterung der Zweckmäßigkeit einer Kreditexpansion oder einer Kreditkontraktion erforderlich ist. Die Einsicht in diesen Zusammenhang wird in Zukunft den hierher gehörigen Finanzierungsprozessen voraussichtlich viel von ihrer mäzenatenhaften Feierlichkeit nehmen, doch mag dies durchaus einer sachlich-kooperativen Handhabung zugute kommen.

Wenig bleibt für das Problem der Grundfinanzierung eines *Forschungsunternehmens* anzufügen. So wie dem Bildungsunternehmen das Beitragen als Finanzierungsform angemessen ist, so ihm die Schenkung. Als unternehmenshaftes Sozialgebilde ist es initiativ auf „Klärung" erfordernde Daseinslagen gerichtet; es nimmt also seinen inneren Ausgangspunkt gerade von der schöpferischen Unzufriedenheit mit den „Erfolgsmöglichkeiten", die das soziale Leben bisher zu bieten hatte; es sucht Neues. Es kann daher in seinem eigenen Anliegen nur von wenigen Menschen verstanden werden, da es selber stets nach neuer Orientierung seiner eigenen Tätigkeitsrichtung suchen muss. Wer Forschung fördert und finanziert, darf keinen billigen und schnellen Erfolg erwarten. „Grundlagenforschung ist", so soll einmal ein amerikanischer Minister gesagt haben, „wenn du nicht weißt, was du tust". Der Ausspruch spiegelt treffend die Skepsis des Außenstehenden; wer aber diese Situation des „Nicht-wissen-was-du-tust" produktiv zu gestalten die Möglichkeit hat, der wird sie suchen, um aus ihr heraus Neues zu entwickeln. Und der soziale Organismus als Ganzer hat solche Tätigkeit sehr nötig.

Sie ist sozial angemessen eingeordnet, wenn ihr völlige Freiheit der inneren und äußeren Gestaltung durch die Finanzierungsart gewährt wird: Dies bietet im strengen Verstande nur die Schenkung; sie ist deshalb die angemessene Form der Grundfinanzierung jenes der Forschung Gestalt verleihenden Unternehmenstypes.[575] – Die Praxis mag freilich oft mit anderen – oft unklaren – Finanzierungsformen und sachlich unguten Bedingungen vorlieb nehmen: Dies zu besprechen ist hier nicht der Ort. Hier ist gezeigt worden, was zu zeigen war: welche Geldarten für das Bildungs- und das Forschungsunternehmen angemessene Formen der Finanzierung darstellen.

c) in anderen Unternehmenstypen

Die Grundfinanzierung charakterisierten wir eingangs dieses Abschnittes als ein Problem der sich entwickelnden Wirtschaft. Daraus ergibt sich, dass es – zumindest im Wesenssinne – für die tradierenden Unternehmenstypen im Grunde keine Relevanz hat. So ist das Folgende nur abgrenzend zu sagen.

Die Umrisse dieses Problems treten für die tradierenden Unternehmenstypen nur auf, insofern bestimmte existente Unternehmungen, deren Hauptinitiative auf eine der tradierenden Daseinslagen ("Fortführung", "Erhaltung", "Bewahrung") gerichtet ist, Züge umgestaltender Unternehmensformen annehmen. Durch die imponierend voranschreitende industrielle Entwicklung werden die tradierenden Unternehmungen – im "Sog" dieser Entwicklung – eben leicht zu Verteidigungsformen in der Finanzierung gezwungen.

So entsteht etwa die ländliche Kreditgenossenschaft, die man von den hier vorgebrachten Unterscheidungsgesichtspunkten aus wohl als "Beteiligungsfinanzierung des Kleinkredites" ansprechen kann; eine Bauerngemeinschaft schließt sich zusammen und man "beteiligt" sich an dem "Kreditrisiko", das den einzelnen Landwirt trifft, wenn seine notwendig konservative Wirtschaftsweise (die Natur lässt Rationalisierung ja nur bedingt zu) den Anschluss an die fortschreitende Entwicklung gradweise zu verpassen droht. Doch ist die Denkweise, die dem Produktionsunternehmen sein Wesen gibt, dem Landwirt im Allgemeinen – und bis zu einem guten Anteil mit Recht – fremd; man fordert eher "angemessene" (höhere) Preise, bevor man sich zu möglicher Rationalisierung drängen lässt – freilich bestätigen Ausnahmen auch diese Regel.

---

575 In dem neu erschienenen Werk von SCHÄFER (Die Unternehmung. III ... a.a.O. S. 309) findet man immerhin *neben* dem Prinzip der Gewinnmaximierung das „Zuschuss- oder Subventionsprinzip" erwähnt, „das sich vom Prinzip der Gewinnmaximierung am weitesten entfernt", und für die „Forschungsgesellschaft eines Industrieunternehmens" in Frage kommt.

Geld, Wirtschaft, Assoziation, Kapital
– und was darunter zu verstehen ist
(Ergänzung 2009)

GELD ist das durch soziale Akte gesamtgesellschaftlich gebildete Bewusstsein von Werteerzeugern und Wertebeziehern (Abnehmern) über Stand wie künftige Abwicklung ihrer gegenseitigen Leistungsbeziehungen. Letztere werden von Staat und Leistungsträgern unter allgemeiner Anerkennung (Geltung) in vielerlei Formen – als Münzen, Noten, Wechsel, Giralgeld etc. – dokumentiert. Das prägende Geldgeschehen selbst, aus dem die Dokumentationsformen hervorgehen, lebt in den sozialen Prozessen der arbeitsteilig füreinander erzeugten Werte für

1. **konsumptive Leistungsbezüge** zur Erhaltung menschlichen Lebens wie menschlicher Leistungsfähigkeit („Kaufgeld") oder für

2. **unternehmerische Initiativentfaltung** in abrechenbaren Investitionsprozessen oder „Produktionsumwegen" („Leihgeld") sowie für die

3. **Ermöglichung sinnstiftender kultureller Initiativen** in Wissenschaft, Bildung und Kunst für solche Ziele durch unentgeltliche Widmungen („Schenkgeld").

GELD ist – so gesehen – der gesellschaftliche Bewusstseinsstrom sozialen Handelns, der dem gesellschaftlichen Leistungs- oder Wertschöpfungsstrom in der Unternehmenskette entgegenfließt und diesen an seine konkreten Konsum- oder Investitionsorte gelangen lässt.

WIRTSCHAFT ist die **Organisation des arbeitsteiligen Füreinandertätigseins** von Menschen. **Wirtschaften** ist dieses Füreinandertätigsein menschlicher Werteerzeuger und Wertenutzer oder Werteverbraucher.

ASSOZIATION* ist Erzeugen und Organisation des **Bewusstseins** für das wirtschaftliche Füreinandertätigsein. Letztere ist das **soziale Organ** der durch Wertschöpfung und Konsum miteinander verbundenen Menschen, das es möglich macht, Sachgegebenheiten und Gestaltungsmöglichkeiten einer gegebenen sozialen Situation zu überschauen und ihre Fragestellungen entsprechenden Lösungen zuzuführen.

---

* Siehe auch Kapitel C IV 4., S. 266 ff, insbes. S. 271

Unbegrifflich formuliert: **ASSOZIATIONEN** sind der Weg, den **blinden** Marktmechanismus **sehend** zu machen.

KAPITAL ist seinem Wesen nach unternehmerische **Konfigurationskraft**, die wirtschaftliche Vermögenswerte als Wertschöpfungsinstrumente hervorbringt und sie – als bilanziell unternehmerisches Aktivvermögen – zur Werteerzeugung in seinem Wirkensbereich hält. **Geld** wird zu **Kapital**, wenn es von dieser unternehmerischen Konfigurationskraft erfasst wird. Dieser **Kraftaspekt** des Kapitals wird im Eigenkapital bilanziell lediglich formal als Differenz zwischen Bilanzsumme und Fremdkapital abgebildet. Es erweist sich in seiner Eigenart dadurch, dass ihm selbst **kein sinnesweltmäßig-gegenständliches Substrat** – wie allen anderen Bilanzposten – mehr entspricht; es ist insoweit nicht gegenständlicher, sondern prozesshafter Art und Einfallstor der wirksamen unternehmerischen Kraft, die Geld zu Kapital zu wandeln in der Lage ist. Alle anderen Bilanzposten geben in ihrer Gesamtheit jedoch ein sinnesweltmäßiges Bild dieser wirksamen Kraft.

Anmerkungen dazu
Die in den Jahren 1956, 1957 und 1958 vom Verfasser erarbeiteten Schilderungen zur Thematik der „Elemente einer Neubestimmung des Geldes und ihrer Bedeutung für die Finanzwirtschaft der Unternehmung" sind in der Neuauflage unverändert abgedruckt worden. Eine Überarbeitung unter Bezugnahme auf die inzwischen erschienene Literatur zum Thema des Geldes wäre dem Verfasser nicht möglich gewesen. Die Wiedervorlage der ursprünglichen Fassung schien ihm – und mit ihm den Anregern der Neuauflage – angesichts ihres grundsätzlichen und insoweit nicht veralteten Inhalts durchaus möglich und sinnvoll zu sein. Dennoch war die Herausgabe der Neuauflage doch Anlass, manche wesentlichen Begriffsformulierungen neu und deutlicher zu fassen. So entstanden in jüngster Zeit die hier wiedergegebenen Definitionen der Begriffe „GELD, WIRTSCHAFT, ASSOZIATION und KAPITAL". Sie stimmen hinsichtlich des Gemeinten inhaltlich mit den fünfzig Jahre zurückliegenden Gedanken seiner Dissertation überein.

Über das *Wesen des Geldes* ist das Wichtige seinerzeit im Kapitel B.V. „Begriff und Wesen des Geldes" (S. 167 - 169) ausgeführt worden; dem unter *„Assoziationen"* zu Verstehenden sind die Kapitel B.IV, 4 „Die Geldgebiete in ihrer zeitlichen Entwicklung" (S. 142 ff) und vor allem C.V.4 „Die Sorge für den Gesamtablauf der gesellschaftlichen Entwicklung" (S. 266 ff – S. 271) gewidmet worden, die Begriffe „Wirtschaft" und „Kapital" werden hier expressis verbis zum ersten Mal formuliert vorgelegt, sind aber dem Sinne nach schon im alten Text enthalten. Mit der Wiedergabe an dieser Stelle möchte der Verfasser deutlich machen, dass das Bemühen um eine immer bessere, der Sache gemäßere Formulierung von Erkenntnissen ja nie abgeschlossen sein kann. Goethe hat es so gesagt:

„Weite Welt und breites Leben,
langer Jahre redlich Streben,
stets geforscht und stets begründet,
nie geschlossen, oft geründet,
Ältestes bewahrt mit Treue,
freundlich aufgefasstes Neue,
heitern Sinn und reine Zwecke,
nun, man kommt wohl eine Strecke."

Mannheim, März 2009   Benediktus Hardorp

Literaturverzeichnis

I Bücher

ABRAHAM, K.   Der Betrieb als Erziehungsfaktor. Die funktionale Erziehung durch den modernen wirtschaftlichen Betrieb. Köln-Braunsfeld 1954

BACK, J.M.   Die Entwicklung der reinen Ökonomie zur nationalökonomischen Wesenswissenschaft. Jena 1929

BECKER, H.   Bildung zwischen Plan und Freiheit. Stuttgart 1957

BENDIXEN, F.   Das Wesen des Geldes. München-Leipzig 1922³

BÖHLER, E.   Grundlehren der Nationalökonomie. Bern 1948

DESSAUER, F.   Kooperative Wirtschaft. Bonn 1929

DOBRETSBERGER, J.   Das Geld im Wandel der Wirtschaft. Bern 1946

DRUCKER, P.F.   Die Praxis des Management. Düsseldorf 1956
Die nächsten zwanzig Jahre. Düsseldorf 1957

DUNKMANN, K.   Kooperation als Strukturprinzip der Wirtschaft. München 1931

EGNER, E.   Blüte und Verfall der Wirtschaft. Leipzig 1935

ELSTER, K.   Die Seele des Geldes. Jena 1920

EUCKEN, W.   Die Grundlagen der Nationalökonomie. Berlin-Göttingen-Heidelberg 1950²
Grundsätze der Wirtschaftspolitik. Bern-Tübingen 1952

FÖHL, C.   Geldschöpfung und Wirtschaftskreislauf. Berlin 1955²

FORSTMANN, A.   Volkswirtschaftliche Theorie des Geldes. Erster Hauptteil: Reine Theorie des Geldes. Bd. I: Allgemeine Geldtheorie. Berlin 1943

FREYER, H.   Soziologie als Wirklichkeitswissenschaft. Logische Grundlegung des Systems der Soziologie. Leipzig-Berlin 1930
Theorie des gegenwärtigen Zeitalters. Stuttgart 1955

GEBSER, J.   Ursprung und Gegenwart.
Bd. I: Die Fundamente der aperspektivischen Welt. Beitrag zu einer Geschichte der Bewusstwerdung. Stuttgart 1949
Bd. II: Die Manifestationen der aperspektivischen Welt. Versuch einer Konkretion des Geistigen. Stuttgart 1953

GERLOFF, W.   Geld und Gesellschaft. Frankfurt a.M. 1952

GESELL, S.   Die natürliche Wirtschaftsordnung durch Freiland und Freigeld. Lüdenscheid 1950

GRÜNIG, F.   Der Wirtschaftskreislauf. München 1933

GUTENBERG, E.   Grundlagen der Betriebswirtschaftslehre. Bd. I. Die Produktion. Berlin-Göttingen-Heidelberg 1957³

HAGEST, K.   Selbstfinanzierung des Betriebes. Stuttgart 1952

HEGNER, F.   Die Selbstfinanzierung der Unternehmung als theoretisches Problem der Betriebswirtschaftslehre. Bern 1946

HISS, D.   Probleme konjunktureller Preisstabilität. Diss. Freiburg 1957

HUSSERL, E.	Ideen zu einer reinen Phänomenologie und phänomenologischen Philosophie. Erstes Buch: Allgemeine Einführung in die reine Phäno- menologie (hrsg. von W. Biemel). Husserliana Bd. III. Den Haag 1950 Die Krise der europäischen Wissenschaften und die transzendentale Phänomenologie. Husserliana Bd. VI. Den Haag 1954
HUSSERL, G.	Recht und Zeit, Frankfurt a.M. 1955
JÖHR, W.A.	Theoretische Grundlagen der Wirtschaftspolitik. Bd. I, St.Gallen 1943
JUCKER, E.	Die Arbeit ist keine Ware. Bern 1957
KATONA, G.	Psychological Analysis of Economie Behavior. New York 1951
KEYNES, J.M.	Vom Gelde. (Übersetzung). München-Leipzig 1932
KOLBINGER, J.	Bauplan sozialer Betriebsführung. Stuttgart 1957
KRAUS, O.	Kreislauf und Entwicklung der Volkswirtschaft. Berlin 1953
KRÖLL, M.	Der Kreislauf des Geldes. Berlin 1956
KÜNKEL, F.	Die Schöpfung geht weiter. Konstanz 1957
LASSALLE, F.	Gesammelte Reden und Schriften. Berlin 1919/1920
LATTKE, H.	Soziale Arbeit und Erziehung. Freiburg i.Br.1955
LAUTERBACH, A.	Mensch – Motive – Geld. Untersuchungen zur Psychologie des wirt- schaftlichen Handelns. Stuttgart-Düsseldorf 1957
LISOWSKY, A.	Grundprobleme der Betriebswirtschaftslehre. Zürich 1954
LOHMANN, M.	Einführung in die Betriebswirtschaftslehre. Tübingen 1949(1), Tübingen 1955^2
MACKENROTH, G.	Sinn und Ausdruck in der sozialen Formenwelt. Meisenheim am Glan 1952
MENGER, C.	Grundsätze der Volkswirtschaft. Wien-Leipzig 1923^2
MISES, L. V.	Human Action, a Treatise on Economics. New Haven 1949
MOLL, B.	Die Logik des Geldes. Berlin 1956(4)
NEULOH, O.	Die deutsche Betriebsverfassung und ihre Sozialformen bis zur Mitbe- stimmung. Tübingen 1956
OTAKA, T.	Grundlegung der Lehre vom sozialen Verband. Wien 1932
OTTEL, F.	Bankpolitik. Jena 1937
PACKARD, V.	The Hidden Persuaders. New York 1957 (8)
PAULSEN, A.	Neue Wirtschaftslehre. Berlin-Frankfurt a.M. 1952^2
POLAK, N.J.	Grundzüge der Finanzierung mit Rücksicht auf die Kreditdauer. (Übersetzung) Berlin-Wien 1926
PREISER, E.	Bildung und Verteilung des Volkseinkommens. Göttingen 1957
PÜTZ, TH.	Das Bild des Unternehmers in der Nationalökonomie. Leipzig 1935
RASCH, H.	Sind auf dem Gebiete des Konzernrechts gesetzgeberische Maßnah- men gesellschaftsrechtlicher Art erforderlich? (Gutachten für den 42. Deutschen Juristentag) Tübingen 1957
REINACH, A.	Was ist Phänomenologie? München 1951 Zur Phänomenologie des Rechts. (Die apriorischen Grundlagen des bürgerlichen Rechts) München 1953
RÖPKE, W.	Die Theorie der Kapitalbildung. Tübingen 1929
ROSENSTOCK-HUESSY, E.	Der unbezahlbare Mensch. Berlin 1955

	Soziologie. Bd. I: Die Übermacht der Räume. Stuttgart 1956
SALIN, E.	Geschichte der Volkswirtschaftslehre. Bern 1944^2
SAMUELSON, P.A.	Volkswirtschaftslehre. Eine einführende Analyse. (Übersetzung) Köln 1951
SIEVERS, E.V.	Grundlegung der Geldlehre. Riga 1938
SIEBERTS, P.	Ferdinand von Steinbeis. Ein Wegbereiter der Wirtschaft. Stuttgart 1952
SIMMEL, G.	Die Philosophie des Geldes. Leipzig 1900
SOMARY, F.	Bankpolitik. Tübingen 1930^2
SOMBART, W.	Die drei Nationalökonomien. München 1929
SUCHESTOW, M.	Die Unvollkommenheit des Geldmarktes. Winterthur 1955
SCHÄFER, E.	Die Unternehmung. Bd. III: Erfolgsbildung/Unternehmungskrisen/Rechnungswesen. Köln-Opladen 1956
SCHAIRER, R.	Aktivierung der Talente. Düsseldorf-Köln 1957
SCHMALENBACH, E.	Grundlagen der dynamischen Bilanzlehre. Leipzig 1925^3
SCHNEIDER, E.	Einführung in die Wirtschaftstheorie.
	I.Teil: Theorie des Wirtschaftskreislaufs. Tübingen 1953 (4)
	II.Teil: Wirtschaftspläne und wirtschaftliches Gleichgewicht in der Verkehrswirtschaft. Tübingen 1955^3
SCHÜTZ, A.	Der sinnhafte Aufbau der sozialen Welt. Wien 1932
SCHUMPETER, J.	Kapitalismus, Sozialismus und Demokratie. (Übersetzung) München 1950^2
	Theorie der wirtschaftlichen Entwicklung. Berlin 1952(5)
STACKELBERG, H.V.	Grundlagen der theoretischen Volkswirtschaftlehre. Bern-Tübingen 1951^2
STEINER, R.	Die Philosophie der Freiheit. Stuttgart 1949 (Neuauflage) Von Seelenrätseln. Berlin 1921^2 Nationalökonomischer Kurs. 14 Vorträge. Dornach 1933^2 Geisteswissenschaft und soziale Frage. Dornach 1941
STRICKRODT, G.	Unternehmen unter frei gewählter Stiftungssatzung. Baden-Baden/Frankfurt a.M. 1956
STUCKEN, R.	Geld und Kredit. Tübingen 1949(1). – Tübingen 1957^2
TURIN, G.	Der Begriff des Unternehmers. Zürich 1947
VARGA, ST.	Der Unternehmungsgewinn. Berlin 1957
VEIL, K.F.	Das Wesen von Unternehmung und Unternehmer. Diss. Freiburg 1954
WAGEMANN, E.	Berühmte Denkfehler der Nationalökonomie. München 1951
WALTHER, A.	Einführung in die Wirtschaftslehre der Unternehmung. 2. Bd.: Die Unternehmung. Zürich 1953
WEIPPERT, G.	Daseinsgestaltung. Leipzig 1938
WEISSER, G.	Form und Wesen der Einzelwirtschaften. Stuttgart 1947
WENDT, S.	Gibt es eine Eigengesetzlichkeit des Wirtschaftslebens? – Wilhelmshavener Vorträge. Schriftenreihe der Nordwestdeutschen Universitätsgesellschaft. Heft 15, o.O. 1954
WICKSELL, K.	Vorlesungen über Nationalökonomie auf Grundlage des Marginal prinzipes. Bd. II: Geld und Kredit. Jena 1928^2

WIENER, N.   Mensch und Menschenmaschine. (Übersetzung. Originaltitel:
                               The Human Use of Human Beings.) Berlin-Frankfurt a.M. 1952

WILKEN, F.   Selbstgestaltung der Wirtschaft. Freiburg i. Br. 1949

WORREST, F.   Bankpolitik als Machtfrage. Berlin-München 1955

ZWIEDINECK-
SÜDENHORST, O.V.   Allgemeine Volkswirtschaftslehre. Berlin-Göttingen-Heidelberg 1948^2

II Beiträge in Sammelbänden und Festschriften

BADER, E.   Das Gemeinwesen der Firma Scott Bader & Co Ltd. In: Die Morpho-
                               logie der einzelwirtschaftlichen Gebilde und ihre Bedeutung für die
                               Einzelwirtschaftspolitik. Hrsg. v. G. Weissner. Göttingen 1957, S.147 ff.

GRÜNFELD, E.   Die Selbsthilfebanken. In: Kapital und Kapitalismus. Hrsg. von
                               B. Harms. Berlin 1931, S.447 ff.

HANSEN, A.H.   Der Einfluss der Keynes'schen Volkswirtschaftslehre auf die USA. In:
                               Beiträge zur Finanzwissenschaft und Geldtheorie. Festschrift für
                               R. Stucken. Hrsg. von F. Voigt. Göttingen 1953, S.165 ff.

HEIDEGGER, M.   Der Satz der Identität. In: Die Albert-Ludwig-Universität Freiburg
                               1457-1957. Die Festvorträge bei der Jubiläumsfeier. Freiburg i. Br.
                               1957, S.69 ff.

LÖFFELHOLZ, J.   Die Geschichte der Banken. In: Löffelholz-Theisinger: Die Bank. Bd. I.
                               Wiesbaden 1952, S.1 ff.

LOHMANN, M.   Kapitalbildung und Kapitalverwendung in der Unternehmung. In:
                               Schriften des Vereins für Sozialpolitik. N.F. V (1953) Berlin. S.169 ff.

PALYI, M.   Notenbank und Kreditbanden, In: Kapital und Kapitalismus. Hrsg.
                               von B. Harms. Berlin 1931. S.374 ff.

RUBERG, C.   Parallelen und Gegensätze bei der Unternehmungsfinanzierung
                               nach den Vermögensvernichtungen in unserem Jahrhundert. In:
                               Gegenwartsprobleme der Betriebswirtschaft. Hrsg. von F. Henzel,
                               Baden-Baden/Frankfurt a.M. 1955, S.215 ff.

SCHÄFER, E.   Die Funktionalbetrachtung in der Betriebswirtschaftslehre. In: Gegen-
                               wartsprobleme der Betriebswirtschaft. Hrsg. von F. Henzel, Baden-
                               Baden/Frankfurt a.M. 1955, S.11 ff.

SCHUMPETER, J.   Das Kapital im wirtschaftlichen Kreislauf und in der wirtschaftlichen
                               Entwicklung. In: Kapital und Kapitalismus. Hrsg. v. B. Harms. Berlin
                               1931, S.187 ff.

WALTHER, G.   Das Kapital im wirtschaftlichen Kreislauf und in der wirtschaftlichen
                               Entwicklung. In: Kapital und Kapitalismus. Hrsg. v. B. Harms. Berlin
                               1931, S.187 ff.

WEISSER, G.   Artikel „Wirtschaft". In: Handbuch der Soziologie Bd. II. Hrsg. v.W.
                               Ziegenfuß. Stuttgart 1956, S.970 ff. Gegenstand und Hauptproble-
                               me der Morphologie der einzelwirtschaftlichen Gebilde unter
                               besonderer Berücksichtigung der öffentlichen und freigemeinschaft-
                               lichen Unternehmen. In: Die Morphologie der einzelwirtschaftlichen
                               Gebilde und ihre Bedeutung für die Einzelwirtschaftspolitik. Hrsg.
                               von G. Weisser. Göttingen 1957

III Zeitschriften

BACK, J. M.
Nationalökonomie und phänomenologische Philosophie. Jahrbuch f. Nat. Ök. U. Stat. 126.Bd. (1927), S. 225 ff. Wirtschaftliche Freiheit oder Soziale Sicherheit. ZfN XVI (1956), S.107 ff.

BREDT, O.
Kapitalwirtschaft, Unternehmertum und Wirtschaftswissenschaften.

In: Die Wirtschaftsprüfung X (1957), S.485 ff.

FORSTMANN, A.
Zur Frage der Erneuerung der Geldtheorie. In: Finanz-Archiv N. P. XIV (1953/54), S.296 ff.

GORDON, R. A.
Short-period Price Determination in Theory and Practise. In: AER 1948, Vol.II, S.265 ff.

HARDACH, F. W.
Wandlungen in der Finanzierung der AG. ZfhF II N. F. (1950), S.252 ff.

ILAU, H.
Bedenkliches im Bundesbank-Bericht. FAZ vom 20. März 1958

KROLL, G.
Die automatische Deflation. In: Weltw. Arch. XLIV (1936), S.510 ff.

LOHMANN, M.
Buchbesprechung „Leistungswirtschaft" (Hrsg. von F. Henzel). Festschrift für F. Schmidt. In: ZfhF XXXVII (1943), S.71 ff.

Neuzeitliche Formen der Entlohnung. In: Der Betrieb I (1948), S.437 ff.

Die Überwindung des Lohnarbeitsverhältnisses. In: Soziale Welt I (1949/50), S.40 ff.

MARX, A.
Die Wirtschaft als Kulturfunktion. ZfB XXIV (1954), S.593 ff.

NEISSER, H.
Der Kreislauf des Geldes. In: Weltw. Arch. XXXIII (1931), S.365 ff.

PFLEIDERER, O.
Unabhängige Notenbank – und stabiles Geld. In: Industriekurier vom 6.Juli 1957, S.2

VARGA, ST.
Das Geld im Sozialismus. Sein Begriff und seine Funktionen. In: Weltw. Arch. LXXXVIII (1957/I), S.223 ff.

WILKEN, F.
Die Phänomenologie des Geldwertbewußtseins. In: Archiv f. Sozialwiss. U. Sozialpolitik LVI (1926), S.417 ff.

ZWIEDINECK-SÜDENHORST, O. V.
Die Arbeitslosigkeit und das Gesetz der zeitlichen Einkommensfolge. In: Weltw. Arch. XXXIV (1931), S.361 ff.

(OHNE VERFASSERANGABE) Artikel „Werksparen" (VIII,51) In: Der Betriebs-Berater I (1946) Heft VIII, S. 14

Autorenverzeichnis

A.: auf den Autor wird sich nur in den Anmerkungen/Fußnoten bezogen
(A.) f.: der Autor wird auf den folgenden Seiten sowohl im Text wie auch
in den Anmerkungen erwähnt

Quellen für die Zitate auf der Buchrückseite:

Ralph Waldo Emerson, zitiert nach: DIE ZEIT, Ausgabe 51 vom 13.12.1991

Rudolf Steiner, GA 340, S. 209

Felix Somary, Bankpolitik, S. 305